Maria Helena de Moura Neves

Texto e gramática

Copyright© 2006 Maria Helena de Moura Neves
Todos os direitos desta edição reservados à
Editora Contexto (Editora Pinsky Ltda.)

Foto de capa
Jaime Pinsky

Montagem de capa e diagramação
Gustavo S. Vilas Boas

Revisão
Celso de Campos Jr.
Dayane Cristina Pal

Dados Internacionais de Catalogação na Publicação (CIP)
(Câmara Brasileira do Livro, SP, Brasil)

Neves, Maria Helena de Moura
  Texto e gramática / Maria Helena de Moura Neves. –
2. ed., 1ª reimpressão. – São Paulo : Contexto, 2024.

  Bibliografia.
  ISBN 978-85-7244-331-9

  1. Funcionalismo (Linguística) 2. Português – Gramática
3. Textos I. Título.

06-2550   CDD-469.5

Índices para catálogo sistemático:
1. Gramática : Português : Linguística 469.5
2. Português : Gramática : Linguística 469.5

2024

EDITORA CONTEXTO
Diretor editorial: *Jaime Pinsky*

Rua Dr. José Elias, 520 – Alto da Lapa
05083-030 – São Paulo – SP
PABX: (11) 3832 5838
contato@editoracontexto.com.br
www.editoracontexto.com.br

Proibida a reprodução total ou parcial.
Os infratores serão processados na forma da lei.

A minhas meninas:
Melina
Lúcia
Daniela
Camila
Bete.

A meus meninos:
Leonardo
Gustavo
Filipe
Fernando
Edgar
Beto.

A meu homem:
Geraldo.

Sumário

Apresentação 11

Estudar os usos linguísticos.
Ou: A visão funcionalista da linguagem 15
    Introdução 15
    O funcionalismo e os principais modelos funcionalistas 17
    Uma visão dos principais temas funcionalistas 20
        A gramaticalização 20
        A relação entre gramática e cognição 21
        A prototipia 22
        A iconicidade 23
        O embate de forças e o conflito
        de motivações na determinação da gramática 23
        A pragmática na gramática 24
        Discurso e gramática 25
    Funcionalismo e linguística de texto 26
    Uma visão dos rumos da gramática funcional:
    uma "gramática funcional discursiva" 31

Falar de... e dizer que...
Ou: A construção das predicações 35
    Introdução 35
    A predicação e o texto 38
    A predicação e o predicado 39
        A centralidade do verbo e o acionamento
        de uma estrutura argumental 39
        O verbo e a formação das predicações 49
        Verbos que não acionam uma estrutura argumental 59

A investigação das formas verbais nos enunciados 67
    As categorias gramaticais implicadas: função e forma 67
    A dimensão temporal no texto 68

Referenciar.
Ou: A criação da rede referencial na linguagem 75

Introdução 75
A concepção de referência e os conceitos correlatos 76
    Referência, verdade e existência 76
    Referencialidade e não referencialidade 78
    Tipos referenciais 83
A referenciação e os conceitos correlatos 86
    Referenciação, identificabilidade e acessibilidade 86
    Referenciação e distribuição da informação 89
    Referenciação e cadeia referencial do texto 92
A categorização 100
A anáfora associativa 106
A recategorização 114
(Re)categorização e manipulação do enunciado 118
    (Re)categorização e avaliação 118
    (Re)categorização e argumentação 120
A expressão da referencialidade e da definitude 122
    Referência nominal definida
    e referência nominal indefinida 123
    Os diferentes determinantes em expressões referenciais 130

Imprimir marcas no enunciado.
Ou: A modalização na linguagem 151

Introdução 151
A noção básica de modalidade 151
    A opcionalidade da categoria
    'modalidade' nos enunciados 152
Lógica e Linguística 154
A modalização dos enunciados 158
    As diferentes noções de modalidade 158
    Os diversos tipos de modalidade 159
    Tipos de relação modal e sua inserção
    no processo de produção do enunciado 162
    Modalidade epistêmica e evidencialidade 164

A manifestação das modalidades 167
　Os meios de expressão 167
　A relação entre as formas de expressão
　e os significados modais 169
　Modos de expressão e graus da modalidade
　no eixo do conhecimento (epistêmicos) 172
　Modos de expressão da modalidade
　no eixo da conduta (deônticos) 174
A polissemia dos verbos modais 175
　O tratamento lógico da diversidade
　de interpretação dos verbos modais 176
　A diversidade de interpretação
　dos enunciados modalizados nas línguas naturais 177
　Os licenciamentos de interpretação
　conferidos pela predicação modalizada 187
A alocação da modalidade nos diversos níveis
de organização do enunciado 198
　Os níveis de atuação na modalização
　segmental dos enunciados 198
　A modalização dos enunciados
　e as funções da linguagem 200
　As classes de elementos modalizadores
　e os níveis de constituição do enunciado 200
　Modalidade e polaridade 205
　Modalidade, tempo e referencialidade 213
　Modalidade e relevo informativo 217

Conectar significados.
Ou: A formação de enunciados complexos 223

Introdução 223

A articulação de orações e de frases 226
　Revisitando conceitos 226
　A base teórica 227

A articulação de orações na hipotaxe adverbial 232
　A natureza da oração adverbial 232
　A relação dialógica entre
　a oração hipotática e sua nuclear 239
　Orações hipotáticas e margens frasais 241

A coocorrência de orações na parataxe 243
A natureza da relação estabelecida 243
A determinação do estatuto
de 'conjunção coordenativa' 244
Os diferentes tipos de relação de co-ordenação 248
Os co-ordenadores e a 'arquitetura' do texto 252
A organização dos enunciados e a gramaticalização 257
O processo de gramaticalização
na articulação oracional 257
A gramaticalização nas
relações hipotáticas em português 258
A gramaticalização nas
relações paratáticas em português 263

Construir o texto com a gramática.
Ou: O inter-relacionamento dos processos
de constituição do enunciado 271
  Introdução 271
  Predicação e referenciação 272
  Predicação, referenciação e polarização 273
  Predicação (proposição, enunciado) e modalização 278
  Modalização e polarização 282
  Predicação, referenciação, polarização e modalização 286

Posfácio 289

Corpus de Araraquara 295

Referências bibliográficas 315

Agradecimentos 335

Apresentação

Este livro reúne reflexões sobre os processos de constituição do enunciado, dirigindo a atenção para a gramática que organiza as relações, constrói as significações e define os efeitos pragmáticos que, afinal, fazem do texto uma peça em função. Fica entendido que é no entrecruzamento dos processos ativados, e pela gramática organizados, que a interação discursiva compõe os textos. Por isso o livro termina com um capítulo ("Construir o texto com a gramática") que organiza uma amostra de análise na qual os processos básicos de constituição textual se entrecruzam e se sobredeterminam.

A análise mais natural que se faça de um texto em função desce, necessariamente, à predicação (com o verbo no centro). Por isso, da predicação eu parto para falar da gramática (capítulo "Falar de... e dizer que..."). Há muita coisa significativa que está fora dela – lado a lado com ela, em torno dela, além dela – mas a gramática que organiza as predicações já define as funções sintáticas (porque a oração é por excelência o constructo sintático da linguagem), os papéis semânticos (porque são eles, em primeiro lugar, que têm de ser referidos às funções sintáticas) e as funções pragmáticas (porque é o contrato interacional que define as escolhas dos papéis no "drama" da linguagem, bem como a relevância mútua desses papéis e sua distribuição em termos de topicidade e focalidade, ingredientes fundamentais no êxito da interação discursiva).

Papéis semânticos são necessariamente referenciados no texto, e essa referenciação se distribui pela organização tópica do discurso. Vou, então, à referenciação (capítulo "Referenciar"). Parto da noção central de que no processo discursivo se criam os referentes, e que essa organização referencial se mantém em ligação com a organização tópica, que dirige o fluxo de informação. Insisto em que há escolhas do falante que dirigem a criação e a identificação de referentes nos enunciados, escolhas que não são apenas das manifestações textuais, mas ainda da própria condição referencial, ou não, dos indivíduos que povoam o texto, as quais se operam a partir do que sugere o universo de discurso negociado na interação. Nessas escolhas, o que o falante busca é garantir os dados necessários à identificação dos objetos de discurso na textualização. Para isso, ele explora as fontes de acessibilidade, por ativação da entidade referenciada, seja ela uma pessoa, uma coisa, seja, ainda, uma abstração, um evento ou um estado. Essa qualidade (ana)fórica nominal implica definitude, a qual, em certas condições, se resolve mais concretamente no contexto (e o determinante de eleição é o pronome demonstrativo), e, em outras condições, se resolve por via de avaliação cognitiva mais independente do contexto (e o determinante de eleição é o artigo definido). É assim que a nominalização constitui uma das mais importantes fontes de mapeamento conceptual, de organização tópica e de orientação argumentativa no texto, obviamente a partir de seu papel na organização sintática (predicativa) e na organização semântica (proposicional).

Mas a proposição já nasce submetida ao julgamento do falante, que a modela, modeliza, modula e modaliza, segundo suas crenças, suas convicções, seus conhecimentos, sua inserção na sociedade normatizada, sua visão de mundo etc., já que é de línguas naturais – e em uso – que se trata. Por isso eu falo de modalização na linguagem (capítulo "Imprimir marcas no enunciado"). Corre paralela toda a implicação de um domínio lógico que explicita as modalidades em termos veredictórios, relacionando-as com as proposições, em termos de possibilidade e necessidade, domínio que não tem correlato direto na linguagem, mas ao qual as reflexões sobre o uso linguístico têm de recorrer, até para fazer as separações devidas. Lógica à parte, parte-se do princípio de que, se é de interação que se fala, a modalização do enunciado é um processo naturalmente implicado, dada a premissa da existência de um conjunto de relações entre o locutor, o enunciado e a realidade objetiva. A partir dessa visão ainda neutra de que é automática uma atitude 'modal' na enunciação (com limites na própria polarização do enunciado), parte-se para a verificação de uma inserção ainda mais forte do enunciador em seu enunciado, seja em termos de comprometimento por via do conhecimento ou por via da conduta, seja em termos de ligação com uma fonte do conhecimento, no terreno epistêmico.

Além disso, quando faz enunciados complexos, o falante faz escolhas determinantes, tanto no modo de hierarquizar – ou não – funções e significados quanto no modo de conectar formalmente as porções do enunciado total. Componho, então, um capítulo sobre a junção nos enunciados. Aquela conjunção semântica entre o que vem antes e o que vem depois de que falam Halliday e Hasan (1976), de espectro tão amplo no fazer do texto, oferece um território francamente aberto a uma análise gramatical, que é o da junção entre porções estruturadas do texto – orações e frases completas –, terreno em que se distribuem as tradicionais noções de coordenação e de subordinação, de parataxe e de hipotaxe. Essas propostas centenárias têm sido revisitadas, e parece importante que, se o que se pretende é dar conta da língua em função, se penetre na organização real dos enunciados para avaliá-los não apenas sob os diversos níveis (predicacional, proposicional, ilocucionário) mas também sob os diversos ângulos que envolvem a atividade linguística (textual / informacional, interacional), e com incorporação dos diversos componentes (sintático, semântico, pragmático). Na formação de enunciados complexos facilmente se entreveem determinações das relações interacionais, e noções ligadas à distribuição e ao fluxo de informação se mostram determinantemente participantes. Relações semântico-pragmáticas, como a relação tópico-comentário, a relação dado-novo e as relações de polaridade, ligadas à ordenação dos constituintes, representam elementos significativos na explicitação dos modos de construção. Dessa forma, a investigação se beneficia de uma vinculação à ordem das palavras na frase, considerando, especialmente, que essa ordem se resolve no encaminhamento das relações retóricas textuais.

A premissa central é que, numa visão da língua em uso, a avaliação deve ser tentada no domínio discursivo, o que nada mais representa do que levar adiante as propostas básicas de uma gramática funcional, que prevê que a interação verbal é uma atividade estruturada (com regras, normas e convenções), mas também é uma atividade cooperativa, e, desse modo, ativam-se, na linguagem (que é sempre uma interação), dois sistemas de regras: as que regem a constituição das expressões linguísticas (regras sintáticas, semânticas, morfológicas e pragmáticas) e as que regem o modelo de interação verbal no qual as expressões são usadas (regras pragmáticas). Disso se fala quando se fala em funcionalismo. E por isso eu parto de um primeiro capítulo sobre noções teóricas nessa linha.

* * *

O que se traz aqui é uma amostra, de valor representativo. Trata-se de um conjunto de reflexões a que se acopla um conjunto de sugestões de análise gramatical que busca não perder de vista as determinações de um tripé COGNIÇÃO – GRAMÁTICA – DISCURSIVIZAÇÃO que organiza as significações no texto em função. E que, portanto, sustenta os usos de uma língua natural.

* * *

O *corpus* de língua escrita que serve de base às análises (*Corpus* de Araraquara, índice anexo) tem cerca de 100 milhões de ocorrências do português escrito contemporâneo do Brasil, abrangendo textos dos tipos romanesco, oratório, técnico-científico, jornalístico e dramático, o que garante grande representatividade. A própria modalidade falada está indiretamente representada na simulação que dela fazem as conversações que constituem as peças teatrais incluídas na amostra. Esse *corpus*, que está disponível, em meio digital no Laboratório de Estudos Lexicográficos da Faculdade de Ciências e Letras da Unesp, Campus de Araraquara, vem sendo examinado em várias outras obras da autora.

As ocorrências de língua falada examinadas pertencem ao '*corpus* mínimo' do Projeto Norma Urbana Culta (NURC), constituído por 5 arquivos do tipo D2 (diálogo entre dois informantes), 5 do tipo DID (diálogo entre informante e documentador) e 5 do tipo EF (elocução formal) de cada uma das cinco capitais que fazem parte do banco de dados, São Paulo, Rio de Janeiro, Salvador, Recife e Porto Alegre. Amostras desses materiais foram publicadas em São Paulo (Castilho-Preti Orgs. 1986 e 1987), Rio de Janeiro (Callou Org. 1992, Callou-Lopes Orgs. 1993 e 1994), Salvador (Motta-Rollemberg Orgs. 1994), Recife (Sá-Cunha-Lima-Oliveira Jr. Orgs. 1996) e Porto Alegre (Hilgert 1997) (Ver bibliografia). Esse *corpus* também tem sido analisado em trabalhos da autora.

Estudar os usos linguísticos.
Ou: A visão funcionalista da linguagem

Introdução[1]

Eu já escrevi um artigo com o título "A gramática de usos é uma gramática funcional" (Neves, 1997, pp. 15-24). E para dizer o quê? Que colocar como foco de observação a construção do sentido do texto é desvendar o cumprimento das funções da linguagem, especialmente entendido que elas se organizam regidas pela função textual. Que colocar como objeto de investigação a língua em uso é ter presente que o uso da linguagem e a produção de texto se fazem na interação. Que observar os usos linguísticos é rejeitar o tratamento ingênuo e fácil que homogeiniza os itens da língua, desconhecendo que o funcionamento de algumas classes de itens pode explicar-se nos limites da oração, por exemplo, mas o de outras só pode resolver-se no funcionamento discursivo-textual (por exemplo, a referenciação, uma instrução de busca que transcende os rígidos limites da estruturação sintática).

Afinal, tenho repetido que a explicitação do uso de uma língua particular historicamente inserida, feita com base em reflexão sobre dados, representa a explicitação do próprio funcionamento da linguagem. Isso exclui qualquer atividade de encaixamento em moldes pré-fabricados, tanto os que constituem uma organização de entidades metalinguísticas alheia aos processos reais de funcionamento quanto os que representam modelos para submissão estrita a normas linguísticas sem legitimidade instituídas. Isso significa, pois, rejeitar uma modelização que ignora zonas de imprecisão e/ou de oscilação, as verdadeiras testemunhas do equilíbrio instável que caracteriza a própria vida da língua, refletindo a sua constante adaptação segundo a força das constantes pressões que se exercem sobre os usos.

Fica colocado na base das reflexões sobre os usos, e do reconhecimento da existência de processos acomodativos na vida da língua, um conjunto de assunções funcionalistas (Heine e Reh, 1984; Lehman, 1991; Givón, 1991; Heine et al., 1991a; Hopper, 1991; Lichtenberk, 1991; Hopper e Traugott, 1993), das quais destaco: (i) caráter não discreto das categorias; (ii) fluidez semântica, com valorização do papel do contexto; (iii) gradualidade das mudanças e coexistência de etapas; (iv) regularização, idiomatização e convencionalização contínuas (Neves, 2002, p. 176).

Nessa linha, são lições básicas de uma gramática de direção funcional:

- A linguagem não é um fenômeno isolado, mas, pelo contrário, serve a uma variedade de propósitos (Prideaux, 1987).
- A língua (e a gramática) não pode ser descrita nem explicitada como um sistema autônomo (Givón, 1995).
- As formas da língua são meios para um fim, não um fim em si mesmas (Halliday, 1985).
- Na gramática estão integrados os componentes sintático, semântico e pragmático (Dik, 1978, 1980, 1989a, 1997; Givón, 1984; Hengeveld, 1997).
- A gramática inclui o embasamento cognitivo das unidades linguísticas no conhecimento que a comunidade tem a respeito da organização dos eventos e de seus participantes (Beaugrande, 1993).
- Existe uma relação não arbitrária entre a instrumentalidade do uso da língua (o funcional) e a sistematicidade da estrutura da língua (o gramatical) (Mackenzie, 1992).
- O falante procede a escolhas, e a gramática organiza as opções em alguns conjuntos dentro dos quais o falante faz seleções simultâneas (Halliday, 1973, 1985).
- A gramática é susceptível às pressões do uso (Du Bois, 1993), ou seja, às determinações do discurso (Givón, 1979b), visto o discurso como a rede total de eventos comunicativos relevantes (Beaugrande, 1993).
- A gramática resolve-se no equilíbrio entre forças internas e forças externas ao sistema (Du Bois, 1985).
- O objeto da gramática funcional é a competência comunicativa (Martinet, 1994).

Dentro de tais pressupostos, estão no centro de investigações funcionalistas questões como:

- relações entre discurso e gramática (porque o discurso conforma a gramática, mas principalmente porque ele não é encontrável despido da gramática);
- liberdade organizacional do falante, dentro das restrições construcionais (porque o falante processa estruturas regulares, mas é ele que faz as escolhas que levam a resultados de sentido e a efeitos pragmáticos);
- distribuição de informação e relevo informativo (porque os diversos eventos têm, inerentemente, diferente importância comunicativa, mas é o falante que lhes confere relevo, segundo seus propósitos);
- fluxo de informação e fluxo de atenção (porque no discurso há sempre uma informação que flui, mas é o falante que dirige, dentro de um ponto de vista, o fluxo de atenção que 'empacota' a informação, para apresentá-la ao ouvinte);
- gramaticalização, e suas bases cognitivas (porque a atividade do discurso pressiona o sistema, chegando a reorganizar o quadro das estruturas linguísticas, embora dentro de regularidades previsíveis);
- motivação icônica e competição de motivações (porque forças externas ao sistema interagem com forças internas, em contínua busca e manutenção de equilíbrio);
- fluidez de categorias, e prototipia (porque, no lento processo de extensão de membros de uma categoria, há uma constante alteração de limites, com redefinição de protótipos).

São, pois, pontos centrais, numa gramática funcionalista:

- o uso (em relação ao sistema);
- o significado (em relação à forma);
- o social (em relação ao individual).

O funcionalismo e os principais modelos funcionalistas

Numa concepção geral, desvinculada de propostas de escolas particulares, o funcionalismo é uma teoria que se liga, acima de tudo, aos fins a que servem as unidades linguísticas, o que é o mesmo que dizer que o funcionalismo se ocupa, exatamente, das funções dos meios linguísticos de expressão. Lembre-se que, ao referir-se a seu livro *An Introduction to Functional Grammar*, Halliday (1985) diz: "It is functional in the sense that it is designed to account for how the language is used." (p. XIII).

Na tradição desse modo de ver a linguagem destaca-se um centro condutor de reflexão que é a noção de 'função', entendida não apenas como entidade sintática, mas como a união do estrutural (sistêmico) com o funcional. Rejeitada uma preocupação com a pura competência para a organização gramatical de frases, a reflexão se dirige para a multifuncionalidade dos itens, ou seja, para uma consideração das estruturas linguísticas exatamente pelo que elas representam de organização dos meios linguísticos de expressão das funções a que serve a linguagem, que por natureza é funcional. Estruturas linguísticas são, pois, configurações de funções, e as diferentes funções são os diferentes modos de significação no enunciado, que conduzem à eficiência da comunicação entre os usuários de uma língua. Nessa concepção, funcional é a comunicação, e funcional é a própria organização interna da linguagem.

Desse modo, o funcionalismo liga-se historicamente às propostas da Escola Linguística de Praga, que "concebiam a linguagem articulada como um sistema de comunicação, preocupavam-se com os seus usos e funções, rejeitavam as barreiras intransponíveis entre diacronia e sincronia e preconizavam uma relação dialética entre sistema e uso" (Neves, Braga e Paiva, 1997, p. 6). Ainda mais se liga a essas propostas por assentar uma consideração dinâmica da linguagem, pela qual as relações entre estrutura e função são vistas como instáveis, dada a força dinâmica que está por detrás do constante desenvolvimento da linguagem (Gebruers, 1987). Dinamismo, afinal, é componente necessário de qualquer consideração dos componentes linguísticos (sintaticossemânticos) vistos no uso real, ou seja, na interação verbal (componente pragmático).

Essa é a base. Com ela, muitos exercícios teóricos e práticos vêm sendo feitos nas diversas propostas funcionalistas de análise linguística. Diversos grupos se têm organizado para montar arcabouços de reflexão e análise funcionalistas.

Acentuando cada grupo uma marca particular de proposta funcionalista, oferecem-se a exame modelos com marcas bastante evidentes. De quatro deles darei uma amostra.

Michael Halliday fixa-se particularmente na noção de 'função', vendo-a como o papel que a linguagem desempenha na vida dos indivíduos, servindo aos muitos e variados tipos universais de demanda. Ele assenta a sua gramática numa base sistêmica (e paradigmática), na qual o enunciado não parte de uma estrutura profunda abstrata, mas das escolhas que o falante faz quando o compõe para um propósito específico, com elas produzindo significado.

Sobre a base da teoria hallidayiana, Neves (1997, pp. 58-59) oferece as seguintes indicações:

> A teoria sistêmica à qual se liga a gramática funcional de Halliday baseia-se na teoria de John Rupert Firth (Robins, 1964, p. 290, lhe chama "neofirthiana"), com inspiração em Malinowski e Whorf (Kress, 1976, p. viii-xi). Mathiessen (1989) aponta que, na base da teoria de Halliday, estão o funcionalismo etnográfico e o contextualismo desenvolvido por Malinowski nos anos 20, além da linguística firthiana da tradição etnográfica de Boas-Sapir-Whorf e do funcionalismo da Escola de Praga. Mathiessen (1989) indica, como primeira versão da teoria sistêmico-funcional, *a scale-and-category theory*, estabelecida

em Halliday (1961), depois, revista e ampliada, com proposição de uma base paradigmática, e, afinal, completada com a teoria das metafunções. (Halliday, 1967-1968, 1973)

Talmy Givón fixa-se particularmente no postulado da não autonomia do sistema linguístico, na concepção da estruturação interna da gramática como um organismo que unifica sintaxe, semântica e pragmática (sendo a sintaxe a codificação dos domínios funcionais que são: a semântica, proposicional; a pragmática, discursiva) e no exame dos aspectos icônicos da gramática. Para Givón (1995) a língua não pode ser descrita como um sistema autônomo porque a gramática só pode ser entendida por referência a parâmetros como cognição e comunicação, processamento mental, interação social e cultura, mudança e variação, aquisição e evolução.

Eugenio Coseriu fixa-se particularmente na proposta estuturalista de estabelecer os significados gramaticais distinguidos na língua e as oposições entre os significados, entendendo a língua como estruturação de conteúdos, como sistema de funções, enfim, como um conjunto de paradigmas funcionais em que se estabelecem oposições funcionais. Para Bechara (1991, p. 11), a gramática de Coseriu veio "sanar" uma "lacuna na identificação, descrição e investigação" das "funções idiomáticas". Para provar isso, Bechara apresenta uma caracterização de alguns tipos de gramáticas existentes (as estruturais do tipo 'bloomfieldiano', a da Escola de Praga, a glossemática, a gramática transformacional), para concluir qualificando a gramática funcional de Coseriu como "a própria paradigmática gramatical". Apoiado em Gabelentz (1891), Bechara (1998, pp.17-18) diz que a gramática de Coseriu é estrutural e funcional.

Simon Dik fixa-se particularmente na visão da interação verbal por via dos usuários, preocupando-se, entretanto, em valorizar o papel da expressão linguística na comunicação, e, por isso mesmo, dedicando-se a prover uma formalização generalizante da gramática. A pergunta é: Como 'opera' o usuário da língua natural? Ou, em outras palavras: Como os falantes e os destinatários são bem-sucedidos comunicando-se uns com os outros por meio de expressões linguísticas? Ou ainda: Como lhes é possível, por meios linguísticos, fazer-se entender mutuamente, ter influência no estoque de informação (incluindo conhecimento, crenças, preconceitos, sentimentos), e, afinal, no comportamento prático um do outro? (Dik, 1997, p. 1). O que se propõe, afinal, é que a teoria da gramática constitui um subcomponente integrado da teoria do "usuário da língua natural" e que a descrição linguística inclui referência ao falante, ao ouvinte e a seus papéis e estatuto dentro da situação de interação determinada socioculturalmente.

A primeira observação no estudo de propostas e de temas funcionalistas refere-se ao fato de que uma gramática funcionalista se aplica às diversas línguas e aos diversos tipos de língua, porque nela se equilibram o geral e o particular. Podem ser invocadas as indicações de Coseriu de que no uso linguístico há o exercício da capacidade de falar (a linguagem), num falar historicamente inserido (numa dada língua) e num evento particular (na interlocução) (Coseriu, [1988] 1992). O homem fala porque tem a capacidade de produzir linguagem (a competência linguística),[2] porque tem o domínio de uma língua particular historicamente inserida (o conhecimento de um idioma) e porque se encontra em uma dada situação de uso (um evento comunicativo). Configura-se, pois, uma atividade que vai em direção a um equilíbrio entre o geral e o particular, e a descrição dessa atividade se prevê como suficientemente específica para que não obscureça as peculiaridades das línguas individuais e suficientemente geral para que não possa ser indiferentemente aplicada a uma outra língua qualquer. Cite-se a Gramática Funcional da Holanda (Dik, 1989a; 1997; Hengeveld, 1997, 2000), que, altamente interessada nos estudos das diversas línguas (até para a determinação de tipologias), registra a busca de adequação tipológica, que se operacionaliza em uma interdição de transformações e de filtros.

Em tais bases e com tais propostas, no funcionalismo se abrigam alguns temas de grande relevância para o estudo de linguagem, dos quais também trago uma amostra.

Uma visão dos principais temas funcionalistas

A gramaticalização

Um processo que tem encontrado abrigo privilegiado no funcionalismo é a gramaticalização, e exatamente porque reflete a relação entre o sistema gramatical e o funcionamento discursivo, ou seja, porque se explica pela interação entre as motivações internas ao sistema e as motivações externas a ele. A tal ponto isso ocorre que se tem chegado a postular que a gramaticalização constitui um fator de equilíbrio entre tais forças em competição, equilíbrio que, afinal, permite a própria existência da gramática (Du Bois, 1985).

A primeira consideração que aparece, em geral, nas apresentações sobre gramaticalização refere-se a Meillet, a quem se atribui o uso pioneiro do termo,[3] e que conceituou o processo como a atribuição de um caráter gramatical a uma palavra anteriormente autônoma, observando que a transição é sempre uma espécie de *continuum* e que, nos casos em que se pôde conhecer a fonte primeira de uma forma gramatical, a fonte encontrada foi uma palavra lexical (Meillet, [1912] 1948).[4] Por outro lado, raramente uma apresentação sobre o processo de gramaticalização deixa de fazer referência à proposta de Givón (1971) de que 'a morfologia de hoje é a sintaxe de ontem', proposta que se refere exatamente à ponta final do processo, se levarmos em conta a clássica conceituação de gramaticalização como o avanço de uma entidade de um estatuto lexical para um gramatical ou de um gramatical para um mais gramatical (Kurylowicz, [1965] 1975), ou, em outras palavras, como o processo pelo qual itens e construções gramaticais passam, em determinados contextos linguísticos, a servir a funções gramaticais, e, uma vez gramaticalizados, continuam a desenvolver novas funções gramaticais (Hopper & Traugott, 1993).

Outras indicações muito presentes nos estudos sobre gramaticalização dizem respeito a características que nada mais são do que consequências dessa propriedade essencial do processo, características como a perda de complexidade semântica, de liberdade sintática e de substância fonética, com a contraparte de ganho em significação morfossintática. Esses três níveis da estrutura linguística afetados pela gramaticalização, como mostram Heine & Reh (1984), em geral mantêm entre si uma ordem cronológica de arranjo: os processos funcionais (como dessemantização, expansão, simplificação) se seguem dos processos morfossintáticos (como permutação, composição, cliticização, afixação), que se seguem dos fonéticos (como adaptação, fusão, perda). Obviamente as alterações dos diferentes níveis se fazem em cadeia, de tal modo que, por exemplo, perda semântica ou pragmática se acompanha de ganho na significação sintática, obrigatoriedade de uso em determinados contextos se acompanha de proibição de uso em outros, etc.

O estudo da gramaticalização mostra, afinal, a tensão entre a expressão lexical, relativamente livre de restrições, e a codificação morfossintática, mais sujeita a restrições, deixando evidente a indeterminação relativa da língua e o caráter não discreto de suas categorias, o que representa uma interdependência entre o mais fixo e o menos fixo na língua (Traugott e Heine, 1991, vol. 1).

Quanto às causas da gramaticalização, a investigação vai necessariamente para as relações entre gramática e cognição. Para Givón (1991), a gramaticalização pode ser vista na diacronia, mas do ponto de vista cognitivo ela é um processo instantâneo que envolve um ato mental pelo qual uma relação de similaridade é reconhecida e explorada: por exemplo, pode-se dar a um item primitivamente lexical um uso gramatical em um novo contexto, e nesse mesmo momento ele se gramaticaliza. Nessa perspectiva do processo de gramaticalização, diz Givón (1991), distinguem-se rigorosamente, na extensão analógica funcional, a semântica e a pragmática, e no ajustamento linguístico estrutural, a fonologia e a morfossintaxe.

A relação entre gramática e cognição

Sem necessariamente conceber um modelo cognitivista de gramática, o funcionalismo assenta, em geral, uma relação entre gramática e cognição, havendo, nos diversos modelos, diferenças quanto à concepção dessa relação, com possibilidade de posições extremas ou posições relativizadas. Givón (1991), por exemplo, considera a existência de uma correlação icônica entre o 'empacotamento' cognitivo e o 'empacotamento' gramatical, mas reconhece a possibilidade de que, sem que isso implique diferenças profundas na cognição do evento, as diversas línguas apresentem diferenças na codificação estrutural de um mesmo evento ou na codificação de semelhantes tarefas do processamento da fala, isso pelo fato de haver diferentes recursos à disposição do falante nas diferentes línguas.

Por outro lado, uma teoria funcionalista pode postular em seu próprio modelo um componente conceptual, mesmo colocando-o fora do componente propriamente gramatical, como ocorre com as novas formulações da Gramática Funcional da Holanda (Hengeveld, 2005).

Hengeveld (2005), por exemplo, que não coloca o componente conceptual como parte da gramática, define-o como "a força condutora que está por trás do componente gramatical como um todo" (p. 5). Hengeveld (2003) diz que "o componente cognitivo representa o conhecimento (de longo termo) do falante, tal como sua competência comunicativa, seu conhecimento sobre o mundo e sua competência linguística" (p. 4). Os três níveis da gramática (o interpessoal, o representacional e o de expressão, hierarquicamente ordenados) interagem com esse componente cognitivo, assim como interagem com um componente comunicativo, que "representa a informação linguística (de curto termo) derivável do discurso precedente e a informação não linguística, perceptual, derivável da situação de fala" (p. 4). Obviamente, continua o autor, a informação de curto termo pode ser selecionada para uma estocagem de longo termo, e passar para o componente cognitivo.

E é com concepções desse mesmo tipo que se pode, dentro de uma teoria funcionalista, propor que a gramaticalização se inicie por forças que se encontram fora da estrutura linguística (Heine et al., 1991a; 1991b).

A prototipia

É na admissão da relação entre cognição e gramática que se assenta a noção de protótipo, muito importante no aparato funcionalista, decorrente da admissão da existência de vaguidade nos limites entre categorias.

Considerado o membro que ostenta o maior número das propriedades que bem caracterizam uma categoria, o protótipo determina a classificação dos demais membros dessa categoria, conforme o "grau de semelhança" (Moeschler, 1993, p. 11) que tenham com ele, configurando-se aquilo que se conhece como "semelhança de família" (Rosch & Mervis, 1975), ou "ar de família" (Kleiber, 1988). Referem-se esses dois termos a um conjunto de similaridades entre as ocorrências de uma mesma família, não sendo necessário que as propriedades comuns sejam partilhadas por todas as ocorrências, bastando que se manifestem, pelo menos, em mais de uma. Estabelece-se que há um conjunto de referentes ligados entre si por propriedades associativas que justificam a existência de uma classe comum. A categoria decorre, pois, das relações associativas entre os diversos referentes, não sendo necessariamente postulada uma entidade central que a represente. Como mostra Kleiber (1988), essa é, na verdade, uma 'versão ampliada' da semântica do protótipo, a qual sucedeu a uma versão padrão, que apresentou duas fases: na primeira, o protótipo é a entidade central em torno da qual se organiza a categoria, situando-se no centro aqueles exemplares que têm maior semelhança com o protótipo, e na periferia os que têm menor semelhança (o protótipo é o melhor exemplar da categoria, para o falante, e a análise semântica representa associar-se um vocábulo a um referente, na determinação do protótipo); na segunda fase, o protótipo é visto como uma entidade cognitivamente construída com base nas propriedades típicas da categoria (pode-se, ainda, falar de um melhor representante ou exemplar da categoria, mas apenas com base no conjunto das propriedades que representam da melhor forma a categoria).[5] Foi a partir daí que Kleiber propôs sua 'versão ampliada', como diversos outros autores recorrendo à noção wittgensteiniana de 'semelhança de família', mas singularmente explicitando a multirreferencialidade[6] a que leva a proposta: não é necessário que todos os membros da categoria apresentem traço(s) em comum, eles podem, mesmo, pertencer a subcategorias diferentes, mas constituir uma mesma categoria, por meio de princípios de encadeamento e associação: assim, observadas as relações internas entre cada um dos conjuntos AB, BC e CD, pode ocorrer que D se situe na mesma categoria que A, embora eles não tenham nenhuma relação direta entre si (Kleiber, 1988, p. 47). Como, aí, já não se pensa em propriedades comuns a todos os membros da categoria, o recurso se faz ao grau de semelhança com o protótipo, uma entidade abstrata.

Segundo a noção de similaridade com o protótipo formam-se as categorias naturais, por ação da analogia e por interpretação metafórica, com redefinição de sentidos. Essa mudança metafórica dos protótipos é, para Givón (1984), a essência da gramaticalização.

A iconicidade

Na admissão da relação entre cognição e gramática também se assenta a iconicidade, isto é, a consideração de uma motivação icônica para a forma linguística, a consideração de que a extensão ou a complexidade dos elementos de uma representação linguística reflete a extensão ou a complexidade de natureza conceptual. Trata-se, como diz Haiman (1985a), de admitir paralelismo entre a relação das partes da estrutura linguística e a relação das partes da estrutura de significação, ou, como diz Croft (1990), de admitir que a estrutura da língua reflete a estrutura da experiência, ou seja, a estrutura do mundo (geralmente inclusa a perspectiva imposta sobre o mundo pelo falante). Numa concepção rígida, a estruturação é orientada pelos propósitos, e a expressão é motivada pelas funções (Givón, 1990, 1991).

Entretanto, tem de ficar descartado um isomorfismo, ou relação biunívoca, nas relações entre forma e significado,[7] já que nada justifica defender que um signo seja a imagem de seu referente,[8] concepção que levaria a que se deixasse de admitir sinonímia ou homonímia nas línguas. Também é fácil descartar uma 'iconicidade imagética',[9] mas muitas evidências conduzem à admissão de uma 'iconicidade diagramática', ou seja à admissão de que os arranjos estruturais refletem relações análogas existentes na estrutura semântica, afastada a noção de uma semelhança entre o signos e seus referentes: assim, em princípio, mais material linguístico corresponderia a mais conteúdo informativo, maior distância entre os elementos corresponderia a maior afastamento conceptual entre eles, e assim por diante.[10]

O embate de forças e o conflito de motivações na determinação da gramática

Claramente se verifica o fácil abrigo que tais investigações encontram numa teoria funcionalista, que vê a língua como não absolutamente independente de forças externas, propondo que as gramáticas sejam tratadas como sistemas parcialmente autônomos (por isso, sistemas, com uma continuidade de existência) e parcialmente sensíveis a pressões externas (por isso, adaptáveis). Daí se vai à postulação de uma interação de forças internas e externas, que entram em competição e que se resolvem no sistema: a gramática sofre pressões do uso exatamente por constituir uma estrutura cognitiva. Em outras palavras, a partir de núcleos nocionais a gramática é passível de acomodação sob pressões de ordem comunicativa.

Outro corolário é a admissão do conflito de motivações:[11] um princípio pode reger um determinado comportamento do enunciado enquanto outro pode agir no sentido inverso, caso de que é exemplo a ação do princípio linguístico geral da economia ditando a restrição do vocabulário, e a motivação icônica agindo no sentido de prover uma palavra distinta para cada conceito distinto, conflito esse que, quando vence a economia, resulta na polissemia (Croft, 1990).

Como aponta Du Bois (1985), o grande embate é aquele em que forças motivadoras originadas em fenômenos externos penetram no domínio da língua, mas a competição pode também envolver apenas motivações internas (fonológicas, sintáticas, semânticas) ou apenas motivações externas. Para o primeiro caso (competição de forças internas), o autor dá o exemplo, de natureza diacrônica, de duas diferentes ordens de analogia semântica (por exemplo, analogias baseadas em duas diferentes categorias gramaticais) governarem a evolução de uma forma linguística, de tal modo que a nova forma morfológica (e, consequentemente, o novo alinhamento do paradigma) fica na dependência de qual seja a ordem de analogia que vença o embate. Para o segundo caso (competição de forças externas), é exemplo o fato de que o termo para designar um novo objeto está sujeito a pressão das diversas características do objeto (funcionalidade, forma, etc.).

A pragmática na gramática

A consideração da existência de motivações externas na gramática implica o reconhecimento de um componente pragmático que se integra aos demais componentes (sintático e semântico) para organizar a interação.

Givón (1984) declara o objetivo de fornecer um quadro explícito, sistemático e abrangente de sintaxe, semântica e pragmática unificadas como um todo. Para ele, a sintaxe é a codificação de dois domínios funcionais distintos: a semântica (proposicional) e a pragmática (discursiva).

Do mesmo modo, Dik (1978; 1980; 1989a; 1997) propõe uma teoria funcional da sintaxe e da semântica desenvolvida dentro de uma teoria pragmática, isto é, dentro de uma teoria da interação verbal. Ele fala em integração da gramática em uma teoria pragmática mais ampla da interação verbal. As expressões linguísticas não são pensadas como objetos isolados, mas como instrumentos usados pelo falante para evocar no ouvinte a interpretação desejada. E a estrutura do predicado se organiza com a intervenção de três tipos de funções: as semânticas (por exemplo, agente e meta), as sintáticas (por exemplo, sujeito e objeto) e as pragmáticas (por exemplo, Tópico e Foco[12]).

Uma das noções determinantes no componente pragmático da gramática é a qualidade informativa das peças de interação. Existe um conteúdo ideacional no enunciado, mas há um modo pelo qual ele é organizado para apresentação ao ouvinte, o qual depende não apenas do modo pelo qual se arranjam entidades como sujeito e predicado, ou unidades de entonação, mas também do modo pelo qual se arranjam entidades informativas (pragmáticas) como tópico e comentário, ou dado e novo. Compõe-se, pois, um fluxo de informação, controlado por um fluxo de atenção e um ponto de vista (De Lancey, 1981) que determina a sequência que o falante considera adequada para obter a atenção do ouvinte. Diz Chafe (1987) que o fluxo de informação se refere aos aspectos cognitivos e sociais do 'empacotamento' que as pessoas fazem do conteúdo ideacional quando falam, e que ele tem menos que ver com o conteúdo do enunciado do que com o modo pelo qual esse conteúdo é 'empacotado' e apresentado ao ouvinte.

Discurso e gramática

Incorporar a pragmática na gramática equivale a admitir determinações discursivas na sintaxe.[13] E não é difícil encontrar nas obras de orientação funcionalista a assunção de que existe uma via de duas mãos a ligar discurso e gramática. Para isso não é necessário chegar-se ao extremismo de Érica Garcia (1979, p. 24), que defendeu que "certas características de uma sentença podem simplesmente ser consequência do discurso maior de que ela é parte". Nem mesmo é necessário recorrer ao radicalismo inicial de Givón (1979b) – mais tarde bem amenizado –, que sugeriu que as propriedades sintáticas, como sujeito, voz, orações relativas, subordinação, morfologia flexional, etc. nascem das propriedades do discurso. Nem também se precisa invocar a ousada afirmação de Du Bois (1993, p. 11) de que "a gramática é feita à imagem do discurso", mas, entretanto, na outra mão, não há dúvida de que "o discurso nunca é observado sem a roupagem da gramática".

Uma visão funcionalista da linguagem pode depreender-se do próprio tratamento de discurso de Schriffrin (1987), que assenta que a língua ocorre sempre em um contexto (cognitivo, cultural, social), é sensível ao contexto (domínios culturais, sociais, psicológicos e textuais que penetram em todos os níveis da linguagem), é sempre comunicativa (sempre endereçada a um recebedor) e é projetada para a comunicação (a própria redundância é projetada para facilitar o processo de comunicação). Fica assentado que a língua é usada (e, portanto, organiza estruturas) a serviço das metas e intenções do falante (que são tomadas e realizadas em relação aos ouvintes), e é da organização dessas metas que emerge a ação (ou a realização de ações) discursiva.

As regras abrigadas na teoria funcionalista são não apenas as que governam a constituição das expressões linguísticas mas também as que governam os padrões de interação verbal, as primeiras instrumentais em relação às outras (Dik, 1989a; 1997), o que significa que o fim último da busca de explicação se situa nos modos de uso das expressões linguísticas. As frases são, em última análise, correspondentes linguísticos de 'atos de fala', e, portanto, nada mais são do que a ponta de saída do esquema interacional. Não se trata, pois, daquela consideração de uma simples interpretação pragmática pela qual "introduziram-se 'atos de fala' como unidades ideais cuja relação com as unidades práticas da comunicação ficou inexplicada", de que fala Beaugrande (1997, p. 4), citando Schlegloff (1992).

É, afinal, um esquema em que a pragmática deixa de entrar como simples perspectiva para integrar uma gramática regulada pelas funções da linguagem, entendido que os componentes fundamentais do significado são os componentes funcionais. Ficam abrigadas na teoria as relações naturais entre discurso e gramática, tudo a partir da noção de que a produção do enunciado resulta da complicada troca que é a interação linguística.

Funcionalismo e linguística de texto

Uma gramática funcional faz, acima de tudo, a interpretação dos textos, que são considerados as unidades de uso – portanto, discursivo-interativas –, embora, obviamente, se vá à interpretação dos elementos que compõem as estruturas da língua (tendo em vista suas funções dentro de todo o sistema linguístico) e à interpretação do sistema (tendo em vista os componentes funcionais). Como está em Neves (1997), em referência às propostas do funcionalista Givón (1984), o homem se expressa por discursos multiproposicionais, e a gramática busca observar a concatenação das proposições, mas o que se põe sob observação é "não apenas o modo como se dá a concatenação das proposições, mas também as regras textuais a que as proposições devem ser submetidas para que não haja quebra da estrutura temática e para que haja coesão e coerência na composição linguística" (p. 25).

Incorpora-se nessa visão a integração dos diversos componentes – sintático, semântico e pragmático – o que representa o abandono do tratamento modular e a adoção do relacionamento de domínios funcionais: mais especificamente, propõe-se uma teoria funcional da sintaxe e da semântica que se desenvolva dentro de uma teoria pragmática.

Beaugrande (1997, p. 4) afirma que "a abertura da linguística em respeito à semântica e à pragmática aconteceu [...] como o primeiro movimento em direção à 'linguística textual'". À linguística textual Beaugrande (1997, p. 5) atribui um feito histórico, quando diz que ela "livrou a semântica e a pragmática da sua camisa de força formal-interpretativa" (p. 5).[14]

Nesse terreno de incorporação de componentes, é notável a confluência de atenção entre a gramática funcional e a linguística do texto quanto à postulação de uma não discretização, ou seja, quanto à noção de gradação no estabelecimento de entidades. Como diz Barros (1999), "são os fatos linguísticos instáveis, aqueles que não se resolvem como 'ou isto ou aquilo' que instigam os estudiosos da linguagem e os do discurso e do texto, antes de todos" (p. 4).

O equilíbrio instável e a fluidez de limites entre as entidades é, na verdade, o que o tratamento funcionalista coloca especialmente sob exame, na busca de entender como se obtém a comunicação com a linguagem, sempre implicados a necessidade e o desejo de sucesso na interação, ou seja, o cumprimento das metafunções da linguagem. O mais importante a destacar, acredito, é a proposta funcionalista de uma construção de sentido operando-se no fazer do texto, subordinando-se o exame das manifestações linguísticas ao cumprimento das funções linguísticas, por via da consideração dos propósitos que fundamentam os usos da linguagem.

Considero que qualquer dos temas que vêm sendo tratados na linguística do texto pode prestar-se à verificação de grandes pontos de harmonização entre a gramática funcional e esses estudos. Vou resumir aqui as reflexões que fiz em Neves (2004, pp. 77-84), defendendo que gramática funcional e linguística do texto se aliam no tratamento de processos de constituição do enunciado, ilustrando com a referenciação, extensivamente tratada nos trabalhos mais recentes de linguística do texto, e exatamente um dos processos tratados neste livro.[15]

Baseei minhas reflexões na hipótese de que as análises da referenciação abrigadas na linguística textual e as propostas abrigadas no funcionalismo se harmonizam fortemente. Interfere na reflexão uma categoria central do componente pragmático que a gramática funcional (Dik 1989a; 1997) considera integrado à gramática, que é o Tópico (seja frasal seja discursivo), o qual, juntamente com o Foco, permite que os eventos descritos no discurso e as entidades neles envolvidas tenham sua importância comunicativa e sua relevância relativa estabelecidas.[16] O tópico discursivo, matéria e inspiração de grandes trabalhos da linguística do texto,[17] é uma entidade de estatuto teórico no modelo funcionalista, e nenhum desses trabalhos deixa, em última análise, de invocar tais postulados teóricos.

Nos estudos da referenciação – tanto do funcionalismo como da linguística textual – é central a consideração da progressão referencial relacionada à progressão tópica, e é por aí que conduzo as minhas reflexões.

Divido em cinco itens este apanhado bastante geral que faço do que considero uma natural ligação, nesse campo, do trabalho da linguística textual com o aparato teórico funcionalista:[18]

> 1) É assunção básica da linguística do texto que no processo de referenciação não estão envolvidos objetos da realidade, mas, sim, referentes que têm seu estatuto estabelecido segundo a sua existência como entidades de um determinado discurso. São eles os 'objetos de discurso' (Apothéloz e Reichler-Béguelin, 1995), introduzidos na rede referencial e nela mantidos, conforme determina a formulação textual. E é em ligação com a progressão ou a manutenção desses referentes que se faz a progressão ou a manutenção dos tópicos discursivos, a qual dirige o fluxo de informação, sustentando a organização informativa do texto.

Exatamente em relação a isso diz a gramática funcional que todo o discurso é 'sobre' alguma entidade (o tópico discursivo), que tem de ser apresentada pela primeira vez (o tópico novo) (Dik, 1997, p. 314). Os tópicos discursivos podem ser vários, e podem ser hierarquizados (isto é, um pode ser mais central), eles podem ser de uma parte maior ou menor do discurso (livro, capítulo, seção, parágrafo, frase), podem ser sequencialmente organizados ou ser não relacionados, etc. Abstratamente, no discurso há um estoque de tópicos: vazio, no início, mas, depois, gradualmente, preenchido. Alguns tópicos desaparecem logo, outros ficam vivos durante todo o discurso, etc.

> 2) A linguística do texto trata muito particularmente da categorização, que configura nominalmente as entidades. Mostra que um objeto pode ter sido configurado no discurso mas não ter sido ainda categorizado, ou também pode já ter sido nomeado mas será sempre candidato a uma recategorização. Cada (re)categorização é uma atribuição de propriedades ao objeto nomeado, ocorrendo, pois que, se houver duas designações – a inicial e a anafórica – dificilmente elas poderão ser tidas como totalmente coincidentes. E a diferença não se dá apenas em termos de intensão, pelo contrário, frequentemente se configura ampliação ou redução, fragmentação ou condensação do objeto, ensejando-se, mesmo, uma mudança de visão.

Disso cuida a gramática funcional quando trata da introdução primeira de um tópico ('tópico novo') bem como da reintrodução de um tópico e de sua consideração, nesse caso, como tópico dado (Dik, 1997, p. 314). O 'tópico novo' é associado por Dik (1997, p. 312) à outra categoria do componente pragmático, a focalidade: quando um novo participante é introduzido no discurso, ele é parte do gerenciamento da focalidade, porque concerne a entidades sobre as quais o falante quer dizer algo.

> 3) Uma reflexão básica da linguística textual diz respeito à cadeia referencial do texto, constituindo ponto-chave, nessa questão, a 'coesão referencial', "aquela em que um componente da superfície do texto faz remissão a outro(s) elemento(s) do universo textual" (Koch, 1989, p. 30) Obviamente, não se trata de simples recuperação de referente, pois a própria construção textual-discursiva, que é o fazer do texto, implica contínua construção dos objetos de discurso, de tal modo que cada referência é uma instância de incorporação de significados no bojo da composição dos valores do texto. Como diz Koch (2004), "a interpretação de uma expressão anafórica, nominal ou pronominal, consiste não em localizar um segmento linguístico ('antecedente') ou um objeto específico no mundo, mas em estabelecer uma relação com algum tipo de informação presente na memória discursiva" (p. 59).

O funcionalista Halliday (1985) atribui à adequação dos processos de textualização, isto é, ao bom cumprimento da função textual – aquela que confere relevância às outras duas, a ideacional e a interpessoal – a possibilidade de recuperação de um referente a partir de um item mencionado anteriormente no texto. Dik (1997, p. 319) fala em 'cadeia fórica' e 'cadeia tópica' ao explicitar as estratégias de 'manutenção de tópico dado', ressalvando que os falantes usam estratégias destinadas a manter um tópico dado até o momento em que ele for relevante para a comunicação. Falando da 'referência anafórica', ele especifica expedientes pelos quais o 'tópico dado' é conservado vivo para posterior referência.

> 4) Nos estudos de linguística do texto considera-se como propriedades da referencialidade, no discurso, a identificabilidade e a acessibilidade, ambas ligadas à distribuição de informação. Considera-se que a referenciação textual está bem estabelecida quando há identificação do referente no ponto em que ela é necessária, o que ocorre quando o falante deixou disponível o acesso à informação, isto é, quando ele fez dela uma distribuição adequada, no jogo entre o 'dado' e o 'novo' no discurso (Neves, 2001, p. 995).[19]

Para Chafe (1996, p. 42), ambas as propriedades implicam "associação com outras ideias". Na identificabilidade, propõe Chafe, estão implicados: em primeiro lugar, o julgamento, pelo falante, de que o conhecimento do referente a que se remete já é compartilhado (direta ou indiretamente) com o ouvinte; a seguir, a escolha, pelo falante, de uma linguagem com tal rigor de categorização que todos os referentes compartilhados por ele e pelo ouvinte se reduzam ao que está em questão; e, afinal, o julgamento, pelo falante, de que esse referente particular é o exemplar mais saliente da categoria, dentro daquele contexto.[20]

A gramática funcional (Dik, 1997, p. 131) trata extensivamente da disponibilidade de referentes, apontando como potenciais fontes: a informação de longo termo disponível para os interlocutores; a informação introduzida em segmento precedente do texto; a construção do referente com base em informação perceptualmente disponível na situação; a inferência da identidade do referente a partir de informação disponível em qualquer dessas fontes já apontadas. Dik (1989a; 1997) refere-se particularmente às estratégias pelas quais um tópico discursivo que não foi mencionado durante algum tempo é revivescido e reincorporado no discurso como um tópico retomado.

> 5) Também é recorrente, no estado atual da linguística do texto, a investigação da anáfora associativa, um tipo de anáfora nominal não correferencial (Charolles, 1994, p. 67). Trata-se de uma referência textual indireta, pela qual um referente que ainda não foi explicitamente nomeado (referente 'novo') pode ser identificado anaforicamente, por recurso a alguma informação configurada em outro referente disponível no contexto anterior, estabelecendo-se uma dependência interpretativa em relação a esse referente previamente mencionado. É o que ocorre em:

> • *O Cruz, tendo mais uma de suas ideias malucas, determinou que seria uma boa realizar uma sessão literária naquela **cidade**. Por intermédio de amigos conseguiu o sinal verde da **prefeitura**, para realizar a sessão no **coreto da praça principal e única**, e do **delegado de polícia**, para que o sarau se realizasse à noite e que se estendesse, caso necessário, até a madrugada.* (ACT-R)

Não se trata, pois, de remissão a um objeto de discurso, mas da criação de novas entidades referenciais cuja identificação se faz por via de um compartilhamento de conhecimento, e em função de "estereótipos culturais" (Apothéloz e Reichler-Béguelin, 1999, p. 367) de que têm posse comum os interlocutores. Desse modo, referentes são apresentados como identificáveis (ou até como já conhecidos), sem que tenham sido previamente designados e sem que tenha sido indicada a sua relação com outros referentes ou com outra informação previamente apresentada. Traços comumente aceitos da anáfora associativa são: a expressão de um novo referente anafórico, a relação de parte com todo nessa anáfora, e a conexão estereotípica (Kleiber, 1994).

Dessa questão trata a gramática funcional (Dik, 1989a; 1997), referindo-se ao fato de que, às vezes, dado um certo tópico (no caso, *cidade*), podemos falar de outro tópico relacionado, ou outros tópicos relacionados com ele, como se já tivessem sido introduzidos antes (*cidade... prefeitura, coreto da praça principal e única, delegado de polícia*), casos em que cada um dos posteriores (*prefeitura, coreto da praça principal e única, delegado de polícia*) pode ser chamado de subtópico. O que garante isso é o conhecimento comum de que nas cidades existe prefeitura, existe coreto em praça, existe delegado de polícia. Isso quer dizer que, depois que um tópico novo X foi introduzido no discurso, pode-se continuar a falar não apenas de X, mas também de todos os subtópicos que se julga que estão disponíveis para o ouvinte, com base na informação pragmática acessível, uma vez que X está disponível para ele.

Em todos os casos, como mostra Chafe (1994, p. 122), o esquema (o *script* ou o *frame*) que está na mente dos parceiros da interação garante as inferências que permitem o estabelecimento da relação associativa que leva à interpretação dos referentes.

Dik (1997) propõe parâmetros para essa investigação lançando a pergunta: "Que espécies de subtópicos podem ser associados a um determinado tópico dado?" (p. 315). E responde que essa associação ocorre "quando há uma relação de inferência" (p. 324), isto é, quando o ouvinte é capaz de reconstruir alguma ligação. Toma o cuidado de indicar que, obviamente, algumas ligações são mais fáceis e previsíveis que outras.

No final desta breve avaliação de uma natural filiação do trabalho com o texto às propostas teóricas do funcionalismo, não se pode deixar de dizer que uma investigação que incorpora aos elementos formulativos – enunciados linguísticos – as unidades temáticas, ou seja, uma investigação que inclui as unidades do fluxo de informação é, na sua base, funcionalista, e encontra abrigo no aparato teórico que ela tem disponível. Não é à toa que o desenvolvimento pioneiro do estudo da coesão textual (Halliday

& Hasan, 1976) – que não deixa de prover ingredientes sociolinguísticos como o registro, por exemplo – é de um funcionalista, Halliday, o criador da gramática sistêmico-funcional.[21] Halliday (1985, p. XIII) afirma que sua gramática "é funcional" no sentido de que busca dar conta de "como a linguagem é usada". Continua, dizendo que todo texto – isto é, tudo que é dito ou escrito – aparece em algum contexto de uso; que, além disso, são os usos da língua que, por dezenas de milhares de gerações, deram forma ao sistema; que a linguagem se desenvolveu para satisfazer a necessidades humanas, e o modo como ela é organizada é funcional com respeito a essas necessidades, ou seja, não é arbitrário. Uma gramática funcional é essencialmente uma gramática 'natural' no sentido de que tudo nela pode ser explicado, afinal, por referência a como a linguagem é usada. Todas as linguagens são organizadas em torno de dois principais tipos de significado, o "ideal, ou reflexivo", e o "interpessoal, ou ativo."

Afinal, registre-se que a preocupação expressamente declarada de Halliday (1985, p. XVI) é com a "análise do discurso", ou "linguística do texto". Ele se reporta aos "linguistas das principais escolas funcionais europeias – a Escola de Praga, os funcionalistas franceses, a escola de Londres, a escola de Copenhague" para dizer que "todas, de modos diferentes mas relacionados, consideraram o texto como o objeto da linguística ao lado do sistema" (p. XXII). Para ele, "a análise do discurso tem de fundamentar-se num estudo do sistema da língua", e, "ao mesmo tempo, a principal razão para estudar o sistema é lançar luz sobre o discurso – naquilo que as pessoas dizem e escrevem, ouvem e leem" (p. XXII).

Ressalva ele que a tendência natural é pensar o texto como um produto. De fato, reconhece, é geralmente a uma peça escrita que se dá o nome de 'texto', e, mesmo que se admita a categoria 'texto falado', normalmente o vemos como um objeto, e, para sermos capazes de observá-lo, nós o gravamos e o transcrevemos na forma escrita. Hjelmslev, entretanto – aponta Halliday (1985, p. XXII) –, pensou o texto como processo, referindo-se à linguagem como sistema e processo, e não é difícil seguir Hjelmslev nessa concepção; o problema para a análise do texto é que é muito mais difícil representar um processo do que um produto.

E afinal deve ser referida a afirmação de Beaugrande (1997) de que "o trabalho com textos mudaria a paisagem teórica e prática da linguística" (p. 4), e, com certeza – acrescento –, a visão da gramática.

Uma visão dos rumos da gramática funcional: uma "gramática funcional discursiva"

Não é necessário acentuar que o essencial das características e propostas do funcionalismo, na sua relação com o discurso, até aqui lembradas, está implicado em qualquer modelo funcionalista, mas o grupo funcionalista da Holanda, que tem uma tradição de formalização da gramática funcional, caminha, no momento, para a formalização do modelo que explicitamente denomina *Discourse Functional Grammar*.

Propõe uma gramática que, partindo de um modelo de expressão dinâmica (Bakker, 1999; 2001), coloca como unidade básica do discurso o ato discursivo, e não a frase. Segundo Hengeveld (2005), o modelo destaca-se da Gramática Funcional de Dik por começar com a codificação da intenção do falante, e, a partir daí, operar de cima para baixo, até a articulação, que é o componente de saída (*output*) da gramática. Ela se destaca, ainda – prossegue o autor – por considerar as funções como parte das várias estratégias de estruturação: as funções pragmáticas são parte das estruturas (*frames*) interpessoais, as funções semânticas são incluídas nas estruturas (*frames*) representacionais, e as funções sintáticas, nas línguas em que têm relevância, são parte das estruturas morfossintáticas frasais. A natureza central das funções sintáticas pode, pois, ser atribuída aos fatores semânticos e pragmáticos que provocam sua ocorrência,[22] e a oração nada mais é do que uma das opções que o falante tem para contribuir para o discurso.

O que caracteriza especialmente o modelo, diz Hengeveld (2003), é esse movimento *top-down*, isto é, a assunção de que as decisões dos níveis e camadas de análise mais elevados determinam e restringem as possibilidades dos níveis e camadas de análise mais baixos.[23] Nessa proposição, ainda explica o autor, as interfaces entre os diferentes níveis podem ser descritas em termos das decisões comunicativas que o falante toma quando constrói um enunciado, distinguindo-se três níveis em interação, o nível interpessoal, o nível representacional e o nível de expressão, exatamente nessa ordem.

É uma proposta que, afinal, toca de perto o arcabouço que Halliday (1967, 1968, 1970, 1973a, 1973b, 1977, 1978, [1985] 1994) montou, assentado na crença de que as línguas são organizadas em torno de dois significados principais, o ideacional, ou reflexivo, e o interpessoal, ou ativo, duas metafunções que constituem as manifestações, no sistema linguístico, dos dois propósitos mais gerais que fundamentam todos os usos da linguagem: entender o ambiente (ideacional) e influir sobre os outros (interpessoal). Há um terceiro componente metafuncional, o textual, pelo qual a linguagem contextualiza as unidades linguísticas, fazendo-as operar no cotexto e na situação. A pluralidade funcional se constrói claramente na estrutura linguística, e forma a base de sua organização semântica e sintática, ou seja, lexical e gramatical. Halliday insiste em uma teoria não apenas extrínseca mas também intrínseca das funções da linguagem, uma teoria segundo a qual a multiplicidade funcional se reflete na organização interna da língua, e a investigação da estrutura linguística está a serviço das várias necessidades a que a linguagem serve.

A emergente Gramática Funcional Discursiva é, também, uma proposta que, à parte a formalização precisa e rigorosa – embora declaradamente tentativa e provisória – que faz do tal modelo *top-down*, mantém pressupostos básicos que sempre estiveram em Dik (especialmente 1989a e 1997). Apresenta-se ela como expansão de uma gramática da frase para uma gramática do discurso, o que vem justificado por duas razões principais: primeiro, por existirem muitos fenômenos linguísticos que só podem ser explicados em termos de unidades maiores do que a frase individual, como partículas discursivas, cadeias anafóricas, formas de verbos da narrativa e muitos outros aspectos da gramática que requerem uma análise que tome um contexto linguístico mais amplo em consideração; segundo, por existirem muitas expressões linguísticas que são menores do que a frase individual, embora funcionem como enunciados completos e independentes dentro do discurso (Hengeveld, 2003).

Há que insistir em que nenhum desses aspectos estava absolutamente desconhecido nos diversos modelos de funcionalismo, referência especial feita novamente a Halliday, para quem as gramáticas funcionais, "assentadas na retórica e na etnografia", tendem a tomar a semântica como base (gramática natural) e organizá-la, desse modo, em torno do texto, ou discurso, interpretando a língua como uma rede de relações na qual as estruturas são a realização das relações (Halliday, [1985] 1994, pp. xxviii-xxix). Nessa consideração, a real unidade em função é o texto, e o que está colocado em exame é a construção de seu sentido.

E afinal, se o que pretende que distinga a nascente Gramática Funcional Discursiva da Gramática Funcional que a precedeu é o fato de ela começar com a codificação da intenção do falante, fica o reclamo por uma reflexão que coloque mais decisivamente nesse embate o célebre modelo de interação verbal de primeira hora dikiano, ponto de partida de suas propostas, no qual a expressão linguística, em primeiro lugar, é função da intenção do falante, isto é, de um plano mental concernente à modificação particular que o falante quer provocar na informação pragmática do destinatário, o que vai determinar as escolhas para a formulação linguística.

De todo modo, a grande marca, hoje, da vitalidade da gramática funcional é esse esforço teórico que o grupo funcionalista da Holanda empreende no sentido de constituição de um modelo formal rigoroso – aliás, mantendo a natureza da teoria dikiana – de uma gramática declaradamente 'discursiva'.

Notas

[1] Este capítulo inclui reflexões e aproveita trechos de estudos de Neves (2004c, 2004d).
[2] Para Dik (1989a, 1997), juntamente com a capacidade linguística atuam a capacidade epistêmica, a capacidade lógica, a capacidade perceptual e a capacidade social, as quais interagem estreitamente umas com as outras, produzindo cada uma delas um *output* que pode ser essencial para que as demais operem.
[3] Isso não significa, entretanto, que um processo tão natural na vida das línguas não tenha sido sempre verificado. Hopper & Traugott (1993, p. 18) citam a publicação, em 1822, da obra de Wilhelm von Humboldt *Sobre a gênese das formas gramaticais e a influência dessas formas na evolução das ideias*, na qual se indica que a estrutura gramatical das línguas humanas foi precedida por um estágio evolucionário no qual só as ideias concretas poderiam ser expressas.
[4] Observe-se, entretanto, com Heine et al. (1996b, p. 3), que a preocupação de Meillet era eminentemente histórica, ligada ao aparecimento de determinadas formas, sem busca de explicação para a evolução das línguas em geral (Heine et al., 1991b, p. 3).
[5] Taylor (1989, p. 59) explicita essas duas maneiras de entender o termo protótipo: (i) como aplicado ao membro central ou ao bloco de membros centrais de uma categoria (ou seja, uma entidade é um protótipo); (ii) como esquematicamente representativo do núcleo conceptual de uma categoria (ou seja, uma entidade <u>representa</u> um protótipo). Obviamente, ele recomenda a adoção da segunda concepção. Ver Neves (1997, p. 140-142).
[6] Foi com base nessa propriedade (o protótipo não estar centrado em um núcleo principal, mas depreender-se de subcategorias referenciais) que Rodrigues (1998), buscando as regras de formação de palavras com prefixos de localização, levantou a hipótese de "haver uma subcategorização da noção de localização, a qual pode

compreender espaço e tempo" (p. 48). Essa aplicação da noção de protótipo à análise da morfologia derivacional teve, declaradamente, inspiração em Rio-Torto (1993), que afirma que a inclusão de traços prototípicos fornece "indicações insubestimáveis relativas ao indivíduo e/ou à comunidade que as usa, dando a conhecer os códigos e os valores em vigor num dado universo cultural" (p. 175).

[7] O isomorfismo e a motivação são apresentados por Haiman (1980; 1985b) como os dois modos pelos quais a estrutura conceptual se reflete na estrutura linguística. O isomorfismo, ao contrário da motivação, que é a correspondência das relações entre partes, seria a correspondência das próprias partes (Croft, 1990, p. 164).

[8] Givón (1984, p. 30-31), o grande defensor da existência de motivação icônica na gramática, justamente defende que é no domínio da semântica lexical que a relação entre o significado e a forma sonora possui o maior grau de arbitrariedade.

[9] Explicite-se: "Os estudiosos da iconicidade em geral invocam a distinção do filósofo Peirce, que separou uma iconicidade imagética de uma iconicidade diagramática: a primeira constitui uma semelhança sistemática entre um item e seu referente, com respeito a uma determinada característica, enquanto a segunda se refere a um arranjo icônico de signos, nenhum deles se assemelhando necessariamente a seu referente, sob qualquer aspecto." (Neves, 1997, p. 106)

[10] Vejam-se, para exemplos, entre outros: Haiman (1983, 1985a); Bybee (1985); Croft (1990); Newmeyer (1992).

[11] Para essas noções, ver, especialmente, Du Bois (1985).

[12] No livro *A teoria da Gramática Funcional*, de Dik (1997, p. 309-338), esses termos que denominam funções pragmáticas se registram com maiúscula inicial.

[13] Como exemplos de proposições concretas dessas determinações, citem-se alguns estudos clássicos na linha funcionalista: o de Hopper e Thompson (1980), que mostra a interferência de fatores discursivos no mecanismo da transitividade, com correlação entre relevo discursivo e grau de transitividade; o de Mathiessen e Thompson (1988), que vê a articulação das orações como reflexo da estruturação retórica do discurso; o de Du Bois (1980), que liga a seleção de itens indicativos de referencialidade à construção das personagens na narrativa. A esses diversos temas eu volto, nos diversos capítulos deste livro.

[14] Ele continua: "[ela] dispôs-se a incluir os resultados de diferentes correntes de pesquisa, como a perspectiva funcional da frase da Escola de Praga (por ex.: Danes, Firbas), a teoria soviética de ação (por ex.: Leontev, Luria), a teoria britânica do sistema linguístico (por ex.: Halliday e Hasan), a psicologia cognitiva (por ex.: Kintsch, Rumelhart) e a inteligência artificial (por ex.: Schank, Woods)".

[15] Ver capítulo "Referenciar".

[16] O capítulo 13 do volume I de Dik 1997, denominado *Pragmatic functions*, dedica-se ao estudo das entidades *Topic* e *Focus* bem como das propriedades *topicality* e *focality*. Nos capítulos 13 e 14 do volume II, o autor volta a tratar do Foco. Como já observei, esse autor registra com maiúscula inicial esses termos que denominam funções pragmáticas.

[17] Seja exemplo o conjunto de trabalhos do grupo de Organização Textual-Interativa do Projeto "Gramática do Português Falado", de que participo especialmente alguns que tratam mais marcadamente da organização tópica da interação: Jubran, Urbano et al., 1992; Jubran, 1993; 1996a; 1996b; 1999; Koch, 1999, que, na página 183, cita a Escola Funcionalista de Praga; Marcuschi, 1996; 1999, que invoca o princípio funcionalista da iconicidade das formas; Travaglia, 1999; Risso, Silva e Urbano, 1996, que, na página 45, falam em "matizes mais ou menos flexíveis de oscilações, dentro dos quais é possível situar a 'classe' dos marcadores conversacionais", e, mais adiante, voltam a invocar esse princípio de base funcionalista que, na organização das categorias e dos elementos, concebe um *continuum* "característico de uma série em movimento, com elementos mais típicos e mais modelares (...) e elementos menos típicos e menos modelares" (p. 49), *continuum* "que se tem revelado, em várias circunstâncias, como bastante pertinente para a definição e qualificação das configurações discursivas, em geral" (p. 58).

[18] De todos esses temas trato no capítulo sobre referenciação.

[19] Vejam-se as referências a Du Bois (1985) e a Hopper (1987) na Introdução deste capítulo.

[20] Está em questão, mais uma vez, a instabilidade das categorias, que leva à noção de prototipia (Taylor, 1989).

[21] Diz Halliday (1985) que uma teoria sistêmica é uma teoria de significado como escolha, pela qual a língua, ou qualquer outro sistema semiótico, é interpretada como redes de opções: "ou isto, ou aquilo, ou o outro", e assim por diante. Confronte-se esta indicação com a referência a Barros (1999) do final da Introdução deste capítulo.

[22] Diz Hengeveld (2005) que movimentos (*moves*) e atos discursivos são notoriamente difíceis de definir. Aproveitando as definições de Kroon (1995, p. 65-66), que segue Sinclair & Coulthard (1975), ele define movimento como "a unidade discursiva mínima livre que é capaz de entrar numa estrutura de troca", e atos discursivos como "as menores unidades identificáveis do comportamento comunicativo". Os atos de fala são os atos que o falante executa para obter sua intenção comunicativa, e o movimento é o veículo para a expressão de uma intenção comunicativa do falante, indicando-se, como exemplos dessas intenções comunicativas, convidar, informar, perguntar, ameaçar, recomendar. Esclarece Hengeveld (2003) que um movimento consiste de um único ato central, em que pode haver um ou mais atos subsidiários.

[23] Esse modelo já está exposto em Levelt (1989): o falante primeiro decide sobre o propósito comunicativo, seleciona a informação que considera a que melhor pode atingir seu propósito, codifica essa informação gramaticalmente e fonologicamente, e chega à articulação.

Falar de... e dizer que...
Ou: A construção das predicações

Introdução

Comecemos com a afirmação de que a predicação é um processo básico de constituição do enunciado. Na verdade, pode até parecer uma obviedade dizer que normalmente falamos por predicações, entretanto essa afirmação não é de aceitação tão óbvia, podendo ser invocado como objeção a ela o fato de que vários enunciados não constituem predicações, e até trechos de textos ou textos inteiros (não canônicos, convenhamos) se constroem sem predicações. Sabemos, por exemplo, que a literatura está povoada de textos que abrigam, em posição nuclear, as tradicionalmente denominadas **frases nominais** (e, às vezes, apenas essas) como:

Sangue coalhado, congelado, frio
Espalmado nas veias...
Pesadelo sinistro de algum rio
De sinistras sereias.
(Cruz e Sousa. *Faróis*)

Chuvas antigas, nesta cidade nossa, de perpétuas enchentes: a de 1811, que, com o desabamento de uma parte do morro do Castelo, soterrou várias pessoas (...).
Chuvas modernas, sem trovoada, sem igrejas em prece mas as ruas igualmente transformadas em rios, os barracos a escorregarem pelos morros (...).
(Cecília Meireles. *Quadrante 2*. Rio de Janeiro: Editora do Autor, 1962, p. 59)

Fidelidade

Ainda agora e sempre
o amor complacente.

De perfil de frente
com vida perene.

E se mais ausente
a cada momento

Tanto mais presente
Com o passar do tempo

à alma que consente
no maior silêncio

em guardá-lo dentro
de penumbra ardente

sem esquecimento
nunca para sempre
doloridamente.
(Cecília Meireles. *Para gostar de ler*. v. 6 – Poesias. São Paulo: Ática, 1980, p. 56)

Entretanto, na fala espontânea, extremamente marcada por truncamentos e abandono de enunciados iniciados, o que se verifica é que os cortes raramente dispensam os verbos / os predicados. Fui buscar no primeiro volume da série *Gramática do português falado* (Castilho, 1990) o texto no qual o Grupo "Organização textual-interativa do texto" começava a delimitar a sua unidade de análise para o desenvolvimento do Projeto, já que previamente se admitia que, se a análise tivesse como unidade a **oração**, pouco haveria a examinar, tratando-se de língua falada, dados os truncamentos, as inserções, as repetições, enfim, dada a "aparente desestruturação do discurso oral" (p. 180). Os primeiros excertos citados no texto como exemplos (pp. 153-155)[1] demonstram claramente que os predicados são raramente dispensados:

- *porque **é** MUIto a gente **vive** de motorista o dia inTEIRO mas o dia inTEIRO... uma corrida BÁRbara e **leva** na escola [...] e **vai** buscar... os dois **estão** na escola de manhã porque eu **trabalho** de manhã... então eu os **levo** para a escola... e **vou** trabalhar... depois saio na hora de **buscá**-los...*
(D2-SP-360:93-98)

- *... ela está bem ordenada... mas::ela não éh::... não **tem** maturidade... não é ainda... claro... **tem** onze anos só para nos **julgar**... mas **se sente** a... a própria... juiz... sabe?* (D2-SP-360:218-221)

Mesmo alguma 'frase nominal' que apareça tem suporte predicativo em outra oração com predicado verbal, do mesmo falante ou de um interlocutor, como se vê no exemplo a seguir:

- L1 *ele gosta REalmente ele é vivo... bastante... mas é leVAdo demais sabe?... ele fica duas horas...*
[
L2 **bem normal um menino bem normal né?**
[
L1 **bem normal graças a Deus** *não é nenhum:: geniozinho assim... quieto... ele::... passa horas... lendo... mas ele saiu dali toda a energia que ele acumulou ali naquele periodozinho que el/em que ele leu... que:: geralmente não é pequeno esse período... ele sai ele*

(D2-SP- 360: 1467-1475)

Para Dik (1985; 1989a; 1997), assim como todos os predicados básicos de uma língua compõem o seu léxico, todos os itens lexicais de uma língua se analisam dentro da predicação. Nesse modelo fica indicado que a descrição de uma expressão linguística começa com a construção de uma predicação subjacente, que é, então, projetada por meio de regras que determinam a forma e a ordem em que os constituintes da predicação subjacente são realizados. Desse ponto de partida que é a predicação, passa-se à expressão referencial, em seguida à expressão relativa à unidade de informação (o conteúdo transmitido em um ato de fala) e, finalmente, à fala real. Reconhece-se a existência de constituintes extraoracionais (por exemplo, um iniciador de frase, um vocativo, um tema, um parêntese modal, um apêndice, um esclarecimento), isto é, de constituintes que não são parte de uma oração propriamente dita, servindo a variadas funções pragmáticas, como, por exemplo, o monitoramento da interação ou o relacionamento do conteúdo da expressão com o contexto de ocorrência.[2] Entretanto, são os próprios discípulos e sucessores de Dik (cite-se, especialmente Kees Hengeveld) que revertem o modelo, transformando o processo de produção da fala (*speech production process*) de *bottom-up* em *top-down* (da intenção à articulação) e postulando a denominação *Gramática Funcional do Discurso*, não mais apenas *Gramática Funcional*, para a teoria.

Na verdade, a postulação central dessa nova proposta, a de que "há muitos fenômenos linguísticos[3] que só podem ser explicados em termos de unidades maiores do que a sentença simples" (Hengeveld, 2000, p. 1) não exigiria uma revisão da afirmação de que falamos por predicações. Além disso, como já apontei, a indicação de que "o falante primeiro decide com base em um propósito comunicativo, seleciona a informação mais adequada para atingir seu propósito, então codifica sua informação gramaticalmente e fonologicamente, e finalmente vai à articulação" (Hengeveld, 2000, p. 2) já estava no modelo de interação verbal de Dik (1989a; 1997, p. 8). Entretanto, em nome do rigor, está em processo toda uma reformulação das bases da teoria para sustentar um modelo ao mesmo tempo hierárquico e modular em que "decisões em níveis e camadas de análise superiores determinam e restringem as possibilidades em níveis e camadas de análise inferiores de análise" (Hengeveld, 2000, p. 2).[4]

A predicação e o texto

De qualquer forma, não há que negar que, como explicita Dik (1985, 1989a, 1997), os textos canônicos constituem, na base, o acionamento de um conjunto de estruturas de predicado (os blocos de construção mais básicos no nível morfossemântico de organização linguística) e um conjunto de termos (expressões que podem ser usadas para referência a unidades de um dado mundo), os quais, inseridos nos predicados, formam as predicações.

Está em Halliday (1985) que o 'complexo frasal'[5] – que vem a ser a frase complexa – é o limite superior dentro do qual a oração é a unidade fundamental de realização. Entretanto, ele observa que isso vale para a relação tipicamente construcional, que é a que guia a gramática tradicional, a qual para nesse limite. Mesmo configurada por esse estatuto de estruturação sintática, na visão hallidayiana a oração (complexa) cumpre funções na linguagem, ou seja, ela é representação (organização semântica, em cumprimento da função ideacional), ela é troca (organização da interação, em cumprimento da função interpessoal) e ela é mensagem (organização informativa, em cumprimento da função textual). Além disso, o que está na proposta funcionalista de Halliday é que a sistematização também chega lá onde as formas de organização são não construcionais, fora dos limites da oração – mesmo da oração complexa –, ou seja, ao lado dela (no domínio da entoação e do ritmo), em torno dela (no domínio da coesão e do discurso) e além dela (no domínio dos modos metafóricos de expressão). Afinal, Halliday (1985, p. XXII) diz textualmente que "o texto é o objeto da linguística, juntamente com o sistema".

Do ponto de vista semântico, no nível da oração (complexa) os processos (ou relações) e os argumentos (ou termos) se organizam pelo sistema de transitividade, enquanto no nível que extrapola a organização sintática oracional – o nível do texto – esses mesmos componentes se organizam pela coesão. Do ponto de vista informativo, no nível da oração se relacionam um tema (aquilo de que se fala; aquilo a que se predica) e um rema (o que se diz do tema; o que se predica ao tema), enquanto no nível do texto relacionam-se porções dadas (já apresentadas, acessíveis) e porções novas (não recuperáveis ou não acessíveis).

Um perigo de interpretação nessas diversas propostas que cotejam a oração e o texto na busca da explicitação de seu funcionamento é a sensação de que se vai ao texto por via do encadeamento de orações (complexas), um pecado capital para qualquer pesquisador da linguística do texto.[6] Essa foi a grande crítica aos estudiosos da Escola de Praga,[7] a quem se acusou de considerar o texto simplesmente como sucessão de frases. De fato, a unidade básica de análise nessa escola são as orações, que, entretanto, são vistas como unidades comunicativas, já que organizam internamente a informação (em tema e rema), ao mesmo tempo que se relacionam à organização do texto e à situação de fala, ou seja, ao contexto verbal e ao não verbal. Na oração são vistos diferentes 'níveis sintáticos' de organização, nos quais se abrigam uma semântica (casos semânticos) e uma pragmática (uma gramática da comunicação, definida pela imagem do interlocutor). A frase em foco é, pois, a frase efetivamente realizada, a qual constitui a aplicação das formas a funções – com a premissa de que a aplicação não se faz de modo biunívoco –, mas que tem sua função definida apenas no ato de comunicação. A não biunivocidade entre formas e funções assumida implica a assunção da multifuncionalidade dos itens, o que é o suporte da consideração funcionalista de que a descrição das estruturas não se cinge a uma descrição 'gramatical'[8] e, portanto, as regularidades que permitem uma organização e uma descrição dos enunciados se encontram na língua em função.

A predicação e o predicado

A centralidade do verbo e o acionamento de uma estrutura argumental

Outra consideração importante no desenvolvimento da visão de que a predicação pode e deve ser examinada como peça fundamental da organização textual é a da centralidade do verbo, muito evidente nas diversas propostas funcionalistas, por exemplo a de Dik, que acabo de referir. Essa noção tem sido bastante estudada a partir de Tesnière (1959), com sua 'gramática de dependência', e tem tido desenvolvimento na chamada 'gramática de valências' (Helbig, 1971; 1978; 1982; Engel, 1969, 1977),[9] à qual se liga uma gramática de casos' (Fillmore, 1968, 1971, 1977; Anderson, 1971, 1977; Cook, 1979). Entretanto, diz Flämig (1971), já antes de Tesnière se trabalhava com o conceito de valência: em 1781, com J. W. Meiner, colocava-se o verbo como centro da oração, e o sujeito entre os complementos; em 1934, com K. Bühler, que já fala em 'valência sintática', considerava-se que determinadas classes de palavras abrem em torno de si lugares vazios que devem ser preenchidos por palavras de outras classes.[10]

Uma lição básica da gramática de valências é que todos os termos que preenchem a valência do verbo são complementos, cada um deles preenchendo um lugar vazio diferente, e, portanto, todos eles são diferentes entre si, estando entre eles o sujeito.

Não há dúvida de que o sujeito é um argumento de diferente estatuto,[11] no sentido de que ele é o escopo da predicação que se opera na oração (isto é, em referência a ele se estabelece a predicação), o que não se pode dizer de nenhum dos outros complementos, que são exatamente aqueles que, na tradição, se vêm chamando, propriamente, **complementos**. Entretanto, se o que está em questão é aquilo que se denomina nas diversas teorias como **estrutura argumental** do verbo, então todos os argumentos / termos ('sujeito' e 'complementos') ocupam lugares abertos por esse "nó central que dá unidade estrutural à frase, unindo os diversos elementos num só feixe", "em conexões que se fazem segundo relações de dependência e segundo uma hierarquização" (Neves, 2002, pp. 104-105).[12]

A base para estudo da estrutura argumental tem sido buscada, por vezes, nas próprias relações lógico-semânticas (Bondzio, 1971), mas, obviamente, não há como estabelecer uma correspondência direta entre a realização da valência e esse nível extralinguístico. Trata-se, antes, de um fenômeno primariamente sintático (ligado especialmente à noção da obrigatoriedade de determinados termos para preencher a valência de determinados verbos)[13] que envolve a semântica (já que há restrições semânticas nesse preenchimento)[14] e a pragmática (já que a realização efetiva do sistema de transitividade resulta de necessidades e intenções comunicativas).[15] E é a explicitação desse nível que permite entender como altamente determinado pelo condicionamento textual-interativo, ou seja, discursivo,[16] um processo tão essencialmente 'gramatical' como a construção das orações.

Nesse nível pragmático é que se situa a questão da necessidade, ou não, de um determinado termo / complemento na oração efetivamente realizada bem como a questão do modo de realização dos diversos termos: sintagma nominal, pronome pessoal ou zero (elipse). Cada um desses modos de realização tem o seu valor, tem o seu significado no texto, e de nenhum modo é aleatória a diferença de escolha.

Comecemos falando sobre a realização do sujeito. Quando uma oração se constrói com o chamado **sujeito expresso**, isso tem razões discursivo-textuais: não é porque alguém decidiu, num determinado momento, contemplar uma das 'subclasses' de sujeito da Nomenclatura Gramatical Brasileira (sujeito oculto, sujeito simples, etc.) que tal tipo de sujeito aparece, mas porque, nesse ponto do enunciado, um sintagma nominal se faz necessário para operar uma descrição, imprescindível, por exemplo, à configuração de uma entidade como elemento 'novo' no fluir da informação, o que não se obtém com Ø ('sujeito oculto') e nem mesmo com *ele* ou *ela* (sujeito expresso por pronome).

Desse modo, também na escolha entre sujeito expresso por sintagma nominal ou por pronome pessoal interfere a organização tópica, já que, como eu já disse em outro estudo (Neves, 2002), ninguém procede, no caso "como se estivesse simplesmente diante de um teste de múltipla escolha" (p. 26). Obedecidas as restrições inerentes ao sistema (por exemplo, a impossibilidade de ocorrer um pronome oblíquo átono, como *lhe*, ou um pronome pessoal preposicionado, como *dele*, na posição de sujeito), o falante procede a uma escolha comunicativamente dirigida, e usa um sintagma nominal para ocupar a casa de sujeito num ponto do enunciado em que se reclama a especificação descritiva (por um núcleo nome) da entidade referenciada. E escolhe, diferentemente, um pronome pessoal (não um substantivo) em algum ponto do enunciado em que é necessária uma referenciação pessoal, mas não é necessária – ou nem mesmo conveniente – a especificação descritiva da entidade referenciada (que um nome, um substantivo, faria). Examinemos a fábula de Monteiro Lobato "A rã e o boi" (Monteiro Lobato, J. B. *Fábulas*. São Paulo: Brasiliense, 1952, p. 8), que assim se inicia:

> ***Tomavam sol à beira de um brejo** uma rã e uma saracura. **Nisto chegou um boi, que vinha para o bebedouro**.*

Nesse primeiro parágrafo introduzem-se as personagens, como ocorre na estrutura canônica das fábulas.[17] Verifica-se que, nesse ponto, é necessária ao leitor a identificação da natureza (não necessariamente, ainda, a identificação referencial)[18] das personagens que se alternarão na sequência de oito falas que virão a seguir, e, consequentemente, na fabulação:

> – *Quer ver, disse **a rã**, como fico do tamanho **deste animal**?*
> – *Impossível, rãzinha. Cada qual como Deus o fez.*
> – *Pois olhe lá! retorquiu **a rã** estufando-se toda. Não estou "quasi" igual a **ele**?*
> – *Capaz! Falta muito, amiga.*
>
> *A rã estufou-se mais um bocado.*
>
> – *E agora?*
> – *Longe ainda!...*
>
> *A rã fez novo esforço.*
>
> – *E agora?*
> – *Que esperança!...*

Observa-se que a alternância da fala e das ações das personagens é percorrida com muita facilidade[19] pelo leitor, porque Lobato repete o sujeito *a rã* quatro vezes, ou nas orações intercaladas de citação (*disse a rã, retorquiu a rã*), ou nas frases do narrador que introduzem fala (*a rã estufou-se mais um bocado, **a rã** fez novo esforço*). Servindo ao sentido da peça, Lobato preterere a saracura, só usando esse substantivo na apresentação da narrativa, e nunca o retomando durante o texto. Ora, a saracura é personagem secundária, coadjuvante, de tal modo que ela não entra nem no título (*O boi e a rã*) nem no desfecho, que leva à moral, pois é à rã que o boi traz a sua sentença: *Quem nasce para dez réis não chega a vintém*. Após a sequência de falas, e finalizando o texto (antes dessa sentença que é a 'moral' da fábula), há um penúltimo parágrafo que se inicia com o sujeito *a rã* e um último parágrafo que se inicia com o sujeito *o boi*, as duas personagens que formam o eixo da fábula:

> *A rã, concentrando todas as forças, engoliu mais ar e foi-se estufando, estufando, até que, plaf!*
> *O boi, que tinha acabado de beber, lançou um olhar de filósofo sobre a rã moribunda e disse:*
> *– Quem nasce para dez réis não chega a vintém.*

Por outro lado, em nenhum momento da narrativa é usado sujeito sob forma de pronome pessoal (*ele, ela*): em alguns pontos a forma *ela* levaria, mesmo, à possibilidade de mais de uma interpretação, em outros pontos se perceberia que a referência mais evidente seria à rã, mas de algum modo a leitura estaria perturbada, porque a saracura continuaria candidata a preencher a referência.[20]

Também tem determinação discursivo-textual o modo de preenchimento das demais casas de participantes da estrutura argumental. Pode-se lembrar que estudos desse tipo, especialmente feitos com verbos transitivos diretos, isto é, relacionados ao preenchimento do sujeito e do objeto direto, concluíram pela existência de padrões oracionais mais usados, o que se tem denominado 'estrutura argumental preferida' (Du Bois, 1985, 1987; England & Martin, s/d; Kumpf, 1992; Ashby & Bentivoglio, 1993; Bentivoglio, 1994; e, para o português, Dutra, 1987, Neves, 1994, Brito (1996), Antonio, 1998 e Pezatti, 2002), que assim se pode explicitar, de modo genérico:

> a) numa oração transitiva é muito mais frequente que o objeto direto, e não o sujeito, seja preenchido com sintagma nominal (restrição de sujeitos transitivos lexicais), exatamente porque a posição de sujeito é, em geral, de informação já conhecida (restrição de sujeitos transitivos dados);[21]
>
> b) é raríssima a ocorrência de sintagma nominal simultaneamente nas duas posições, a de sujeito e a de objeto direto (restrição de um único argumento lexical), já que raramente se introduzem dois elementos 'novos' simultaneamente (restrição de um único argumento novo).

Trata-se, pois, de escolhas pragmáticas de padrões sintáticos, as quais ocorrem em dependência do fluxo de informação no discurso. Nas construções transitivas há uma pressão da continuidade tópica do discurso que leva à manutenção de protagonistas (muito frequentemente 'humanos'), o que dispensa novas menções com núcleo substantivo, diferentemente do que ocorre com os objetos diretos (geralmente 'não animados'), mais variados, mais efêmeros, exatamente porque mais frequentemente portadores de informação nova.

Em estudo que empreendi (Neves, 1994), examinei 163 orações (entre principais e subordinadas), em cinco inquéritos do NURC, portanto, língua falada culta. Os resultados mostraram que a forma lexical (sintagma nominal) é mais frequente:

– em argumento único de verbo copulativo (46%), como em
- *As coisas para eles ainda estão muito confusas.* (EF-SP-405:188-189)

– em argumento não agentivo não preposicionado (objeto direto) (69%), como em
- *Ele vai tentar usar **esta criação**.* (EF-SP-405:207-208)

– em argumento não agentivo preposicionado (objeto indireto) (69%), como em
- *Eles ainda não se preocuparam **com o problema** de um ser... a representação do outro.* (EF-SP-405:198-199)

A forma não lexical (pronome), por outro lado, predomina:

– em argumento agentivo (sujeito) de verbo transitivo direto (92%), como em
- ***ele** é capaz... de desenhar este animal.* (EF-SP-405:215-216)

– em argumento único de verbo intransitivo (77%), como em
- ***eles** ainda vivem em bandos...* (EF-SP-405:60-61)

– (levemente) em argumento único de verbo copulativo (54%), como em
- ***Ela** é pragmática.* (EF-SP-405:305).

Os resultados mostram também que o esquema mais realizado (32 em 78 casos) é:

[argumento agentivo (sujeito) de verbo transitivo em forma pronominal]
+
[argumento não agentivo não preposicionado (objeto direto) em forma lexical], como em

- ***eles** também precisavam acompanhar... o **a migração da caça**.* (EF-SP-405:74-75)

Em segunda posição (10 em 78 casos) está o esquema:

[argumento agentivo (sujeito) de verbo transitivo elíptico (zero)]
+
[argumento não agentivo não preposicionado (objeto direto) em forma lexical], como em

- *E ∅ encostou **as mãos** na parede.* (EF-SP-405:184),

o que dá um total de 42 casos de orações com

[argumento agentivo (sujeito) de verbo transitivo em forma não lexical (ou pronominal ou ∅)]
+
[argumento não agentivo não preposicionado (objeto direto) de verbo transitivo em forma lexical],

contra apenas dois casos com
[argumento agentivo (sujeito) em forma lexical]
+
[argumento não agentivo não preposicionado (objeto direto) de verbo transitivo em forma lexical],
isto é, sujeito e objeto direto em forma lexical.

Esses resultados confirmam as conclusões sobre restrição de argumento lexical preferentemente na posição de objeto obtidas nos outros diversos estudos, reforçando a hipótese de que as restrições da estrutura argumental preferida propostas se aplicam às diversas línguas.

Nessa mesma linha, pode ser trazida a exame outra pesquisa (Ilari, Franchi e Neves, 1996), esta relativa à expressão dos sujeitos por meio de uma forma pronominal, efetuada dentro do Grupo Sintaxe I (atualmente coordenado por mim) do Projeto "Gramática do português falado" (coordenado pelo Prof. Ataliba Teixeira de Castilho), portanto referente à norma urbana culta brasileira.[22]

A investigação assentou-se na consideração de três grandes funções da classe dos pessoais, cada uma delas ligada a uma das metafunções de Halliday (1985), a interacional, a textual e a ideacional, respectivamente:

1) representar na sentença os papéis do discurso: é a função que remete à situação de fala, chamada **dêitica** ou **exofórica**, conforme o quadro teórico adotado;

2) garantir a continuidade do texto, remetendo reiteradamente aos mesmos argumentos: é a função que remete ao cotexto, genericamente chamada **endofórica**, sendo a anáfora sua representação por excelência;

3) explicitar o papel temático do referente, o que os pronomes fazem mediante um resquício de declinação.

Os diversos aspectos ligados às duas primeiras funções foram estudados pelo Prof. Rodolfo Ilari (então coordenador do grupo) e por mim.

O que apresento aqui, como ilustração, são os dados e suas interpretações – que, particularmente, busquei – relativos aos casos de expressão e de não expressão do pronome sujeito de primeira pessoa do singular, especialmente em um dos inquéritos examinados.

A primeira coisa a indicar é que, embora a correspondência entre as pessoas do verbo e as pessoas do pronome seja imperfeita, ainda assim, ela constitui um ponto de referência constante para a interpretação das frases do português. Sabe-se que todas as variedades da língua portuguesa do Brasil perderam a segunda pessoa do plural, e que a maioria delas perdeu a segunda pessoa do singular. As quatro formas verbais que sobreviveram, entretanto, são bastante diferenciadas do ponto de vista fônico, de modo que a ocorrência simultânea do verbo e do pronome pessoal sujeito, para identificação de papéis discursivos, poderia ser pensada como, em grande parte, redundante. O português dispensa em muitas circunstâncias o uso dos pronomes sujeito, fato que as gramáticas tradicionais explicam pela existência das desinências verbais e que a gramática gerativa reconhece enquadrando o português no parâmetro *pro-drop*. Entretanto, a omissão do sujeito pronominal não é categórica, assim como não o é sua explicitação.

Fica, então, pendente a questão de esclarecer qual é o papel semântico ou pragmático de um sujeito redundante em relação à flexão verbal.

Para responder a essa pergunta, pesquisei os casos de não manifestação do sujeito explícito com verbos nas diversas pessoas do singular e do plural. Os resultados mostram que a primeira pessoa do singular é a que mais dispensa expressão de sujeito: pouco mais de 30% das ocorrências de primeira pessoa do singular não têm sujeito expresso. Devido a esse resultado, tomei um inquérito, o DID-SP-234, para levantamento dos tipos de verbos que ocorrem sem o pronome de primeira pessoa. A primeira observação se refere a expressões quase fixas, por exemplo, as respostas negativas. Dos 96 casos de omissão do pronome *eu*, 21 ocorreram na expressão *sei lá* e 15 na expressão *não sei*, como nestes trechos:

- *... como é que vou dizer o que::...* **sei lá**... *o que mais a peça nos chama atenção* (36)
- **sei lá** *eu acho que o teatro* (70)[23]

    ... não sei hoje em dia não apareceu tanto filme como antigamente (364)
- *Olha não posso te responder* **não sei**... (461)

É evidente que não se pode explicar indiscriminadamente pelo tipo de verbo a omissão nesses dois casos, já que intuitivamente sabemos que, em determinadas sequências, a forma afirmativa preferida seria *eu sei* (com sujeito expresso) Pense-se, por exemplo, na naturalidade de uma sequência com resposta afirmativa como esta:

- Loc 1 - *Você sabe o que aconteceu?*

    Loc 2 - ***Eu sei***.

    (em que haveria, mesmo, grande probabilidade de acento no pronome sujeito).

Essa alternância entre forma afirmativa com *eu* expresso e forma negativa sem o sujeito de primeira pessoa do singular expresso se registra com outros verbos. No mesmo inquérito DID-SP-234 pude verificar que, para um total de 230 ocorrências de *eu*, menos de 20 (menos de 10%) são de enunciados negativos, e, para um total de 96 casos de omissão do *eu*, menos de 30 (menos de 30%) são enunciados afirmativos. Passagens como as que seguem ilustram essas preferências:

- *o teatro está... está tão... ∅ não sei **eu** vou de vez em quando **eu** vou mas... ∅ não vou muito ao cinema* (71)
- ***eu** gosto mais de comédia... ∅ não gosto muito de filme* (5)
- *Olha ∅ não posso te responder ∅ não sei...* (71).

Por outro lado, uma análise preliminar sugere alguma correlação entre determinados tipos de verbos e a seleção do sujeito, explícito ou não, de primeira pessoa do singular. Assim, de 90 ocorrências do verbo *achar* de opinião, no DID em questão, apenas cinco estão sem o sujeito de primeira pessoa expresso, enquanto oitenta e cinco (94,5%) estão com *eu*. E a expressão também de opinião *eu tenho a impressão* aparece treze vezes no texto, contra apenas duas ocorrências de *tenho a impressão*, com o pronome de primeira pessoa do singular não expresso. Com efeito, nesses casos de verbos de julgamento, parece ser bastante importante que se marque a presença do sujeito modalizador, especialmente se ele é o falante.

Uma investigação mais apurada poderia levar à determinação de classes de verbos (semânticas e/ou sintáticas) que favoreceriam a ocorrência, ou não, do pronome sujeito nos enunciados. Reporto-me, no momento, ao pronome de primeira pessoa do singular, mas muitas das conclusões podem ser estendidas às outras pessoas.

Os dados sugerem que outros fatores, além do tipo de verbo e da polaridade da sentença, devem influir nessa seleção.

A não ocorrência do pronome *eu* em frases afirmativas (que, pela pesquisa, favoreceriam a ocorrência), por exemplo, parece estar ligada a determinações sintáticas,[24] entre as quais a pesquisa indicou, por exemplo,

> a) a coordenação de orações com o mesmo sujeito, estando ele expresso na primeira, como nas três ocorrências seguintes (do mesmo inquérito):
> - *outro filme que que **eu** fiquei também chocada e **gostei** muito... foi:* (393)
> - ***eu** fui... **achei** um cenário uma coisa ah ótima* (61)
> - ***eu** estudei balé... e **tive** oportunidade de trabalhar* (255)
>
> b) a subordinação de uma completiva a uma principal com o mesmo sujeito, estando também ele expresso na primeira, como na ocorrência seguinte:
> - ***eu** acho que **vou** ao cinema* (326)

No caso de um verbo como *achar* opinativo, que, como se apontou, tem grande incidência do pronome sujeito *eu*, a omissão desse pronome também pode ser interpretada em relação com outros fatores ligados à construção sintática, como o fato de o modalizador (*acho que*) vir após a proposição:

> - ***eu** estudei **acho** que uns três anos de balé* (278)

Verifica-se facilmente, por outro lado, que, nesse caso, como em outros que trato aqui, há uma determinação prosódica, que, nesse tipo de questão, parece muito importante e está a merecer cuidado.

Outro grupo de fatores atua em sentido contrário, isto é, favorecendo a ocorrência do *eu*, por exemplo,

a) o deslocamento do objeto direto para antes do verbo, fato que, aliás, também se correlaciona com curva entonacional típica:
- *esse tipo de filme também **eu** gosto* (405)
- *filme **eu** gosto mais de comédia* (5-6)

b) o contexto de oração relativa:
- *o pouco que eu:: **eu** imagino* (200)

Há outras hipóteses a testar, de diferentes bases:

a) Haveria diferenças pragmáticas entre a presença e a ausência do sujeito pronominal; por exemplo, a presença do pronome sujeito poderia anunciar uma mudança de 'tópico discursivo'.

b) Haveria correlação entre a presença ou a ausência do sujeito pronominal e a 'riqueza' da flexão de pessoa do tempo em que se encontra o verbo que com ele concorda. Se o informante do trecho que vem a seguir falasse no presente, poderia (ao menos em tese) ser dispensada a ocorrência de *ele*, já que a ambiguidade entre a primeira e a terceira pessoa ficaria resolvida pelo morfema verbal:
- *Meu marido jogava... antes um pouco, mas... foi logo que nós casamos, no tempo de solteiro **ele** jogava... no Colégio, e depois jogou um tempo na Força e Luz, no Cruzeiro... mas foi pouco tempo.* (DID-POA-45:221)

Nenhum desses fatores pode ser encarado como determinante. Eles apenas apontariam para construções preferenciais. Há, de outro lado, fatores que são condicionadores, como o emprego de infinitivo pessoal, determinado, isto é, infinitivo com sujeito próprio, que deve, então, vir expresso, para registrar-se a oposição com o infinitivo impessoal, genérico. Nesse caso, a presença do sujeito pronominal contribuiria para controlar a ambiguidade de pessoa, bloqueando leituras indesejáveis e evitando leituras genéricas:

- Doc. - *O que precisa conter o cinema para levar a senhora até ele?*
  Inf. - ***eu** saber que o filme é bom.*

Um bom exemplo de perigo de uma indesejada leitura genérica, se se omite o pronome sujeito, está no trecho:

- *ele tinha mandado construir uma casa... na::... lá no meio do pasto... roçar e construir uma casa quando ele chegou lá... nem estrada não tinha para **ele** entrar em nossa fazenda.* (D2-SP-252:109-11)

Outro caso que parece ilustrar uma necessidade categórica da expressão do pronome *eu* – e com determinação pragmática – é o seu emprego como indeterminador do sujeito. Parece que o uso da primeira pessoa do singular em referenciação indeterminada requer a expressão do pronome sujeito, exatamente por constituir um emprego extremamente marcado, visto que, em princípio, o pronome *eu* é maximamente determinado (referenciador da pessoa que fala). Pode-se ver, no trecho a seguir, uma ilustração do papel do pronome nessa função:

- *por exemplo **eu** posso saber todos os sinais de trânsito de cor, (es)tá, **eu** memorizei o meu processo, se vocês me trouxerem o livrinho aquele **eu** respondo todos eles e estou no nível de conhecimento: bem, mas é preciso que **eu** aplique, que **eu** utilize os sinais de trânsito na hora certa, ou que **eu** tenha a habilidade de passar meio rápido pelo guardinha, porque senão **eu** estou multada na próxima esquina. Então, quando é que **eu** sei que **eu** co,com, que **eu** compreendi? Quando **eu** apliquei os sinais de trânsito na hora exata, quando **eu** passei um ano inteiro sem receber nenhuma multa.* (EF-POA-278: 283-291)

Alguns casos em que a presença / ausência do pronome é categórica podem ser explicados em termos de coindexação. Cabe explicitar-se, ainda, a referência que já se fez, aqui, à necessidade de investigação das determinações da prosódia, tanto para a ocorrência como para a não ocorrência do *eu*, do mesmo modo que para os outros pronomes sujeitos. Limito-me, aqui, a apontar alguns casos (do inquérito DID-SP-234) em que a determinação da curva entonacional, ligada a efeitos discursivos, parece muito evidente para uma ou outra escolha:

a) em certas perífrases, como em
- *vou te contar* (159)

b) em casos de clivagem, como em
- *como é que **eu** vou dizer o que::* (36)
- *por isso que **eu** acho que* (622)

c) em casos em que o verbo vem precedido de uma palavra com entoação enfática, como em
- *AÍ **achei** fabuloso* (59)

O que apresentei neste final do item é um piloto de exame de um dos aspectos do uso dos pronomes no português falado do Brasil: a expressão ou a não expressão do pronome sujeito de primeira pessoa do singular. Conclui-se que não existem determinações rígidas, a não ser em casos muito particulares, caracterizando-se, na maior parte das vezes, apenas a existência de construções preferenciais condicionadas por fatores prosódicos, sintáticos, semânticos e pragmáticos. Dentro de uma boa lição funcionalista, conclui-se, afinal, pela caracterização das ocorrências em termos de escolha do falante, sob condicionamento de fatores de tipos diversos, mais do que em termos de rígidas determinações gramaticais.

O verbo e a formação das predicações

A partir da indicação, feita em "A centralidade do verbo e o acionamento de uma estrutura argumental", de que, embora discursivamente determinado, o processo de construção das orações é essencialmente gramatical, temos de seguir para as determinações que, nesse nível, tendo como centro o verbo, acionam estruturas de predicado (como eu disse no início, os "blocos de construção mais básicos no nível morfossemântico de organização linguística") e um conjunto de termos (como eu disse no início, "as expressões que podem ser usadas para referência a unidades de um dado mundo"), os quais, inseridos nos predicados, formam as predicações.

Todos sabemos que há, historicamente, uma confluência – sabiamente, não uma identificação – das noções de predicado e verbo, denominadas, ambas, pelo termo *rhêma*, nos primórdios da reflexão ocidental sobre a linguagem. Com o tempo, deu-se, necessariamente, uma distensão dessa confluência, cuja origem, aliás, estava no fato de os estudos sobre linguagem se terem iniciado no bojo das reflexões lógicas da filosofia.[25] A instituição da ciência linguística, afinal, destituiu de significado uma convergência pura e simples entre as duas categorias, mas, por outro lado, abonou, colocou em relevância e equacionou as relações entre ambas. Afinal, os núcleos de predicados são, canonicamente, verbos, e o que acontece com os verbos se relaciona intimamente com a natureza dos predicados.

Tome-se como ponto de partida uma classificação dos verbos (Chafe, 1979 [1970]) que são núcleos de predicado feita segundo a natureza dos papéis semânticos desempenhados pelos argumentos que contraem relação com o predicado e que, na oração realizada, se apresentam como funções do verbo (Fillmore, 1968, 1971, 1977; Chafe, 1970). Identificam-se, por esse critério, verbos que indicam:

a) ação, se o A_1 (estruturalmente na função de sujeito) for agente;
b) processo, se o A_1 (estruturalmente na função de sujeito) for afetado ou experimentador;

c) ação-processo, se o A_1 (estruturalmente na função de sujeito) for agente/causativo e houver um A_2 afetado / efetuado;

d) estado, se o A_1 (estruturalmente na função de sujeito) não for nem agente nem causativo nem afetado (será 'neutro', 'inativo').

Nessa linha, prevê-se a determinação combinatória dos componentes segundo a constituição do sujeito, ou a do sujeito mais complemento(s), já que é a relação do predicado com os argumentos que condiciona o valor significativo dos verbos, valor determinado em cada combinação específica. A seleção do argumento sujeito em termos de seu papel semântico constitui, pois, a determinação inicial no estabelecimento da matriz: A seleção dos demais participantes (lado direito da matriz) se liga diretamente a essa primeira seleção.[26]

O Quadro 1 apresenta as classes de verbos/de frases, estabelecidas segundo as relações contraídas entre o predicado e os participantes (Chafe, 1970).

CLASSES		RELAÇÕES ENTRE PREDICADO E ARGUMENTOS			
Verbo	Oração	A_1 (sujeito)	Outros argumentos		
I - Ação	Ativa	Agente - fazer -	A_2 - não afetado -		(A_3) não afetado
II - Processo	Processiva	Afetado / Experimentador -acontecer-	Forma de expressão		
			1. verbo	(A_2) não afetado	(A_3) não afetado
			2. cópula + predicativo	–	–
III Ação-processo	Ativo-processiva	Agente/Causativo - fazer/causar -	A_2 - afetado/efetuado -		(A_3) não afetado
IV - Estado	Estativa	Inativo/ Experimentador	Forma de expressão		
			1. cópula + predicativo	–	–
			2. verbo	A_2 - não afetado -	A_3 - não afetado-

Quadro 1: Classes de verbos/predicações segundo as relações contraídas entre predicado e argumentos.

Do lado direito da matriz, parece mais eficiente, para uma descrição, a identificação, já de partida, dos traços semânticos do nome que é núcleo do complemento, alguns até bastante particularizantes, já que a presença desses traços é exigida pela matriz construcional do verbo. Oferece-se no Quadro 2 a descrição de alguns verbos de tal modo empreendida:

SUJEITO	VERBO	COMPLEMENTO	SIGNIFICADO
PAUTAR (ação e ação-processo)	agente (humano)	abstrato plural (partes de um todo)	pôr em pauta, arrolar - *os itens*
		1. abstrato 2. *por* + abstrato	calcular, avaliar - 1. *o parecer* 2. *pelo relatório*
		concreto indicativo de superfície	riscar (com pautadora) - *a folha de papel*
		1. abstrato 2. *por* / *com* + abstrato	orientar, dirigir - 1. *o trabalho, a vida* 2. *por determinados parâmetros*
		1. abstrato indicativo de sentimento, comportamento 2. *com* + abstrato	moderar, regular - 1. *a emoção, as maneiras* 2. *com determinadas atitudes*
BRADAR (ação)	agente	∅	soltar brados, gritar
		abstrato / discurso direto ou indireto	dizer ou pedir em voz alta - *insultos* / *que desistam*
		por + abstrato	clamar - *por justiça*
		por + humano	chamar em voz alta - *pelo pai*
		contra + humano / abstrato	lançar críticas, insultos - *contra banqueiros* / *atitudes*
PENSAR (ação)	experimentador	∅	conceber pensamentos, raciocinar
		(*em*) oração infinitiva / em + abstrato de ação	tencionar, cogitar (em) - *fazer algo* / *em casamento*
		em + sintagma nominal	dirigir o pensamento a - *no namorado, no emprego*
		oração	julgar, supor - *sair livre* / *que vai sair livre*
		1. abstrato 2. *de* / *sobre* / *acerca de* + nome	imaginar; atribuir em pensamento, a - 1. *coisas ruins* 2. *de alguém*
		abstrato objeto mental	conceber, medita - *tolices*
PADECER (processo e estado)	experimentador	∅	sofrer física ou moralmente
		de + abstrato designativo de mal ou enfermidade	ser acometido - *de brucelose*
		abstrato de ação / processo designativo de algo mau	suportar, aguentar - *agruras*
	inativo	*de* + abstrato	carecer, ter necessidade - *atos padecem de grandeza*

Quadro 2: Acepções segundo as classes dos verbos e os papéis semânticos dos argumentos.

Para outros verbos, em que o simples papel semântico do sujeito não é suficiente para dar conta, desse lado da matriz, do resultado semântico, torna-se necessária a identificação de traços semânticos mais específicos do sujeito. É o que se pode observar nos exemplos apresentados no Quadro 3:

SUJEITO		VERBO	COMPLEMENTO	RESULTADO SEMÂNTICO
agente	animado	BRIGAR	*com* + animado	combater braço a braço
	humano	(ação)	*com* + humano	disputar, pleitear
agente	animado	BEBER	∅	ingerir água
	humano	(ação)	concreto líquido	engolir, ingerir
			∅	ingerir bebida alcoólica
paciente	não animado concreto	BALANÇAR (processo)	∅	mover-se, oscilar
	humano		∅	ficar afetado, alterar-se
paciente	não animado concreto	BAMBEAR (processo)	∅	tornar-se bambo ou frouxo
	humano / abstrato		∅	enfraquecer-se, entibiar
agente	animado	PERFILAR (ação-processo)	concreto conjunto não unitário	alinhar
			1. humano conjunto não unitário 2. *para* + nome	alinhar em cerimônia
	humano		Humano	endireitar

Quadro 3: Acepções, segundo as classes semânticas de verbos e os argumentos.

Entrecruza-se com essa organização um esquema de possibilidades de ocorrência dos verbos, oferecidas pela língua, mas que são restringidas segundo a classe de relações contraídas. O Quadro 4 discrimina essas restrições, que se referem às possibilidades de:

1. ocorrência de formas pronominais;
2. restrições na modalização imperativa;
3. restrições na coocorrência com instrumental.

CLASSES	FORMA PRONOMINAL	MODALIZAÇÃO IMPERATIVA (ORDEM)	COMPATIBILIDADE COM INSTRUMENTAL
I Ação	sim	sim	sim
II Processo	sim	não	sim
III Ação - Processo	não	sim (com sujeito agente)	sim (alçável)
IV Estado	sim	sim (não cópula)	não

Quadro 4: Possibilidades e restrições de ocorrência segundo a classe de relações contraídas.

Assim se organizam as restrições apontadas:
1. Quanto à ocorrência de formas pronominais.

Não admite forma pronominal a classe dos verbos de ação-processo, já que, com esses verbos, deve ocorrer necessariamente um A_2 afetado, o que estaria bloqueado com a forma pronominal do verbo. Com qualquer verbo dessa classe, se ocorrer um pronome correferencial ao sujeito, ele constitui um segundo argumento, um A_2 afetado. Assim, em
- *O Valter **cortou-se** com uma lâmina.* (OAQ)

ou se trata de uma predicação de processo, e a forma, então, é pronominal, ou se trata de uma predicação de ação-processo, e o pronome *se* representa o A_2 afetado ("cortado").

2. Quanto à modalização imperativa.

Não admitem modalização imperativa do tipo 'ordem', verbos cujo sujeito não possa ser Agente. Assim, as frases
- *Se alguém dentre vós julga ser sábio aos olhos deste mundo, **torne-se** louco para ser sábio.* (BRI)
- *Pegue sua maleta e confira tudo. Os livros Meu amigo Che e Che Guevara na Bolívia são clássicos do chamado Terceiro Mundo. Não é necessário lê-los, mas **esteja** pronto para levá-los por toda parte em Cuba, e de forma ostensiva.* (REA),

embora abriguem predicados em princípio de processo (como *tornar-se*, da primeira) e de estado (como *estar*, da segunda), portanto, canonicamente de sujeito não agente, expressam ordem porque o sujeito pode ser interpretado como agente. Pelo contrário, as frases
- *– E quando um dia, continuou Augusto, a estas mesmas horas, tu ouvires uma voz cantar estes versos: Ó querida, estou de volta; Venho-te um abraço dar; Enxuga teus lindos olhos; **Sê** minha, que eu **sei-te** amar. Então, meu anjo, sou eu, é o teu Augusto; então, eu o juro, tu serás minha à face do mundo e à face de Deus; então nós viveremos.* (CAR)
- *– Continua, meu filho e meu irmão... Muitas das nuvens pesadas que te erseguem já começam a se desfazer na esteira dos teus atos. Entretanto, a luta ainda está no começo. **Sê** constante e bom. Os teus comparsas, de antigos desmandos, estão começando a cruzar os teus caminhos... Muitos deles ainda se encontram presos aos largos círculos de sombra a que os enredaste... Alguns, entretanto, já se libertaram, e procuram, como tu, pagar com Amor e Trabalho, os erros cometidos...* (ORM),

com verbos de matriz estativa, mesmo com o verbo flexionado no imperativo, não são expressão de ordem porque o sujeito não pode ser interpretado como agente. Elas manifestam, antes, uma modalidade optativa desiderativa, possivelmente cruzada com um apelo.

3. Quanto à coocorrência com instrumental.
A ocorrência de instrumental está presa
a) à existência de um agente (predicações de ação ou de ação-processo), como, respectivamente, nestas frases:
- *Nada mal para quem, antes disso, mal conseguia **comer com garfo**.* (RI)
- *O pai do menino o **acalma com um tapa*** (AF)

b) à existência de um afetado, que se liga, pelo menos, à pressuposição de um agente, como em
- *O soalho **virou** um espelho **com aquela cera**.*

Não se compatibiliza com instrumental o predicado de estado, o qual não seleciona nem agente nem afetado:
- * *A travessa **está quebrada com o martelo**.*

Outra indicação relevante diz respeito à existência de casos em que se perturba a relação entre o nível do arranjo estrutural em termos de tipos funcionais e o nível das relações sintático-semânticas básicas. Ocorre que a estrutura realizada pode refletir bem diretamente a combinatória sintático-semântica básica ou pode apresentar alterações que determinados mecanismos – acionados pelo falante na sua busca de efeitos semântico-discursivos – permitem obter:

1. mecanismos de mobilização das relações entre papéis semânticos e funções sintáticas (alçamento, rebaixamento);
2. mecanismos de esvaziamento de casas estruturais (apagamento, truncamento);
3. mecanismos de desvestimento / revestimento de traços semânticos nos participantes;
4. mecanismos de esvaziamento semântico do verbo;
5. mecanismos de alteração estrutural na representação da conversibilidade de papéis.

Em determinados casos, expedientes sintáticos podem conferir aos enunciados aparência de irregularidade.

Os mecanismos que atuam nessas relações são apresentados no Quadro 5:

1. Alteração na hierarquia de argumentos
1.1 Alçamento: $A_2 / A_3 \rightarrow A_1; A_3 \rightarrow A_2$
1.2 Rebaixamento: $A_1 \rightarrow A_2 / A_3; A_2 \rightarrow A_3$
2. Apagamento $A_2 / A_3 \rightarrow \emptyset$
2.1. Truncamento: A_2 / A_3 oracionais $\rightarrow$ A essenciais de A_2 / A_3
3. Transposição: A com traço X $\rightarrow$ A com traço Y
4. Dissimilação: $V + A_2$ do mesmo radical $\rightarrow$ V sintaticamente neutro + A_2
5. Coordenação e condensação: V com A_1 e A_2 ou A_2 e A_3 da mesma subclasse, sem exigência quanto à ordem dos A. $\rightarrow$ V com os A da mesma subclasse coordenados/ condensados (forma de pluralidade)

Quadro 5: Expedientes sintáticos que atuam na relação entre o nível das relações sintático-semânticas básicas e o nível estrutural.

Assim funcionam, em linhas gerais, os mecanismos apontados, com a ilustração em pares de frases:

Expediente 1: Alteração na hierarquia dos elementos.

Alçamento e rebaixamento se implicam, quer se mantenham as relações básicas, alterando-se apenas o nível da estrutura, quer se perturbem as próprias relações de transitividade:

> a) *O suor pingava da testa do cônsul Kirchberg. Nunca vi em Florença um verão tão quente, uma fornalha!* (MEL)
> Sujeito – Paciente
> Complemento – Origem
> b) *A testa do cônsul Kirchberg pingava suor.*
> Sujeito – Origem
> Complemento – Paciente

Verifica-se que, na relação entre a) e b), a alternância da estrutura não significa alteração nem no esquema de transitividade (as relações contraídas entre predicador e argumentos) nem no nível das categorias, que se mantêm ambas como funções do predicado, e com a mesma relação de domínio. Altera-se, porém, a organização temática oracional, necessariamente com reflexos na organização tópica do discurso e com efeitos na distribuição do relevo informativo:

> a) *A importância da multimodalidade cresce ainda mais em função da futura implantação do Mercosul em 1995, pois haverá necessidade de boa integração das redes viárias de transporte terrestre entre os países participantes, bem como do transporte hidroviário e da compatilização sistemática das suas instalações portuárias, de modo que a movimentação operacional das cargas entre elas se proceda sem colapso ou incompatibilidade indesejáveis.* (ESP) Sujeito (Núcleo + S. Prep. adjunto) – Paciente
> b) *A multimodalidade cresce em importância (...).*
> Sujeito (Adjunto do Núcleo sem a preposição.) – Paciente
> Complemento de relação (Núcleo) – Especificador

Diferentemente, verifica-se a possibilidade de a alteração de hierarquia corresponder a uma alteração em termos de domínio. Assim, em a), o núcleo do sujeito é representado pelo item *importância*, que representa uma posição nominal dominada pela oração, e que, por sua vez, domina a posição ocupada por *a multimodalidade*; em b), o sujeito passa a ser representado pelo item *a multimodalidade*, que, assim, sobe para uma posição de domínio direto da oração. Consequentemente, nem no nível da oração como 'representação', isto é, ideacionalmente (Halliday, 1985), tem-se resultado semântico idêntico. Muito menos tem correspondência a distribuição das peças que organizam a topicidade e a focalidade do discurso:

a) *e em fevereiro surgiram* **os mascarados** *e no seu entrudo para divertimento dos senhores* **lambuzaram o morto com pólvora e farinha, zarcão e azul de parede**, *ele ficou lá, colorido;* (SD)
Sujeito – Agente
Complemento – Paciente
Especificador – Matéria

b) *(os mascarados)* **lambuzaram pólvora e farinha, zarcão e azul de parede no morto.**
Sujeito – Agente
Complemento – Matéria
Complemento – Lugar

O par de frases a) e b) apresenta diferenças entre si quanto às relações entre o predicado e os argumentos do lado direito da matriz: A_2 e A_3 mudam de posição, e o papel do A_3 só existe na segunda formulação. A alteração da relação predicativa define diferentemente até a extensão em que a ação-processo (*lambuzar*) atua: com certeza, muito mais se lambuzou no primeiro caso.

a) *Faz mais de um mês que* **a lâmpada do poste quebrou** *e até agora não vieram por outra, mesmo a gente telefonando sempre.* (CH)
Sujeito (Núcleo + S. Prep. Adjunto) – Paciente

b) ***O poste quebrou a lâmpada.***
Sujeito (Adjunto do Núcleo sem a Prep.) – Paciente mais geral
Complemento (Núcleo): Paciente mais particular

a) *Não, Daniel, não há tempo...* **o Porfírio está consertando o auto** *aí na rua... vou descansar um pouco na casa dele...* (CHI)
(Sujeito) – Agente
Complemento – Paciente

b) ***O auto está consertando*** *aí na rua.*
Sujeito – Paciente

Nos dois últimos casos, a frase b) tem aparência de irregularidade, pela topicalização sintática (alçamento a sujeito) do A_2. No primeiro dos dois pares, o nome núcleo (*poste*) do sintagma preposicionado (*do poste*), adjunto do núcleo do sujeito paciente (*lâmpada*), passa a ser A$_1$ (um sujeito que, pela estrutura argumental do verbo – *quebrar* –, é um afetado), e esse núcleo (*lâmpada*) vai para A$_2$ (objeto direto) do verbo de processo *quebrar*. No segundo dos dois pares, o elemento que era paciente (*auto*) passa a ser A$_1$ (sujeito que, pela matriz do verbo – *consertar* –, seria um agente) ficando vazio o lado direito da matriz de um verbo que, em princípio, seria de ação-processo. Há, pois, todo um rompimento de estruturas canônicas, com evidente marcação negativa dos enunciados, do ponto de vista da norma padrão e da avaliação social do uso, mas também com importantes efeitos discursivos obtidos pela criação de tópicos fortemente marcados.

Expediente 2: Esvaziamento de casas estruturais.

1) Uma casa estrutural vazia à direita do verbo pode corresponder a um ponto de ocorrência de um A$_2$:
A$_2$: Efetuado
• *Além dele, minha tia Berta (que **compunha**), era exímia na cítara.* (BAL)
A$_2$: Afetado
• *Eram dores de mudança, como dizia sua tia quando mudava de casa, de apartamento, dores de **empacotar**, **engradar**, **amarrar**, empurrar a cama, o aparador, e, depois de tudo pronto para os carregadores, enrijar braços e pernas, cerrar punhos e contrair o corpo inteiro como se assim se pudesse ajudar os homens que içavam no ar o velho piano que, a qualquer choque maior, se desmancharia no chão, num último acorde de teclas, martelos e cordas.*
A$_2$: Direção
• *O cozinheiro **se aproximou**.* (AGO)

2) Um A$_2$ oracional à direita do verbo pode truncar-se:
Apaga-se o núcleo verbal do predicado.
a) *Politicamente, Jean-Paul Sartre jamais **ousou externar uma meditação própria**.*
b) *Outro exemplo de gênio acaciano: Jean-Paul Sartre. Pode-se afirmar que, politicamente, jamais **ousou uma meditação própria**. Vive das gorjetas de Marx.* (ESP)
Apaga-se o núcleo verbal do predicado + as marcas oracionais e o(s) argumento(s) recuperável(is) na construção truncada.
a) *Mas isso não impediu **que ele abrisse restaurantes** no Epcot Center, em Orlando, em Melbourne, na Austrália, e, Tóquio e até num navio norueguês.* (VEJ)
b) *Mas isso não impediu **restaurantes** no Epcot Center, em Orlando, em Melbourne, na Austrália, e, Tóquio e até num navio norueguês.*

Expediente 3: Desvestimento / revestimento de traços semânticos nos argumentos.

Um verbo que seleciona nome sujeito com um determinado traço semântico pode construir-se com nome sujeito sem esse traço semântico. Assim:

- em

> • ***O jogador custou** ao time baiano a soma de Cr$ 150 milhões e mais o passe do jogador Ledo.* (ATA),

custar, que seleciona A$_1$ (sujeito) não humano concreto, constrói-se, com nome abstrato (= o trabalho/a atuação do jogador) como sujeito, e em

> • *Mas rigorosamente a tarefa dos goleiros é diferente de todas porque é a única posição em que se pode "**fabricar**" o jogador.* (FB),

fabricar, que seleciona A$_2$ (objeto direto) concreto, constrói-se, com nome abstrato (= o trabalho/a atuação do jogador) como complemento (alteração de que o autor da frase citada se apercebe, colocando aspas no verbo);

- em

> • ***Os jornais se aproveitarão** da fraqueza para exigir a volta da velha democracia do Direito e para revolver a lama já seca da corrupção.* (AF),

aproveitar-se, que seleciona A$_1$ (sujeito) humano, constrói-se, com nome não humano (mas instituição, portanto, de suporte humano) como sujeito;

- em

> ***Os espantalhos** são feios, mas combatem a adversidade. De estética desajeitada, precário simulacro do homem, cumprem sua missão na terra com exatitude. Fincados no campo lavrado, em defesa da próxima colheita, **eles afugentam** os pássaros de índole ladra.* (PAO)

afugentar, que seleciona A$_1$ (sujeito) humano (agente) ou abstrato (causativo), constrói-se com nome concreto não humano como sujeito, com evidente deslizamento metafórico (que a gramática explica).

Expediente 4: Dissimilação.

Quando o valor semântico de um verbo repete o valor do A$_2$ (coincidência de radical de verbo e complemento), um verbo semanticamente (mais) neutro ocupa geralmente o lugar do núcleo verbal do predicado, como ocorre em

> • *Tínhamos só que **tomar uma bebida** e fazer companhia.* (MAN)
> [Tínhamos só que **beber uma bebida**.]
> • *O embate dos impérios e o acirramento das lutas de classe **deram golpes** fundos no coração deslumbrado da Belle Époque, parindo uma visão trágica da História.* (REF)
> [* O embate dos impérios e o acirramento das lutas de classe **golpearam golpes** fundos no coração deslumbrado da Belle Époque.]

Esse é o mecanismo de produção do verbo-suporte,[27] elemento que, funcionando como mero suporte das categorias verbais, compõe com o A$_2$ um predicador correspondente ao verbo simples não ocorrente (*tomar bebida* = *beber*; *dar golpe* = *golpear*).

Expediente 5:
Alteração estrutural na representação da conversibilidade de papéis

Determinados verbos selecionam argumentos da mesma subclasse sem exigência de ordem quanto a esses argumentos.

A_1 permuta com A_2, como em

a) *Não havia transporte direto entre as ilhas e a China desde 1949, quando Taiwan se separou de Pequim em meio à guerra civil do país.* (DIN)
b) *Taiwan e Pequim se separaram.*
c) *Eles se separaram.*
d) *Os dois países se separaram.*

A_2 permuta com A_3, como em

a) *Dona Carina não colaborou antes porque não queria **misturar o romance com os negócios do senhor**!* (SU)
b) *Dona Carina não queria **misturar o romance e os negócios do senhor**!*
c) *Dona Carina não queria **misturar as coisas**!*

São construções simétricas, em que esses argumentos permutáveis podem coordenar-se ou, até, condensar-se em uma forma indicativa de pluralidade. Cada uma das construções, além de representar diferente organização tópica e diferente conferimento de relevo a entidades, constitui modos distintos de traçar a relação referencial no texto.

Verbos que não acionam uma estrutura argumental

Alguns verbos não são propriamente um *rhêma*, no sentido de que não são por si predicados, não constituem o núcleo, a matriz, para o preenchimento da estrutura argumental, ou seja, para a construção de orações.

Trata-se de um grupo bastante heterogêneo, como se verá a seguir, e deles se tratará apenas genericamente. Dois dos grupos – os **verbos de ligação** e os **verbos-suporte** – entram na construção de predicações em condições particulares, as quais os retiram do estatuto de centro da matriz predicativa. Dois outros subgrupos – os **verbos auxiliares** e os **modalizadores** – se caracterizam por constituírem operadores sobre outro verbo com o qual se constroem, que é o verbo determinador da estrutura argumental (o verbo 'principal', 'de sentido pleno').

Verbos de ligação

Há verbos, tradicionalmente chamados **verbos de ligação** ou **cópulas**, que só entram no predicado juntamente com sintagmas nominais (que podem ser referidos por pronomes) ou adjetivos, os quais são responsáveis pela seleção dos argumentos da oração. Forma-se, assim, o que se tem denominado **predicado nominal**, exatamente porque seu núcleo não é um elemento da categoria verbal, mas um elemento de categoria (pro)nominal (substantivo, adjetivo ou pronome), que entra em um sintagma que se atribui ao sujeito, cumprindo a função de predicativo do sujeito.

Tais adjetivos ou (pro)nomes, entretanto, mesmo sendo o centro lógico-semântico do predicado,[28] só em conjunto com o verbo constroem predicação. Mais do que isso, o verbo, além de não ser vazio semanticamente – o que, por princípio, é inaceitável[29] – continua o responsável pela expressão de todo o feixe de categorias gramaticais de que essa classe lexical é suporte (tempo, modo, pessoa, número).

Os verbos de ligação mais usuais (e mais estudados) são os verbos **ser** e **estar** (ambos verbos de estado, sem dinamicidade):

- *Bonitona ela é.* (BS)
- *Ela não **esteve** doente.* (CC)
- *Na ex-União Soviética o xadrez **é exemplo** para o resto do mundo.* (X)
- *Mas eu **estou com remorso** de ter tirado você dos seus estudos.* (Q)

Também são estativos outros verbos de ligação, além de **ser** e **estar**, como em

- *As noites **andavam frias**.* (ANA)

Entretanto, esse estatuto semântico não é condição necessária para formação de um predicado nominal. São também de ligação verbos de processo, como os que ocorrem em

- *Tentava manter o controle, mas suas mãos **ficaram frias**, e começou a tremer.* (AVK)
- *Odacir era fascinado por palavras. **Tornou-se o orador da sua turma**.* (ANB)
- *Será que eles **ficam com remorso** por causa dessas coisas?* (AS)

No entanto, os verbos que mais caracteristicamente servem de simples 'cópula' (não dinâmica) entre o 'sujeito' e o 'predicativo do sujeito' são *ser* e *estar*, e, entre estes, o de mais amplo espectro nessa função simplesmente 'copulativa' é *ser*: com ele, o predicativo tanto pode representar um gênero em que o sujeito (um indivíduo ou uma espécie) se inclui,[30] como, pelo contrário, um indivíduo ou uma espécie que se inclui no gênero que o sujeito representa, ou pode, ainda, trazer um gênero / espécie / indivíduo que se identifica, respectivamente, com o gênero / espécie / indivíduo representado no sujeito. Pode, ainda, trazer uma quantificação, trazer um simples atributo (qualidade, condição, situação, característica), etc. De todo modo, sempre se faz uma atribuição, ao fazer-se uma predicação (no caso, nominal).

Na poesia "Letramento", de Kate M. Chong (tradução com adaptações de Magda Becker Soares), adiante transcrita, toda no tempo presente, o sujeito é sempre *letramento* (sintagma nominal composto apenas por um substantivo), e a ele se faz uma série de atribuições predicativas. A primeira delas é negativa: diz-se da entidade 'letramento' tudo aquilo que ela não é (coisas desagradáveis): um gancho para os sons da fala, treinamento repetitivo, um martelo que quebra as construções. Aí entra a primeira atribuição positiva (nos dois sentidos), ou seja, passa-se a dizer 'o que o letramento *é*', e as atribuições são eufóricas. O primeiro predicativo, *diversão* (sintagma nominal composto apenas por um substantivo), atribui – por meio do verbo *ser* no presente do indicativo – essa condição (de 'diversão') ao letramento, emparelhando genericamente as duas entidades (entretanto, sem formar uma oração equativa[31]). Seguem-se predicativos (sempre a cópula *ser* no presente do indicativo) com núcleo substantivo, alguns com o substantivo sem determinante (*leitura, notícias, recados, telegrama, cartas, sinais, caça ao tesouro, manuais, instruções, guias, orientações*), alguns com o substantivo com determinante (*uma receita, uma lista, um bilhete, um atlas*), todos eles, entretanto, representando subentidades de 'diversão', que é o atributo apresentado na primeira atribuição positiva: na verdade, constitui 'diversão' ler à luz de vela, fazer biscoitos lendo receitas (ou escrever e passar receitas de biscoitos), fazer ou executar (ou simplesmente ler) listas de compras, escrever e ler (ou receber, ou, até, simplesmente ver) recados, bilhetes, telegramas, cartas, etc. Há também uma série de predicativos oracionais (com verbos no infinitivo), que continuam dando o letramento como 'diversão': é diversão viajar sem precisar sair da cama, é diversão rir e chorar com personagens. E, o máximo: no letramento o homem tem um mapa de si mesmo, daquilo que ele é e do que ainda pode ser. Um único verbo de ligação diferente de *ser* (veja-se que se trata de um poema sobre a 'essência' de uma entidade) é o verbo de processo, *ficar*, que, em frase negativa, vem, com o predicativo[32] *perdido*, dirigida ao leitor (sujeito: *você*), para qualificá-lo positivamente, euforicamente. Afinal, ele é 'letrado':

LETRAMENTO

LETRAMENTO <u>não é</u> **um gancho**
em que se pendura cada som enunciado,
<u>não é</u> **treinamento repetitivo**
de uma habilidade,
nem **um martelo**,
quebrando blocos de gramática.
   LETRAMENTO <u>é</u> **diversão**.
<u>é</u> **leitura** *à luz de vela*
ou lá fora, à luz do sol.
<u>São</u> **notícias** *sobre o presidente,*
o tempo, os artistas de TV
e mesmo Mônica e Cebolinha
nos jornais de domingo.

*É uma **receita** de biscoito,*
*uma **lista** de compras, **recados** colados na geladeira.*
*um **bilhete** de amor,*
telegrama** de parabéns e **cartas
de velhos amigos.
*É **viajar** para países desconhecidos,*
sem deixar sua cama,
*é **rir** e **chorar***
com personagens, heróis e grandes amigos.
*É um **atlas** do mundo,*
***sinais** de trânsito, **caça** ao tesouro,*
manuais, instruções, guias.
*e **orientações** em bulas de remédios,*
*para que você não **fique** perdido.*
LETRAMENTO é, sobretudo,
***um mapa** do coração do homem,*
***um mapa** de quem você é*
e de tudo que você pode ser.
(SOARES, M. B. Letramento. Um tema em três gêneros. Belo Horizonte: Autêntica, 2003, p. 41)

Na letra de música *Românticos*, adiante transcrita, novamente o sujeito que se repete é o título do poema, e também vêm predicativos ligados ao sujeito pelo verbo *ser* no presente do indicativo, configurando: quantificação (com o pronome *poucos*); qualificação (com o sintagma nominal adjetivado *loucos desvairados*, que, em se tratando de poesia, também podemos entender como uma sequência de dois qualificativos justapostos); identificação (com o pronome *outro* substantivado: *românticos = o outro*[33]); novamente identificação (com o sintagma nominal *o paraíso: o outro = o paraíso*); novamente qualificação (*limpos, lindos* e *pirados*):[34]

ROMÂNTICOS
Vander Lee

*ROMÂNTICOS **são poucos***
*ROMÂNTICOS **são loucos** desvairados*
*Que querem ser o **outro***
*Que pensam que O OUTRO **é o paraíso**.*

*ROMÂNTICOS **são limpos**,*
*ROMÂNTICOS **são lindos e pirados***
Que choram com baladas,
Que amam sem vergonha e sem juízo

Verbos-suporte

Abrigam-se nesta classe verbos que, em determinadas construções, tomam objetos diretos que, em vez de representar os papéis semânticos de participantes, funcionam como 'predicantes', isto é, funcionam juntamente com o verbo para formar um predicado, para orientar um evento, ou para classificar ou identificar um referente (Du Bois e Thompson, 1991, p. 11). Verbos desse tipo de construção vêm sendo denominados **verbos-suporte**[35] (Gross e Vivès, 1986; Giry-Schneider, 1986), no sentido de que eles mantêm seu estatuto verbal de suporte das categorias gramaticais que se expressam no verbo (tempo, modo, número e pessoa), mas não constituem sozinhos o núcleo do predicado.[36] São casos, pois, em que não cabe isolarem-se um verbo que constitua predicado e um nome com papel de argumento / complemento. Pelo contrário, verbo e sintagma nominal (até mais este do que aquele) codeterminam a estrutura argumental. Entretanto, fica evidente um molde morfossintático bem definido (em que os elementos básicos são um verbo 'geral', 'leve' e um nome abstrato com responsabilidade na determinação dos papéis semânticos dos argumentos), o qual permanece aberto a um preenchimento extremamente variado.

Nos casos prototípicos, a posição de objeto direto é preenchida por um sintagma nominal não referencial, como em

- *ele não pode **fazer** uma síntese sem **fazer** antes uma análise* (EF-POA-278:350-351)

A partir daí, admite-se uma gradação na referencialidade do sintagma nominal, já que a referencialidade só se afirma no uso (em dependência, por exemplo, do tempo verbal), como se pode ver em uma construção como

- *agora... João **fez** uma pergunta... de novo* (EF-RE-337: 283),
  na qual a perfectividade de tempo verbal (pretérito perfeito) torna mais referencial o objeto.

Há casos extremos de soldadura dos elementos **verbo** e **nome** na composição do predicado, em que já não se pode falar de verbo-suporte, formando-se mais propriamente uma 'expressão', uma 'locução', uma 'frase feita', na qual, além de a estrutura argumental ser determinada globalmente pelo conjunto soldado, fica composto um significado global unitário dentro do qual é impossível determinar-se o significado do verbo, isolado do significado do nome predicante. É o que ocorre em

- *eu teria que falar mais sobre... a parte assim de alimentação que **diz respeito** a minha pessoa né?...* (DID-RJ-328:3-5)

Nesses casos, bem mais do que nos casos de verbo-suporte, é grande a distância em relação às construções canônicas de verbo com objeto direto, nas quais se isolam claramente o significado do verbo 'pleno' e o do sintagma nominal complemento.

A escolha de um predicado formado com um verbo-suporte + um nome / sintagma nominal – ao invés de um verbo pleno único – revela busca de obtenção de sentidos particulares, explicando-se por necessidades ou ganhos funcionais. É lição básica funcionalista que a existência de formas alternantes num mesmo momento da história da língua está justamente a serviço do fornecimento de alternativas funcionais e/ou semânticas. E, como ocorre toda vez que diferentes construções de acepção básica similar entram em competição (Du Bois, 1985), fatores de diversas ordens, ligados às diversas funções da linguagem, instruem a escolha do falante, no sentido de um efeito particular que seja buscado. Resumindo Neves (1996), aponto casos de ganho como:[37]

a) obtenção de maior versatilidade sintática, por exemplo pela possibilidade de adjetivação do nome, como em
   • *nessa situação aqui, vocês não podem **dar opinião pessoal**, neste resumo, vocês têm que dizer aquilo que ele disse* (EF-PA-278:192),
   já que só existe disponível no léxico um verbo que significa "dar opinião" – o verbo *opinar* – não um verbo que signifique "dar opinião pessoal", e, além disso, não resolveria a questão o uso de um adverbial: *dar opinião pessoalmente / dar opinião em pessoa*, etc.;

b) obtenção de maior precisão semântica, por exemplo, por acentuação de um determinado papel semântico de argumento, como em
   • *ela **faz** justamente **supervisão** nessa parte da cozinha...* (DID-RJ-328:779),
   já que o verbo *fazer* é o representante prototípico da expressão de 'ação', propiciando grande transparência desse traço semântico do predicado;

c) obtenção de maior adequação comunicativa, por exemplo, pela marcação de registro, como em
   • *então cada um traz um prato e a gente **faz a farrinha** na casa dum, né?* (DID-POA-045:140),
   já que o verbo 'correspondente', *farrear*, não estaria adequadamente aplicado a uma 'farra' em ambiente doméstico, ou seja, a uma simples brincadeira em família, devendo ser lembrada, ainda, a possibilidade de prover-se uma marca importante de registro com o emprego do diminutivo *farrinha*;

d) obtenção de efeitos na própria configuração textual, por exemplo, pela disponibilização de um nome (embora ele, em si, não seja referencial) para remissão textual, como em
   • *quando ele **dá uma definição**, depende se essa **definição** é uma...* (EF-PA-278:97),
   já que o verbo *definir*, se usado no lugar da construção com verbo-suporte, não propiciaria a anáfora nominal que vem a seguir (*essa definição*).

Verbos modais / modalizadores[38]

Outra classe de verbos que não constituem núcleo de predicado é a dos verbos chamados **modais**, ou, mais propriamente, **modalizadores**. São verbos muito pouco contemplados nas lições tradicionais de gramática portuguesa, entretanto altamente relevantes pelo que representam como expressão da atitude do falante em relação ao que é dito, e, por isso mesmo, pelo que representam em termos de cumprimento das funções da linguagem.[39] Obviamente, não apenas verbos fazem modalização dos enunciados, e os diversos modos de expressão da modalidade operam diferentemente no fazer do enunciado.[40]

De um modo bem simples, pode-se dizer que os valores dos verbos modais se distribuem em duas grandes áreas:

> a) uma que se liga ao eixo do conhecimento / do saber (modalidade epistêmica), a qual implica uma avaliação que o falante faz de um estado de coisas ou de uma proposição, a partir do conjunto de conhecimentos e de crenças que possui: avalia, por exemplo, o estatuto de realidade de um estado de coisas como epistemicamente necessário ou possível, como em
> • *E você **deveria** ser uma espécie de teólogo ou guru da nova doutrina.* (ACM)
> • *Não **pode** ser que eu tenha feito isso - é muito ruim.* (VEJ)
> b) outra que se liga ao eixo da conduta (modalidade deôntica), a qual se relaciona a uma ação (do próprio falante ou não), mais do que a uma avaliação: qualifica, por exemplo, uma ação como deonticamente necessária ou possível (permitida, obrigatória, proibida, etc.), como em
> • *O dono da casa **deve** comer antes de todos os hóspedes e terminar depois deles.* (ISL)
> • *Mas você não **pode** dormir aqui.* (OAQ)

Verbos auxiliares

Os verbos auxiliares são operadores das categorias gramaticais tempo, aspecto e voz, que se combinam com um verbo de sentido pleno, formando uma unidade que, do ponto de vista sintático, equivale a um verbo simples.

Não apenas as desinências verbais fazem a referência temporal (a que se acoplam valores aspectuais) nos verbos. Outros meios, como adjuntos adverbiais, datações, correlações entre eventos, acuram as indicações de tempo nos enunciados, mas isso é operado especialmente pela auxiliarização verbal, ou seja, pelo uso de formas verbais que compõem com o verbo nuclear do predicado um conjunto de valor temporal particular (numa forma composta, que é denominada como **tempo composto**), dentro das categorias de tempo presente, passado e futuro. Assim, há verbos que, em algumas de suas formas,[41] entram como auxiliares em tempos compostos:

a) os verbos *ter* e *haver*, junto de particípio, operam construções com valor de passado, como em
- *Não acredito que o presidente **tenha feito** ameaça.* (FSP)
- *A empresa **havia decidido** retirar esse ponto do acordo.* (FSP)

b) o verbo *ir*, junto de infinitivo, entra em construções de futuridade:

b1) futuridade em relação a um presente, como em
- *Quando eu crescer **vou comprar** um carro bonito como o de seu Manuel Valadares.* (PL)

b2) futuridade em relação a um passado, como em
- *Em seguida, deteve-se, como se ainda **fosse voltar**.* (A)

Outros verbos (em gerúndio, em particípio ou em infinitivo, este podendo vir precedido de preposição) combinam-se com o verbo nuclear do predicado para auxiliar mais especificadamente a indicação da categoria 'aspecto'. Formam-se perífrases, ou locuções, que indicam fases de um evento:

a) insistindo numa das fases (início, fim), como em
- *E as lágrimas da mãe **começaram a correr** pelas faces rugosas.* (CA)
- *O doutor não **cessa de gracejar**?* (RIR)

b) insistindo na natureza qualitativa ou quantitativa de alguma fase:

b1) em curso (em desenvolvimento, habitual, em progressão, etc.), como em
- *Ricardo **estava falando** com João Camilo.* (ALE)
- *Você precisa estudar mais. **Anda lendo** pouco.* (ACM)
- *Ele afirma que **costuma fazer** a revisão anualmente.* (FSP)
- *E a violência **vai crescendo** à medida em que é silenciada.* (FSP)

b2) repetida, como em
- ***Tornei a entrar**.* (MAR)

b3) frequente, como em
- ***Tem comprado** muitos diamantes?* (VB)

b4) com consecução, como em
- *Tomavam a mãozinha rechonchuda, beijavam-na, **chegavam a tirá-lo** do carro.* (MAR)

b5) com resultados, como em
- *O Supremo falou, **está falado**.* (FSP)
- *Na negociação com o Banco Central, **ficou acertado** que o Banespa não será privatizado.* (FSP)

b6) com aquisição de estado, como em
- *Bem queria que Aparício nunca **viesse a saber** deste desespero da nossa mãe.* (CA)

E assim por diante.

A voz, que não tem expressão mórfica em português, também é indicada por auxiliarização:[42] pelo verbo *ser* com particípio do verbo nuclear da predicação, e, em casos especiais, pelo verbo *estar* com particípio (a chamada **passiva de estado**):

- *O pagamento será feito antecipadamente.* (FSP)
- *O Pacaembu está interditado.* (FSP)

A investigação das formas verbais nos enunciados

As categorias gramaticais implicadas: função e forma

A análise dos enunciados com vista à investigação do modo de expressão dos significados nas formas linguísticas pode fazer-se da forma para a função ou da função para a forma. Ocorre que toda forma linguística é multifuncional, e, no reverso, não há nenhuma função que corresponda a uma única forma. Desse modo, não é diretamente que se apreende uma função por observação de uma forma.

Quanto à investigação específica das formas verbais, há a particularidade do feixe de categorias implicadas, as quais possuem diferente natureza, diferente modo de relação com a categoria gramatical 'verbo' e com a categoria lexical de cada verbo (ou cada classe de verbos).

Comecemos indicando que a observação da manifestação de categorias como 'gênero' e 'número' nas línguas obtém fácil transparência, a ponto de o exame da função a partir da forma se proceder de modo direto, salvo em casos que poderíamos chamar 'metafóricos'. Não é à toa que essas categorias são as menos implicadas na categoria gramatical 'verbo'.

A indicação modo-temporal, entretanto, é, necessariamente, complexa. A questão inicial diz respeito à própria soldadura das duas categorias – tempo e modo – em um mesmo elemento mórfico, e, ainda, ao acoplamento da indicação de modo à indicação de pessoa, a qual, na verdade é a que determina a orientação modal. É impossível, pois, o desvinculamento das três indicações, ficando a indicação de cada uma dessas três categorias submetida ao quadro referencial da outra.

Assim, as formas tidas como de presente são diferentemente interpretadas (falo da função) conforme se insiram na moldura modo-pessoal indicativa, subjuntiva, imperativa, dubitativa, optativa ou hipotética, como se vê, adiante, pela ordem:

- *Todo o mundo **fala** nessa história.* (TV)
- *Não gosto que você **fale** mal dela.* (AGO)
- *Nunca mais **fale** dele assim, estou avisando, nunca mais!* (AFE)

- *Entretanto, seu Rangel, **praza** aos céus que estas lições e esses padecimentos lhe **sejam** proveitosos e o **induzam** a mudar de vida.* (ORM)
- *Talvez o vazio **volte**, talvez ele **caia** do trapézio, o terrível "flying trapeze"...* (QP)
- *Se ninguém **sabe**, ninguém compra.* (ORA)

Por exemplo, a possibilidade de enquadrar-se em um 'aqui' e um 'agora' está apenas nas formas portuguesas de 'presente' de indicativo e de subjuntivo (este, regulado pelo momento de referência do verbo da oração matriz). O imperativo (que só tem uma forma, a dita de 'presente') é, em si (ignoradas outras indicações temporais que sejam adjungidas), atemporal (embora sempre excluído do passado e do 'aqui/agora', e, portanto, apenas com lugar em momento posterior ao da enunciação). O optativo, o dubitativo e o hipotético, nas suas formas ditas de 'presente',[43] também só podem inscrever-se em momento posterior ao da enunciação, cada um com suas particularidades funcional-discursivas.

De outro lado, uma categoria modo-pessoal como indicativo (simples "afirmação de que o fato é expresso no verbo" – Apolônio Díscolo, *Da sintaxe* III 51) é diferentemente interpretada conforme se conjugue com a indicação de um tempo presente, passado ou futuro, e, ainda, conforme se permeie com as categorias de duração, completamento, indeterminação – perfectividade e imperfectividade (aspecto) –, implicadas na dimensão temporal. A essa conjunção no mínimo tripla de variáveis expressas no elemento mórfico flexional considerado 'flexão temporal' soma-se a presença de manifestações categoriais (também triplas?) nas próprias bases lexicais a que se ligam esses elementos flexionais (alemão: *Aktionsart*).

A dimensão temporal no texto

Nenhuma forma verbal pode definir-se isolada ou descontextualizadamente. Ainda permanecendo nos domínios definidos pelas relações estruturais, ou sintáticas (em que a unidade maior é a frase), teremos de conjugar o complexo funcional de estatuto mórfico – a forma verbal – ao seu contexto sintático. O verbo pertence à esfera semântica das relações e processos (Halliday, 1985) (estados / eventos), sendo responsável, pois, pelo amarramento sintático-semântico dos diferentes participantes. Do verbo, nó da frase (Tesnière, 1959), se irradia a interpretação semântica para todo o complexo que a sintaxe organiza no nível frasal: é o verbo que projeta a especificação das relações que com ele (predicado) contraem os participantes (argumentos).[44] A conjunção desses elementos compõe a predicação, a qual necessariamente as insere numa dimensão temporal, com todas as complexidades já apontadas.

Por outro lado, os verbos devem tecer a rede de relações e processos que constrói o texto, a par de inserir essa rede nas coordenadas da enunciação. Isto significa que, para a investigação da significação das formas verbais, devem elas ser investigadas também na sua função de conjunção modo-temporal do enunciado.

Qualquer forma verbal constitui a manifestação de um complexo categórico-lexical que, entre outras coisas, é o responsável pela ancoragem do texto (só o verbo tem tempo!) nas coordenadas da enunciação, e que implica manifestações das diversas funções da linguagem: da função representativa (variáveis como duração e completamento); da função interacional (variáveis como ordem, desejo, convite, apelo, hipótese, etc.); da função textual (por exemplo, as relações dos momentos de referência inscritos nos diversos pontos do enunciado com o momento da fala e o momento dos eventos).[45]

Poder-se-ia dizer, como Apolônio Díscolo (*Da sintaxe* I 51, III 24), que a categoria de tempo é propriamente verbal, mas a categoria de modo e a de número pertencem às pessoas que tomam parte no ato marcado pelo verbo, não pertencem ao verbo. Como mostra Fiorin (1996), é a pessoa que domina o espaço e o tempo, e é a partir dela que tempo e espaço se sistematizam.[46] E, digamos nós, a pessoa domina a interlocução, determinando não apenas o aqui e o agora (estabelecendo a dimensão espacial e a dimensão temporal) como também determinando, a partir do *ego*, os papéis na interlocução,[47] ou seja, no 'drama' da linguagem.

A avaliação gramatical da conjunção dessas categorias representa, na verdade, dar conta da inserção pragmático-discursiva do texto, revelando, por exemplo:

- a formação de primeiros e segundos planos (Weinrich, 1964),[48] ligados a determinações temporais;
- a conferência de relevo a fases ou partes de fases do desenvolvimento temporal reveladas pela marcação aspectual encaixada no 'tempo';
- a definição modal dos atos de fala enunciados, conferida pelo modo verbal, também acoplado nas flexões (modo-)temporais;
- afinal (mas não em último lugar em importância, pelo contrário), e evocando o 'drama' da linguagem a que se refere o parágrafo anterior, a configuração das verdadeiras estruturas de 'troca' que fazem a linguagem, os chamados *moves* / 'movimentos' (Hengeveld, 2003, 2005),[49] que talvez possamos entender como as 'ondas' que se 'acomodam' na formação de um texto.

A título de ilustração de um exame textual ligado ao uso de categorias gramaticais examino a crônica de Luis Fernando Veríssimo "Segurança", com vista para a ligação dos tempos verbais com o 'fazer' do texto (no caso, essencialmente narrativo). Transcrevo a crônica assinalando em negrito os trechos que se evidenciam como primeiro plano da narrativa, especialmente pela ocorrência de formas verbais perfectivas, as quais contrastam com trechos de formas imperfectivas, que definem os segundos planos, o que pode chegar a interessantes determinações sobre o fazer do texto, sua organização temática, a distribuição da informação, a focalização, e, afinal, o gênero da obra. Não vou até lá. Apenas destaco aqui – e muito simplificadamente, apenas como amostra –, numa narrativa, as relações dos tempos (incluindo aspectos e modos)[50] verbais com o relevo (primeiro plano e segundo plano), com a atitude comunicativa (narrativa x comentário) e com a perspectiva / o *tempus* (prospectiva e retrospectiva) (Weinrich, 1964).[51]

Segurança

O ponto de venda mais forte do condomínio era a sua segurança. Havia as belas casas, os jardins, os playgrounds, as piscinas, mas havia, acima de tudo, segurança. Toda a área era cercada por um muro alto. Havia um portão principal com muitos guardas que controlavam tudo por um circuito fechado de TV: Só entravam no condomínio os proprietários e visitantes devidamente identificados e crachados.[52]

Mas os assaltos começaram assim mesmo.[53] Ladrões pulavam os muros e assaltavam as casas.[54]

Os condôminos decidiram colocar torres com guardas ao longo do muro alto. Nos quatro lados. As inspeções tornaram-se mais rigorosas no portão de entrada.[55] Agora não só os visitantes eram obrigados a usar crachá. Os proprietários e seus familiares também. Não passava ninguém pelo portão sem se identificar para a guarda. Nem as babás. Nem os bebês.[56]

Mas os assaltos continuaram.[57]

Decidiram eletrificar os muros. Houve protestos, mas no fim todos concordaram. O mais importante era a segurança. Quem tocasse no fio de alta tensão em cima do muro morreria eletrocutado. Se não morresse, atrairia para o local um batalhão de guardas com ordens de atirar para matar.

Mas os assaltos continuaram.

Grades nas janelas de todas as casas.[58] Era o jeito. Mesmo se os ladrões ultrapassassem os altos muros, e o fio de alta tensão, e os cachorros, e a segunda cerca, de arame farpado, é do perímetro, não conseguiriam entrar nas casas. **Todas as janelas foram engradadas.**

Mas os assaltos continuaram.

Foi feito um apelo para que as pessoas saíssem de casa o mínimo possível. Dois assaltantes tinham entrado no condomínio atrás do carro de um proprietário, com um revólver apontado para sua nuca.[59] Assaltaram a casa, depois saíram no carro roubado, com crachás roubados.[60] **Além do controle das entradas, passou a ser feito um rigoroso controle das saídas.**[61] Para sair, só com um exame demorado do crachá com autorização expressa da guarda, que não queria conversa e nem aceitava suborno.

Mas os assaltos continuaram.

Foi reforçada a guarda. Construíram uma terceira cerca. As famílias de mais posses, com mais coisas para serem roubadas mudaram-se para uma chamada área de segurança máxima. E foi tomada uma medida extrema.[62] Ninguém pode entrar no condomínio. Ninguém. Visitas, só num local predeterminado pela guarda, sob sua severa vigilância e por curtos períodos.

E ninguém pode sair.
Agora, a segurança é completa. **Não tem havido mais assaltos.**[63]
Ninguém precisa temer pelo seu patrimônio. Os ladrões que passam pela calçada só conseguem espiar através do grande portão de ferro e talvez avistar um ou outro condômino agarrado às grades de sua casa, olhando melancólicamente para a rua.[64]
Mas surgiu outro problema.[65]
As tentativas de fuga. E há motins constantes de condôminos que tentam de qualquer maneira atingir a liberdade.[66]
A guarda tem sido obrigada a agir com energia.
(Veríssimo, L. F. *Comédias para se ler na escola*. Rio de Janeiro: Objetiva: 2001, p. 97-99)

É possível mostrar em destaque (negrito) a progressão da narrativa, o *foreground* (registrando-se também – sem negrito e entre colchetes – a parte de narrativa que se faz em retrospectiva):

(CENÁRIO DE SEGURANÇA) **Mas os assaltos começaram assim mesmo.**
Os condôminos decidiram colocar torres com guardas ao longo do muro alto. Nos quatro lados. As inspeções tornaram-se mais rigorosas no portão de entrada.
Mas os assaltos continuaram.
Decidiram eletrificar os muros. Houve protestos, mas no fim todos concordaram.
Mas os assaltos continuaram.
Grades nas janelas de todas as casas. Todas as janelas foram engradadas.
Mas os assaltos continuaram.
Foi feito um apelo para que as pessoas saíssem de casa o mínimo possível. [Dois assaltantes tinham entrado no condomínio atrás do carro de um proprietário, com um revólver apontado para sua nuca. Assaltaram a casa, depois saíram no carro roubado, com crachás roubados.] **Além do controle das entradas, passou a ser feito um rigoroso controle das saídas.**
Mas os assaltos continuaram.
Foi reforçada a guarda. Construíram uma terceira cerca. As famílias de mais posses, com mais coisas para serem roubadas mudaram-se para uma chamada área de segurança máxima. E foi tomada uma medida extrema.
Não tem havido mais assaltos.
Mas surgiu outro problema.
As tentativas de fuga. E há motins constantes de condôminos que tentam de qualquer maneira atingir a liberdade.
A guarda tem sido obrigada a agir com energia.

Notas

[1] Sobre o *corpus* de língua falada utilizado no projeto "Gramática do português falado", ver a Apresentação, onde estão as indicações sobre os dois bancos de dados utilizados para análise neste livro: o de língua escrita (*Corpus* de Araraquara) e de língua falada (NURC).

[2] Neves, 1997, p. 94-95. Trato deste tema no item "A anáfora associativa" do capítulo "Referenciar".

[3] Um exemplo são os marcadores conversacionais.

[4] Trato de modo muito geral essa proposta no capítulo referente à visão funcionalista da linguagem. O tema é recorrente nos diversos capítulos, e é especialmente tratado no item "A alocação da modalidade..." do capítulo "Imprimir marcas no enunciado".

[5] O termo inglês é *clause complex*, o correspondente a 'período composto', na Nomenclatura Gramatical Brasileira.

[6] No entanto, por aí começou essa disciplina: Conte (1977) historia um primeiro momento da linguística do texto caracterizado por uma análise transfrástica, seguido de uma visão do texto como unidade lógico-semântica (construindo-se 'gramáticas do texto'), e que chegou a um terceiro momento em que o destaque passou para os aspectos pragmáticos. Esse percurso está explicitado em Val (2000). Eu completaria com o destaque atual para os aspectos interacionais e cognitivos.

[7] Para o tema, ver Ilari (1992) e Neves (1997, pp. 16-19).

[8] Entenda-se, aí, **gramatical** como "sintático".

[9] Um estudo sobre gramática de valências, especialmente a de base alemã, está em Neves (2002, p. 103-128). Ver também Borba (1996).

[10] Ver Neves (1996c).

[11] Na teoria gerativa, ele é o argumento 'interno', em oposição aos demais, que são argumentos 'externos'.

[12] É a formulação de Neves (2002) para apresentar o pensamento de Tesnière (1959).

[13] Vilela (1994: 195, nota 1) diz que a "propriedade 'constructor de frase' atribuída ao verbo começou por ser considerada apenas como capacidade sintáctica (*Vertigkeit*) de distribuir dependencialmente os elementos frásicos quanto ao número e qualidade dos complementos (Tesnière 1959, Helbig/Schenkel 1983), para depois ser tida também e sobretudo como capacidade semântica (Seyfert 1979, pp. 218-369, Koch 1981, Helbig 1982, Heringer 1984) e argumental (*Stelligkeit*). A sintaxe é interpretada como a expressão sintáctica dessa propriedade semântica do verbo (Koch 1991, p. 279)".

[14] Não se pode esquecer que à 'gramática de valências' (que é uma 'gramática de dependências') se acopla uma 'gramática de casos', que é semântica (os casos têm traços semânticos), que se realiza na sintaxe (os casos se definem pela relação com o núcleo predicador) e cuja implementação decorre de uma perspectivização da cena de comunicação ativada pelo falante (Fillmore, 1968; 1971).

[15] Pode-se remeter a questão sintática à noção de types (frases-tipo da língua) e a questão comunicativo-pragmática à noção de *tokens* (frases efetivamente usadas) (Lyons, 1977, p. 13ss.).

[16] Partindo da afirmação de que a língua é um conjunto de sistemas interligados pelo léxico, Castilho (1994) postula vantagem operacional de separar os diversos domínios na análise. Ele faz uma tripartição que relaciona predicação e semântica (mais especificamente, lógico-semântica), predicação e sintaxe (relações no nível sintagmático, no nível sentencial e no nível extrassentencial), e predicação e discurso, aquela que neste livro interessa particularmente. Situando-se em outra linha de interpretação e não se restringindo à predicação verbal, Castilho (1994, p. 84-85) relaciona predicação e discurso postulando casos de força ilocucionária da predicação adverbial, casos em que haveria uma 'predicação discursiva' ou 'pragmática' paralela à 'predicação do enunciado'. Tome-se um dos exemplos oferecidos para exame, que é a frase *Nas feiras hippies as pessoas naturalmente compram bugigangas*. Diz Castilho que, nessa frase, o advérbio naturalmente desencadeia uma predicação que pode ser interpretada de mais de uma maneira: a) "que as pessoas compram bugigangas nas feiras hippies é natural" (caso em que o interlocutor toma por sujeito do advérbio toda a oração, o que corresponde a entender o advérbio como modalizando asseverativamente a oração); b) "é hábito comprar bugigangas nas feiras hippies" (caso em que o interlocutor considera que o advérbio está incidindo sobre o verbo, o que corresponde a entender o advérbio como quantificando o verbo); c) "visto que é verdadeiro que as pessoas compram bugigangas nas feiras hippies, e isso é até mesmo um hábito, meu interlocutor está achando natural que eu lhe compre algo" (caso em que interlocutor interpreta que o sujeito do advérbio, além dos que já foram citados, pode ser ele próprio, como um participante da enunciação, o que acarreta um efeito perlocutório e desencadeia uma inferência conversacional, extrapolando a literalidade da frase).

[17] É semelhante o processo que se institui na fábula "fabulosa" de Millôr Fernandes de mesmo título (*A rã e o boi*): *Quatro rãs muito bonitinhas, uma mãe rãzona e três filhas rãzinhas, viram um boi pela primeira vez na vida. O boi, sozinho, puxava arado conduzido por um lavrador* (Millôr Fernandes, 2003, p. 95).

[18] O processo de referenciação textual (criação e identificação de objetos de discurso) é tratado no capítulo "Falar de... e dizer que...".

[19] Deve ser lembrado que se trata de uma peça de literatura infantil, e a limpeza do texto é fundamental.

[20] Por isso – venho insistindo nessa questão em meus estudos que visam ao trabalho escolar com a gramática – os exercícios escolares não podem pedir que os alunos 'substituam' sujeitos com núcleo nominal por sujeitos pronominais. Tente-se a simulação dos diálogos desta fábula com pronome pessoal em qualquer das posições de sujeito, e se verá o absurdo. Trato da questão em Neves (2004).

[21] Na fábula que se acaba de apresentar, esse é o caso das ocorrências do primeiro parágrafo (a introdução das personagens). Outras determinações discursivo-textuais são responsáveis pelas escolhas seguintes. Ademais, as orações dessa fábula em geral não são do tipo estudado na pesquisa que agora se comenta (orações transitivas diretas).

[22] Selecionaram-se, para exame, as ocorrências do chamado '*corpus* mínimo' do NURC, composto de 15 inquéritos (1 EF, 1 DID e 1 D2 de cada capital pesquisada: São Paulo, Rio de Janeiro, Recife, Salvador e Porto Alegre), recorrendo-se a outros inquéritos, para exemplificação.

[23] A numeração é das linhas.

[24] Todos sabemos que são fatos explicados na teoria gerativa. Nesse mesmo estudo sobre pronomes pessoais no âmbito do Projeto "Gramática do Português Falado" de que trago estes resultados, consta um subcapítulo sobre coindexação, preparado por Carlos Franchi, membro da equipe.

[25] Ver Neves (2005).

[26] Esse foi o procedimento teórico adotado na elaboração do *Dicionário gramatical de verbos do português contemporâneo do Brasil* (Borba, coord., 1990) e do *Dicionário de usos do português do Brasil* (Borba, coord., 2002), dos quais sou coautora.

[27] Sobre os efeitos desse expediente, ver item "Verbos-suporte".

[28] Como apontam Ilari e Basso (2005, p. 39), esses elementos "mesmo quando contêm informações semanticamente suficientes para a construção de orações completas, não são sintaticamente capazes de formar essas orações sem a presença de um verbo". E continuam Ilari e Basso (2005, p. 39): "Esta exigência é de ordem apenas sintática, porque, no caso, as informações trazidas pelo verbo não são essenciais – de resto há línguas (como o russo) em que o uso do verbo é regularmente dispensado nessas circunstâncias."

[29] Essa ideia falsa é a responsável pelo fato de que, na visão de certas lições gramaticais tradicionais de cunho bastante leigo, a noção de **verbo de ligação** se tenha associado à noção de **verbo de estado**, justamente o tipo semântico verbal de traços menos acentuados.

[30] Se o gênero que se expressa no predicativo (com verbo *ser*) vier especificado (isto é, se vier expressa a diferença específica que define o indivíduo ou a espécie representados no sujeito), estará feita uma definição, desde que se trate de presente do indicativo: *O tarô é um baralho de origem desconhecida, constituído de 78 cartas separadas em dois grandes grupos*. (TA). *O zen budismo é a arte da consciência total do que fazemos*. (HPP). *Astrologia é uma Psicologia do início das coisas*. (AST). "*Tá bem*", *eu pensava, "o homem é o animal que está só"*. (LC)

[31] Uma oração equativa seria, por exemplo: *O distinto colega sabe que o homem é o único animal que pratica o suicídio?* (NCO)

[32] É a primeira 'qualificação' trazida no texto, o qual é uma peça poética, sim, mas contida, didática.

[33] Nesse caso, com a modalização do "querer", a identificação fica no desejo.

[34] Trata-se de uma composição nitidamente de gênero romântico. O final do texto – que traz duas predicações verbais nas orações adjetivas, mostra bem essa natureza.

[35] Outras denominações usuais são **verbos leves** e **verbos gerais** (Allerton, 1984, p. 32).

[36] Estudei o tema em Neves (1996, p. 201-229; 2002, p. 189-206), entre outros.

[37] Para efeito de exemplificação, os tipos de efeitos estão aí separados, mas, em geral, o efeito em um campo se casa com efeitos nos outros campos também. Por exemplo, a busca de adequação comunicativa é uma constante nos diversos casos, bem como a busca de precisão semântica.

[38] A modalização é estudada no capítulo "Imprimir marcas no enunciado". No item "A polissemia dos verbos modais", se examinam mais especificamente os verbos modalizadores.

[39] Uma explicação, que até certo ponto se pode considerar simplificada, relaciona, nesse particular, a função interpessoal à expressão de atitude do falante e a função ideacional ao conteúdo do que é dito (Halliday, 1985, p. 349).

[40] É o caso de diferentes tipos de modalidade e sua expressão alocarem-se em diferentes camadas do enunciado (Hengeveld, 1988, 1989; Dik, 1989a, 1997). Esse tema é tratado no item "A alocação da modalidade..." do capítulo "Imprimir marcas no enunciado".

[41] Não é em qualquer forma que esses verbos entram nos tempos compostos: por exemplo, o pretérito perfeito dos verbos **ter** e **haver** (**tive** e **houve**, respectivamente), não se constroem com o particípio de outro verbo.

[42] Além disso, a voz passiva também é expressa em português com o uso do pronome apassivador *se* junto de verbos transitivos na terceira pessoa: **Dá-se manteiga e leite, alguma carne, roupas necessárias e pronto!** (OAQ). Para alguns estudiosos não se trata, aí, de voz passiva, mas de construção com indeterminação do sujeito, e a evidência invocada é a frequente manutenção do singular no verbo, mesmo nos casos de o sintagma que seria o sujeito da passiva ser plural ou composto (exatamente o caso do nosso exemplo).

[43] No optativo, em português, as formas de 'presente' se opõem apenas a formas de 'pretérito', enquanto no dubitativo e no hipotético as formas de 'presente' recortam campo com formas de 'pretérito' e de 'futuro'.

[44] Ver capítulo "Falar de... e dizer que...".

[45] É proposta de Reichenbach (1947) que a interpretação temporal da oração leve em conta três momentos que relativizam as informações veiculadas: o momento da fala, o momento do evento (da realização do predicado) e o momento de referência. Ver Ilari, 1981 e Corôa, 1985.

[46] Ver Neves (1998), que constitui resenha de Fiorin (1996).

[47] Colocam-se nesse plano não somente os papéis pragmáticos e os papéis semânticos como também as próprias funções sintáticas. Lembre-se que Halliday (1985) indica a escolha do sujeito sintático como manifestação da função interpessoal: o falante escolhe a si mesmo (o eu), ou não, como sujeito da oração, e a partir daí, essa função se associa às demais da mesma espécie, compondo-se a configuração de funções desse subsistema.

[48] A noção de planos tem sido aplicada mais especificamente à narrativa, mas, numa aplicação mais geral, o primeiro plano, ou *foreground*, representa a linha principal do episódio, da descrição, da comunicação, e o segundo plano, ou *background*, representa porções de suporte do episódio, da descrição, da comunicação. Disso volto a falar no item "Modalidade e relevo informativo" do capítulo "Imprimir marcas no enunciado", onde também a modalidade (*realis / irrealis*) é ligada com a manifestação de planos, segundo a natureza do tipo textual.

[49] A nota 21 do capítulo "Estudar os usos linguísticos" trabalha o conceito da unidade 'movimento' (inglês: *move*), proposta pela gramática funcional da Holanda, especialmente na sua elaboração de uma gramática funcional discursiva. Recupero, aqui, apenas a indicação de que se trata das "unidades discursivas mínimas capazes de entrar numa estrutura de troca", as quais abrigam os atos de fala, "as menores unidades identificáveis do comportamento comunicativo" (Hengeveld, 2005).

[50] Observo que a proposta de Weinrich prescinde da noção de aspecto.

[51] Não desconheço as críticas à proposta de Weinrich, especialmente a de Grumbach (1977), que a considera psicologista e que julga falsa a dicotomia abrigada na categoria 'atitude comunicativa'. Entretanto, essa proposta suscita muita reflexão interessante sobre a organização textual, em ligação com o gênero. Eu mesma a testei em exame do Canto VII (essencialmente narrativo) da *Odisseia* (Neves, 1987).

[52] Esse primeiro parágrafo no pretérito imperfeito prepara a moldura, o cenário, o estado inicial em que se inserirá a narrativa de fatos.

[53] Começa a narrativa (primeiro plano) com esse primeiro fato, expresso em pretérito perfeito. Ela só tem relevância, porém, inserida no pano de fundo que se preparou no primeiro parágrafo. Nesse *background* criara-se uma expectativa de segurança para o condomínio, agora frustrada, o que se expressa na co-ordenação de 'contrajunção' que o *mas* inicial de frase indica. Sobre o processo de 'co-ordenação', ver capítulo "Conectar significados", item "A concorrência de orações na parataxe".

[54] Num segundo plano, explicita-se / comenta-se o modo dos assaltos que "começaram assim mesmo".

[55] A narrativa vai progredindo na sequência de fatos em pretérito perfeito.

[56] A sequência de três frases faz comentários sobre os dois últimos fatos narrados (a eletrificação dos muros, e a concordância após os protestos), comentários sobre a razão da aceitação de todos e o tipo de proteção oferecido pela eletrificação dos muros.

[57] Essa frase narrativa (em pretérito perfectivo) que reafirma os assaltos (geralmente sozinha no parágrafo) repete-se como um refrão, constituindo a espinha dorsal da narrativa. Ela sempre se inicia com o co-ordenador *mas* marcando contrariedade em relação à expectativa, já que entre cada uma das ocorrências do refrão se narram as progressivas medidas de segurança tomadas. A ela sempre se segue a narrativa (primeiro plano) de novas medidas de segurança, seguida das informações / explicações sobre tais medidas (segundo plano).

[58] O passado perfectivo está implícito.

[59] Nessa frase, continua o perfectivo (mais-que-perfeito), recuando, porém, a narrativa para o passado do passado: passado em relação ao momento de referência, que é passado em referência ao momento da enunciação. É, pois, um fato narrado, mas não de primeiro plano: ele não faz avançar a narrativa, e mais vale para justificar o apelo de que fala a frase anterior.

[60] O pretérito perfeito (*assaltaram*), agora, continua passado em relação ao momento da enunciação e também passado em relação ao momento de referência da narrativa que avança (primeiro plano), mas é futuro em relação ao último momento de referência (*tinham entrado*), um segundo plano.

[61] Nessa frase que se segue à retrospectiva, a perífrase *passou a ser feito* (com a forma de pretérito perfeito *passou*, mas com a futuridade do lexema verbal *passar*, e também da construção com o infinitivo preposicionado *a sair*) continua exprimindo passado em relação ao momento da enunciação mas já constitui novo fato da narrativa que avança, portanto um futuro em relação a essa retrospectiva nucleada pelo pretérito mais-que-perfeito (passado do passado) e também em relação à última medida de segurança tomada (primeiro plano).

[62] Trata-se do último da sequência de fatos de tomada de providências que levaram à total segurança do condomínio. (que vai dar no que deu).

[63] O tempo verbal é o pretérito perfeito composto (passado de aspecto frequentativo, negado), para narrar a interrupção da frequência dos assaltos.

[64] No presente, comenta-se a situação/cenário após o término dos assaltos (segundo plano).

[65] O refrão (espinha dorsal da narrativa, em pretérito perfeito) mantém a contrajunção de expectativa evidenciada pelo <u>mas</u>, alterando-se, porém, a predicação que exprime o fato subsequente (primeiro plano).

[66] O primeiro plano da narrativa se presentifica (presente do indicativo narrativo).

Referenciar
Ou: A criação da rede referencial na linguagem*

Introdução

No processo da língua em uso, os participantes de um discurso negociam o universo de discurso de que falam, e, dentro dele, num determinado momento, escolhem referir-se a algum (alguns) indivíduo(s) cuja identidade estabelecem – ou não – segundo queiram – ou não – garantir a sua existência nesse universo. Isso significa que referenciação[1] envolve interação, e, consequentemente, intenção.

É ao estabelecer a interação linguística, compondo seus enunciados, que os falantes instituem os objetos de discurso,[2] isto é, as entidades que constituem termos das predicações,[3] entidades oriundas de uma construção mental, e não de um mundo real, o que significa que a primeira noção de referência é a de construção de referentes. Por outro lado, os objetos de discurso vão montar no texto a rede referencial que constitui uma das marcas da própria textualidade, o que leva a uma segunda noção de referência, que é a de identificação de referentes. É assim que se pode falar em dois modos de referenciar textualmente, o construtivo e o identificador: no modo construtivo, o falante usa um termo para que o ouvinte construa um referente para esse termo e introduza esse referente em seu modelo mental; no modo identificador, por outro lado, o falante usa um termo para que o ouvinte identifique um referente que já de algum modo esteja disponível, o que ocorre quando há uma fonte para a identificação (Dik, 1997, p. 129).

Entretanto, numa visão do funcionamento linguístico, o processo de referenciação, ou seja, a montagem da rede referencial do texto, não se reduz à construção e à identificação de objetos da realidade – muito menos à simples 'substituição' de uma forma referencial por outra, como muitas vezes se tem sugerido –, mas diz respeito à própria constituição do texto como uma rede em que referentes são introduzidos como objetos de discurso (Apothéloz e Reichler-Béguelin, 1995), e como tais são mantidos, segundo determinadas estratégias dependentes da formulação textual.[4] Em ligação com a progressão ou a manutenção referencial que mapeia a teia do texto – representada por preservação de referentes introduzidos, introdução de novos referentes, retomada e reintrodução de uns ou de outros, projeções referenciais – entende-se, pois, que se delineia a progressão ou a manutenção tópica, que sustenta a organização informativa e dirige o fluxo de informação.

A concepção de referência e os conceitos correlatos

Lyons (1977, 174) é o autor de uma das mais invocadas definições de referência em linguagem, que é a que se fundamenta na relação entre uma expressão linguística e o que ela significa em ocasiões particulares do discurso. Pode-se ilustrar essa conceituação básica com uma oração declarativa do tipo de

- *Maria é jovem, atraente.* (TPR)

dizendo que, com ela, o falante se refere a uma certa pessoa por meio de uma expressão referencial (*Maria*: nome próprio). Se a referência é bem-sucedida – o que se liga ao uso apropriado da expressão referencial pelo falante – o ouvinte identificará corretamente o referente.

Nessa concepção de relação referencial, a expressão linguística (usada numa ocasião particular e sob condições relevantes) tem seu referente, mas, na verdade, é o falante que faz referência (Lyons, 1977, p. 177), já que, no ato de referir-se, ele usa a expressão referencial. Assim, nesse modo de ver, quem investiga a que se refere uma expressão está investigando a que o falante se refere quando usa essa expressão.

Referência, verdade e existência

Uma referência bem-sucedida não depende da verdade da descrição contida na expressão referencial. Diz Lyons (1977, 182) que um falante pode, erroneamente, acreditar que uma pessoa seja, por exemplo, o funcionário do correio quando, na realidade, ela é o professor de linguística, embora se refira com êxito a esse indivíduo com a expressão *o funcionário do correio*. Diz, ainda, que nem é necessário que o falante (ou talvez até o ouvinte) acredite que a descrição de um referente é verdadeira: ele pode, por exemplo, empregar ironicamente uma descrição que sabe ser falsa, ou, diplomaticamente, aceitar como correta uma descrição falsa que seu ouvinte acredita ser autêntica.

Na filosofia, entretanto, para que o referente satisfaça uma descrição é necessário que ela seja verdadeira. Independentes das noções de ouvinte, falante e contexto discursivo, os estudos lógico-filosóficos interpretavam a referência de uma descrição definida como ligada a um quantificador existencial. Por isso, na explicitação de tal teoria, o exemplo clássico é o de Russell[5] *O rei da França é calvo*, entendendo-se que aí existe a conjunção de três proposições: (i) que existe um rei da França; (ii) que existe apenas um rei da França; (iii) que não há ninguém que seja rei da França e que não seja calvo.

A falsidade de tal indicação tem sido apontada por muitos linguistas,[6] pois essa frase não afirma a existência do rei da França, apenas pressupõe que falante e ouvinte assumem que esse elemento é participante de estados de coisas do mundo construído no discurso.

A pressuposição de existência é naturalmente ligada à referência, pois, como dizem Anscombre e Kleiber (2001, p.16), do mesmo modo que os objetos percebidos se concebem como independentes da percepção e do agente perceptor, os objetos e estados de coisas de que a linguagem fala, que constituem os referentes das expressões linguísticas, se concebem com uma existência independente da linguagem e de quem fala.[7]

Como aponta Kleiber (1994c, p. 11), a tendência atual dos estudos que descrevem os processos de interpretação referencial é cada vez mais abrigar a pragmática, mostrando que, muito além do que se tem considerado, os referentes são recuperados mais por cálculos inferenciais – entrando em jogo o contexto da enunciação e o conhecimento partilhado – do que por regras fixas ou convencionais ligadas às expressões que quase mecanicamente liberariam esses referentes.[8] Nessa visão, entende-se que não basta recuperar o referente, mas é preciso avaliar o modo como esse referente é dado. (Kleiber, 1994c, p. 18).[9]

Um exemplo relacionado com essas indicações é oferecido por Ilari, Franchi e Neves (1996, p. 129-130), quando falam dos meios de buscar orientação na extrema variedade das construções que se interpretam por anáfora, sendo um deles a identificação da procedência dos ingredientes descritivos presentes no texto. Aponta-se que, num texto como

- *Um caminhão atropelou o Sr. José da Silva, enquanto trocava o pneu de sua Parati de placa AX1529 no acostamento da Rodovia Anhanguera, perto do trevo de Vinhedo. A **vítima** foi imediatamente socorrida pelo **próprio motorista**, que o recolheu ao hospital S.Vicente. **Os dois veículos** foram vistoriados pela polícia rodoviária. Ficou confirmado que estavam ambos em péssimo estado de manutenção.*

pode-se considerar que o leitor mapeia os termos grifados com os antecedentes corretos: i) por saber que *vítima* é uma boa lexicalização para o paciente de *atropelar*; (ii) porque *veículo* é o termo genérico que abrange *caminhão* e *carro / perua / camioneta* e que *motorista* é o substantivo que designa quem dirige um veículo; (iii) porque é do conhecimento geral que *Parati* é o nome de um modelo de carro, e que são os carros que atropelam os pedestres, não o contrário; (iv) porque há dois veículos e duas pessoas na história; (v) porque não se faz manutenção de pessoas, mas somente de máquinas, por exemplo veículos, etc. As duas primeiras informações e a última são linguísticas (no sentido de que poderiam ser descritas em termos de papéis temáticos, hiperonímia e restrições de seleção); a terceira é uma informação típica de conhecimento do mundo; e a quarta é uma informação especificamente textual.

Referencialidade e não referencialidade

A lógica e o estudo das línguas naturais

Na lógica, o quantificador existencial indica que um argumento se refere a uma entidade real, como em

- *O chope é ótimo.* (A)[10]

enquanto o quantificador universal indica que um argumento se refere a todos os membros (ou espécimes) do grupo (ou tipo) abrigados no termo, isto é, indica que o argumento é não referencial, como em

- *Todos os ANIMAIS estão em extinção.* (GLO)[11]

A ausência de quantificador, por outro lado, pode indicar, sob certas condições, que não há existência, e não há referência no mundo real.

Tal formulação é consistente com a visão lógica da linguagem como um conjunto de proposições sobre algum mundo, a qual faz abstração da existência e do papel dos interlocutores na comunicação, e, mais especificamente, desconsidera o propósito modal e referencial dos falantes, em relação às proposições e aos referentes, respectivamente. Entretanto, o próprio modelo de interação verbal funcionalista (Dik, 1997, p. 8) se baseia numa implicação necessária entre a intenção do falante, que antecipa a interpretação do ouvinte, e a interpretação do ouvinte, que reconstrói a intenção do falante, por mediação da expressão linguística.

Numa língua natural, com efeito, as relações referenciais não se definem em termos de mundo real, mas em termos de algum "universo de discurso" (Givón, 1984, p. 388), construído e negociado entre falante e ouvinte, o que permite que se faça referência a entidades existentes no mundo real, como ocorre em

- *O homem mais moço se desprendeu **da mão da mulher** e andou em direção*

mas também – do mesmo modo e com a mesma gramática – a entidades que não existem nesse mundo, mas cuja existência no discurso é concertada entre os interlocutores, como ocorre em

- *O **curupira** mais velho, por ser o mais velho, sabia muito bem disto.* (LOB)

Para as línguas naturais, tem de ser lembrado que, como aponta Dik (1997, p.129), quando se diz que os termos das predicações, "se referem a entidades de algum mundo" não se fala em um mundo real, mas em um mundo mental, uma representação ou modelo mental.

Para Givón (1984), uma amostra da tensão entre a lógica e as línguas naturais está no fato de que, enquanto na lógica a não referencialidade dos argumentos pode ser explicitamente marcada apenas pelo quantificador universal – que faz que a referência seja a todas as entidades do grupo –, nas línguas humanas a não referencialidade pode envolver usos como

a) não referencial genérico:
- *Na verdade, **todos os homens** são inquietos.* (FSP)

b) não referencial individual:
- *Morales brigara com a namorada mexicana e buscava **um mediador**.* (FSP)

c) não referencial atributivo:[12]
- *Mas tu, Tibé, tu és **um doente**.* (INC)

Além disso, como indica Givón (1984), na lógica dedutiva um argumento ou tem ou não tem referência no mundo real, mas, na linguagem humana, a propriedade da referência pode ter graus. Assim, o possível enunciado

- *Se você vir **o cara** com o sapato dessa cor, saia correndo.*

é claramente referencial, enquanto o enunciado documentado

- *Se você vir **um cara** com o sapato dessa cor, saia correndo.* (OMT)

pode ser referencial, com a interpretação "tenho um homem em mente, e se você o vir com o sapato dessa cor, saia correndo", mas pode também ser não referencial, com a interpretação "não tenho nenhum homem particular em mente, e se você vir um homem com o sapato dessa cor, saia correndo".

Grau menor de referencialidade teria, ainda, um enunciado como

- *Se você vir **alguém** com o sapato dessa cor, saia correndo.*

e menos referencial ainda seria um enunciado como

- *Se você não vir **ninguém** com o sapato dessa cor, saia correndo.*

A captação da referência envolve o universo discursivo, nascido de uma negociação entre os interlocutores para estabelecimento das entidades que nele devem existir, e um componente importante desse processo é a intenção que o falante tem de referir-se a algum indivíduo.

Mundo real e mundo construído no discurso

A comunicação se refere, pois, a estados, eventos, indivíduos que fazem parte do mundo construído no discurso, não importando a existência, ou não, das coisas desse mundo no mundo real.

A construção desse mundo tem ponto de partida nos propósitos do falante, que constrói seus enunciados conferindo relevância aos argumentos segundo o que seja conveniente a esses propósitos. Já na base dessa escolha está a possibilidade que existe, nas línguas naturais, de se construírem proposições de dois grandes tipos modais, o factual e o não factual.[13]

Como indica Givón (1984, pp. 391-392), no tipo factual (em que os argumentos são referenciais), ou há pressuposição, como em

- *Sorridente e calmo, L.S. afirma que lamenta ter causado **problemas** à mãe na escola.* (FSP)

ou há asserção real, como em

- *No caminho, Zaidman viu **um carro da Rota**.* (FSP).

De todo modo, no caso da primeira das duas frases – pressuposição – o falante refere como de fato existentes problemas particulares que L. S. causou, e também no caso da segunda – asserção real – o falante refere como de fato existente um carro particular que Zaidman viu, e, portanto, trata-se do factual.

No tipo não factual (em que argumentos podem não ser referenciais), ou há asserção irreal, como em

- *Bem, quem tiver tal interesse vai ver **um retrato interessante** de um dia a dia bem ordinário.* (FSP)

ou há asserção negativa, como em

- *Até aquela data Winter não vira **um único livro** impresso na Província.* (TV).

No primeiro caso – asserção irreal – o falante não afirma que vai ser visto um retrato particular, e no segundo caso – asserção negativa – não existe um livro particular que Winter tenha visto, e, portanto, trata-se do não factual.

A modalidade não factual é uma modalidade marcada, isto é, apresenta especificação explícita, o que não ocorre com a factual, e isso tem três consequências, segundo Givón (1984):

    a) Há uma inter-relação necessária entre as modalidades proposicionais e as nominais, como se observa nas duas ocorrências citadas no caso do tipo proposicional factual, a de pressuposição e a de asserção real.
    b) É mais fácil especificar explicitamente as várias modalidades proposicionais não factuais na linguagem humana, e, então, assumir que a modalidade factual prevalece no resto. Realmente, o não factual tem o estatuto de marcado, tanto na gramática como no discurso.
    c) É mais econômico e natural especificar explicitamente os contextos em que pode figurar a modalidade não referencial, e, assim, dizer que a modalidade referencial aparece nos demais contextos.

Ligadas às duas grandes categorias, a factual e a não factual, estão outras categorias expressas na língua, por exemplo o valor aspecto-temporal dos tempos verbais do enunciado, que traz determinações para referencialidade ou não referencialidade dos argumentos. Assim, os tempos verbais futuro e habitual, segundo Givón (1984, pp. 393), comportam-se "como modalidades não factuais em relação à referencialidade de argumentos nominais de seu âmbito". Nesse sentido, pode-se verificar o comportamento do futuro e do habitual, tanto indefinidos como definidos.

Há diferença, no futuro, entre o indefinido, como em

- *D'Ávila vai comprar **um modem** para enviar pela linha telefônica todas as informações digitais que compõem uma imagem.* (VEJ)

e o definido, como em

- *D'Ávila vai comprar **o modem** para enviar pela linha telefônica todas as informações digitais que compõem uma imagem.*

No primeiro caso – indefinido – há um *modem* que ou é referencial de expressão indefinida (sabe-se qual é) ou é não referencial (é um qualquer), e no segundo caso – definido – há um *modem* que é referencial (sabe-se qual é).

Há diferença, no habitual, entre o indefinido, como em

- *E ela tinha sempre **uma desculpa**.* (ABD)

e o definido, como em

- *E ela tinha sempre **aquela desculpa**.*

No primeiro caso – indefinido – há uma *desculpa* que ou é referencial de expressão indefinida (sabe-se qual é) ou é não referencial (é uma qualquer), e no segundo caso – definido – há uma *desculpa* que é referencial (sabe-se qual é).

Uma ilustração perfeita do fato de que a referenciação se cria no próprio discurso, em ligação com o mundo de eventos e estados nele construído (a partir dos propósitos do enunciador), está nos textos literários, especialmente na 'poesia'.[14] Cito Neves e Junqueira (2004, p. 4):

> É um axioma que a linguagem se tece sobre a instauração de referentes. Mas o poeta se distancia do mundo real. Mais do que se distancia: o poeta não precisa do mundo real. Ele é senhor do *poiéo*, ele é *poietés*, e, assim, ele instaura o próprio mundo, ele cria a referência que há de verbalizar:

> Andei onde deu o vento
> Onde foi meu pensamento
> Em sítios que nunca viste
> De um país que não existe.
> (Bandeira, *Opus 10*)

> Vi terras da minha terra
> Por outras terras andei
> Mas o que ficou marcado
> No meu olhar fatigado
> Foram terras que inventei.
> (Bandeira, *Lira dos cinquent' anos*)

Especialmente na peça "O marinheiro", de Fernando Pessoa,[15] de que trata esse estudo citado, há uma criação de mundo singular. Trata-se de uma peça ao mesmo tempo moderna e simbolista, um drama (mas sem ação)[16] em um ato, no qual se insere uma rede de referenciação *sui generis*: a peça se sustenta unicamente pela linguagem,[17] nitidamente a criadora da realidade (inerte) de ficção, único sinal de vida dentro de um cenário que é o mesmo do princípio ao fim. É uma 'realidade' de sonho, em que tudo é fluido – e cada vez mais fluido – como a água que traz o marinheiro náufrago, na qual ele se perde e depois se reencontra, uma 'realidade' em que só é concreta a linguagem.[18]

Um trecho do estudo de Neves e Junqueira (2004) vem a seguir como ilustração de como o enunciador (o 'poeta') cria a referencialidade de sua 'obra' com a linguagem. Recorto um ponto em que se retoma a indicação da linguagem da peça como "de baixa referencialidade, de baixa densidade significativa, de grande fluidez" (p. 18) para acrescentar-se:

> As falas das três veladoras, sempre reflexivas e sempre emocionadas, se sucedem sem contornos bem instituídos, sem constituição de perfil individual, e, portanto, sem individualidade de personagens, de suas emoções e reflexões. Fica sugerida a manifestação conjunta, coletiva, compartilhada de uma emoção e uma reflexão, uma participação tal qual a do coro grego, aquele conjunto – geralmente de vozes femininas – cujas palavras não são ação, cuja fala não é interlocução, cujo papel não faz parte de nenhuma ação dramática, mas cujo discurso apenas tira lição das coisas, vistas num espaço e num tempo que independem de ocorrência, de factualidade, e, assim, da própria natureza dêitica que os caracterizaria.[19] (p. 18-19)

Pela linguagem, e apenas por ela, fica distinguido, de um lado, o estatuto das veladoras, e, de outro, o estatuto da morta e o do marinheiro. Nessa 'realidade' é determinante o jogo *sui generis* que se estabelece entre as categorias enunciativas 'pessoa', 'tempo' e 'espaço', que cria dois universos em conflito: ao espaço do 'eu', que é o presente – e, sendo presente, não permanece, como nos ensina Santo Agostinho em suas *Confissões*[20] – opõe-se o espaço do 'não eu', que é tanto o passado (tenha ou não existido, não importa) como o futuro. A um 'eu' disfórico (de solidão, vazio e imobilidade) opõe-se um 'não eu' eufórico, tanto passado como futuro, mas apenas memória, porque ambos apenas imagem.

A narrativa que surge, criada por uma das veladoras, sobre a 'saga' do marinheiro, é uma narrativa do que foi, do que não foi, do que não se sabe se foi, do que (talvez) será. O 'poeta' cria esse mundo, essa realidade e todas as suas coordenadas. Num trecho, notável pelo seu tom bíblico (de *Gênesis*), o marinheiro, um demiurgo tal como o poeta, é referido declaradamente como criador da realidade:

> Ao princípio ele criou as paisagens; depois criou as cidades; criou depois as ruas e as travessas, uma a uma, cinzelando-as na matéria da sua alma – uma a uma as ruas, bairro a bairro, até às muralhas dos cais de onde ele criou depois os portos... Uma a uma as ruas, e a gente que as percorria e que olhava sobre elas das janelas..." (Pessoa, 1985, p. 157).

Tipos referenciais

São dois os tipos referenciais básicos, o genérico e o individual, geralmente assinalados pelo tipo de determinante que ocorre no sintagma nominal. Para Fant (1984), a ocorrência de um sintagma nominal permite sempre uma identificação genérica do referente, isto é, uma referência ao gênero da entidade. Entretanto, a referência implicada por um sintagma nominal pode ser não apenas genérica (ou seja, fazer alusão a características do gênero), mas também individual, e, nesse caso, ela pode ter maior ou menor extensão, isto é, pode referir-se a todos os indivíduos do gênero, ou a algum (alguns) indivíduo(s).

Existe, pois, uma referência genérica, que se aplica à totalidade das entidades do gênero, como em

- *Uma pessoa não informada e que medir uma distância de cem metros várias vezes, nunca encontrará a mesma metragem.* (ATT)

e uma referência individual, que se aplica apenas a indivíduos incluídos num gênero ou classe, como em

- *As pessoas mais corridas do lugar não davam crédito às besteiras do Edilberto.* (VER)

Obviamente, uma referência individual pode ser relativa a indivíduos reais ou a indivíduos cuja identidade genérica pode ser estabelecida sem que para isso eles sejam identificáveis com indivíduos existentes. Esses casos de referência individual hipotética são como os apresentados na sequência, que se referem, pela ordem, às seguintes indicações: qualidade exigida; condicionalidade; volição; negação de existência (Fant, 1984).

- *O turista deve (...) pesquisar **outras agências que façam o mesmo pacote ou roteiro**.* (AGP)
- *Se algum dia fizer **um filme policial** vou lhe dar o papel principal.* (VA)
- *Queria **um lugar que lhe oferecesse conforto e oportunidades de agradável convívio humano**.* (TV)
- *Não tenho **um confidente, uma pessoa amiga** a quem pedir conselho!* (PEL)

A referência individual não hipotética (relativa a indivíduos existentes) pode ser não identificável para o ouvinte, como em

- *Ele alugou **um apartamento** pra mim em Copacabana e vai me dar tudo!* (IN)

ou identificável para o ouvinte, caso em que os sintagmas nominais apresentam artigo definido, ou demonstrativo, ou possessivo, ou se trata de um nome próprio ou de um pronome pessoal (Fant, 1984), como ocorre, nos casos seguintes, pela ordem:

- *Eu saí de lá e **o homem** estava vivo, eu juro pro senhor...* (AGO)
- *Mas **este bilhete** não é meu.* (MIS)
- *Tinha medo da solidão de **seu filho**.* (AGM)
- ***Gabriela** estava encostada na parede do corredor com um cigarro apagado na mão.* (OMT)
- *Diga você: **ele** costuma aconselhar as pessoas fracas, dominá-las?* (LNS)

O nome próprio, em geral, pressupõe que o ouvinte seja capaz de identificar o referente. No entanto, há casos em que ele não faz uma referência individual identificável, de que são exemplos:

- *Seu nome é **Severina**.* (VB)
- *O médico que dera o atestado chamava-se **Pedro M. Silva**.* (BU)
- *Ainda temos um senhor com nome de **Lutézio**.* (ACM)

Um contexto particular de referencialidade tratado em Fant (1984, p. 64-69) é o das proposições identificativas, que correspondem à fórmula X = Y, sendo X o identificado, e Y o identificador. Correspondendo às três categorias referenciais, o autor distingue três tipos de identificados (X), de acordo com as três categorias referenciais desse X: (i) genérico; (ii) não genérico e determinado (identificável para o ouvinte); (iii) não genérico e indeterminado (ou hipotético ou não identificável para o ouvinte).

São do primeiro caso (X genérico) os elementos marcados nas frases:

- ***O esterno** é um osso achatado que se articula com as cartilagens costais direita e esquerda e com a clavícula.* (ENF)
- ***Um esterno** é um osso achatado que se articula com as cartilagens costais direita e esquerda e com a clavícula.*
- ***Os esternos** são ossos achatados, que se articulam com as cartilagens costais direita e esquerda e com a clavícula.*
- ***O esterno** é uma estrutura importante nesse estudo.*
- ***Os esternos** são uma estrutura importante nesse estudo.*
- ***O esterno** é outra estrutura importante nesse estudo.*
- ***O esterno** é uma das estruturas mais importantes nesse estudo.*
- ***O esterno** é uma (outra) das estruturas importantes nesse estudo.*
- ***O esterno** é a peça mais importante nesse exame.*
- ***Os esternos** são as peças mais importantes nesse exame.*

Fant (1984, p. 65-66) dá o nome de **definicionais** às três primeiras predicações, já que nelas está afirmado que "o gênero X (*esterno*) é também do gênero Y (*osso*)", que é indeterminado com referência genérica não individual. Nos cinco casos seguintes, o termo X (*esterno*) geralmente se interpreta como "é do gênero Y (*estrutura*)", que é referência genérica não individual. As duas últimas frases são interpretadas como "todos os indivíduos do gênero X (*esterno*) se igualam ao(s) indivíduo(s) Y (*peça*)". Estranha seria uma frase como

- ? ***Um esterno** é o osso achatado, que se articula com as cartilagens costais direita e esquerda e com a clavícula.*

já que, nas proposições identificativas definicionais, o identificado (X: *esterno*) pode ser ou não ser determinado, mas o identificador (Y: *osso*) deve ser indeterminado.

São do segundo caso (X não genérico e identificável para o ouvinte) os elementos marcados nas frases:

- **Doutor Floro** *é médico, sabe o que faz.* (REB)
  [o X = um Y]
- *O* ***tórax*** *é um centro locomotor onde se prendem as asas e três pares de patas articuladas.* (Gan)
  [o X = um Y]
- ***São José*** *é um importante centro consumidor de gás natural.* (Agp)
  [o X = um Y indivíduo]
- *A* ***Organização das Nações Unidas*** *é o mais importante foro da diplomacia multilateral.* (Dip)
  [o X = o Y indivíduo]
- *Só mesmo* ***Aparício*** *é quem dá jeito.* (Ca)
  [o X = o Y indivíduo]

São do terceiro caso (X indeterminado com referência individual) os elementos marcados nas frases:

- ***Um dos homens*** *dava o braço à mulher.* (Bb)
- ***Um dos homens*** *levantou o punho e bateu-lhe seguidamente na cara.* (Cnt)

Para Fant (1984) esse tipo de frase opera uma espécie de suspensão, provocando a espera de uma continuidade.

A referenciação e os conceitos correlatos

Referenciação, identificabilidade e acessibilidade

Uma observação fundamental diz respeito ao fato de que a referenciação entendida como relacionada a objetos de discurso, e não objetos de uma realidade qualquer, implica a definitude, uma categoria que claramente pertence ao âmbito do discurso. Falar de referenciação textual implica falar de definitude, e, na verdade, muito facilmente se há de entender que entidades da língua que são referenciadores textuais, como, por exemplo, os artigos e alguns pronomes, têm de ser avaliadas no campo da definitude, o mesmo ocorrendo com sintagmas nominais fóricos.[21]

Nitidamente a referenciação observada na teia do texto se liga a um jogo entre entidades definidas e entidades indefinidas, jogo que os interlocutores manipulam dentro da negociação em que se constitui o estabelecimento do universo discursivo. Com base em Givón (1984, p. 390), pode-se dizer que a ambiguidade que certas descrições definidas apresentam não é questão de haver – ou não – um referente no mundo real, mas é questão de o falante ter em mente – ou não – algum indivíduo particular que corresponda a uma determinada descrição, ou seja, pretender – ou não – que esse indivíduo seja referencial.

Lato sensu considerada, a referencialidade não necessariamente é textual-discursiva e não necessariamente depende de identificações referenciais, já que, com efeito, do ponto de vista lógico, ela se define no nível interno da proposição, e não no nível do discurso, como ocorre com a definitude. É o que se ilustra com o fato de poder-se dizer que são falsas as proposições "O rei da França é calvo" e "O atual rei do Brasil é magro", já que a França e o Brasil, no presente, não têm rei.[22] Do ponto de vista da referencialidade na língua em função, entretanto, em enunciados como esses, a referência a um *rei da França* ou a um *rei do Brasil* necessariamente estará construída segundo o contrato estabelecido entre os interlocutores no momento da construção do universo de referência, ou seja, do universo discursivo. E, dentro desse contrato, não entra em questão se, na realidade, a França ou o Brasil têm rei ou não, e se têm apenas um rei ou mais de um, mas apenas tem pertinência o papel que esse elemento referido tem dentro do conjunto de eventos, estados e participantes do mundo construído em cada discurso. E, na definição desse papel, necessariamente intervém a categoria **definitude**.

Se um item como, por exemplo, um pronome pessoal de terceira pessoa, tem seu referente explicitamente mencionado anteriormente no texto, esse referente será recuperado, desde que sejam adequados os processos de textualização, isto é, desde que a função textual (Halliday, 1985) esteja bem cumprida. Mas um sintagma fórico pode não ter menção anterior explícita, e, portanto, pode não haver referente disponível para recuperação. O destinatário, entretanto, estará capacitado para identificar o objeto de discurso referido (o referente), se a formulação do texto tiver garantido os dados pertinentes, e se a textualização for tal que apenas deixe sem explicitação as bases de conhecimento que o emissor tenha como garantidamente pertencentes à informação pragmática de seu destinatário.

Isso explica por que, nos textos orais, em que estão vivamente presentes as determinações situacionais, são tão usuais e bem-sucedidas as remissões anafóricas sem que haja referente textual anteriormente expresso. Mesmo na linguagem escrita, ocorrem remissões não canônicas do tipo das que são vistas em

- *Belo Horizonte foi ah **plantada** foi **planificada** dentro de um plano que:: **eles** procuraram seguir até quando foi possível depois houve um crescimento demográfico muito grande* (DID-SP-137: 40)
- *E como era... essa tecnologia assimilada pelo **Japão**, não é? Antes... da Segunda Grande Guerra? Era uma tecnologia assimilada de duas formas: primeiro, pela própria... é pelo próprio desenvolvimento interno **deles**, quer dizer a tecnologia baseada no artesanal, tá?* (EF-RJ-379: 8-12)
- *Doc. Você nunca chegou a:: conviver com nenhuma família **baiana**, né?*
  L. não... não isso é que é mais difícil...
  Doc. Porque talvez isso não seja ((telefone)) *uma constante na alimentação **deles**...* (DID-SSA-231-26)

- ***Andam falando** muito do Ford Corcel.*
  *É impressionante como **essa gente toda** vive descobrindo coisas sobre o carro.* (PFI)[23]
- *Fluminense é um **time** que só se defende. **Eles** têm o Valdeir lá na frente, que é rápido, e acham que é suficiente.* (FSP)

Por outro lado, cognitivamente, o recurso ao estoque de conhecimento do destinatário é tanto mais explorado quanto mais técnico e objetivo for o texto, lembrando-se, com Sinclair (1993, p. 547), que muitos termos usados em textos científicos têm mais de um significado, inclusive significados não técnicos, mas que, em tese, eles não deixam dúvidas de interpretação.

Uma referenciação textual é bem-sucedida quando o ouvinte consegue identificar o referente do discurso no ponto em que essa operação lhe é solicitada, e tal identificação ocorre quando o falante a deixou acessível. Isso configura duas propriedades da referencialidade no discurso, a identificabilidade e a acessibilidade, ambas ligadas à distribuição de informação, dependentes do contínuo em que se distribuem o 'dado' e o 'novo' no discurso. Como aponta Chafe (1996), ambas as categorias implicam inferência, mas a acessibilidade requer uma espécie mais direta e imediata de inferência, porque não se limita a pessoas, objetos e abstrações, estendendo-se a eventos e estados. Segundo Chafe, são componentes da identificabilidade:

a) o julgamento, pelo falante, de que o conhecimento do referente a que se remete já é compartilhado (direta ou indiretamente) com o ouvinte;

b) a escolha, pelo falante, de uma linguagem com tal rigor de categorização que todos os referentes compartilhados por ele e pelo ouvinte se reduzam ao que está em questão;

c) o julgamento, pelo falante, de que esse referente particular é o exemplar mais saliente da categoria, dentro daquele contexto.

Nesta última propriedade se fixa Toole (1996) para dizer que a acessibilidade é a medida da saliência – ou da ativação – da entidade à qual o sintagma nominal se refere.

Do ponto de vista textual-discursivo, têm-se feito propostas que postulam diferentes graus de acessibilidade ligados à escolha de expressão referencial pelo falante. Assim, por exemplo, em pesquisa efetuada por Toole (1996), verificou-se que

a) entidades que são mencionadas primeiro têm acessibilidade mais elevada e mantêm a acessibilidade por mais tempo do que as que não são mencionadas em primeira posição;

b) quanto mais explícita uma anáfora, mais ela elimina elementos não referenciais e implica seu próprio referente.

Para Dik (1997, p.131), são potenciais fontes da disponibilidade de referentes:

a) a informação de longo termo de que dispõem os interlocutores;
b) a informação introduzida em segmento precedente do texto;
c) a construção do referente com base em informação perceptualmente disponível na situação;
d) a inferência da identidade do referente a partir de informação disponível em qualquer das outras fontes já indicadas.

Referenciação e distribuição da informação

Como explicita Chafe (1996), o acesso ao referente se faz em graus, segundo os graus de ativação dos conceitos, que são pelo menos três:

a) ativo, quando o conceito está no foco da consciência da pessoa no momento (é dado);
b) semiativo, quando o conceito está na consciência periférica, como algo que já esteve em foco, mas deixou o estado plenamente ativo (é acessível);
c) inativo, quando o conceito está na memória de longo termo, ou nunca esteve antes na consciência (é novo).

Obviamente, não é fácil decidir se um referente está sendo tratado pelo falante como acessível (semiativo na consciência do ouvinte), como dado (plenamente ativo na consciência do ouvinte), ou como novo (inativo na consciência do ouvinte).

As categorias relativas à distribuição de informação (dado / não dado, conhecido / não conhecido, velho / novo), por outro lado, têm sido cruzadas com categorias ligadas aos processos de composição da cadeia referencial (anafórico / não anafórico; determinado / indeterminado), estas combinadas em quatro tipos (Fant, 1984, p.71): (i) anafórico e determinado (AD); (ii) anafórico e indeterminado (AI); (iii) não anafórico e determinado (ND); (iv) não anafórico e indeterminado (NI).

No trecho seguinte, pode-se representar, de modo muito genérico, de que maneira esses diferentes tipos mapeiam a referenciação textual dos sintagmas nominais:

- Moore – *Fiquei pasmo ao descobrir que **o doutor David Golde**(ND), que **me**(ND) atendeu, patenteou **minhas células**(ND), reproduzindo-as(AD) em **laboratórios**(ND), como se fosse o dono **delas**(AD).*
Folha – *O que é que significa, na prática, **o médico**(AD) ter patenteado suas células(ND)?*
Moore – *Quem patenteou Ø foi **a universidade**(ND), mas **o dr. Golde**(ND) fez **um acerto**(NI) com **ela**(AD). Tanto **o médico**(AD) como **a universidade**(AD) lucraram com **a venda**(AD) das **minhas células**(ND). Um **laboratório**(NI) comprou o direito de usá-las(AD), pesquisá-las(AD),*

reproduzi-las(AD)... *Na prática, isso significa que **eles**(AD) lucraram indevidamente com **alguma coisa**(NI) que era minha, parte **do meu corpo**(ND).* (FSP)

Verifica-se que não há documentadas ocorrências do que seria [AI], e é fácil perceber que as categorias 'anafórico' e 'indeterminado' são as menos compatíveis e que o tipo constituído pela conjunção de ambas deve estar restrito a menor variedade de contextos. Uma situação bastante específica de sintagma nominal anafórico e indeterminado (AI) pode ser vista no enunciado

- *Alguns moleques retardatários saíam ainda, os bolsos da calça estufados, **maçã** meio comida na mão e a boca cheia.*
  *– Quer **uma**?* (CV)

As sugestões de ligação dessas categorias de referenciação com as categorias informativas são geralmente de 'dado' e 'velho' com 'anafórico', e de 'conhecido' com 'determinado'. Fant (1984, p. 72-73) mostra a ligação da propriedade 'anafórico' com a categoria informativa 'velho' a partir de orações equativas do tipo de

- ***Quem me disse foi Antônio Augusto.*** (OES),

a qual tem uma primeira parte que representa informação velha e uma segunda parte que representa informação nova, podendo aparecer em contextos como

(a) – Quem lhe disse?
– *Quem me disse ∅ foi Antônio Augusto.*
(b) – Como você sabe disso?
– *Quem me disse ∅ foi Antônio Augusto.*
(c) Martinho Pacheco, que não a traga, chama-a de "glorita de barro", mas só na intimidade.
Quem me disse ∅ foi Antônio Augusto. (OES)

Na interpretação da elipse – assinalada com ∅ –, pode-se dizer que:

– no contexto (a), existe uma relação claramente anafórica;
– no contexto (b), a relação anafórica é menos forte (já que o interlocutor pode ter a informação não por ter ouvido, mas por ter visto ou lido);
– no contexto (c) – que é o documentado – ela é mais fraca ainda (já que tem apoio numa pressuposição ligada à primeira frase, a pressuposição de que o falante tem informação sobre aquilo que diz).

De qualquer modo, nas três orações equativas se verifica uma relação anafórica (representada na elipse), na qual se reflete a relação entre um segmento que traz informação velha (*alguém me disse tal coisa*) e um segmento que traz informação nova (*foi o negro Antônio Augusto*). Esse elemento 'velho', por outro lado, posto como tema, representa também um elemento 'dado'.

Entretanto, como diz Fant (1984, p. 73), a assimilação entre as categorias 'conhecido' e 'determinado' não pode ser considerada óbvia. Na ocorrência apresentada a seguir fica sugerido que o falante se refere a uma pessoa que não é previamente conhecida pelo ouvinte, embora este receba indícios para identificá-la, o que é um critério da determinação:

- *– Pois, por mim, lamento não ter trazido trajes mais leves. Gostaria de descobrir um alfaiate que me fizesse uns ternos claros.*
  – **Salomão Calif** *– gritaram em uníssono os homens da sala.*
  Guimarães Passos explicou:
  – É o melhor alfaiate da cidade e muito nosso amigo. Quando quiser, posso levá-lo até ele – prontificou-se Guimarães. (XA)

Conclui-se, pois, que o estatuto de 'conhecido', mesmo constituindo uma base para a identificação individual, não é a única.

Por outro lado, como ainda indica Fant (1984, p. 74), não necessariamente o conceito 'conhecido' implica conhecimento pelo ouvinte, podendo tratar-se de um conhecimento em plano geral. Considere-se o seguinte exemplo, oferecido pelo autor:

- *Nos restaurantes dinamarqueses, o que sempre chama a atenção do turista estrangeiro são os 'smØrrebrØ'.*

Nessa frase, o uso determinado do último sintagma nominal indica ao ouvinte que *os 'smØrrebrØ'* são algo conhecido pelo geral das pessoas, ou por determinadas pessoas (especificamente, *o turista estrangeiro*), não necessariamente pelo ouvinte.

Deve-se distinguir, pois – conclui o autor – entre os valores 'conhecido pelo ouvinte' e 'conhecido em um plano geral', caso em que não fica garantido que o sintagma em questão seja compreendido como determinado.

Um contexto particularmente ligado à categoria 'conhecido' é o das construções clivadas, já que elas implicam que a proposição nelas contida seja compreendida como elemento pressuposto, dado ou conhecido, como na frase já apresentada

- **Quem me disse foi Antônio Augusto.** (OES)

e, ainda, nestas:

- *Martina foi* **quem mais gostou de eu ter recolhido os cães.** (BL)
- *O senhor mesmo foi* **quem me disse...** (CHA)
- *Nos banqueiros, foi* **onde encontrei maiores resistências.** (FSP)

Comentando o primeiro desses enunciados, pode-se dizer que o que fica suposto, afinal, é que o ouvinte já tem um conhecimento do tipo 'alguém me disse tal coisa', e a oração só informa.

Referenciação e cadeia referencial do texto

Correferenciação

Quando o referente determinado – uma terceira pessoa – já foi introduzido no discurso, o falante frequentemente o reapresenta, em outros pontos do enunciado, como elemento 'dado', e não apenas como elemento 'conhecido', e, assim, o termo que se refere a ele, além de implicar referenciação, implica correferenciação. Nesse caso, há a correferência absoluta, com identidade total entre o antecedente e a anáfora: o indivíduo (ou os indivíduos) que a anáfora representa é o mesmo indivíduo designado pelo antecedente, sendo, portanto, para o falante, sempre um elemento identificado, embora para o ouvinte ele possa não ser identificável. São casos como

- *Impressionado com a tristeza e o isolamento de **Zé Luís**, Cesário acercou-se **dele**.* (TER),

em que há um antecedente de tipo referencial identificável pelo ouvinte;

- *Mal começamos a conversar, entra **um jornalista**, que veio buscar um poema para publicar. (...). **Ele** junta-se à nossa conversa, e divide a cerveja com Marta, enquanto tomo meu guaraná.* (CH),

em que o antecedente é de tipo referencial não necessariamente identificável pelo ouvinte;

- *Eu gosto de **omeletes** e elas consomem dúzias **deles**, você sabe.* (ACM),

em que o antecedente possui referente genérico de tipo identificável, por se tratar de referência a todos os indivíduos da classe.

São muito comuns, entretanto, os processos anafóricos em que não ocorre a identificação total do referente. São casos como os seguintes:

- ***Alguns jornais** ocuparam-se do feito, o retrato dos 'intrépidos' foi estampado ao lado da notícia do reide. Pela primeira vez o nome e o retrato do automobilista Ernesto Gattai aparecera **na imprensa**.* (ANA),

em que a relação entre o antecedente e a anáfora é uma relação de identidade genérica e não de identidade individual: fala-se de *alguns* indivíduos existentes mas não identificáveis, em oposição a *todos* os indivíduos;

- ***Assim são as mulheres, ignorantes e frívolas** – pensei eu, seguindo pela calçada. Dei de ombros; e talvez não tenha só pensado como também dito **essas palavras**, pois às vezes me apraz falar sozinho pelas ruas.* (B),

em que a relação entre a frase *assim são as mulheres, ignorantes e frívolas* e a expressão *essas palavras* é uma relação em que há identidade no plano individual, mas não no genérico ou no conceptual;

- *No que se refere aos processos de pauta, fizemos observações e levantamentos em quatro **editoriais** da Folha de S.Paulo (**Política, Revista, Economia e Cidades**), na Rádio Bandeirantes e na TV Cultura.* (RI),

em que não há identidade entre antecedente e anáfora em nenhum dos planos: os termos em relação anafórica mantêm entre si uma afinidade semântica – relação entre hipônimo e hiperônimo ou entre hipônimos paralelos – mas não há correferência, propriamente.

Levinson (1987; 1991) considera que quanto menor a forma da expressão referencial maior a preferência por uma leitura de correferência. Nessa visão, os sintagmas nominais plenos teriam menos favorecida a interpretação correferencial que os pronomes, e estes, menos que a expressão zero. De tal modo, se o falante quer expressar correferência, ele preferirá, sempre que possível, zero a pronome, e pronome a sintagma nominal pleno; por outro lado, o ouvinte entende que, se num determinado ponto era possível o uso de um sintagma nominal pleno, e o falante não o usou, e se era possível o uso de um pronome, e o falante usou zero, as escolhas devem ser interpretadas como intenção de expressão de correferência e não de referência independente. É o que se vê claramente no trecho seguinte:

- *Valentim lavou a cara e as mãos numa fonte, ∅ examinou os cavalos e as mulas, ∅ saltou no dorso de seu animal e ∅ ordenou a partida. ∅ Viajou adiante, sempre a alguma distância das mulheres, junto com o condutor, às vezes sumindo numa curva. O negro que os guiava, ∅ sorria como um sagui e ∅ falava baixo, escondendo a boca com a mão. Valentim conversava com ele, ∅ saltava do cavalo para observar a trilha, ∅ afastava a vegetação, ∅ previa os perigos, ∅ decidia a direção a ser tomada. Mariana nem mesmo sabia os nomes das salvaguardas ou dos escravos. Sua mãe sempre a ensinara a não se envolver com gente de casta inferior. ∅ Devia tratar as negras com distância, despedi-las com discrição e dar ordens murmurando.* (RET)

Nesse trecho ocorrem:

a) inúmeros zeros marcando elipse de elemento correferencial, especialmente na posição de sujeito,[24] que é pouco marcada e que é típica de conceitos inativos (Chafe, 1996), ou seja, de informação dada;

b) alguns pronomes pessoais representando elemento correferencial,[25] em posições mais marcadas, que são típicas de conceitos semiativos, ou seja, de informação acessível, como objeto indireto (*com* ele) e objeto direto (*os, a* e *las*);

c) inúmeros sintagmas nominais plenos, introduzindo referentes novos no texto, ou seja, criando objetos de discurso, ao mesmo tempo que representando conceitos ativos.

Obviamente, sintagmas nominais serão correferenciais nas situações em que pronomes e zeros não possam ser empregados, e, por outro lado, também serão correferenciais nas situações em que pronomes e zeros poderiam ser usados, mas algum efeito especial é obtido com o sintagma pleno, como ocorre na seguinte passagem, na qual o locutor, depois de fazer correferência a *o doutor Octavio,* por duas vezes, com o pronome pessoal *ele*, volta a correferenciar o mesmo indivíduo, usando, entretanto, marcadamente, o sintagma nominal *o homem*:

- – *Alô.*
– Vai me desculpar, hem? Sabe como é. É normal. Escuta: vou quebrar o seu galho. **O doutor Octavio** vai hoje a uma festa nesse telefone. Anota aí.
– Diz.
– *Cinco - três sete quatro sete. Eu sei que **ele** vai para lá. Telefona mais tarde que **ele** deve estar. Eu vou ver se encontro **o homem** antes disso.* (AF)

Por outro lado, a relação entre os diferentes tipos de sintagma que podem ocorrer nos mesmos contextos – com diferentes efeitos – não pode resolver-se sistematicamente com tanta simplicidade, e a regularidade da escala proposta tem de ser relativizada. Ariel (1996) critica a proposta de Levinson, argumentando que expressões referenciais que terão interpretação correferencial, ou, diferentemente, que terão interpretação independente, não ocorrem em contextos perfeitamente complementares. E – o que é mais importante – os sistemas referenciais das línguas não codificam especificamente essa dicotomia entre correferência e independência referencial. Ariel defende que os falantes, de fato, fazem essa distinção, mas que a função primeira das expressões referenciais é marcar diferentes graus de acessibilidade na memória; assim, quando escolhe uma expressão referencial, o falante não indica se uma determinada expressão deve ser interpretada correferencialmente ou independentemente, mas sinaliza quão acessível é, para o destinatário, uma entidade mental.

Correferenciação e cadeia referencial do texto

Uma reflexão básica sobre a cadeia referencial de um texto se assenta na correferencialidade, tendo em vista que, em princípio, referentes introduzidos no discurso nele são mantidos enquanto se mantiverem na condição de participantes dos eventos, ou na condição de suportes dos estados que constituem aquele universo discursivo.

É o caso, por exemplo, de verificar uma sequência como a que se apresenta a seguir, que é um trecho do *Auto da Compadecida* (AC), de Ariano Suassuna.[26] Essa sequência traz em vários pontos diferentes o item referencial *ela* (e a combinação *dela*) retomando *a mulher do padeiro*, e o item referencial *eles*, retomando *a mulher e o marido* (= os donos da padaria), elementos que haviam criado no texto objetos de referência, portanto capazes de ser correferenciados, isolada ou conjuntamente, segundo estratégias de configuração licenciadas pelo sistema da língua:

- João Grilo: *Deixe de besteira, Chico, todo mundo já sabe que **a mulher do padeiro** engana o marido* ∅.

> Chico: *João, danado, ou você fala baixo ou eu o esgano já, já.*
> João Grilo: *Mas todo mundo não sabe mesmo?*
> Chico: *Sabe, mas não sabe que foi comigo, entendeu? E mesmo,* **ela** *já me deixou por outro. Uma vez, João, e não posso me esquecer* **dela**. *Mas* ∅ *não quer mais nada comigo.*
> João Grilo: ∅ *Nem pode querer, Chico. Você é um miserável que não tem nada e a fraqueza* **dela** *é dinheiro e bicho.*
> Chico: *Dinheiro e bicho?*
> João Grilo: *Sim. Tenho certeza de que* **ela** *não o teria deixado se você fosse rico. Nasceu pobre, enriqueceu com o negócio da padaria e agora só pensa nisso. Mas eu hei de me vingar* **dela** *e do marido* ∅ *de uma vez.*
> Chico: *Por que essa raiva* **dela**?
> João Grilo: *Homem sem vergonha! Você inda pergunta? Está esquecido de que* **ela** *o deixou? Está esquecido da exploração que* **eles** *fazem* **conosco** *naquela padaria do inferno?* ∅ *Pensam que são o cão só porque enriqueceram, mas um dia* ∅ *hão de pagar. E a raiva que eu tenho é porque quando estava doente, me acabando em cima de uma cama, via passar o prato de comida que* **ela** *mandava para o cachorro. Até carne passada na manteiga tinha. Para mim nada, João Grilo que se danasse. Um dia eu me vingo.* (...) (AC)

Observado certo ponto do texto, por outro lado, verifica-se a ocorrência do item referencial *conosco*, que, necessariamente, remete a um conjunto (é item plural), no qual obrigatoriamente está a primeira pessoa (no caso, *João Grilo*, que é o falante), mas que não necessariamente abriga a segunda pessoa (no caso, *Chico*, que é o ouvinte):

- João Grilo: *Homem sem vergonha! Você inda pergunta? Está esquecido de que* **ela** *o deixou? Está esquecido da exploração que* **eles** *fazem* **conosco** *naquela padaria do inferno?* (AC)

Se, no texto, esse *conosco* remetesse aos dois participantes do discurso, não haveria referenciação textual, mas referenciação situacional – de situação dentro de situação, já que se trata de discurso direto, que é discurso dentro do discurso – e, então, nem entraria em questão a existência ou não de correferencialidade. Os objetos de discurso referido, entretanto, são todas as pessoas que, juntamente com o falante (a primeira pessoa do discurso direto), e possivelmente com o ouvinte (segunda pessoa do discurso direto), são "exploradas" na padaria (terceiras pessoas), e, assim, em se tratando de terceiras pessoas, é legítimo buscar explanação dos mecanismos de referenciação textual em ação. Nenhum desses elementos de terceira pessoa ocorrera, porém, em situação particularmente preparada para sustentar uma referenciação anafórica, e, não havendo antecedentes explícitos, apesar do processo anafórico, nenhuma correferencialidade pode ser sugerida.

Referenciação textual e referenciação tópica

Essa configuração revela o fato de que a anáfora textual é mais do que uma retomada referencial, exatamente porque o texto é criação discursiva, e o percurso referencial nele inserido se submete ao universo de entidades que se organizam discursivamente. É aí que entra o percurso das unidades informativas, a entrecruzar-se com o percurso fórico das entidades referenciais: uma unidade tópica pode erigir-se em ponto de apoio de retomadas referenciais textuais, sem que se tenha formalmente definido como sintagma explicitamente colocado no texto em posição de sustentar essas retomadas.

Os trechos que se apresentam a seguir pertencem à peça de teatro *A semente*, de Gianfrancesco Guarnieri (AS). A peça fala de operários que se organizam para defender direitos, e que, por suas atividades consideradas subversivas, são reprimidos. Nela, portanto, a temática se alterna entre dois grupos que se opõem. No texto, observam-se sequências de referenciadores de terceira pessoa do plural masculina (seja por ocorrência explícita do pronome *eles*, seja por marcação morfológica da referência, isto é, pela forma do verbo na terceira pessoa do plural, ou até do singular, em casos em que falha a concordância). Os referenciadores assinalados não configuram retomada correferencial de antecedente explícito (sintagma nominal), mas funcionam em anáforas que remetem a referentes de algum modo implicados no discurso, basicamente tópicos discursivos. Ora é tópico discursivo *os trabalhadores*, e, então esses referenciadores recobram tal interpretação, ora é tópico discursivo *os opressores* (que são *repressores*), e os referenciadores têm essa outra interpretação, independentemente da existência, ou não, de sintagmas nominais antecedentes que tornem explícitas as referências. E assim se compõe basicamente a teia referencial do texto, nesse particular, como se vê nesta amostra:

- C: *Agileu dessa vez tá com a razão! O negócio é sair a passeata hoje, amanhã apelar para a greve, opinião pública do nosso lado, boró pela imprensa.*
  Jo: *A greve **eles** [os trabalhadores] num tão topando muito, não. O que o pessoal tá querendo mais é desabafá pela rua. Arriscar ordenado ninguém tá querendo.*
  Al: *Vida complicada, não é, João?*
  J: *Oh, se é! E não adianta, viu... Minha vontade é berrá por aí: me esquece, gente. Eu não estou pedindo nada demais.. Eu quero ficá sossegado, ter minha família em paz, sustentá meu filho. Mas não. É problema em cima de problema... **Eles** [os opressores/repressores] têm de te meter no bolso... Ah, que eu tou farto!*

  ***

  Operário 4: *Vamo discuti isso com calma, Agileu!*
  Ag: *Discutir nada. O que **eles** [os opressores/repressores] querem é ganhar tempo.*

Jo: *O pior é que muita gente já entrou!*

* * *

Operário 4: *Vocês querem mesmo é arruaça. O homem disse que queria conversá, pois então!*
Ag: *É golpe deles* [os opressores/repressores], *companheiro! Esse pessoal é vivo. Enquanto eles* [os opressores/repressores] *conversam com cinco, o resto do pessoal entra e trabalha. A produção não para, entendeu?*
Operário 4: *Mas vamo tentá! Se não se resolvê nada, eu topo.*

* * *

Patrão: *Você fala em pagar com uma facilidade que me estarrece! Pagar com quê? Estamos construindo três pavilhões. Três! Mais de trezentos milhões! Pagar com quê?*
Gerente: *Ah, dr., eles* [os trabalhadores] *não deixam de ter razão.*
Patrão: *Vai, então. Adere À greve, você também. O que eles* [os trabalhadores] *querem é tudo na boca. Passar aperto com a gente, não. Arriscar um tostão, nunca. ∅* [os trabalhadores] *Querem é o ordenadozinho no fim do mês, certinho, certinho, médico, dentista, cineminha... e a empresa que se arrebente! Os srs. reforçaram o policiamento na fábrica?*

* * *

J: *O pessoal tá pegando pedra, Alice!*
Al: *Não acontece nada, não!*
J: *Alice, chega mais prá perto... eles* [os opressores/repressores] *tão fechando a passagem!*
Al: *Deixa de ser bobo, João! Eles* [os opressores/repressores] *tão até rindo!*
J: *Alicinha, eu tou sentindo... vai acontecer coisa aqui!*

* * *

Policial 1: *Não. Não tinha necessidade disso, não!*
Delegado: *Se ∅* [os opressores/repressores] *fizeram é porque tinha.*
Policial 1: *Ora, meia dúzia de gente... Bastava um berro e punha todo mundo prá corrê!*
Delegado: *Não bastou o berro. Também acho tudo isso muito desagradável. Da próxima vez eles* [os trabalhadores] *desistem antes de começar!*

* * *

Operário 2: *(saindo da fábrica) Não adiantou nada, esses filhos da mãe. Cheguei a me rebaixá, a implorá! Compressão de despesas disseram...*
Operário 1: *Pois é, ∅* [os opressores/repressores] *vão comprimi logo eu!*
Jo: *Já ∅* [os opressores/repressores] *demitiram quase toda uma secção. Vamo tomá uma providência!...*

Operário 2: *Você não vai tomá providência nenhuma que teu nome está na lista também.* **Eles** [os opressores/repressores] *tão mostrando.* ∅ [os opressores/repressores] *Diz que despede porque* ∅ [os opressores/repressores] *não pode pagá... Melhó procurá emprego, Jofre!*

* * *

J: *Você não traiu?*
Ag: *Não, João.*
J: *Bom. Eu acho que matava. Agora, matava... Corre, chama* **eles** [os trabalhadores]. *Diz que não traiu. Explica!*
Ag: *Prá que? Melhor, João Nessa altura, o Partido precisa de um traidor...*

* * *

R: *Jofre é que mandou você vir?*
Ag: *Ele me contou a conversa que vocês tiveram. Compreendi tudo... Está tudo certo...*
R: *Compreendeu o que?*
Ag: *Que você não disse nada daquilo...* **eles** [os opressores/repressores] *te enganaram.*
R: *Puxa, até que enfim uma palavra de confiança.* ∅ [os opressores/repressores] *Fizeram assiná uma folha de papel em branco. De besta, assinei!*
Ag: *De besta sim... Não tem importância,* **eles** [os opressores/repressores] *conseguiram coisa pior.*
R: *O que foi?*
Ag: *Conseguiram me fazer passar por traidor...* ∅ [os opressores/repressores] *Prenderam mais de trinta companheiros... Jofre e Cipriano também. Na fábrica,* ∅ [os trabalhadores] *estão certos de que fui eu que delatei...*

* * *

Ag: *Sei lá... Desfazer essa intriga, ver se consigo uma ajuda de custo com o pessoal, arrumar outro emprego... não sei!*
R: *Mas se* **eles** [os trabalhadores] *pensam que você é traidor?*
Ag: *É uma intriga, se desfaz!*
R: *Você parece que nem conhece* **eles** [os trabalhadores]. *Taxou de traidor, tá taxado. Vê comigo? Não fui sempre a mulher má, pequeno-burguesa que te desviava das tarefas? Não era. Mas ninguém conseguiu desfazer essa intriga... (...)* (AS)

    O que ocorre é que referentes que se constituem no texto – seja por menção explícita, seja por construção inferencial a partir de situações descritas – passam a fazer parte do "conjunto temático" do texto (Fant, 1984), e, como tal, entram no jogo em que se entrecruzam a referenciação textual propriamente dita – aí incluída a correferenciação – e a referenciação tópica, aquela que cria e relaciona as entidades que entram na organização informativa realizada pelas proposições do texto e nascida da organização das predicações, estabelecida entre predicados e argumentos, com seus respectivos papéis.[27] Nesse entrecruzamento se monta a rede referencial que mantém o discurso.

Referenciação e base da referência

Já é famoso o exemplo de Charolles e Schnedecker (1993) que ilustra a discussão sobre a necessidade que existe, em certas situações, de escolha de um entre dois sintagmas nominais como antecedente de uma anáfora, quando a remissão se segue a um processo transformador. Sugere-se que o primeiro referente apontado no discurso confere de algum modo à mistura sua categorização linguística, como está em

- *Ele pôs uísque em um copo. Acrescentou água e o bebeu.*
- *Ele pôs água em um copo. Acrescentou uísque e a bebeu.*

mas que isso ocorre especialmente se o primeiro referente apontado indicar maior proporção do que o segundo, como está em

- *Ele pôs três dedos de uísque em um copo. Acrescentou um pouquinho de água e o bebeu.*
- *Ele pôs três dedos de água em um copo. Acrescentou um pouquinho de uísque a bebeu.*

A primeira reflexão a que o caso leva é que deve existir uma certa lógica tanto na formulação quanto na interpretação, e parece que isso é o que de fato acontece, como se pode observar nesta ocorrência real:

- *Tóquio ordenou que fossem mortos os bichos do jardim zoológico do Parque Ueno. Primeiro foram os ursos, depois os leões e leopardos. Os elefantes eram três – John, Wan-li e Tonki – e deveriam morrer antes do fim do mês. Injetaram cianeto numa batata, mas John jogou-**a** no funcionário. Botaram veneno na água mas não **a** bebeu. Mataram-no de fome. Wan-li morreu cinco dias depois. Restava Tonki, a caçula, favorita dos visitantes.* (VEJ)

Qualquer falante da língua admite, nesse caso, que é muito mais previsível alguém dizer que o elefante John jogou *a batata* no funcionário do que dizer que o elefante jogou *cianeto* (que já estava injetado na batata) nele. Já não é tão óbvia a escolha por dizer que o elefante não bebeu *a água* (envenenada), em vez de dizer que não bebeu *veneno*, já que é bastante usual a seleção do sintagma nominal *(o) veneno* como complemento do verbo *beber*, muito mais usual do que a seleção do sintagma nominal *(o) cianeto* como complemento do verbo *jogar*.

Entretanto, obviamente, pode-se admitir, e mesmo defender, que um falante, em certos momentos, faça escolhas na direção do menos lógico ou do menos óbvio, se isso puder levar à obtenção de sentidos particulares, pois tal procedimento pode fazer parte de uma estratégia discursiva. No próprio exemplo que acaba de ser registrado, pode-se avaliar a contraposição entre a frase do texto

- *Botaram veneno na água mas não a bebeu.*

e a possível frase

- *Botaram veneno na água mas não o bebeu.*

na qual o falante estaria dizendo a mesma coisa, em termos da natureza do líquido não ingerido pelo sujeito, mas na qual ele poderia estar sinalizando para uma atitude de alerta do sujeito, uma concentração particular de atenção do sujeito na possibilidade de que algo estivesse adicionado à água, constituindo perigo para ele. Obviamente, essa escolha não condiria com a natureza animal do sujeito dessa oração (um elefante), e daria um resultado de sentido indesejado, o que deve responder pelo gênero feminino do pronome de retomada, isto é, pela fixação da base de referenciação textual no elemento *água*, e não no elemento *veneno*.

Tudo isso argumenta a favor da noção de que falar de referenciação, na língua em função, é desligar-se da concepção de que os falantes simplesmente escolhem os referentes segundo as noções de mundo que esses referentes evocam, numa categorização cognitiva que está disponível fora e antes da atividade discursiva.

Mondada e Dubois (1995) falam em uma instabilidade constitutiva das categorias, tanto cognitivas como linguísticas, para defender que a prática de produção e de interpretação dos textos não é atribuível a um sujeito cognitivo abstrato, ideal e solitário, mas a uma construção de objetos cognitivos e discursivos na intersubjetividade das negociações, das modificações, das ratificações de concepções individuais e públicas do mundo. Isso implica que o sujeito constrói o mundo no curso da realização de suas atividades, e o torna estável graças às categorias, especialmente às categorias manifestadas no discurso.

A categorização

Cada expressão referencial nominal é uma categorização, isto é, uma colocação do referente em determinada categoria cognitivamente estabelecida.

Um terreno fecundo para observação da categorização é o dos nomes designadores de ações, processos e estados, usados de forma remissiva no correr de um texto, uma operação que Francis (1994) denomina **rotulação**.[28] Constituindo designação relacionada com uma passagem anterior do texto, com um estado de coisas pelo próprio falante configurado, esse nome, embora pertencendo a um sintagma gramaticalmente construído como anafórico, não necessariamente estará fazendo uma recuperação de referente, já que o conceito que o falante quer atribuir ao estado de coisas referido estará sendo criado naquele mesmo instante, e criado exatamente com aquela denominação efetuada. Nesse sentido pode ser observada esta passagem de romance, em que um casal, vivendo um amor clandestino, chega a uma praia:

- *– Há outra possibilidade?*
  – Você quer dizer, outra praia?
  – Não é isso. Não queria deixar o carro aqui. Acabo de reconhecer o de um amigo.
  – Alguma razão especial para não ser visto?
  *– Ele deve estar com a família, crianças e tudo mais. Não me sinto particularmente disposto a aguentar esse **esquema**. Pelo menos hoje. É casado e não deseja ser visto comigo. Principalmente por alguém que o conhece. Meu primeiro impulso é pedir que me leve para o hotel. Mostro-lhe por onde fazer a volta.* (CH)

O autor do romance opta por fazer o homem denominar *esquema* à situação não desejada por ele, ameaçado de ser surpreendido em aventura extraconjugal por um amigo. Nessa denominação – nessa colocação do fato em uma categoria – ele escamoteia a verdadeira razão de seu desejo de não estacionar naquele lugar: com uma apresentação neutra da situação, tenta obter que sua acompanhante entenda que o que ele não está "disposto a aguentar" é simplesmente ter de manter contato com o amigo e a família, um "esquema" aborrecido. Se tivesse optado por uma denominação marcada – que seria até deselegante, como, por exemplo, *esse flagrante* – seria necessária outra condução subsequente da trama, ligada a uma irremediável alteração da boa relação entre os dois amantes. Veja-se a continuação do romance, em que a moça (a narradora, primeira pessoa do discurso) aparentemente releva a atitude do companheiro:

- *Ele fala, antes que eu tenha tempo de abrir a boca.*
  – Não se aborreça. O que eu quero é ter um dia novo só para mim, desses que a gente lembra para o resto da vida.
  É a terceira vez que me desarma.
  – Entendo o que quer dizer com "novo". Pare ali. Suponho que esteja longe o bastante do seu amigo.
  Ele ri para mim. Um riso aberto, grato. (CH)

O mesmo processo de categorização e de designação *on-line* de categorias no discurso ocorre nestas passagens:

- *O hospício surge assim em parte para complementar o papel da prisão. É uma instituição cara: no começo do século XX, o Juquery consome metade das verbas estaduais destinadas à saúde pública. As formas de tratamento* são poucas e de valor duvidoso: duchas e outros tipos de balneoterapia, por exemplo. Mas os alienistas não se sentiam obrigados a justificar seu trabalho: "É ciência e basta", dizia Franco da Rocha. **Esse quadro** persistiu até os anos 50, quando a descoberta de novas drogas esvaziou os hospícios em todo o mundo – e também no Brasil. (APA)

- *Prepare-se apenas para a altíssima incidência de turistas por metro quadrado. Pedindo licença a cada minuto, você finalmente chegará à outra margem do rio Arno e terá caminhado sobre a ponte mais antiga de Florença. Com **essa vista**, seu passeio estará completo.* (FSP)

Pode-se dizer que foi no momento do uso que o autor categorizou como lhe aprouve, ou como julgou que convinha à natureza do texto, a situação até o momento configurada, e foi nesse momento que, na sua perspectiva, ele designou essa categoria, colocando-a como nuclear num sintagma anafórico. Desse modo, não se pode pretender que o nome *quadro*, ou que *vista*, seria a única designação possível para o que até então se expunha. A escolha de um termo neutro refletiu uma categorização não marcada, que não salientou nenhum aspecto particular do estado de coisas configurado, o que, de certo modo, marcou o tom neutro da subsequência do texto.

Lembrando Apothéloz e Reichler-Béguelin (1995), pode-se dizer que a categorização lexical vem a ser o reflexo ou a consequência, na verdade o ponto final de uma evolução do aspecto sob o qual o objeto é encarado, isto é, a categorização representa o ponto de vista do falante naquele determinado momento da construção do discurso. É o que se vê, respectivamente, nas denominações *detalhe* (para um modo de vestir configurado no texto até então) e *expediente* (para um procedimento que se foi descrevendo como solucionador de problema), nas duas passagens seguintes:

- *Cid queimou demais o nariz. Vestiu uma camisa esporte de manga comprida, em pleno calor baiano, e deixou-a fora das calças (não estou interessada nele. Mas, se estivesse, esse **detalhe** bastaria para liquidar o assunto. Deselegância num homem é pior que feiura!).* (CH)
- *Apesar de a própria prefeitura local estar dando conta do trabalho de assistência aos desabrigados, a Coordenação de Defesa Civil – ligada à Secretaria Estadual de Trabalho e Bem-Estar – já contactou a base aérea de Salvador, no sentido de que esta ceda aviões para o envio de alimentos, agasalhos e remédios, caso necessário. Este **expediente** foi usado durante as enchentes do ano passado.* (AP)

Uma das formas mais significativas de categorizar referencialmente é a nominalização, uma "operação discursiva que consiste em referenciar, por meio de um sintagma nominal, um processo ou um estado anteriormente expresso por uma oração" (Apothéloz,1995a, p. 144; Apothéloz e Chanet, 1997, p. 160).[29] É o que se ilustra em

- *Esse desafio à classe dominante, esse apelo à revolução, **foi publicado** pela primeira vez em fevereiro de 1848. É interessante que um mês antes de sua **publicação**, uma completa sanção às revoluções era feita pelo grande americano Abraham Lincoln, num discurso na Câmara dos Deputados, a 12 de janeiro de 1848.* (HIR)

A primeira discussão suscitada por esse processo diz respeito à relação que ele teria com a correferencialidade, ou, em outras palavras, uma pergunta natural no caso seria se a informação-suporte e o substantivo predicativo[30] de uma nominalização são correferenciais. Em princípio se poderia dizer que informações contidas num e noutro segmento formam um conjunto, mas a correferencialidade necessariamente implicaria dois lexemas referenciais, e, na verdade, até que se expresse esse substantivo predicativo, as informações não constituem objeto de discurso, isto é, não têm o estatuto de referente.

Uma questão derivada dessa se refere à natureza do substantivo predicativo que cria o objeto de discurso, na nominalização. Obviamente, o fenômeno em estudo não é morfológico, razão pela qual ser esse substantivo um derivado do verbo da oração retomada, ou não, é fato não pertinente. Se são frequentes nominalizações operadas do modo como ocorre, na última frase apresentada, com o substantivo *publicação* (derivado de *publicar*), também são frequentes nominalizações operadas como no trecho

- *Diziam ainda os jornais que o funcionário da Estrada de Ferro Central do Brasil, José Antonio Soares, compadre do guarda pessoal Climério Euribes de Almeida, **desaparecera da sua residência** na rua Padre Nóbrega, 29, em Cascadura, depois de receber um embrulho da sua amante Nelly Gama. Na **fuga**, Soares, que a polícia acreditava ser o pistoleiro que atirara no major Vaz, deixara nove mil cruzeiros, o que mostrava sua precipitação.* (AGO),

em que *fuga*, e não *desaparecimento* (que seria o derivado do verbo *desaparecer*), é o substantivo predicativo usado na anaforização por nominalização. Embora as duas soluções não sejam semanticamente equivalentes, ambas dão conta de nominalizar o processo expresso na oração precedente.

Por outro lado, não necessariamente o substantivo predicativo – mesmo o de base verbal, como é o caso de *preocupação*, na ocorrência a seguir – se liga a algum verbo existente na informação-suporte:

- *Paralelamente ao programa de metas, **vem o Governo dando especial atenção à recuperação econômica de regiões que**, por fatores os mais diversos, requerem ação pública direta e de maiores proporções, como a Amazônia, o Vale do São Francisco, o Nordeste e a Faixa de Fronteiras do Sudoeste, onde tem sido feitos investimentos públicos de grande magnitude. Aliado a **essa preocupação** de crescimento harmônico interno, esteve sempre o desejo, a aspiração de que também os povos irmãos do Continente americano pudessem igualmente alcançar padrões econômicos e sociais mais elevados.* (JK-O)

E, obviamente, os nomes abstratos que realizam o processo de nominalização não necessariamente são de base verbal, já que também se nominalizam estados, qualidades, sensações ou sentimentos configurados previamente no texto, como se vê em

- *As características de Ray que me saltaram no livro de Ballantyne é que **a realidade é assustadora de se encarar**. **Esse medo** alimenta sonhos que nos ajudam a evitar nossa realidade.* (FSP)

A grande diversidade de tipos de nomes que constituem núcleo da expressão categorizadora de atividades ou estados previamente apresentados tem ensejado muitos estudos. Especialmente a nominalização com termos linguísticos tem merecido atenção.[31] São casos em que se usam:

a) nomes de atividades linguísticas ou discursivas, como nos trechos
- *O homem de gris mirava-o com olhar vazio.*
– *Não acredito – interveio o mestre. – O meu amigo é de fora e esta é a sua primeira visita à nossa cidade.*
*O médico pareceu não aceitar **a explicação**, mas, mudando de assunto, entrou a contar algumas de suas peripécias no Pronto Socorro.* (N)

b) nomes de entidades linguísticas (nomes metalinguísticos, propriamente ditos), como em
– *Não, Caiá, ualapeti é pouco. Ualapeti não quer morrer de gripe...*
***Aquela frase** encerrou a pequena discussão.* (ARR)

c) ou até nomes marcadores de força ilocucionária ou perlocucionária do enunciado, que se ilustrarão logo adiante, na discussão dos limites do conceito de nominalização.

Outra questão interessante no estudo da operação de nominalização diz respeito à forma de expressão do sintagma anafórico que retoma a predicação precedente. Para alguns autores (Apothéloz, 1995a; Apothéloz e Chanet, 1997), não necessariamente esse sintagma terá um substantivo como núcleo, já que um pronome demonstrativo pode, do mesmo modo, estabelecer referencialidade (sem descrição, obviamente) para o conjunto de informações expressas por essa oração. É o que ocorre em

- *Então, como Carlos desse a entender que me haviam preparado um quarto para descansar e dormir enquanto preparavam o corpo da morta, expliquei que ainda precisava **ir em casa** para arranjar minhas coisas e, então, voltar. Carlos objetou que **isso** poderia ser feito depois que tivesse descansado, mas insisti: ainda não estava inteiramente preparada.* (A)

Não ocorre aí o possível sintagma nominal *essa ida à casa*, mas ocorre o demonstrativo neutro *isso*, operando-se, do mesmo modo, o que, nessa linha de investigação, se tem considerado **nominalização**.[32]

Outra observação, ainda, é que a anáfora pode fazer-se por elipse, o que significa que a nominalização assim entendida pode ser implícita (Apothéloz e Chanet, 1997), como em

- *O aparelho de marca Siemens **teve sua válvula rompida**, provocando o escape do gás por horas a fio, **transformando** o pequeno apartamento do senhor Bulock numa verdadeira câmara de gás.* (AVI)

Nesse caso, não é difícil defender-se que o sujeito dos particípios *provocando* e *transformando* é *o rompimento da válvula*, sintagma que não está presente no enunciado, mas que é construído mentalmente a partir do processo indicado.

A delimitação do conceito de nominalização não é pacífica, e sobre ela refletem Apothéloz e Chanet (1997), apontando casos em que não se pode dizer seguramente que a retomada anafórica seja exatamente do processo ou do estado expresso na oração precedente. Assim:

a) O sintagma anafórico pode retomar o valor ilocutório ou perlocutório do enunciado precedente, como ocorre, respectivamente, em

- *– Posso saber por quê?*
Sem esperar pela resposta de Sílvio, Sérgio avançou:
– Simplesmente porque, Ângela, você não é a espécie de pessoa que ele procurava... ou imaginava.
*– Não foi a você, Sérgio, que eu fiz **a pergunta**!* (A)

e em

- *Floro: Isso é o de menos. Posso fazer. E em vez de um feixe de capim, **vou oferecer um capinzal**. A graça pedida vale mais que isso...*
*Zabelinha: Pois faça **a promessa**. Duvido que o Boi lhe atenda!* (REB)

b) A informação do sintagma anafórico pode ser mais genérica do que a da oração sumarizada pela nominalização, como no trecho

- *S: Quanto isso vai me custar?*
M: Vinte por cento do capital.
S: Vinte por cento?
M: É a comissão oficial da corrupção americana. Seis meses depois de instalado, o Olimpia Trust Fund, após uma reunião de diretoria, vai decidir aplicar o seu capital nos seus petroleiros.
*S: **Fico sócio de mim mesmo**.*
*M: É o único **modo** de evitar surpresas numa sociedade. Com capital americano, a sua companhia ficará americanizada e seus navios poderão entrar em qualquer porto dos Estados Unidos com quantas estrelas e listras que a lei exigir.* (SPI),

em que um processo que tem um agente ([eu] *fico sócio de mim mesmo*) é transformado em um processo não ligado a um agente, e, nesse sentido, em um processo genérico (*ficar sócio de si mesmo = o único modo de evitar surpresas numa sociedade*).

c) O sintagma anafórico pode retomar não um processo, mas um objeto epistêmico, correspondente a um julgamento, como no trecho
- "*Doutor, o senhor não entendeu. Não sou contra o jogo do bicho. Sou contra os policiais corruptos. Como me disseram que o senhor é um homem honesto, resolvi fazer minha denúncia ao senhor.*" "*Você acha que vou acreditar nisso?*" (AGO),

cuja última frase equivale a algo como "*Você acha que vou acreditar que isso seja verdade?*"

d) A nominalização pode ser resumitiva, retomando não apenas uma oração, mas uma sequência de orações, e operando, assim, uma mudança de nível discursivo, como se vê em
- *O coro cantava os salmos dominicais e todos celebravam a glória do Senhor e pediam a paz dos corações humildes e contritos. Nesse momento é que se deu a grande explosão e as vítimas tombaram às dezenas e levantou-se o inferno de chamas e fumo, e o clamor do desespero e as angústias da morte. Não, aquilo não era obra de um cataclismo da natureza, nem nascera da casualidade das forças cegas. **Homens dotados de alma e coração, que desde pequeninos se ajoelham também juntos aos altares, que provavelmente ainda acreditam em Deus e na sua justiça, prepararam minuciosamente a máquina homicida, para protestar contra a igualdade, e dizer aos negros, de maneira brutal, que, embora tenham a forma humana, não são homens e não foi por eles que houve o mistério da Redenção.** Porque escolheram uma igreja para essa **demonstração de ferocidade** inconcebível, agravando assim o crime com a profanação do templo pelo sangue inocente derramado, eis a pergunta sumamente perturbadora.* (CRU)

Casos como esses ilustram bem a dificuldade de delimitar a operação de nominalização, a tal ponto que, para Apothéloz e Chanet (1997), não é claro que todos esses tipos devam ser considerados realmente nominalizações.

A anáfora associativa

Um tipo particular de anáfora nominal não correferencial é a anáfora associativa.[33] Com ela, introduz-se como conhecido um referente que ainda não foi explicitamente mencionado no contexto anterior, mas que pode ser identificado com base em informação introduzida previamente no universo de discurso, configurada em um outro referente disponível no contexto:

- *A grande preocupação do Benê, era a quantidade de gasolina que **o carro** tava bebendo. Tava fazendo, na estrada, a média de oito litros por quilômetro. **A caixa de marcha** já tava ordinária. Só existiam duas marchas: ré e primeira. Vocês notem que o carro era tão velho, que não conseguia dar a segunda. Na estrada era um perigo. **Os pneus** não gostavam de fazer a curva junto com a estrada. Era um Deus nos acuda. **A direção** tinha tanta folga, que o apelido dela era funcionária pública. E **o freio**, era assim um negócio digno de ser mostrado Via Embratel.* (FA)

Nesse enunciado, existe uma "referência textual indireta" (Kleiber, 1999, p. 339), pela qual novos referentes – *caixa de marcha, pneus, direção, freio* – são introduzidos como elementos anafóricos. Entretanto, são anafóricos não propriamente do referente de uma expressão antecedente – *carro* – mas sim por via desse referente.

Além de partes necessariamente associadas, como nesse caso, podem associar-se outras que não constituem traços definitórios da entidade que provoca a associação, como, por exemplo, é o caso de *o locutor* e *o microfone*, em relação a *este casamento*, no trecho seguinte:

- *Se algum dos presentes souber de algum impedimento pelo qual **este casamento** não possa ser efetuado, queira declarar, sob pena de pecado mortal... (Todos olham para Eleutério que está teso, irado, a boca contraída. **O locutor**, impensadamente, leva **o microfone** para junto da boca de Eleutério, que o repele, dignamente).* (TPR)

Na verdade, embora microfone e locutor não sejam entidades de imediato associadas a uma cerimônia de casamento, elas podem estar presentes nesse tipo de acontecimento, de onde se conclui que a anáfora associativa não pressupõe, simplesmente, o conhecimento da relação 'parte de', mas, em acréscimo, reflete a possibilidade de ocorrência dessa relação. Além disso, muitos sintagmas 'associados' não são propriamente 'partes' de algum objeto ou conjunto maior de objetos, mas são atributos, como *comprimento* e *largura*, no trecho

- *Daí concluímos que para calcular a área de **um retângulo** temos que multiplicar a medida do **seu comprimento** pela medida da **largura**.* (ATT)

Quanto ao tipo de conhecimento envolvido no uso anafórico associativo, deve-se observar que, embora, em princípio, as associações dependam simplesmente de um conhecimento genérico (por exemplo, o conhecimento do que seja, genericamente, *uma cerimônia de casamento*), há casos em que o conhecimento só pode ser inferido de um conhecimento mais específico, como em

- *Em **um triângulo retângulo**, conhecendo o valor métrico de cada um **dos catetos** e querendo achar **a hipotenusa**, eleva-se cada um dos catetos ao quadrado e se faz a soma dos dois resultados.* (ATT)

Hawkins (1978, p. 123) chama *gatilho*, ou *detonador* (inglês: *trigger*) ao sintagma nominal que provoca as associações, e *associadas* (inglês: *associates*) às descrições definidas subsequentes, observando que não é fácil definir quais são os parâmetros que delimitam o conjunto de associações possíveis, embora se possa dizer com certeza que, nesses usos, os interlocutores compartilham um conhecimento dessas associações. O que é certo é que o falante deve necessariamente dar meios suficientes para que o ouvinte identifique e localize o referente na situação correta, não podendo haver nenhuma dúvida sobre qual seja o conjunto de objetos associativos no qual o referente se encaixa. Por exemplo, se um falante que tiver assistido a duas aulas de professores distintos disser

- ***O professor** estava sossegado.* (ACT),

ele não permitirá que o ouvinte localize o conjunto (dos dois possíveis) a que se refere *o professor*.

Em muitos pontos, a relação associativa difere da correferência, e, para mostrar isso, Charolles (1999) indica, especialmente, o fato de que o sintagma nominal anafórico associativo, diferentemente do correferencial, é 'novo', isto é, até a sua ocorrência "a entidade não tinha sido mencionada, e, consequentemente, não era parte do conjunto de entidades já introduzidas no modelo do discurso" (p. 313). Desse modo, pode-se afirmar que a anáfora associativa introduz – e, não, *remete* a – um objeto de discurso, ou seja, ela cria um referente textual.

A interpretação das sequências associativas, embora assentada nas informações precedentemente expressas, tem dependência do conhecimento compartilhado entre os interlocutores, bem como dos "estereótipos culturais" (Apothéloz e Reichler-Béguelin, 1999, p. 367) que cercam a interlocução. Assim, no trecho seguinte, o suporte da interpretação da anáfora associativa representada no sintagma *a taça* é o conhecimento que têm os interlocutores dos procedimentos para brindar, em comemorações:

- *– Há muito tempo não janto tão bem, tinha dito Basílio, encostando-se no parapeito do terraço, fazendo a ela **um brinde com a champanha** e acrescentando, depois de baixar a voz uma oitava: e há mais tempo ainda não vejo uma mulher tão elegante, tão bonita, e recebendo tão bem quanto você hoje, palavra. **Saúde**, terminou Basílio, depois de uma pausa e um bater de cabeça, em voz de novo mais alta.*
  *– **Saúde**, tinha respondido sorrindo e erguendo **a taça**, pois, ainda que não considerasse Basílio seu tipo de homem, Lila agradecia aos céus a existência do tipo a que ele pertencia, dos sedutores permanentes, instintivos, que, pelo*

sim, pelo não, e sempre na esperança de que uma manifestação de concupiscência possa acabar em rendição e posse, fazem, estejam onde estiverem, toda mulher desejada saber que está sendo desejada. Saúde, Lila repetiu. (CON)

Como a anáfora associativa introduz um referente novo no discurso, nunca ocorre que o sintagma anafórico associativo proporcione acesso direto ao referente antecedente. Kleiber, Schnedecker e Ujma (1994, p. 10) incluem, mesmo, entre os fatores da anáfora associativa, a existência de diferença entre o referente que a opera e aquele que faz a menção prévia, aquele que, do ponto de vista referencial, serve de fonte para a associação.

Na definição de Apothéloz (1995b, p. 40), que resume essas indicações, a expressão **anáfora associativa** designa o processo efetuado mediante sintagmas nominais que apresentam simultaneamente as duas seguintes características: de um lado, uma certa dependência interpretativa relativa a um referente previamente introduzido ou designado; de outro lado, a ausência de correferência com a expressão que previamente designou esse referente.[34] Desse modo, diz o autor, a anáfora associativa apresenta o referente como já conhecido, ou como identificável, embora ele não tenha ainda sido explicitamente designado, e, além disso, não indica sua relação com outros referentes ou com outra informação explicitamente formulada.

Kleiber (1994b, p. 93) propõe que o estabelecimento de uma anáfora associativa, a saber, a introdução de um referente novo por uma expressão definida, repousa sobre um elo convencional, pré-inscrito no léxico, que liga de modo necessário – e, mais frequentemente de modo estereotípico – o sintagma nominal fonte e o sintagma nominal anafórico. Charolles (1990), por outro lado, com uma concepção mais discursiva da anáfora associativa não considera que esse tipo de relação referencial seja estabelecido sobre o semantismo das expressões lexicais em presença: é o discurso que, apresentando uma expressão definida em seguida a uma expressão antecedente, impõe a relação associativa e conduz à interpretação da expressão anafórica como associada a uma parte do antecedente. Ambos, porém, relacionam a anáfora associativa a uma base estereotípica (Charolles, 1999; Kleiber, 1998), embora Kleiber (1994a, p. 166) saliente a presunção de conhecimento partilhado como o que determina o estatuto da anáfora associativa.

A relação básica reconhecida mais amplamente no mecanismo da anáfora associativa, afinal, é a de parte-todo,[35] a relação meronímica (Kleiber, Patry, Ménard, 1994; Ujma, 1994; Miéville, 1999), condicionada, entretanto, por uma base estereotípica (Charolles, 1999; Kleiber, 1998). Um exemplo típico de anáfora associativa, dentro dessa concepção que prende o fenômeno à relação parte-todo e à estereotipia é

- *Lá até que é **um arraial** supimpa, com **a igrejinha** trepada bem no alto do morro.* (SA)

Diferente seria o caso de um enunciado como

- *Lá até que é **um arraial** supimpa, com **o estabelecimento bancário** trepado bem no alto do morro.*

Neste, dois traços comumente aceitos de anáfora associativa – a expressão de um novo referente anafórico e a relação de parte com todo nessa anáfora – estão presentes, mas o estatuto de anáfora associativa não se sustentaria, exatamente pela falta de uma conexão estereotípica. Esse seria, para Kleiber (1994a), um caso de 'anáfora indireta', que ele chama de **inferencial**, embora toda anáfora seja inferencial.[36] E especialmente a anáfora associativa, "apesar de todas as discussões que suscita, é unanimemente reconhecida como um fenômeno inferencial"(Ujma, 1994, p. 121).

Riegel (1994) limita às anáforas associativas intraoracionais a obrigatoriedade de expressão da relação entre uma parte e seu todo, considerando que, quando a expressão anafórica e a expressão antecedente estão em orações diferentes, as relações podem ser de três tipos:

a) o primeiro elemento é um elemento do qual o segundo é constituinte típico, como em

- *O Cruz, tendo mais uma de suas ideias malucas, determinou que seria uma boa realizar uma sessão literária **naquela cidade**. Por intermédio de amigos conseguiu o sinal verde da prefeitura, para realizar a sessão **no coreto da praça** principal e única, e do delegado de polícia, para que o sarau se realizasse à noite e que se estendesse, caso necessário, até a madrugada.* (ACT)

b) as duas entidades estão em relação de contiguidade metonímica, como em

- *Mas **esse livro** não tem qualquer aprovação eclesiástica e **o autor** esconde seu nome.* (ACM)

c) o primeiro termo cria um cenário dentro do qual o segundo tem um papel, como em

- ***Enfiou uma caneca** dentro da vasilha d'água e retirou-a pela metade. Desembrulhou **o comprimido** e jogou-o dentro.* (ARR)

Como se pode depreender de sua natureza baseada em associação mental, a anáfora associativa tem um uso bastante aberto, o que poderia permitir, por inferência, relações associativas de maior distância. Assim, a partir da ocorrência

- *Trazia **uma só carta** com nome e endereço de meu pai. Entregou-me sorrindo e continuou seu trabalho de estafeta. Olhei **o carimbo** sobre **o selo** e vi que era de São Paulo.* (INQ)

podem sugerir-se inúmeras possibilidades de associações anafóricas de um segundo sintagma com o sintagma *uma só carta*, associações sustentadas pelo conhecimento comum de estereótipos, como se demonstra, por exemplo, nas possíveis continuações, nesse enunciado citado:

- *Trazia **uma só carta** (...). Olhei **a assinatura**, mas não a reconheci.*
- *Trazia **uma só carta** (...). **A introdução** já me deixou preocupado.*
- *Trazia **uma só carta** (...). Vi **a letra insegura**, mas não atinei com o motivo.*

Nesses casos, o *script* ou o *frame* que estão na mente (Chafe, 1994, p. 122) garantem as inferências que levam ao estabelecimento da relação associativa necessária à interpretação dos referentes. Isso ocorre porque a anáfora deixa transparente o estatuto da relação que une as duas referências envolvidas, e, além disso, essa relação não tem a sua validade condicionada pelo contexto, isto é, tem genericidade. Como sugere Kleiber (1999), é isso que distingue a anáfora associativa de outras possíveis referências indiretas, como a que se exemplifica com o pronome *eles* no possível enunciado

- *Trazia uma só carta com nome e endereço de meu pai. Entregou-me sorrindo e continuou seu trabalho de estafeta. **Eles** têm prazer no seu trabalho.*

Pode-se voltar a algumas das ocorrências que apresentei em "A centralidade do verbo e o acionamento de uma estrutura argumental" (onde tratei de identificabilidade e acessibilidade na referenciação), para mostrar casos em que uma remissão anafórica é bem-sucedida sem que haja referente textual anteriormente expresso (portanto, operada indiretamente), casos bastante típicos de linguagem distensa, especialmente da modalidade falada:

- *E como era... essa tecnologia assimilada pelo Japão, não é? Antes... da Segunda Grande Guerra? Era uma tecnologia assimilada de duas formas: primeiro, pela própria... é pelo próprio desenvolvimento interno **deles**, quer dizer a tecnologia baseada no artesanal, tá?* (EF-RJ-379: 8-12)
- *Belo Horizonte foi ah plantada foi planificada dentro de um plano que:: **eles** procuraram seguir até quando foi possível depois houve um crescimento demográfico muito grande* (DID-SP-137:40)
- *Doc. Você nunca chegou a:: conviver com nenhuma família baiana, né?*
  L. não... não isso é que é mais difícil...
  *Doc. Porque talvez isso não seja ((telefone)) uma constante na alimentação **deles**...* (DID-SSA-231-26)

Genericidade e validade independente do contexto, afinal, representam ligações garantidas por estereótipos, o que justifica a menor aceitabilidade de um enunciado como

- *Alessandro, muito afável, estava sentado no longo degrau atrás da **casa**, que conhecíamos da visita anterior. Sugeriu, sem convicção, que **o sofá luís xv** seria mais confortável.*

comparado ao enunciado documentado

- *Alessandro, muito afável, estava sentado no longo degrau atrás da **casa**, que conhecíamos da visita anterior. Sugeriu, sem convicção, que **a sala de jantar** seria mais confortável.* (ACM)

Numa ocorrência como

- *Eu risquei um fósforo, e foi pior: das grades viam-se as paredes brancas e lisas, o que teria despertado em todos a sensação de estarem enterrados numa sepultura. **O desespero** então aumentou. Um senhor quis saber se era possível dar notícias à família.* (MP)

o contexto pode sugerir que existe uma relação associativa, porém, a rigor, o *desespero* não diz respeito ao sintagma *todos*, mas é referido apenas como uma propriedade geral, diferentemente do que ocorreria se o enunciado trouxesse

- *Eu risquei um fósforo, e foi pior: das grades viam-se as paredes brancas e lisas, o que teria despertado em **todos** a sensação de estarem enterrados numa sepultura. **O desespero deles / seu desespero** então aumentou. Um senhor quis saber se era possível dar notícias à família.*

Do ponto de vista da forma, a anáfora associativa consiste na associação de dois elementos – um antecedente e um subsequente que tem natureza anafórica – ambos presentes no texto, seja na mesma frase, como em

- *O sábio Spallanzani contemplou, da janela de onde estava, **a catedral de S. Geminiano** no momento em que **o sino da torre** em estilo românico, conhecida pelo nome poético de La Ghirlandina, badalava duas vezes.* (BU)

seja em frases diferentes, como em

- *Uma das mais curiosas referia-se ao poder **da mandrágora** (mandrake), já mencionada no Antigo Testamento, uma planta capaz de curas milagrosas e possuidora, ademais, de poderes afrodisíacos. **A raiz bifurcada** assemelha-se vagamente a um ser humano, e como tal é representada nas gravuras antigas.* (APA)

Tem-se indicado que, para que uma expressão referencial realize a anáfora associativa, dela se requer, basicamente, a definitude e a unicidade. Para alguns estudiosos (Kleiber, 1990; Conte, 1996), o elemento anafórico associativo é necessariamente um sintagma com artigo definido,[37] sintagma que, como aponta Charolles (1999), carrega a pressuposição de unicidade existencial. Isso significa que, usando um sintagma desse tipo, os interlocutores podem acessar qualquer entidade apresentada como única dentro do tipo expresso pelo substantivo núcleo desse sintagma, seja com base na informação pragmática acionada na interlocução, seja com base no contexto pragmático. Para Conte (1996b, pp. 140-141), uma interpretação sem menção anterior explícita do referente é impossível de obter-se com o uso do demonstrativo, já que esse elemento só é usado anaforicamente *in praesentia*, isto é, só opera anáfora do tipo correferencial.

Outros autores, como Apothéloz e Reichler-Béguelin (1999), defendem que também o pronome demonstrativo pode ser empregado em tal posição. No português, embora não se possa dizer que esse seja o emprego mais comum em tal tipo de anáfora, encontram-se casos como

- Olhei para **as janelas** da direita, que davam para a parte posterior do edifício. Pensei no marceneiro que fizera **aqueles caixilhos**, verdadeira obra de arte. (ACM)
- Mamãe foi passar o fim de semana em **Saturno**. Odeio aquilo. Só tem loja de roupas e naves espaciais. Um monte de gente brigando pra pousar numa vaga **daqueles anéis**! Putz! Preferi ficar em casa... (FSP)
- Túlio já **a** tinha definido como um vulcão. E quando se envolvia numa discussão lembrava, não sei por que, uma pantera. **Aqueles olhos grandes e severos** ganhavam um brilho quase selvagem. (ACM)

Uma questão delicada na avaliação do uso da anáfora associativa, como já se sugeriu nas reflexões apresentadas, diz respeito ao modo pelo qual se entende que sua interpretação seja operada: ou por uma ligação construída no momento da leitura ou pela ativação de uma associação previamente memorizada. (Lavigne-Tomps e Dubois, 1999, p. 399). A resolução passa pela colocação do foco na natureza discursiva (linguística) da anáfora associativa, ou na sua base representacional (cognitiva), como sugerem esses autores, que citam duas propostas fundamentais:

a) a de Kleiber, Patry e Ménard (1994), que sugerem que a interpretação da anáfora associativa é dirigida pelas representações referenciais de algum estado de coisas, ou estado do mundo, existente antes do processamento do discurso (é a hipótese 'léxico-estereotípica', dirigida pelos dados);

b) a de Charolles (1994), que, defendendo que a anáfora associativa é um "fenômeno do discurso" (p. 70) sugere que a sua interpretação é dirigida pela habilidade dos sujeitos em construir, a partir de uma leitura *on-line* do discurso, uma representação particular, num espaço mental da relação anafórica (hipótese 'cognitivo-discursiva', dirigida pelo conceito).

Lavigne-Tomps e Dubois (1999) consideram que as associações fortes entre um antecedente e uma expressão anafórica, isto é, aquelas em que não há associação previamente memorizada entre esses dois elementos, podem envolver antecipação. A antecipação é, pois, um processo eliciado pelo antecedente: a ativação da representação mental de uma expressão anafórica se dá a partir de uma representação mental previamente ativada do antecedente. Entretanto, ela é restringida "pelos ingredientes necessários ou estereotípicos da entidade denotada pelo elemento fonte da anáfora" (Miéville, 1999, p. 329).

A recategorização

Um fato relevante a ser observado no estudo de referenciação textual é que o objeto pode não ter sido configurado apenas discursivamente, e, desse modo, pode já ter recebido uma designação no texto. Assim, ele pode já ter sido nomeado (categorizado), e, nesse caso, ocorre uma recategorização. E uma vez que toda designação referente a uma porção de texto constitui, de certo modo, uma predicação, ou seja, uma atribuição de propriedades ao objeto designado, as duas designações – a inicial e a remissiva – estarão necessariamente enfeixando um conjunto de propriedades predicativas, e não totalmente coincidentes. A primeira diferença que ocorre à mente do analista é a que existe em termos da genericidade e da especificidade dessas duas denominações: a segunda pode ser mais específica que a primeira, como em

- **Mimetismo:** *Existe mimetismo quando um **animal** ou vegetal de uma espécie se parece com outro de espécie diferente, na forma, cor etc. É o caso de certas **aranhas** que se parecem com formigas; **borboletas** de certa espécie que se parecem com outras espécies diferentes; de **vespas** agressivas que se assemelham a moscas inofensivas.* (ECO)

ou mais genérica, como em

- *Só quando chegava a safra dos **pequis** no pé da serra, eles se ausentavam, até acabar a **fruta**.* (MMM)

Esse jogo pode alternar-se, com idas e vindas entre o genérico e o particular, como nos dois trechos a seguir:

- *Muita **goiaba** – o principal – da branca e da vermelha; mangueira de toda qualidade – de especial **manga** coração-de-boi para fazer fartur – **coco babaçu**, **guariroba** e **macaúba**, muito **mamão** e **abacate**. Do lado de fora da cerca, mas de modos que as **frutas** ficassem de dentro do mangueiro, **maracujá**, saborosa, cará-do-ar e chuchu.*
  *E **jaca** também: árvore importante e de muita sombra, a **fruta** um desproposito de grande, carnuda e de substância.* (CHA)
- *Antes de assinar contrato de locação de um **imóvel** na praia ou no campo, o futuro inquilino deve tomar alguns cuidados. O principal: ler com atenção o documento. (...)*

*Se a **casa** ou **apartamento** alugado estiver mobiliado, a descrição completa dos móveis deve constar do contrato.*

*Os proprietários também costumam pedir, como garantia contra danos no **imóvel**, que o inquilino deixe em seu poder um cheque no valor do aluguel. (...)*

*Um candidato a inquilino precavido também deve dar uma olhada no **imóvel** que está alugando antes fechar o contrato.*

Dessa maneira, evita alugar "gato por lebre" e também confere se a região em que ∅ está localizado corresponde ao que considera ideal para passar as férias.

Uma forma de driblar os preços altos e viabilizar uma temporada de praia é "rachar" o aluguel em um grupo de pessoas.

*É o que vai fazer o escrevente João Antônio Scudele, 46. Ele alugou uma **casa** de cinco quartos na praia do Tenório, em Ubatuba (233 km a leste de São Paulo), onde vai passar o réveillon com toda a sua família.*

*A diária do **imóvel** custa R$ 400, mas o custo foi rateado entre todos os parentes. Ao todo, ficarão hospedados na* CASA *16 adultos e duas crianças. "Desse jeito, o aluguel acaba não ficando caro."* (FSP)

Essas relações de generalização e de especificação, embora reflitam pontos de vista pertinentes naquele momento do discurso, são, até certo ponto, neutras, já que hiperonímia e hiponímia não necessariamente imprimem marcas pessoais nas designações, como se acaba de observar nesses textos. Por ser, de qualquer modo, uma atribuição de predicados, no entanto, as designações de objetos já nomeados frequentemente implicam sua colocação numa classe marcada, positiva ou negativamente:

- *– Mas por que matar **Christopher J**. Não tinha jeito de poupá-lo, de entrar em acordo?*
  *– Sim, Chris podia ter sido poupado. O normal numa situação dessas é o **traidor** fazer yubitsume, cortar um dedo.* (FH)

Além de operar em termos de intensão (o que representa uma operação sobre a própria categorização inicial) – que foi o que se avaliou até aqui – a recategorização pode operar em termos de extensão, sem que a primeira categorização fique afetada. Nesses termos, a recategorização pode operar ampliação ou redução, fragmentação ou condensação do objeto, permanecendo inalterada a categorização lexical.

Um caso simples e comum, especialmente na conversação, é a expansão do domínio referencial estabelecido, o que pode implicar pluralização, com indeterminação de terceira pessoa, como nestes trechos:

- *Saiu uma nota no jornal que é batata! **Eles** não dizem o nome, mas dão toda a ficha!* (AS)

- *Bom, o vatapá, dos pratos regionais, é um dos mais deliciosos. Depende de um bom dendê, da castanha do caju, do amendoim, do peixe que você vai trabalhar. Lá na Bahia, **eles** usam muito o xaréu. O gengibre, ∅ também põem.* (IS)

Por outro lado, objetos de discurso podem, no intercurso linguístico, ser fragmentados ou ser fundidos (Apothéloz e Reichler-Béguelin, 1995), segundo convenha ao direcionamento do discurso.

A fragmentação de um objeto de discurso representa o uso de mais de uma expressão referencial, cada uma referindo-se a um objeto potencialmente extraível do discurso. Assim, na ocorrência

- *Mesmo que a qualidade do glúten de nosso trigo seja, no momento, menor, pois depende de condições de solo e clima e, especialmente, de características genéticas, o certo é que há exageros nas acusações que lhe são impingidas e isto deve significar que **se deva continuar importando este cereal**. Se formos transferir essa **proposta**, essa **visão unilateral de qualidade**, para outros produtos, o Brasil teria que importar muitas outras coisas.* (ZH)

ocorre o que Apothéloz e Reichler-Béguelin (1995, p. 259) denominam "exploração da dimensão polimórfica do processo": o objeto de discurso é, no caso, *a necessidade da continuação de importação do glúten*, mas a primeira expressão (*essa proposta*) rotula o modo de agir, enquanto a segunda (*essa visão unilateral de qualidade*) identifica um modo de ver a situação, ambos criticados pelo autor do texto.

A operação inversa, que é a fusão dos objetos de discurso, reúne numa só expressão referencial, eventualmente sob uma única denominação, dois objetos até então tidos como distintos:

- *Força primordial, emanações benignas e malignas, faixas de radiação, magnetismo cósmico, esses troços.* (LC)

Pode também ocorrer que um referente introduzido como específico seja retomado genericamente, desconsiderando-se as determinações ocorrentes na categorização inicial. É o que se vê no enunciado

- *É como se você tivesse **um rádio** e não soubesse que **ele** serve para sintonizar emissoras e falar ou que precisa de pilhas para funcionar.* (ALQ),

em que o pronome *ele* designa um objeto que é o *rádio* tomado genericamente, e não o rádio que já foi mencionado, aquele que, segundo o texto, se hipotetiza que o interlocutor possa ter. O que ocorre, pois, nesses casos, é que o elemento anafórico tem um referente extensionalmente mais expandido do que o que é designado pelo sintagma nominal antecedente, sendo abandonadas as determinações que nesse sintagma anterior porventura existissem.

A recategorização efetuada por pronomes anafóricos é chamada **implícita** por Apothéloz e Reichler-Béguelin (1995), que observam que tais pronomes, "em virtude de sua marca de gênero, permitem, em contexto, indicar alusivamente uma denominação" (p. 252). Essa operação serve a vários propósitos, como, por exemplo, remeter a uma e não a outra categorização previamente efetuada, como em

- *A **Catita** fora posta pela mãe, dormindo, num trilho da Piau. Fica quieta, bem. Quietinha, fecha o olho, dorme, que já volto. Mas o **diabinho** acordou, levantou, saiu e ainda foi **jogado** contra o barranco pelo vento da locomotiva que passava bufando. Vieram entregá-**la** em nossa casa. Não escaparia da tragédia e envenenou-se, muitos anos depois, em Belo Horizonte. As negrinhas da Inhá Luísa...* (BAL)

Nessa passagem, introduz-se no texto uma personagem, que é uma menina, chamada *Catita*, e o referente vem a seguir recategorizado avaliativamente[38] como *diabinho*. A remissão (com a forma pronominal *-la*) representa uma escolha entre os dois antecedentes (o primeiro, feminino, e o segundo, masculino, embora se refira a pessoa do sexo feminino), constituindo, na verdade, uma recategorização implícita: com o feminino escolhe-se dizer que *a menina*, e não *o diabinho*, foi entregue em casa, porque, com certeza, servia ao efeito pretendido do texto, nesse momento, restabelecer a categorização neutra, não a avaliativa.

Entre as muitas facetas da recategorização, merece nota, ainda, a passagem a um nível metalinguístico, que consiste em fazer-se remissão a um objeto de discurso usando-se um nome particular – mais especificamente, o nome próprio que designa esse objeto –, o que representa aquilo que Apothéloz e Reichler-Béguelin (1995, p. 257) explicam como a passagem de uma denominação "em uso" para uma denominação "em menção":

- *Dona do restaurante Quattrino, Nigri costuma circular apenas pelos Jardins e se surpreendeu ao ver onde era **o estádio da Portuguesa**. "Quando a gente ouve falar **Canindé** acha que é do outro lado do mundo. Até que não é longe."* (FSP)

Afinal, entre os fenômenos mais presentes na recategorização, deve-se apontar a aspectualização do modo como foi configurado previamente o objeto de discurso. Isso se deve ao fato de que, como já apontado, toda denominação indica um ponto de vista sobre o objeto designado, salientando um aspecto específico sob o qual ele é encarado:

- *Mesmo assim, prefiro essa mendicância, junto de meu pai, e minha liberdade, a essa gaiola dourada, e asfixiante, que vocês me oferecem. Amanhã mesmo, eu partirei com ele para São Paulo. Carlos sorriu, amargo, e replicou sem vacilar: – Eu já previa essa **chantagem**! " "– Chantagem?!", indaguei cheia de indignação.* (A)

(Re)categorização e manipulação do enunciado

(Re)categorização e avaliação

Tanto a categorização como a recategorização podem frequentemente salientar de modo avaliativo a predicação sobre o designado, que vem, então, expresso por um nome semanticamente marcado, por exemplo uma avaliação disfórica, como em

- (T): *Você acredita mesmo que essa foto tenha causado tudo isso?*
  (O): *Não só acredito, como também, me recuso a passar diante daquela luzinha que projeta esse **horror** na parede.* (DEL)

e em

- Fanático: *Ninguém bota a mão no boi! Ninguém!*
  Mateus: *É o doutor Floro Bartolomeu quem quer fazer essa **barbaridade*** (REB),

ou uma avaliação eufórica, como em

- Margô: *Você precisa conhecer, ao menos, o rapaz que vai acompanhar você ao cinema.*
  Irene: *Estou toda fria. Pega na minha mão. Está vendo? Geladinha-geladinha.*
  Margô: *(Indiferente) Ela esquenta depois. (A Alonso) Mande vir essa **maravilha**.* (I)

e em

- *Enrolado no braço de Juju, fui limpar a barba e esmerilhar o cabelo. Porta na tramela, ligeirinho pedi ao major notícia de dona Bebé de Melo: Seu compadre, onde anda essa **beleza**?* (CL)

Nem sempre é o substantivo usado que é disfórica ou euforicamente marcado, sendo esses aspectos muito frequentemente expressos por um adjetivo que se acrescenta a nome avaliativamente pouco marcado:

- *Nessa base, a sala deveria conter pelo menos três ou quatro mil obras. Um **belo acervo**.* (ACM)
- *No entanto, jamais vi agonia mais dolorosa, mais sofrida. Momentaneamente, sem dúvida, houve um pequeno descanso. Em seguida, porém, voltou a se agitar e, desde esse instante, não teve trégua até que exalou o último suspiro, já em plena madrugada. Agora, uma agonia mais triste e difícil, porque não tardou que perdesse o uso da palavra. Pelo menos, o uso de palavras concatenadas, coerentes. Ainda falou, é certo. Mas, coisas soltas, desconexas.*

*Depois, com o caminhar do fim, ouvimos apenas exclamações, gritos – manifestações isoladas, secas, dir-se-ia que "mortas", de um desespero incontido e absolutamente incontrolável. Enfim, com o princípio da madrugada, a morte veio, felizmente, por um fim aquele **triste espetáculo**.* (A)

Também ocorre que ambos, substantivo e adjetivo, sejam fortemente marcados pela avaliação do falante, como em

- *Percebi que não apenas ela se esquecia de dar corda aos relógios, mas andava pela casa parando os pêndulos e maquinismos. Fazia isso diariamente, porque toda as noites alguém, talvez tio Ernst, que ainda vivia com ela e a detestava, seguia a mesma trilha de salas e corredores e lhes dava corda outra vez. Essa **brincadeira sinistra** durou até a morte dela.* (ASA)

O fato de as denominações poderem sugerir o ponto de vista de outra pessoa que não o falante também foi apontado por Apothéloz e Reichler-Béguelin (1995, p. 249), que colocam a "denominação citada" entre as recategorizações. São casos em que a designação de atividades de linguagem (e sua possível qualificação adjetiva ou quantificação) representa a avaliação de outra pessoa, não daquela que produziu os enunciados:

- *Ao ser procurado para saber se alguma providência seria tomada, o general Cardoso **respondeu que não tomara conhecimento da entrevista**. O general desconversou porque sua preocupação é evitar novas manifestações desse tipo. Está difícil. No dia seguinte, Leite Filho apareceu nos jornais **fazendo elogios à ditadura de Pinochet no Chile e às Forças Armadas peruanas por terem apoiado o golpe do presidente Alberto Fujimori**. O tom era até de provocação. O general disse que "foi o governo do general Pinochet que soergueu o Chile, levando o país à situação extraordinariamente positiva de hoje". Sobre o Peru, afirmou que os militares estão "ajudando o presidente Fujimori a consolidar o regime e restaurar a economia peruana". E arrematou falando do Brasil: "Quando nós temos problemas sérios, são sempre as Forças Armadas que são chamadas a resolvê-los". Chegando ao Congresso em meio a tantas **asneiras**, o projeto de lei dos desaparecidos enfrentará outra etapa.* (VEJ)
- *O pronunciamento de Ieltsin à nação marcou o triunfo da linha dura no Kremlin, que volta a ser sinônimo de decisões inescrutáveis. Ele não encontrou palavras que expressassem o mais remoto arrependimento pela carnificina na Chechênia. Ao contrário, justificou o emprego da força, considerado abusivo pelo seu próprio encarregado de direitos humanos, e **disse que Moscou havia sido durante bom tempo "muito mole" em relação aos chechenos**. Foi uma de suas poucas **declarações conclusivas**. Quem buscou nas palavras do presidente russo um senso claro de direção perdeu tempo.* (VEJ)

- *"Simples. **Uma ideia é genial** quando é original, quando é uma solução metodológica ou explanatória superior às existentes e quando dá origem a novas linhas de pensamento ou novas aplicações."*
   *"Uma **boa definição**...", disse Tulio, com aprovação sorridente de Beatrice, "... que, suponho, não foi inventada agora..."* (ACM)

Nessa série de ocorrências, a designação avaliativa de um ato de fala de outro indivíduo que não o produtor do texto faz categorização remissiva. Esse tipo de designação, contudo, atua também cataforicamente, como neste trecho, em que um enunciado é catalogado como *miséria* antes de ser apresentado (cataforicamente), e como *infâmia*, na sequência do texto (anaforicamente):

- *– Olha, leia essa **miséria**: "Com a infeliz criancinha nos braços, Loredano estreitou a mão de Miguel num shake hands cúmplice, apontou para o crucifixo que empunhava na destra. E, enquanto intimava "jure por este!", com a mão esquerda acariciava o cabo do revólver." Quantos braços tem esse diabo? – perguntei, atirando a **infâmia** para o cesto de papéis. – Cinco? Seis, como as aranhas?* (LC)

A recategorização muitas vezes homologa atributos que já foram predicados a um sujeito, o que, de qualquer modo, constitui expressão de atitude avaliativa do emissor:

- *A máscara de couro que usava, de tiras largas costuradas umas às outras com linha grossa, tinha furos para os olhos, para a boca e para o nariz. Mariana deu-lhe a bolsa de dinheiro; o **bandido** pegou-a.* (RET)

(Re)categorização e argumentação

A avaliação do falante em relação ao objeto designado tem papel muito significativo na condução argumentativa do enunciado, servindo a seus propósitos, suas opiniões e suas crenças, e direcionando as (re)designações, para a eficiência da atuação linguística. É o que ocorre muito evidentemente em

- *Ele entra na quadra quase três horas antes do jogo. Ginásio fechado, poucas luzes, **Michael Jordan**, 32, carrega 1,98 m e 96 kg para um solitário bate-bola de aquecimento.*
   A Folha *acompanhou durante uma semana **o maior jogador de basquete da história.*** (FSP)
- *Spiros tinha sido aprisionado pelos turcos. Era quase **um menino**, não tinha nem pai, nem mãe, nem parentes vivos. Era bem esperto, **o diabinho**. Tinha um brilho nos olhos que prometia bastante.* (SPI)
- ***Cândido Bracher** terá superpoderes sobre a moeda. **O czar do real**, como já foi batizado no mercado, é filho de Fernão Bracher, principal acionista do banco* BBA. (FSP)

É nesse sentido que se tem colocado a argumentação entre os objetivos da recategorização lexical operada anaforicamente. Obviamente, isso tem de estender-se às denominações primeiras que o falante faz de um indivíduo ou de um estado de coisas configurado em porção anterior do texto (as "rotulações" de que se falou no item "Categorização"). Mesmo (re)categorizações aparentemente neutras podem ancorar um direcionamento argumentativo particular, constituindo um marco de avaliação do falante, como ocorre, no seguinte trecho, com a escolha dos termos *militares* e *ministros*, em relação a cujos referentes há evidente má-vontade do autor do texto:

- *Isto não é bom, disse o brigadeiro **Sócrates Monteiro** diante da mobilização nas ruas. O que não é bom é **militares** darem lições de civismo e política à sociedade. Seria muito bom se o **ministro** cuidasse somente de sua pasta. É assim no Primeiro Mundo. Lá, como aqui, dispensam-se tutores fardados.* (FSP)

O forte papel que a (re)categorização lexical exerce na função textual é evidenciado no fato de que, frequentemente, a (re)categorização – mais neutra, ou mais marcada, segundo convenha à direção do enunciado – coincide com uma mudança de parágrafo. Nesse caso, torna-se irrelevante, ou mesmo sem efeito, a categorização possivelmente efetuada ou sugerida até então, e fica mais fortemente evidenciada, ainda, a fronteira entre setores do texto, que já naturalmente é assinalada pela mudança de parágrafo. Apothéloz e Reichler-Béguelin (1995), falam, nesse caso, de uma sobremarcação da estrutura discursiva. São casos muito comuns, como os seguintes:

- *Agora, o perigo maior talvez fosse Sérgio voltar e encontrá-la ali. Mesmo se estivesse de valise pronta para partir. Poderia pensar que ainda esperava por uma explicação. Um qualquer pedido de desculpas. Alguma coisa que lhe permitisse ficar. Fariam as pazes, mas as brigas recomeçariam adiante. Novas humilhações. Novos sofrimentos. A incompreensão de sempre. (Ou, pelo menos, daqueles últimos tempos) Não. Antes partir logo. Ao acaso.*
  *Essa era a verdadeira **situação**: não podia mais permanecer ali. O que fizera de sua vida, era aquilo?* (A)
- *Evidentemente, exigi que levasse a situação a sério. Então, sacudiu os ombros e riu. Que queria que dissesse? Que me proibisse de rever Mário? Ou de voltar para junto de meu "marido"? Expliquei, irritada, que não se tratava de nada disso. Expliquei que apenas o desespero de Eliodora que fizera ir. Expliquei muitas outras coisas. Ainda assim, Hélio sorriu, como se não acreditasse. Insisti. Tornou a sacudir os ombros e me lembrou que ele, no meu caso, pensaria duas vezes antes de tomar uma decisão. Afinal que podia me oferecer, em matéria de futuro? (...) Portanto, seria o último dos egoístas, dos insensíveis, se quisesse exigir de mim uma fidelidade que ele próprio já não estava em condições de me oferecer. Juntos havíamos sido felizes algum*

tempo. Se o momento chegara de eu me afastar – "o seu momento, Ângela" – não criaria dificuldade, ele. Porque, eu não ignorava, o momento dele chegaria e, então, teria de se afastar, de qualquer modo.
Julgo mais ou menos inútil relatar a pequena tempestade que essa **demonstração de indiferença** *e desamor desencadeou em mim.* (A)

- *Quando falou em Pedro, não acusei as referências ouvidas de Dona Leonor. Fiz como se de nada soubesse e ele, estranhou meu alheamento. Contou, então, o que eu já sabia em linhas gerais, acrescentando detalhes novos. A saber, que Pedro depois de ter gasto, em vida de Eliodora, tudo o que conseguira "arrancar" de herança do velho Mário Soares, exigia, agora, "a parte de Eliodora: nos bens do sogro, que haviam ficado indivisos. (...)*
Não contente com essa **vileza***, acusava-os publicamente, difamava-os junto aos conhecidos. Chegara mesmo a anunciar que recorreria à Justiça, caso não lhe dessem uma garantia de "boa-fé" no decorrer daquelas vinte e quatro horas!...*
Tudo isso eu ouvi, de conversa à meia voz, de gente grande. Provavelmente, comentavam, a criança havia sido enterrada viva. Devia ter sido acometida de um ataque de catalepsia.
Essa **revelação** *me atordoou. Quis saber detalhes, ninguém sabia nada mais do que ouvira. Era sigiloso, a mãe de Zina não podia tomar conhecimento da* **tragédia***.* (ANA)

A expressão da referencialidade e da definitude

Segundo Givón (1984, p. 398), "ser definido" não é o mesmo que "ter referência exata", já que a definitude é determinada no contrato comunicativo, entre falante e ouvinte, que assumem conhecimentos por via de pressuposições. Para ele, metodologicamente, a referencialidade e a definitude podem ter um tratamento desvinculado, embora do ponto de vista da codificação morfossintática nas línguas seja possível observar a existência de uma gradação entre esses subsistemas, resultando disso uma escala linear como:

definido > referencial indefinido > não referencial indefinido > genérico,

cujas secções (especialmente as contíguas) podem, em determinadas línguas, ser expressas por uma mesma marca, criando-se intersecções.

Diz Lyons (1977) que a referência a indivíduos (referência nominal) abriga três tipos de expressões, nas línguas naturais: (i) expressões gerais, que se referem a classes de indivíduos; (ii) expressões definidas, que se referem a algum indivíduo específico ou a alguma classe específica de indivíduos; (iii) expressões indefinidas, que não se referem nem a algum indivíduo específico nem a alguma classe de indivíduos.

Referência nominal definida e referência nominal indefinida

Esquematicamente, são dois os grandes tipos de referência nominal, a definida e a indefinida, que Givón (1984, p. 399) assim conceitua, invocando o contrato comunicativo: o falante codifica um sintagma nominal referencial como definido se supõe que o ouvinte é capaz de atribuir-lhe referência única, devido à acessibilidade dêitica da situação ou à acessibilidade referencial do arquivo permanente, e codifica um sintagma nominal referencial como indefinido se supõe que o ouvinte não é capaz de atribuir-lhe referência única, e, nesse caso, referências subsequentes podem ser efetuadas, pois tal referente entra para o arquivo ativo do ouvinte.[39]

Sintagmas nominais definidos

Nas línguas em geral, entidades referenciais definidas são codificadas por uma variedade muito maior de meios do que as indefinidas: por um sintagma nominal (em que o ouvinte é direcionado para identificar o referente definido dentro do arquivo permanente), por um pronome pessoal dêitico (*eu, tu*), por um dêitico espacial (*esse, este*), etc.

Os sintagmas nominais definidos são designados por Russell (1905, apud Lyons, 1977, p. 179) como **descrições definidas**, pelo fato de que o referente pode ser identificado não só pela sua designação mas também pela sua descrição,[40] desde que ela possibilite ao ouvinte distingui-lo de outros referentes presentes no universo discursivo, como se pode ver em

- *Mas quem é que vai fiscalizar **essa sua admirável ditadura**?* (TV)
- *Leu **a notícia sobre a seca no Nordeste**.* (AF)

Lyons (1977) usa a designação **descrição definida** no campo da situação discursiva, que é muito mais amplo que o utilizado por Russell. Considera que a descrição definida é um mecanismo de referência tão importante que chega a ser mais fácil imaginar a língua sem nomes próprios do que imaginá-la operando sem as expressões definidas.

O sucesso de uma referência ocorre quando o ouvinte consegue identificar o referente dentro da classe de referentes potenciais. Muitas vezes, o uso de um substantivo precedido por artigo definido é suficiente para que o ouvinte identifique o referente, não havendo necessidade de mais descrições, mesmo que o referente ainda não tenha sido mencionado, como ocorre nesta passagem, que é o início de um conto:

- *Acorda em sobressalto com o som estridente do despertador barato. O relógio marca cinco e quinze. O nenê começa a chorar alto no pequeno-berço de vime ao pé da cama. A **mulher** levanta de um pulo, resmungando pela noite mal dormida e leva a criança ao colo. O **homem** enfia a calça listrada, uma camisa azul desbotada, a velha jaqueta de brim e o sapatão de solado gasto. Toma uma xícara de café e sai.* (INQ)

Outras vezes é necessário que seja incorporado ao sintagma nominal um adjetivo, e/ou uma oração relativa, e/ou um sintagma preposicionado, para que o ouvinte identifique o referente, como nas ocorrências

- *Uma vez eu fui dizer que **o menino novo de Dona Zulmira** era bonitinho, pronto! – ele envesgou.* (AM)
- *De resto, haviam transcorrido muitos anos: **o menino dos seus tempos de vaqueiro no mangabal** transfizera-se num homem magro, de barba crescida, feições encovadas.* (ALE)
- ***Ao porteiro vesgo que está na entrada*** *anuncio candidamente o objetivo da minha visita.* (AL)

Em todos esses casos, o falante confia em que o ouvinte reconhecerá na situação discursiva (ou no conhecimento compartilhado) o referente da descrição a que ele se refere.

Já numa frase em que a expressão definida entra num contexto em que o referente já foi mencionado, a referência é bem-sucedida quando o destinatário consegue identificar o sintagma antecedente e as descrições que ele traz. É o que ocorre, na parte inicial da passagem há pouco comentada (que a seguir vem novamente apresentada), com os sintagmas assinalados:

- *Acorda em sobressalto com o som estridente do **despertador barato**. O relógio marca cinco e quinze.* (INQ)

Neles o ouvinte identifica a que relógio o falante se refere, reconhecendo-o como entidade daquele texto, e naquele texto configurada.

Quando a definitude surge do arquivo permanente, ocorrem, especialmente, os nomes próprios. Além deles, há nomes de entidades que, de algum ponto de vista, são referencialmente reconhecidas por determinadas comunidades, ou porque são entidades naturalmente únicas (como *o sol, a lua*), e, portanto, são identificáveis por todos os seres humanos, ou porque são entidades que podem ser facilmente reconhecidas por indivíduos de certas comunidades (como *o lago, o pinheiro, o rio*), ou porque são entidades de natureza política (como *o presidente*), cultural (como *o carnaval*), espiritual (como *o grande espírito*),[41] etc., e, portanto, estão permanentemente registradas na memória dos membros de uma comunidade, e podem ser acessadas (Givón, 1984, p. 399). É o que ocorre nestas passagens:

- *Conheço todo o percurso que **o sol** faz neste quintal.* (NOF)
- *O senhor naturalmente vai demorar-se pouco. Mas o tempo suficiente para descobrir que aqui não há três coisas: **O rio** não tem tartarugas.* (ARR)
- *Para que este país mude, ou **o presidente** dá uma virada radical, rompe o seu acordo com o FMI, chama um governo de unidade nacional, demite todo o seu ministério ou, se não muda, deve renunciar ou ser combatido até que renuncie.* (CV)

- *O **Presidente** deposto, quando desembarcou aí no Rio, contou aos jornais como se dera a sua deposição.* (ALF)
- *O **carnaval** libera todas as pressões.* (CH)
- *Viaja antes do **Carnaval** e quer matar um ser humano porque a tocou.* (CH)
- *Em relação ao **Grande Espírito**, somos todos um. Quando ele nos enche, vivemos; quando nos esvaziamos (ou nos esvaziam) do **Grande Espírito**, morremos.* (CLA)

Para Givón (1984, p. 400), a definitude também pode surgir de uma disponibilidade dêitica imediata, que pode ser absoluta ou relativa (contingente).

É de disponibilidade absoluta o caso dos pronomes pessoais *eu* e *tu*, que garantem a unicidade de duas entidades participantes da comunicação, e também o caso de elementos dêiticos como *este, esse, lá, aqui*, que podem adquirir unicidade referencial, na associação com os interlocutores:

- *E todos **aqui neste prédio** dependem de mim.* (AB)

É o caso, também, de expressões como *minha cabeça, meu pai, minha mãe* nas quais o possessivo se refere à primeira pessoa (*eu*) com unicidade, pois os seres humanos possuem apenas uma cabeça, um pai, uma mãe:

- *O velho se dirigiu a ele por cima da **minha cabeça**.* (VB)
- ***Meu pai** não gostava de mim, **minha mãe** não gostava de mim.* (AGO)

Outras expressões com possessivos, por outro lado, são mais dependentes de conhecimento cultural:[42]

- *Vejo, com prazer, seu entusiasmo pela **minha tese**.* (ACM)

É de disponibilidade contingente ou relativa o caso de referentes que obtêm o mesmo tipo de referência única que os referentes associados com *eu* ou *tu*, mesmo ligando-se a nomes que, no discurso, não se referem aos interlocutores. É o caso de relações de parentesco ou posse inalienável, como em

- *Pareceu-me então que **Eliodora** se voltava em direção a nós. E não tardou que ouvíssemos **sua voz**, difícil, cava.* (A)

Unicidade similar existe em partes do todo quando o todo é mencionado previamente no discurso por meio de uma descrição indefinida. Nas ocorrências transcritas a seguir, após *uma árvore* estar mencionada, referências subsequentes a ela são feitas por uma descrição definida:

- ***Uma árvore** tem, em média, 20 metros de altura. A circunferência do **tronco** varia entre 65 e 160 centímetros.* (FSP)

- *Sabe, Virgínia, na beira do rio há **uma árvore** enorme, **os galhos** mais baixos quase tocam a superfície da água.* (CP)

Todos esses são casos em que a referência única é estabelecida independentemente do conteúdo de um discurso específico, provindo ou do contexto ou do arquivo permanente compartilhado pelos membros de uma mesma cultura: por exemplo, uma árvore tem tronco, uma árvore tem galhos.[43] Mas os definidos ainda podem surgir do conteúdo de comunicações específicas, que Givón (1984, p. 401) considera a mais relevante fonte de referência única, emanada da informação real, passada do falante para o ouvinte. Desse modo, quando as 'pistas' fornecidas pelo tópico definido não permitem a localização do referente nem no arquivo permanente nem na situação discursiva, é possível que elas deem acesso a informações do próprio discurso, as quais devem ser buscadas no arquivo ativo. Assim, pois, quando um termo que já apareceu no discurso é retomado, ele reentra no discurso (em correferência) a partir do arquivo ativo, como ocorre com *uma mulher – ela* e com *um filhinho – o guri*, no trecho seguinte:

- *Olha, Tonico, era uma vez **uma mulher*** [REFER INDEF 1] *que ganhou **um filhinho*** [REFER INDEF 2] *tão pequeno, tão pequenininho que cabia dentro dum chinelo. Pois um dia **ela*** [PRON ANAFÓR 1] *estava tirando leite da vaca e **o guri*** [SN DEF ANAFÓR 2] *se sumiu. Tu sabes onde **ele*** [PRON ANAFÓR 2] *estava escondido?* (CLA)

Sintagmas nominais indefinidos

Para explicar o emprego de expressões referenciais indefinidas, pode-se partir da expressão que está assinalada nesta frase:

- *Quero comprar **um ursinho**.* (GD)

para a qual podem ser propostas duas interpretações, (Lyons, 1977, p. 190):

a) trata-se de uma expressão referencial, isto é, uma expressão que tem referência específica indefinida, implicando a existência de algum indivíduo que satisfaz a descrição; não há, no caso, pressuposição de unicidade, e o sintagma nominal indefinido não leva o ouvinte a identificar o referente do mesmo modo como ocorreria se fosse usado referencialmente um sintagma nominal definido (*o ursinho*);

b) trata-se de um sintagma nominal que não especifica um indivíduo e, além disso, não pressupõe sua existência; essa é a característica dos sintagmas nominais descritivos (definidos ou não) que ocorrem após verbos que denotam atitudes proposicionais (crença, dúvida, intenção, volição, etc.).

O primeiro caso é de referência indefinida específica, e o segundo, de referência indefinida não específica.

Em português, a referência indefinida específica de nomes contáveis é indicada em sintagmas com:

- artigo indefinido *um / uma* (para singular), como em
  - *Já no primeiro quilômetro, cruzamos com **um caminhão** arrebentado num barranco.* (BL)
- artigo ou pronome indefinido *uns / umas, alguns / algumas* e ∅ (para plural), como, respectivamente, em
  - *Dona Isautina esqueceu **umas roupas** no varal no quintal.* (QDE)
  - ***Alguns convidados** se aproximam e me cumprimentam, como se eu fosse um dever cumprido.* (SE)
  - *Vi **pessoas** deitadas no chão em todas as estações do ano.* (HPP)

O uso de indefinido plural – *uns* ou *alguns* – implica, para as duas primeiras frases, respectivamente, que a mulher não esqueceu todas as roupas e que nem todos os convidados se aproximam, enquanto a ausência de determinante em *pessoas*, na terceira frase, além de implicar interpretação partitiva, ainda implica interpretação genérica.

Referindo-se ao inglês, Wald (1990) indica que, em uma referência indefinida no singular, é obrigatório o uso do artigo indefinido caso o referente seja específico, genérico, ou "padrão" / atributivo (os dois últimos casos, com não pressuposição de existência). O mesmo ocorre no português:

- para o caso de referente específico, como se vê em
  - *Vimos **um cavalo** correndo em nossa direção.* (BL)
  - *Seus olhos estavam fixos em dois meninos, que brincavam com **uma bola** de borracha na margem do rio.* (ODM),
- mas não para o de genérico, como se vê em
  - *Ainda, em composições verbo mais substantivo o substantivo tem função análoga à de **objeto direto** do verbo: guarda-roupa, mata-mosquito, porta-bandeira.* (TL)
  [= à de **um** objeto direto]
  - *A coordenação de **um objeto direto** com **um adjunto adverbial** é resultante da supressão de um longo segmento na segundo coordenada.* (SUC)
  [= de objeto direto com adjunto adverbial]
  - *Não é preciso ter **bola de cristal** para antever, a curto prazo, a transformação dessa iniciativa numa cruzada que sensibilizará a sociedade brasileira* (VIS)
  [= ter *uma* bola de cristal]
  - *Ter **uma bola** significava apenas que, agora, ele tinha o seu próprio brinquedo.* (ETR)
  [= ter bola]

- nem para o de atributo, como se vê em
  - *Isto é **cavalo de fábrica**?* (COBR)
  - *Isto é **um cavalo**, senhor, acudi eu, desejando ajudá-lo.* (TR)
  - *Você não vê que isto é **absurdo**!* (TPR)
  - *Isto é **um absurdo**.* (OG)

Não apenas os sintagmas nominais indefinidos usados especificamente, mas também os não específicos inserem no discurso entidades que podem subsequentemente ser referidas por meio de sintagmas nominais definidos e pronomes pessoais, como ocorre em

- *É natural e justo que **uma moça** goste de sair para divertir-se. Mas infeliz será **ela** se não souber apreciar também os verdadeiros valores da vida.* (SI)

Sintagmas nominais genéricos

As expressões genéricas são consideradas, por alguns estudiosos, como não referenciais, por não se referirem a uma entidade particular, mas a todos os membros de uma classe. É o que ocorre, por exemplo, nestes casos em que há

- singular genérico:
  - ***O leão** é feroz.* (FSP) | ***Leão** é feroz.* | ***Um leão** é sempre feroz.*
- plural genérico:
  - ***Os leões** são ferozes.* | ***Leões** são ferozes.*
- quantificação universal:
  - ***Todos os leões** são ferozes.*

Entretanto, pelo menos quando em função de sujeito, as expressões genéricas possuem propriedades referenciais, pois, embora não se refiram a indivíduos de um tipo, referem-se ao próprio tipo. Givón (1984, p. 406) observa que sujeitos genéricos são usados no discurso apenas em contextos em que se assume que seu referente é familiar ou acessível ao ouvinte.

Para o inglês, Lyons (1977, p. 190) aponta que, muito provavelmente, nomes genéricos de alta topicidade são codificados como sujeito,[44] podendo ser de um destes tipos:

a) definido: ***The elephant** is a big animal.* / *O **elefante** é um animal grande.*
b) indefinido: ***An elephant** is a big animal that...* / *Um **elefante** é um animal grande.*
c) plural: ***Elephants** are big animals.* / ***Elefantes** são animais grandes.*

Em qualquer dos casos, o referente da expressão genérica inclui todas as entidades da classe *elefante*. Pragmaticamente, porém, na descrição definida – caso a) –, o *elefante* é mais tópico, discursivamente, do que nos outros dois casos. Isso ocorre devido a fatores semânticos e pragmáticos assim descritos para o inglês por Givón (1984, p. 414):

1) É mais provável que os singulares sejam referenciais. Quando o mais relevante na comunicação é a identidade referencial única, menos provável é que se use um plural ou um nome coletivo.
2) É mais provável que os nominais referenciais sejam tópicos importantes. É menos provável que um sintagma nominal não referencial seja tópico discursivo relevante.

Para o português, devem acrescentar-se pelo menos mais duas possibilidades de construção com nomes genéricos no sujeito:

d) definido plural: *Os elefantes são animais grandes.*
e) indefinido singular sem determinante: *Elefante é um animal grande.*

Esses cinco tipos de frases podem ser usados em português para dizer algo sobre a classe de elefantes em geral, não sobre este ou aquele grupo de elefantes, ou sobre algum elefante particular. Todas essas são proposições genéricas e atemporais, embora um enunciado de passado como

- *O dinossauro era um animal grande.*

possa fazer referência genérica, já que o tempo passado aí empregado implica o falante acreditar que os dinossauros estão extintos, e não que esses animais tenham mudado suas características ou propriedades.

A definição que Hawkins (1978, p. 215) dá para referência genérica a situa como uma referência não específica em contextos específicos, ou seja, como uma referência indefinida que é interpretada como não específica, mas fora do âmbito de incidência dos quantificadores e operadores que tornam não específica uma referência indefinida. Enquanto no caso dos indefinidos específicos o falante tem em mente um indivíduo ao qual ele se está referindo, mas o ouvinte não o tem em mente, nos usos genéricos nenhum dos dois interlocutores tem em mente um referente particular. O uso genérico abrange objetos em geral (referência universal), não uma entidade em particular. E é a "possível universalidade na referência do gatilho de alguma associação que explica por que sintagmas nominais no singular podem funcionar genericamente" (Hawkins, 1978, p. 219).[45]

A diferença fundamental entre sintagma nominal definido e indefinido em uso genérico apontada por Hawkins (1978) refere-se ao fato de que, com sintagma nominal definido, é possível uma interpretação coletiva e distributiva, enquanto com sintagma nominal indefinido não é possível a interpretação coletiva:

- *O índio é inocente como a criança.* (ov)
  [o índio = cada um dos índios e o conjunto dos índios]

- *Um **índio** é inocente como uma criança.*
[um índio = cada um dos índios mas não o conjunto dos índios]

Isso significa dizer que a noção de exclusão está presente no artigo indefinido (tanto nos usos genéricos quanto nos não genéricos), enquanto a inclusão está presente no artigo definido. Numa frase como

- ***Brasileiros** são muito alegres, festivos.*

afirma-se que ser alegre, festivo, é uma característica dos brasileiros, isto é, de uma **classe** de pessoas. Numa frase como

- *Os **brasileiros** são muito alegres, festivos.* (FSP)

uma interpretação genérica diria que *são muito alegres, festivas* as pessoas que nasceram ou moram no Brasil, isto é, um **conjunto** de pessoas.

Para Givón (1984, p. 427), enunciados desses dois tipos se distinguem pelo grau de genericidade. Do mesmo modo, também, as frases do par a seguir, embora pareçam bastante semelhantes, apresentam uma diferença semântica significativa, que é a maior genericidade, devida à ausência do artigo na primeira delas:

- *Tinha contato com **pessoas** do campo.* (APA)
- *Tinha contato com **as pessoas** do campo.*

Com efeito, para a segunda frase, em que figura o artigo definido, são possíveis duas interpretações: (i) o nome que o artigo definido acompanha já foi mencionado, e a descrição definida refere-se a ele; (ii) a referência é feita a entidades de que o ouvinte tem conhecimento.

Como os sintagmas nominais genéricos não se referem a indivíduos específicos, eles têm algumas propriedades dos não referenciais. Entretanto, como podem entrar no arquivo ativo – pois podem ser tópicos – eles compartilham algumas propriedades com os definidos.

Os diferentes determinantes em expressões referenciais
Indicações gerais

É lugar-comum dizer-se que a descrição indefinida faz a introdução de informação nova no discurso, enquanto a descrição definida se refere ao mesmo objeto de uma descrição precedente, fazendo uma remissão anafórica. Não é verdade geral, mas é o que ocorre, respectivamente, com *um carro* e *o carro*, na sequência

- *Na hora marcada, Wicca estava esperando dentro de **um carro** MG conversível, vermelho, com a capota arriada. **O carro**, um modelo clássico da indústria automobilística britânica, estava excepcionalmente bem conservado, a lataria brilhante e o painel de madeira encerado.* (BRI)

Entretanto, a remissão anafórica feita por uma descrição do tipo definido não exige o uso de um artigo definido, sendo comum, por exemplo, que se empregue um demonstrativo, como em

- *Apenas, a decisão final iria depender de **um magistrado** e ninguém sabia, ainda, quem seria **esse juiz**, possivelmente favorável a uma das partes ou a outra.* (A)

Obviamente, o efeito de um artigo definido não é idêntico ao de um demonstrativo, e muito frequentemente esses dois elementos não são possíveis num mesmo contexto. Assim, no seguinte trecho, a troca do artigo definido (*a menina*) pelo demonstrativo (*essa menina*), pode resultar numa sequência estranha (e, em casos extremos, poderia até resultar em referenciação a outra entidade que não a anteriormente mencionada):

- *Olhou para um lado e para o outro. Aí, viu sair de trás de uma moita **uma menina**: menina muito simpática, dos seus 12 anos, cabelos louros escorridos.*
  – Quem lhe ensinou meu nome? – perguntou Janjão.
  A menina sorriu:
  – Quem não conhece Janjão, o menino que brinca sozinho?
  – Mas eu não conheço você. Como é o seu nome?
  A menina *tornou a sorrir:* (LOB)

Obviamente, adequação e uso devem avaliar-se por regras semânticas que têm de ser descritas não exclusivamente em relação aos significados lógicos, já que as condições de verdade do enunciado são condicionadas pelas situações de mundo nas quais cada ato de fala se insere. Na significação lógica, duas são as questões básicas, a unicidade e a existência, mas ambas só se resolvem na situação de uso em que se encontra o falante, e é no contexto que os significados lógicos são percebidos.

Os usos do artigo definido

Não se faz aqui, propriamente, um estudo sobre o artigo definido, aliás ainda bastante controverso no que se tem disponível. Como base para avaliação de certa tendência de análise, apresentam-se apenas reflexões centradas em uma proposta de explicitação do uso de artigo definido já um tanto antiga, mas que tem sido, de um modo muito recorrente, o ponto de partida para muitos estudos que se seguiram. Trata-se da proposta de Hawkins (1978), que parte do princípio de que os usos desse elemento, embora vários, possuem grandes similaridades. Essa classificação tem sido criticada e revista, o que dá assunto para estudo especial. Basta apontar que ela não abriga os casos de descrições definidas de uso não referencial, como aponta a crítica de Poesio e Vieira (1998, p. 191)[46] e que não abriga também os casos de catáfora.

Três são os usos de artigo definido considerados na proposta de Hawkins (1978), um anafórico e dois situacionais, com subdivisões.

O uso anafórico implica uma forma de instrução para que o ouvinte una um referente linguístico a um objeto particular em sua memória, objeto esse que terá sido mencionado naquela ou em outras conversas com um falante específico, como em

- *O menor pisou em* **um 'despacho'** *que havia sido colocado na porta de sua casa.* **O despacho** *atingiu em cheio o menor.* (AP)

Obviamente, o nome núcleo da expressão definida não precisa ser o mesmo, para que se configure uma anáfora, bastando que haja uma associação de base semântica ou pragmática entre os nomes das duas descrições, configurando-se relações como sinonímia, hiperonímia, hiponímia, pertença a uma classe comum, etc., tal como nestas ocorrências:

- *Bom dia, dona Angelina. Vim cá lhe procurar pois preciso de sua ajuda, estou a fazer uma simpatia portuguesa, lá de minha aldeia, para curar* **o meu sobrinho Sílvio.** *O* **menino** *não anda bem.* (ANA)
- **Um grupo compacto** *movia-se da cadeia na direção do cadafalso. Houve na* **multidão** *que se apinhava ao redor da forca um como que movimento de onda.* (TV)
- *Quando os noivos se preparam para sair, surge* **um garoto**, *munido de atabaque, mais* **outro** *com afoxé. E, então, o incrível acontece:* **a dupla** *começa a bater nada menos que um samba.* (CH)
- *E deu o caso que quando eu pousei, foi justo pelas vésperas do* **casamento**; *estavam esperando* **o noivo** *e o resto do* **enxovaL**. (CG)
- *"O correto é colocar* **o micro** *em posição tal que não haja reflexo na tela. Além disso, o local onde o papel ficará pousado e* **o teclado** *também devem estar iluminados", afirma o arquiteto Eduardo Nardelli, do escritório Artifício Arquitetura e Planejamento. Ao escolher a mesa, cuidado com as dimensões.* **O teclado** *deve estar a 67 cm do chão, e o tampo da mesa, no máximo a 75 cm. Deve ter 80 cm de profundidade e 1,2 m de largura. O móvel deve ter espaço para* **o mouse**. *Nas lojas de móveis para escritório, é possível encontrar inúmeros modelos. A cadeira deve ter ajuste de encosto e assento, além de rodízios (de preferência, cinco).* (FSP)

A anáfora associativa, que é a que se configura nas duas últimas ocorrências, e que constitui talvez o uso mais frequente do artigo definido, depende do conhecimento geral compartilhado que os interlocutores têm do referente, além de fazer apelo a "estereótipos culturais" (Apothéloz e Reichler-Béguelin, 1999, p. 367) que marcam os interlocutores. Há um sintagma (na penúltima ocorrência, *o casamento*, e, na última, *o micro*), que serve de "gatilho" para os sintagmas "associados".[47] Como já se observou no início do item "A anáfora associativa", Kleiber (1999, p. 339) fala em "referência textual indireta" (feita "por via de" um referente), pela qual novos referentes – por exemplo, *noivo* e *enxoval*, na penúltima frase, e *teclado* e *mouse*, na última – são introduzidos como elementos anafóricos. Em todos os casos, como também já se observou no item mencionado, o esquema mental (o *script* ou o *frame*, segundo Chafe, 1994, p. 122) garante as inferências que levam à associação necessária à interpretação dos referentes, e, portanto, à relação anafórica.

Como afirma Hawkins (1978, p. 108), um aspecto geral da definitude, e responsável pelo seu emprego, reside neste ponto: a memória do falante e do ouvinte não consiste de um conjunto não estruturado de objetos. Pelo contrário, numerosos princípios organizacionais agrupam os objetos disponíveis para a referenciação definida em conjuntos discretos aos quais se referirão as descrições nominais do tipo definido. São princípios que incluem fatores pragmáticos, tais como identificação entre falante e ouvinte, interações prévias, conhecimento compartilhado, e a própria situação discursiva. De tal modo, a referência definida diz respeito aos objetos únicos para uma determinada situação de enunciação. Assim, quando um falante faz uma pergunta como

- *Não viu o que aconteceu com **o cachorro**?* (AC)

ele conta com um bloco de conhecimento compartilhado com o interlocutor que seja particularmente pertinente para que este identifique apropriadamente a descrição definida. Se houver mais de um cachorro cuja lembrança possa ser acionada nessa situação de interlocução, a identificação poderá não ser adequada.

No uso anafórico de uma descrição definida, além dessa identificação deve haver a seleção de um predicado descritivo que obtenha unicidade referencial dentro do conjunto relevante e que esteja de acordo com a qualificação adicional que os interlocutores compartilham sobre a propriedade relevante do objeto referido.

Os usos situacionais do artigo definido são classificados em dois grandes tipos por Hawkins (1978, p. 106-122): o de 'situação imediata' e o de 'situação ampla'.

O primeiro tipo pode implicar um objeto único e visível para os interlocutores – ou, pelo menos, para o ouvinte – na situação de enunciação, como em

- *Me dá **a bola** ou eu vou lhe jogar esta pedra.* (ODM)

ou pode não implicar um referente visível para os interlocutores, bastando que estes infiram a sua existência, como ocorre em

- *'Cuidado com **o cão**' – inscrição frequente à entrada das casas.* (FSP)

Com efeito, como aponta o autor, um falante poderia perfeitamente, numa determinada situação, dizer a um ouvinte cego

- *Cuidado com **o buraco**.* (FSP),

enquanto não seria possível, na mesma situação, que ele dissesse

- *Cuidado com **aquele buraco**.*

porque, neste caso, ele estaria instruindo o ouvinte a olhar um objeto no espaço em que se dá o discurso – com especificação, numa escala de proximidade, dentro desse espaço – e muito provavelmente seriam necessários gestos de acompanhamento. Ocorre que o demonstrativo instrui o ouvinte para identificar o objeto na situação de enunciação fazendo indicação espacial seletiva (Halliday e Hasan, 1976; Halliday, 1985), o que significa que faz parte de seu significado a necessidade de visibilidade. Para o uso do artigo definido, porém, não é necessário que o ouvinte esteja vendo o referente na situação imediata, bastando que ele infira a sua existência: o artigo definido funciona, pois, como elemento de informação para que o ouvinte saiba da existência do objeto referido. Afinal, fica praticamente desconsiderada a relevância da visibilidade como critério para a determinação do significado do artigo definido em situação imediata, porque, mesmo quando ele se refere a objetos que estão dentro de um campo potencial de observação, não faz parte do seu significado instruir o ouvinte a observar o objeto. Tal asserção se comprova pelo uso bem-sucedido do artigo definido quando o ouvinte não pode ver o referente potencialmente visível, seja devido a uma impossibilidade de enxergar, seja devido ao fato de o objeto estar fora do campo de localização visual.[48]

Resumindo, os fatos mais notáveis na contraposição entre o uso do artigo definido e o uso do demonstrativo em situação imediata são: (i) o artigo definido funciona como uma forma de instrução para o ouvinte localizar o objeto na situação de interação, e a necessidade, ou não, da visibilidade do referente depende de fatores estranhos ao significado do artigo, propriamente; (ii) o demonstrativo leva o ouvinte a identificar o objeto na situação, e requer a visibilidade como parte do seu significado (Hawkins, 1978).

Quanto ao uso em situação ampla – diz Hawkins – ele ocorre quando o falante se utiliza do conhecimento que o ouvinte tem sobre entidades que se situam na situação não imediata, isto é, numa situação mais ampla de discurso. É o caso, por exemplo, de duas pessoas de um mesmo país, ou que têm como universo de discurso um mesmo país, numa mesma época, poderem usar, sem prévia menção, descrições definidas como *a rainha, o imperador, o presidente, os governadores, os prefeitos, o presidente do Senado, os membros da Câmara de Deputados*, porque compartilham um conjunto de conhecimentos das entidades existentes na sua comunidade, ou na comunidade de referência:[49]

- *O senhor viu que **o presidente** vai indultar mais criminosos?* (AGO)
- *Gosto muito de God Save the Queen, porque ataca o 'stablishment' inglês. A **rainha** não tem nenhuma influência nas decisões governamentais e muita gente paga impostos para ela viver.* (FSP)

Do mesmo modo, pode-se dizer a qualquer pessoa *o sol, a lua*, e, até mesmo, *o papa*, já que as pessoas possuem um conhecimento geral das entidades presentes no planeta ou no universo, o que envolve o conhecimento da unicidade de algumas delas:

- *No Roda Viva de segunda-feira que vem, o teólogo Leonardo Boff não poupa elogios ao livro de Carl Bernstein sobre **o papa**.* (FSP)

Embora a base em conhecimento mais geral seja uma característica dos usos em situação imediata, o conhecimento específico não é parte necessária do significado do artigo definido nos usos em situação mediata. Assim, uma nota jornalística como

- *Pelé e Assíria já se casaram no civil, no dia 27 de março. (...). **A cerimônia religiosa** será celebrada pelo pastor Paulo Garcia, 54, amigo de Assíria há dez anos. Segundo o pastor, o ato religioso terá duração de 45 minutos. O* *sermão será baseado 'na construção da família', disse. Assíria vai usar um vestido clássico de cor pérola, criado pelo estilista Clodovil Hernandez. Gemina, 3, filha de seu primeiro casamento, será **a dama de honra**. **O buquê da noiva** é um ramalhete de rosas-chá. Pelé vai vestir um terno clássico, cor marfim e entrará na igreja com O pastor, por uma porta lateral do edifício.* (FSP)

conta com o fato de que os leitores sabem quem é Pelé – já que ele é uma figura pública – mas qualquer falante do português, tenha ou não tenha conhecimento de quem seja Pelé, reconhecerá como legítimo o uso do artigo definido nos sintagmas *a cerimônia religiosa, o sermão, a dama de honra, o buquê da noiva, a igreja*, por via de um conhecimento genérico sobre as cerimônias de casamento.

Por outro lado, num uso em situação ampla, os interlocutores podem não compartilhar do conhecimento geral de uma forte ligação entre duas entidades, mas, se o ouvinte for capaz de depreender da situação os elementos dessa ligação, isto é, se ele for capaz de localizar o referente naquela situação por inferência, a sequência será interpretada satisfatoriamente. É o que se exemplifica com a relação entre os sintagmas *uma caixa, a caça à raposa* (denominação de um jogo) e *o tabuleiro* nesta passagem:

- *Bruna parecia excepcionalmente satisfeita. Correu no armário e trouxe **uma caixa**: "Que tal **a caça à raposa**? Somos cinco, é a conta certa." Acomodaram-se alegremente em redor da mesa e abriram **o tabuleiro**.* (CP)

Os indefinidos

Uma ideia corrente sobre o emprego de expressões nominais indefinidas é simplesmente a de que o artigo indefinido indica que o objeto referido é um membro de uma classe infinita de objetos. Para Hawkins (1978, p. 173), entretanto, não é correto entender-se que um artigo indefinido é usado apenas para indicar que o objeto referido não existe em nenhum conjunto compartilhado pelos interlocutores, e que, portanto, a referência feita por meio de uma expressão indefinida nunca resulta da exploração de um conhecimento ou uma situação compartilhados por falante e ouvinte.

São novamente desse autor as indicações a que aqui se recorre para refletir sobre o uso dos indefinidos, ilustrados particularmente, em português, com o artigo indefinido. Do mesmo modo como procedeu no caso do artigo definido, Hawkins (1978, p. 172ss.) apresenta as diversas situações em que os objetos de uma referência indefinida podem ser localizados. Verifica-se que, tal como ocorre no caso do artigo definido em

- *me dá **a bola***

e em

- *cuidado com **o cão**,*

o artigo indefinido se usa em situação imediata, visível ou não, como se observa, respectivamente, em

e em

- *Vamos, rápido, passe-me **um ovo**, jovem! Afonso passa-lhe o ovo que tio Oscar quebra e joga com satisfação dentro da cartola.* (NB)

- *P: E quanto é que vai custar?*
  C: Não sei. Deve ser muito. E é por isso que resolvi falar com você. Está disposto a gastar o que for preciso?
  P: Mais, até! Mas com uma condição: que você me diga quem foi! Talvez com isso eu me conforme. Preciso evitar consequências mais graves. Sinto que estou perdendo as últimas forças. Receio chegar a um estado pior de aviltamento.
  *C: Pois bem! Dê-me **um cheque em branco**, e amanhã tudo estará resolvido. Ao portador.* (FIG)

E tal como ocorre no caso do artigo definido, em

- ***o presidente** vai indultar mais criminosos*,

o artigo indefinido se usa em situação ampla, na qual o referente é localizado num conjunto, como se vê em

- *Se o Poder Legislativo entender que essa cobrança deve ser transitória até que o país tenha a sua reforma tributária, me parece que seria uma posição bastante defensável e correta, disse Loyola ontem aos deputados da Comissão de Defesa do Consumidor, Meio Ambiente e Minorias. Foi a primeira vez que **um membro do governo** defendeu a livre negociação como alternativa à indexação – correção automática pela inflação – dos salários.* (FSP)

Do mesmo modo que se apontou que ocorre com o artigo definido neste trecho já transcrito

- *"O correto é colocar **o micro** em posição tal que não haja reflexo na tela. Além disso, o local onde o papel ficará pousado e **o teclado** também devem estar iluminados", afirma o arquiteto Eduardo Nardelli, do escritório Artifício Arquitetura e Planejamento. Ao escolher a mesa, cuidado com as dimensões. **O teclado** deve estar a 67 cm do chão, e o tampo da mesa, no máximo a 75 cm. Deve ter 80 cm de profundidade e 1,2 m de largura. O móvel deve ter espaço para **o mouse**. Nas lojas de móveis para escritório, é possível encontrar inúmeros modelos. A cadeira deve ter ajuste de encosto e assento, além de rodízios (de preferência, cinco).* (FSP),

assim também deve-se observar que o artigo indefinido se usa em conjuntos de associações (anáfora associativa), como mostra o trecho

- *A porta do **sobrado** estava apenas cerrada. Entrou **num vestíbulo** frouxamente iluminado, cheirando a mofo. **Num canto** havia **uma mesa*** *de vime, coberta com uma toalha de crochê, e **uma cadeira de balanço** com o assento de palha furado. No braço da cadeira, **uma almofada** de cetim preto feita com as sobras de algum vestido.* (CP)

O artigo indefinido ainda tem um uso de efeito anafórico, em sintagmas em que há referência a objetos de discurso que já apareceram, embora diferente do que se ilustrou, para o artigo definido em

- *(...) A menina sorriu: (...) A menina tornou a sorrir:* (LOB)

É o caso de

- *Ao lado, a mesinha com **revistas**. Pegou **uma revista masculina de mulheres**.* (CNT)

Existem, entretanto, usos do artigo indefinido em que há total contraste com o do definido, casos em que ele não é empregado para referir-se a um objeto de um conjunto compartilhado pelos interlocutores. Assim, para a frase

- *Ontem fui a **um casamento** grande, em um salão, onde havia umas 500 pessoas.* (FSP)

é possível a continuação que está em

- *Conversei com **um padrinho** sobre o casamento logo depois.*

mas não a que está em

- *?Conversei com **uma noiva** sobre o seu casamento que acabava de ser realizado.*

porque, designando um objeto único dentro do conjunto compartilhado relevante – o que não necessariamente ocorre com *padrinho* –, o nome contável *noiva* não pode ser determinado por artigo indefinido.

Por outro lado, afirma Hawkins (1978, pp. 177-178), é característica da indefinitude a não unicidade da referência indefinida, como se vê nesta frase já apresentada

- *Dê-me **um cheque em branco**.* (FIG),

na qual a expressão indefinida pressupõe que existe mais de um objeto na situação imediata, e que o falante está pedindo um dos objetos de um conjunto. Se houvesse um único cheque na situação, só poderiam ser usados o artigo definido ou o pronome demonstrativo. No caso do trecho, também já apresentado

- *Ao lado, a mesinha com **revistas**. Pegou **uma revista masculina de mulheres**.* (CNT),

o sintagma *uma revista* pode ser compreendido como referindo-se a uma revista dentre as várias indicadas na expressão anterior ∅ *revistas*, expressão plural que, apresentada previamente ao ouvinte, permite referência posterior a uma dentre as entidades por ela introduzidas.

Assim, se houve menção prévia a mais de uma entidade (ou seja, se houve menção plural, como *revistas*), é possível a referência subsequente com artigo indefinido + nome (como *uma revista*); se houve menção a apenas uma entidade no discurso prévio, o sintagma *um* + nome não pode ser usado para referência a essa entidade.

Por outro lado, para que seja possível o uso das descrições indefinidas de plural – que são as do tipo marcado como b) nos pares de frases apresentados a seguir (*uns fios* e *umas orelhas*, respectivamente) –, é necessário que os referentes dessas descrições sejam localizáveis no conjunto associativo em que tais elementos do corpo humano, ou animal, se encontram. Como o homem tem inúmeros fios de cabelo, mas o cão (como o homem) tem apenas duas orelhas, a frase b) do primeiro par a seguir é perfeita, mas a frase b) do segundo par é estranha:

- a) *Na pulseira de ouro foi encontrado* **um fio** *de cabelo louro.* (FA)
  b) *Na pulseira de ouro foram encontrados* **uns fios** *de cabelo louro.*
- a) *Cortou primeiro a cauda [do cão] e* **uma orelha** *depois.* (ML)
  b) * *Cortou primeiro a cauda [do cão] e* **umas orelhas** *depois.*

Do mesmo modo, encontra-se facilmente uma frase como

- *Deu-lhe uma piscada, empinou* **o nariz** *e entrou na cozinha.* (ACM)

mas não uma frase como

- * *Deu-lhe uma piscada, empinou* **um nariz** *e entrou na cozinha.*

na qual o uso do artigo indefinido implicaria que outros elementos existissem no conjunto considerado, o que não é o caso, já que há unicidade da referência. Tais contextos não permitem o uso do artigo indefinido porque nosso conhecimento geral nos impede de localizar esses referentes indefinidos nos conjuntos associativos compartilhados, já que, em condições normais, só se pode falar de *um único nariz* de pessoa.

Se se considerar, afinal, o trecho

- *Josué Pácios comprou, em maio do ano passado,* **um fusca** *zero km.* **Um pneu** *estava estourado.* (FSP),

no qual poderia ter ocorrido, como segunda frase (em vez de *um pneu estava estourado.*), frases como as seguintes:

- *Uns pneus estavam estourados.*
- *Dois pneus estavam estourados.*
- *Três pneus estavam estourados.*

mas dificilmente a seguinte

- ?*Quatro pneus estavam estourados.*

que causa estranhamento porque quatro pneus constituem a totalidade de pneus que pode ser inferida do discurso anterior (os carros rodam com quatro pneus). Por outro lado, o uso do artigo indefinido plural (*uns pneus*) é possível, por ser compreendido em referência a *alguns* e não a *todos* os pneus do carro previamente mencionado.

Conclui-se que o artigo indefinido pode ser usado para referir-se a objetos existentes em algum conjunto compartilhado somente se a descrição indefinida puder ser compreendida como referente a um subconjunto, em oposição à totalidade, isto é, somente se existirem outros referentes potenciais, do mesmo tipo, que estejam sendo excluídos da referência. O artigo definido, por seu lado, refere-se a todos os objetos que satisfazem a referência existente no conjunto compartilhado pelos interlocutores.

Para Hawkins (1978), se o objeto a que o sintagma *um* + nome contável singular se refere é único dentro do conjunto compartilhado, a singularidade do nome significa que a referência está sendo feita à totalidade de tais objetos, exatamente porque há apenas um desses objetos no conjunto compartilhado. Por isso, a expressão *um Presidente* (da República), referindo-se a apenas um momento da história e a apenas um país, nunca se refere a um subconjunto de presidentes dentro de um conjunto compartilhado (fazendo-se exclusão de algumas dessas entidades da referência), pois nosso conhecimento comum nos diz que um país tem apenas um Presidente, em um momento da sua história.[50] Pelo contrário, quando se associa, por exemplo, *uma página* com *um livro*, a referência é feita a uma página das muitas (ou poucas) de um livro; nesses casos, está-se incluindo uma subparte dos objetos no conjunto compartilhado, e excluindo da referência o resto. Para que o sintagma nominal formado por *um* + nome contável no singular se refira a uma entidade de algum conjunto compartilhado, deve existir nesse conjunto pelo menos mais um objeto, para que a referência possa fazer exclusão dele. É por isso que, em referência a pessoas, *umas mãos, umas pernas*, por exemplo, são objetos que não podem ser localizados nos conjuntos compartilhados, pois há apenas dois desses objetos em cada conjunto. Assim, o uso do artigo indefinido plural só pode referir-se a entidades que, além de serem representadas por nomes no plural, tenham quantidade superior a dois (no conjunto compartilhado), para que a descrição indefinida plural não corra o risco de referir-se à totalidade. Quando há três ou mais objetos no conjunto compartilhado, os referentes das descrições indefinidas plural podem ser localizados nesses conjuntos, pois pelo menos uma entidade pode ser excluída: *umas páginas* e *uns dedos* excluem pelo menos *uma página* e *um dedo*, respectivamente.

O resumo é que, se, por um lado, "o artigo definido se refere inclusivamente a todos objetos", por outro lado "os determinantes indefinidos se referem a algum, ou alguns, apenas, operando exclusão" (Hawkins, 1978, p. 186).

Hawkins (1978, p. 191) atribui aos artigos indefinidos um aspecto disjuntivo, o que se liga à sua representação lógica, que os põe (tanto no singular como no plural) como quantificadores existenciais, os quais, segundo Lemmon (1971), diferem do quantificador universal (*todo*) da mesma maneira que uma disjunção de proposições difere de uma conjunção. É assim que, numa frase como

- *Um pouco adiante,* UM HOMEM *estava parado junto da cerca.* (CAS),

o sintagma *um homem* significa que, dentre um determinado número de homens (cinco, por exemplo), ou o homem A, ou o B, ou o C, ou o D, ou o E estava parado. Mais exatamente, o artigo indefinido implica uma alternância exclusiva, de tal modo que, nessa frase, o que se entende é que, dentre um conjunto de homens, um deles, e nenhum dos outros, estava parado. Para o falante, tanto pode tratar-se de qualquer um deles, indiferentemente, como pode tratar-se de um deles, em particular, mas, para ouvinte, trata-se sempre de qualquer um deles, indiferentemente.

Um resumo sobre o relacionamento desses diferentes tipos de referenciação pode ser assim apresentado:

- com o artigo definido, o ouvinte tem como delimitar o conjunto de objetos da referência;
- com a referência indefinida, o ouvinte não tem como saber qual dos conjuntos indefinidos de referentes potenciais está sendo incluído e qual está sendo excluído, na referência;[51] assim, na ocorrência seguinte, o falante pode estar-se referindo a qualquer dos referentes potenciais de *passageiro*:
  - *Era apenas o trem. Apitando, roncando, bufando, estrada acima.* **Um passageiro** *se ergueu, pediu licença para baixar a vidraça.* (BH-R)

O aspecto disjuntivo da indefinitude é, exatamente, consequência da incapacidade do ouvinte para saber de qual referente, dentre o número finito ou infinito dos possíveis, se está falando, ou qual está sendo incluído na referência do falante, ou está sendo excluído dela.

Para Hawkins (1978) – retomando as reflexões feitas – é básica na indefinitude a exclusão: assumir a exclusão como característica básica da referência indefinida abre a possibilidade de explicar-se a interpretação disjuntiva que os ouvintes dão a muitas descrições indefinidas. A prova é que, mesmo nos casos em que os referentes indefinidos podem ser identificados, ou nos casos em que sua interpretação está contextualmente delimitada, o referente pode estar, ou não, localizado no conjunto compartilhado, e pelo menos um referente potencial pode ser excluído da referência. Por exemplo, apenas a exclusão pode predizer uma interpretação correta em frases como

- *Um pneu estava estourado.* (FSP)

Nos casos em que o referente é identificável, o ouvinte tem efetivo conhecimento da separação entre referentes incluídos e referentes excluídos. Nos casos em que o contexto leva a uma interpretação que apenas faz uma localização, as entidades incluídas e as excluídas são interpretadas com relação ao conjunto compartilhado.

Os demonstrativos

É noção firmada nos estudos linguísticos que os demonstrativos são sempre devedores do contexto (seja textual, seja situacional), o que não ocorre com o artigo definido, cuja referenciação, a cada instância, recorre a "circunstâncias de avaliação" (Kaplan, 1977, retomado em Kleiber, 1992b), que se definem como as circunstâncias nas quais uma descrição definida encontra verdade (Kleiber, 1992b). Essas circunstâncias de avaliação podem estar explicitamente indicadas, por exemplo, no próprio sintagma nominal, como em

- *O Presidente Woodrow Wilson, dos Estados Unidos, foi um dos principais promotores da ideia.* (DIP)

ou podem ser implícitas, como em

- *O rei está morto. Longa vida ao rei. A vida tem de continuar em Hong Kong.* (FSP)
- *Naquele mesmo ano, e de novo em 1852, aparecem no Parlamento vários projetos emancipacionistas visando à liberdade dos nascituros e à obrigatoriedade da alforria dos escravos pelos quais se oferecesse o respectivo preço. O alvoroço que levantaram estes projetos – **o presidente da Câmara** chega a cassar a palavra de um deputado que os defendia – indica bem claramente a impressão profunda que ainda causa a matéria.* (H)
- *Por que aqueles que guardam **o presidente** são chamados de capangas e os que guardam Lacerda são chamados de amigos?* (AGO)

De qualquer modo, consideradas as circunstâncias, haverá sempre uma avaliação que leve ao estabelecimento de uma unicidade existencial, ou seja, da verdade da pressuposição existencial veiculada pela descrição que está no sintagma nominal definido. Essas circunstâncias se assentam em coordenadas como tempo e lugar (explícitas ou implícitas), bem como em conhecimentos gerais e específicos sobre o mundo (explícitos ou implícitos).

Na primeira das três últimas frases, é a coordenada 'lugar' (explicitamente: *Hong Kong*), além da data do jornal, que garante unicidade a *o rei*; na segunda, é a localização no lugar e no tempo (explicitamente, trata-se do ano de 1852, e referenciado dentro de um livro específico, intitulado *História econômica do Brasil*) que garante unicidade a *o presidente da Câmara*; na terceira, é o conhecimento de que o Presidente do Brasil no tempo de Carlos Lacerda era Getúlio Vargas que garante unicidade a *o presidente*.

Para o demonstrativo, por outro lado, pode-se indicar um conjunto de propriedades que o definem como de natureza bastante diferente. Para Apothéloz e Reichler-Béguelin (1999, p. 370), num sintagma demonstrativo, além de haver remissão direta ao contexto, ainda ocorre que o substantivo núcleo do sintagma não é necessariamente envolvido, e, também, que o referente é captado, afinal, por contraste com os outros membros da classe.

Todas essas considerações levam à noção de que o demonstrativo remete diretamente ao contexto (à enunciação ou ao enunciado), enquanto o artigo definido faz uma designação indireta do referente, com remissão às circunstâncias de avaliação.

O reconhecimento da diferença entre esses dois tipos de determinantes conduz à necessidade de verificação dos fatores que determinam ou favorecem a escolha de um ou de outro em determinados contextos, especialmente quanto ao uso anafórico. Apothéloz e Chanet (1997) arrolam como fatores que 'comandam' o uso de demonstrativo, entre outros:

a) a (re)categorização do objeto:[52] o substantivo predicativo[53] escolhido opera uma (re)categorização, mais, ou menos, metafórica, do estado de coisas, como em

- *Exportamos exatamente aquele homem que representa investimento nosso, porém cuja energia vai contribuir para o desenvolvimento e a riqueza de outras regiões. É preciso parar com isso, é preciso acabar com **essa vergonha**.* (AR-O)

b) a denominação qualificadora de uma citação: o substantivo é apresentado como se representasse uma citação (muitas vezes entre aspas), como em

- *Minha filha, que bom que você veio! É que espalharam um boato horrível a teu respeito. Imagina que inventaram que você se casou com um contraventor! Um patife! Daí o teu pai ficou nervoso, e com toda a razão. Teresinha, pelo amor de Deus! Desminta logo **essa falácia** se você não quer matar seu pai de desgosto e tua mãe do coração.* (FSP)

c) a qualificação do nome nuclear: o núcleo do sintagma nominal aparece modificado por uma expansão não determinativa, ou seja, qualificativa, como em

- *A inevitável marca do humano: a contradição, a irremediável convivência entre a grandeza e a fragilidade, entre a abnegação e a mesquinhez, a coragem e a covardia. Entre o projeto e o acidente. Entre o conhecer e o poder. A sabedoria e a paixão. Eis a grande e sublime tragédia humana. **Essa condição conflitiva** explode com toda sua força (anceps fortuna magnopere erumpit) nas grandes figuras femininas de Eurípides.* (ACM)

Também tem sido apontado como favorecedor do emprego de demonstrativo o fato de o nome nuclear ser morfologicamente derivado do verbo da proposição nominalizada, tal como em

- *O presidente do Banco Central, Gustavo Loyola, disse que o IOF nas operações de empresas **será reduzido** de 3% para 1,5% ao ano. No caso das pessoas físicas, **essa redução** será de 15% para 12% – esse IOF já chegou a ser de 18%.* (FSP)

Nesse trecho em particular, realmente não seria possível o emprego do artigo definido com o substantivo *redução*:

- **O presidente do Banco Central, Gustavo Loyola, disse que o IOF nas operações de empresas **será reduzido** de 3% para 1,5% ao ano. No caso das pessoas físicas, **a redução** será de 15% para 12% – esse IOF já chegou a ser de 18%.*

mas isso se deve ao fato de que os valores numéricos relacionados com cada uma das referências ao processo de 'reduzir' são diferentes (na primeira, de 3% para 1,5%; na segunda, de 15% para 12%). Independentemente de condicionamentos contextuais, como os que se apresentam nessa frase, são comuns construções desse tipo com demonstrativos, como

- *Toda minha vida **sonhei** que um dia um político ou governante tomaria 'o soro da verdade' e falaria o que realmente estava na sua cabeça. **Esse sonho** acabou se realizando.* (FSP)
- *Quando ouviu que rebentava em soluços, atirou-se em seus braços, amou-o de todo o amor de sua pequena vida. E era tão forte **esse amor** que ela sentia o peito doer, os braços doerem enquanto o coração, desnorteado, palpitava entre inseguranças.* (ESS)

Outros fatores, por outro lado, são apontados como favorecedores do emprego do artigo definido, como, por exemplo, a presença, no sintagma nominal anafórico, de nome nuclear valencial acompanhado por complemento (seu argumento), como em

- *Pensaram em matar o Cabeleira na cadeia. Refletiram: ele tinha um irmão, o Carequinha. Este acertava até de olhos fechados. Procuraram o Z'Onofre, que era então Tico-Tico apaixonado e **a solução do problema** não demorou. – A gente toca fogo na cadeia.* (S)

Enfim, verificam-se casos em que indiferentemente se usa em anáfora um sintagma com artigo definido ou um sintagma com demonstrativo (Apothéloz e Chanet, 1997), como, por exemplo:

a) quando, no sintagma nominal anafórico, ocorre nome nuclear que designa uma enunciação, como em
- *– E o almanaque de sua mulher não tem calendário?*
  – Tem. Com os dias do ano e as fases da Lua. Mas eu não sei ler.
  *– Não aceito **a desculpa** – disse o Caapora.* [= essa desculpa]
- *'Os tempos estão difíceis', confidenciou-me um colega. 'Hoje em dia todo mundo só bebe uísque nacional'. **Essa afirmativa** constitui um exemplo do uso – ou do mau uso – da estatística.* [= a afirmativa]. (ETT)
- *Não, Caiá, ualapeti é pouco. Ualapeti não quer morrer de gripe... **Aquela frase** encerrou a pequena discussão.* [= a frase]. (ARR)

b) quando, no sintagma nominal anafórico, ocorre um nome nuclear hiperônimo, como em
- *Para colher a mandrágora era preciso recorrer a um artifício: o caule era amarrado a **um cão**. Atraído por comida, **o animal** arrancava a planta do solo – e, dizem as lendas, caía morto.* (= esse animal). (APA)
- *Porque a sombra **do coqueiro**, mesmo sem ser na hora das sombras ficarem compridas, divide ao meio o sapé do teto; e **a árvore** cresce um metro por ano.* (= essa árvore). (SA)

Quanto à anáfora associativa, tem sido indicado e explicado pela maioria dos estudiosos[54] que o demonstrativo não cria esse tipo de anáfora, mas, como já se apontou, há ocorrências que ilustram o emprego do demonstrativo nessa função. Uma ocorrência já oferecida é

- *Olhei para **as janelas** da direita, que davam para a parte posterior do edifício. Pensei no marceneiro que fizera **aqueles caixilhos**, verdadeira obra de arte.* (ACM)

Para refutar a ideia de que os sintagmas nominais com demonstrativos não servem para criar anáfora associativa, Apothéloz e Reichler-Béguelin (1999) trazem, em primeiro lugar, o modo tradicional de ver os traços semânticos e instrucionais que distinguem esses sintagmas dos sintagmas nominais com artigo definido: (i) o referente é captado no contexto imediato de ocorrência; (ii) o núcleo lexical do sintagma nominal nem sempre é envolvido na identificação do referente, mas opera uma reclassificação dele; (iii) o referente é finalmente captado num processo de contraste interno, em oposição aos demais componentes da classe da qual é membro. Esses autores referem-se, ainda, a outros autores que, numa orientação cognitiva e pragmática, enfatizam a função do demonstrativo na elaboração da memória discursiva, considerando que ele se refere a um elemento em foco no próprio alvo, enquanto o artigo definido se refere a um elemento que já está em foco na memória discursiva. Lembram, afinal, que a ênfase na dimensão dêitica dos demonstrativos é que leva os estudiosos, em geral, a acentuar a tendência desses elementos de atuar em operações de recuperação correferencial. Entretanto, apontam, há evidências de que muitas formas de uso não padrão, ou divergentes, de anáforas associativas se fazem com demonstrativos, em enunciados do tipo de

- *Fui acordado pelos **sinos históricos de Sant'Eustorgio**. Decididamente, eu odiava **aquele sacristão**.* (ACM-R)
- *Ao pesquisar **tumbas etruscas de 26 séculos atrás**, o antropólogo Marshall Becker, da Universidade da Pensilvânia, descobriu que **esse povo** foi o primeiro a utilizar próteses dentárias.* (GLO)

Parece que a feição não padrão que tais usos assumem se liga ao fato de que a característica dos demonstrativos que justifica tais usos é exatamente exigir uma reidentificação do referente, dada a relativa autonomia entre o referente que serviu de 'gatilho' e o anafórico (Gary-Prieur e Noailly, 1996, p. 113). Por exemplo, nessas ocorrências transcritas, tanto *o sacristão* como *o povo* são apreendidos mais como um elemento no conjunto dos 'sacristãos' e dos 'povos', respectivamente, do que como um elemento ligado a *sino* ou a *tumba*, respectivamente. Todos esses usos são textuais, mas, do mesmo modo que os artigos definidos – e aparentemente mais que eles –, os demonstrativos têm usos não apenas textuais (endófora, nos termos de Halliday & Hasan, 1976; Halliday, 1985) mas também situacionais (exófora).

Numa indicação geral, pode-se dizer que, nos usos situacionais, os diferentes demonstrativos existentes numa língua se relacionam mais diretamente a determinadas pessoas do discurso; no português, por exemplo, que tem um sistema de demonstrativos tripartido (*este / esse / aquele*), cada um dos demonstrativos se refere, em princípio, a cada uma das três pessoas gramaticais (primeira / segunda / terceira, respectivamente).

Entretanto, como bem aponta Castilho (1993), e como mostro em Neves (2000a), não há estrita adesão dos três demonstrativos portugueses às três pessoas gramaticais. Por exemplo, como falante e ouvinte, afinal, compartilham o mesmo espaço (o *aqui*), frequentemente *este* e *esse* se alternam dentro desse espaço:

- *ESTAS ondas **aqui**, olhe aqui, **estas** mais gordinhas **aqui**, que dão essa achatadazinha **aqui**, configuram o que eles chamam de ritmo delta.* (SL)
- *E saiba, o senhor que é de fora: **esse** pessoal **daqui** fala demais.* (FP)

Na referenciação textual, por outro lado, há uma forte contribuição dos demonstrativos para a articulação do texto, também com alguma distribuição situacional de cada uma das formas de demonstrativo, num alcance ligado a uma escala de proximidade. Em português, por exemplo, *este* e *aquele* estão em pontos extremos nessa escala, e isso fica evidente em determinados contextos. Assim, em princípio, quando há mais de um antecedente

a) *este* refere-se ao mais próximo, como em
- *Apresentam muitos anexos córneos na epiderme, como placas nos pés, **garras**, **esporões**, **bico** e **penas**. **Estas** são exclusivas das aves.* (GAN)
- *O lábio era perfurado com chifre ou osso de veado, e nele eram introduzidas **rolhas de pau**, **conchas** ou **ossinhos**. **Estes** eram substituídos pelo verdadeiro tembetá de pedras raras de vários tipos, quando a virilidade perfeita era atingida e o rapaz se preparava para casar.* (IA)

b) *aquele* refere-se ao mais distante, como em
- *A pressão da propaganda é tanta sobre **médicos** e **consumidores** que **aqueles** passam a receitar pelo nome fantasia, beneficiando o laboratório que divulgue melhor o seu produto.* (VEJ),

E ambos podem ser usados ao mesmo tempo para montar o contraste, como em

- *Difere do gonçalo-alves pela **casca gretada** e **drupas globosas**; no Gonçalo, **aquela** é lisa e **estas** são alongadas.* (BEB)

Evidentemente, o condicionamento do emprego dos demonstrativos não se reduz a determinações desse tipo. Kirsner et al. (1987), que estudaram no holandês escrito a escolha dos diferentes demonstrativos por usuários nativos,[55] concluíram que os fatores determinantes da escolha são o tipo textual e o contexto, este último de espécies como: (i) a distância em relação à primeira menção do referente; (ii) a presença de informação adicional (ou acerca do próprio referente ou acerca de atitudes do falante em relação a ele); (iii) o tempo do verbo principal; (iv) o léxico.

Quanto às funções anafóricas que podem ser cumpridas com o uso dos demonstrativos, são apontadas, em geral, nos diversos estudos sobre referenciação, dentre outras, as que se relacionam a seguir.

a) A nominalização[56] de predicações anteriormente expressas, ou seja, a criação de objetos de discurso mediante expressão nominal de um estado de coisas que já entrou previamente no discurso, o que pode ocorrer de diversas maneiras, por exemplo,

a1) uma denominação simples e direta, com derivação morfológica, do predicado já expresso

a1.1) ou do próprio verbo, como nestes exemplos já examinados aqui:
- *Toda minha vida **sonhei** que um dia um político ou governante tomaria 'o soro da verdade' e falaria o que realmente estava na sua cabeça. **Esse sonho** acabou se realizando.* (FSP)
- *Quando ouviu que rebentava em soluços, atirou-se em seus braços, **amou-o** de todo o amor de sua pequena vida. E era tão forte **esse amor** que ela sentia o peito doer, os braços doerem enquanto o coração, desnorteado, palpitava entre inseguranças.* (ESS)

a1.2) ou de um termo que com o verbo compõe a predicação, como nesta ocorrência:
- *Parabéns ao governador Ciro Gomes **pelo agito** que está promovendo no Ceará. Quando eu votar em 1994, espero encontrar candidatos com toda **essa agitação**.* (VEJ)

a2) uma categorização inaugural que designa o estado de coisas já expresso, conferindo natureza descritiva – e, na maior parte das vezes, com avaliação – ao sintagma anafórico (morfologicamente independente):
- *Mas minha geração **acreditava** e vivia repetindo **que a mulher deveria trabalhar e conquistar a independência financeira para ser feliz**. Até o sétimo ano de casamento fui loucamente atrás **dessa crença**.* (VEJ)
- *Eu estava tão empolgado com o fragmento de Virgílio e a invasão de Anna fora tão inesperada que **me perturbou e, de certo modo, me magoou**. Não sei quanto tempo durou **essa sensação**. Mas percebi que Rinaldo me olhava como se olha uma girafa.* (ACM)

b) A recategorização,[57] que parafraseia outra denominação já conferida a uma ou mais entidades, numa grande extensão de efeitos referenciais, por exemplo,

b1) com referência simples (avaliativa ou não) à(s) mesma(s) entidade(s) denominada(s) anteriormente:
- *A revista médica americana Archives of Dermatology publicou na semana passada os resultados de uma pesquisa que traz esperança nova aos portadores de **herpes**. A publicação informa que pode haver uma solução quase definitiva para **este problema de saúde** que ataca sete em cada dez pessoas entre 18 e 35 anos.* (VEJ)

- *Tendo tomado conhecimento da **saída** do eminente jornalista Aloísio Biondi do núcleo de colaboradores na área econômica da Folha, venho (...) lamentar **essa perda**, que considero irreparável.* (VEJ)

b2) com condensação de elementos:
- *Outros que comiam a bola no campinho eram **Diquinho, França, Arlindo, Tovar**. Seu irmão Baleia, vendo **aquela constelação de garotos promissores**, teve a ideia de formar um time de infantis.* (ETR)
- *Um de seus próximos planos inclui a montagem de uma coreografia a partir da melodia de **veteranos da** MPB, **como Pixinguinha, Zequinha de Abreu e Ernesto Nazaré** – **aquela turma** que soube ser universal sem deixar o Brasil de lado.* (VEJ)

A catáfora também constitui processo fórico textual em que atuam os demonstrativos. Em português podem ser identificados diversos tipos de segmentos de texto que são anunciados por um sintagma nominal com demonstrativo:

a) um aposto, como em
- *Em desespero a moça estava tentando pela primeira vez **esse modo cru: não dizer nada**.* (M)
- *É um bom espetáculo **esse: os homens da lei em ação**.* (DE)

b) uma oração adjetiva restritiva, como em
- *Quem são **essas pessoas que conseguem cumprir diariamente a difícil tarefa de viver junto com o parceiro**?* (CLA)
- *Tinha um bom humor inalterável, **desses que só nascem da perfeita saúde física e do equilíbrio das qualidades da alma**.* (CF)

c) uma oração completiva infinitiva, como em
- *Mas nunca me passou pela cabeça **essa coisa de estar sendo consumida, usada**.* (REA)

d) um especificador (adjetivo ou sintagma preposicionado), como em
- *Lembro-me perfeitamente: no seu rosto de cadáver, ficou levemente esboçado, em forma de sorriso, **aquele riso bom, puro, vindo do fundo do seu coração indulgente**.* (DEN)
- *É louro, moreno, alto, assim como **esses homens de cinema**?!* (FIG)

A composição da rede referencial no texto obtida com o uso dos demonstrativos fica ainda mais evidenciada quando anáfora e catáfora estão presentes num mesmo uso de demonstrativo:

- *O baralho, já meio seboso, aglutinava **os grupos de hóspedes recém-vindos dos seringais**. Era a bisca, era o sete e meio e, até mesmo porque, a dinheiro. Avesso ao jogo de azar, Cesário ficou aturdido, analisando **aqueles homens*** *com anéis de brilhante, espetados nos indicadores, mas que não conseguiam esconder a origem humilde e a condição, ainda muito recente, de seringueiros.* (TER)

Uma avaliação efetiva das possibilidades de emprego e dos efeitos obtidos com o uso de demonstrativos tem de passar, entretanto – como já se indicou – pelo cotejo entre esse emprego e o de sintagmas com artigos definidos.

Observe-se, afinal, que diferentes teorias sobre a referência demonstrativa têm sido propostas, para determinar a questão da seleção desse elemento para ocorrer em sintagmas nominais a fim de cumprir as diversas funções semântico-pragmáticas. Newen (1998, p. 528) faz uma revisão de três teorias consideradas relevantes:

a) a intencional (Kaplan; Reimer): considera que a determinação do referente de um termo com demonstrativo depende da intenção do falante no momento da produção do enunciado (versão intencional pura), ou que, além da intenção de falar sobre um certo objeto, os elementos contextuais, tais como os gestos, são relevantes para a determinação da referência, desde que ancorados na intenção (versão quase intencional);

b) a contextual (Wettstein): considera que a referência dos demonstrativos é determinada por condições contextuais e extracontextuais, e que a seleção de quais sejam as condições relevantes depende do que o destinatário considere que o falante esteja explorando;

c) a interpretacional (Newen, modificando a visão contextual de Wettstein): considera que o destinatário, a partir do enunciado, atribui ao falante a atitude mais racional ao fazer sua interpretação.

Afinal, Newen julga que a caracterização da referência demonstrativa pode ser generalizada para uma explanação da relação referencial em geral, isto é, a de demonstrativos, de nomes próprios e de descrições definidas.

Notas

[*] Este capítulo reúne reflexões e aproveita trechos de estudos de Neves (2001a; no prelo a).

[1] Para efeitos operacionais, vou designar como **referência**, em sentido amplo, todo o processo de referenciar, e **reservar** preferencialmente o termo **referenciação** para quando de modo mais específico se estiver falando da construção discursiva, da constituição textual, isto é, da formação da rede referencial. Em qualquer caso, há a propriedade de referencialidade dos termos, ou seja, a capacidade de referenciar. A proposta da substituição do termo referência por **referenciação**, na visão discursiva, está em Mondada & Dubois (1995, p. 274-277).

[2] A definição do termo **objeto de discurso** está em Mondada (1994, apud Marcuschi, 2005): eles "são 'objetos constitutivamente discursivos', isto é, gerados na produção discursiva" (Marcuschi, 2005, p. 93). Continua Mondada: "é no e pelo discurso que são postos, delimitados, desenvolvidos, transformados, os objetos de discurso que não lhe preexistem e que não têm uma estrutura fixa, mas que ao contrário emergem e se elaboram progressivamente na dinâmica discursiva" (Mondada, 1994, p. 64, apud Marcuschi, 2005, p. 93).

[3] Dik (1997, p. 131) observa que, embora a função de referenciar seja restrita aos termos que atuam como argumentos e satélites das predicações, o falante, usando um termo, ou constrói ou ajuda o ouvinte a encontrar um referente para colocá-lo numa predicação, e, assim, outras representações mentais se acrescem, de modo a ser recuperáveis pelos subsequentes elementos anafóricos. De predicação eu trato no capítulo "Falar de... e dizer que...".

Referenciar   149

[4] Bonomi (1994, apud Ilari, 2005, p. 104), estudando especificamente o texto narrativo, considera que existem dois processos que o constituem, operando sobre referentes: pelo primeiro deles, expressões linguísticas de diferentes tipos 'plantam' no mundo (não necessariamente real) a que se refere a narrativa um certo número de indivíduos; pelo segundo processo, os indivíduos sucessivamente plantados no texto são tomados como "pontos de acumulação" de propriedades e de relações.

[5] Russell (1905, apud Hawkins, 1978), analisando as descrições definidas, diz que declarar "O rei da França é calvo" é declarar a conjunção destas três proposições: 1) o objeto referido pela expressão definida existe; 2) o objeto é único; 3) a predicação é sobre esse objeto existente e único. Ora, apenas se as três proposições forem verdadeiras a sentença será verdadeira, e, como, nos dias de hoje, a primeira proposição não é verdadeira, porque não existe rei da França, a sentença não é verdadeira, do mesmo modo que ela não seria verdadeira se existisse mais de um rei da França (isto é, se fosse falsa a segunda proposição, aquela que se refere à unicidade do objeto) ou se fosse falso o rei da França ser calvo (isto é, se fosse falsa a terceira proposição, aquela que se refere à predicação sobre o objeto).

[6] A teoria de Russell foi criticada especialmente quanto à sua adequação ao significado do artigo definido nas línguas naturais. Hawkins (1978) explicita as críticas de Christopherson (1939), Strawson (1950) e Searle (1969).

[7] Os autores invocam o 'axioma de existência' de Searle (1972, p. 121).

[8] Disso trato neste capítulo, quando falo de identificabilidade e acessibilidade na referenciação.

[9] Kleiber (1994c, p.18), na esteira de Frege (1892), fala em 'mode de donation du référent'. Ver nota 51.

[10] Há um X; esse X é o chope; o chope é ótimo.

[11] Para todos os X, se X é animal, então X está em extinção.

[12] Rouchota (1992, p. 165) fala em 'indeterminação pragmática' para explicar a diferença entre o uso referencial e o uso atributivo (Lourenço, 1985, p. 40), o qual não é apenas do sintagma indefinido mas pode ser também de uma descrição definida.

[13] Ver capítulo "Imprimir marcas no enunciado", especialmente os itens "As propostas de equacionamento da inter-relação entre lógica e linguística no exame da modalização" e "Tipos de relação modal e sua inserção no processo de produção do enunciado".

[14] Nenhuma ligação com versos fica sugerida. **Poesia** liga-se ao verbo grego *poiéo*: "fazer", "criar". **Poeta** (grego: *poietés*) entra aqui no seu sentido etimológico – e, na verdade, real – de "fazedor", "criador". É quem faz a linguagem, por excelência os que fazem criação literária.

[15] Pessoa, F. O marinheiro: drama estático em um quadro, em *Poemas escolhidos*. Seleção e apresentação de Jorge Fazenda Lourenço, Lisboa, Ulisseia, 1985. p. 147-65.

[16] Seja lembrado que o termo *drama* se liga etimologicamente a "ação" (do verbo grego *dráo*, "agir").

[17] Diz (Lourenço, 1985, p. 40) que nela há uma "revelação das almas a partir das palavras trocadas". As personagens são três mulheres que, sem noção de tempo ("não há relógio"), velam, em um quarto fechado, isolado do mundo e pouco iluminado (em que até as chamas das velas ameaçam apagar-se), uma donzela morta em um caixão. Elas falam do passado, na verdade, um passado mítico, não delas, mas talvez da humanidade, um passado de sonho, no qual está o marinheiro náufrago, que só sobrevive graças à ficção, e que graças a ela se renova.

[18] Cito um trecho do estudo (Neves e Junqueira, 2004), para mostrar que a obra é entendida como devedora da linguagem: "Também a linguagem vai-se tornando fluida e sem referenciais bem determinados. A segunda veladora apressa-se em confessar que as suas frases não são verdadeiras: 'Mal sei que as digo... Repito-as seguindo uma voz que não ouço mas que está segredando...'". (p. 11).

[19] Poder-se-ia arriscar dizer que daí vem a notória 'subversão' dos tempos verbais que a obra apresenta.

[20] Diz uma das veladoras: "Se olho para o presente com muita atenção, parece-me que ele já passou..." (Pessoa, 1985, p. 150)

[21] Nota-se que aqui se está tratando especialmente de referenciação nominal. Não se pode deixar de observar, entretanto, que também, e frequentemente, se fazem no texto referenciações adverbiais (com elementos como *assim, então, lá*).

[22] Ver notas 3 e 4.

[23] Note-se a obtenção de efeito, tratando-se de uma peça de propaganda.

[24] Ver indicação sobre a 'estrutura argumental preferida', em "A centralidade...", do capítulo "Falar de... e dizer que...".

[25] Registro-os com sublinhado, para destaque.

[26] Vão em negrito no texto os termos envolvidos na cadeia referencial em exame. Vai anotada, também, a retomada por zero (∅), possível e muito ocorrente na língua portuguesa.

[27] Ver neste livro o capítulo "Falar de... e dizer que...", sobre predicação.

[28] Obviamente uma categorização textual não precisa ser feita por substantivo abstrato, mas, neste ponto das reflexões, trata-se mais especificamente da rotulação de eventos e de situações, e, portanto, de nomes abstratos.

[29] O autor chama a atenção para a necessidade de distinguir a operação propriamente dita, que é de natureza anafórica, e a expressão utilizada para efetuar essa operação. Remeta-se à "rotulação" de Francis (1994), a que me referi no início deste item. Conte (1996a) trata esse processo como **encapsulamento**, e Schwartz (2000, apud Koch, 2005, p. 38) lhe chama **anáfora complexa**, observando que ele demanda "do leitor / ouvinte a capacidade de interpretação não só da expressão em si, como também da informação cotextual" (Koch, 2005, p. 38).

[30] Apothéloz e Chanet (1997) reservam o termo **nominalização** para a operação discursiva (anafórica) e dão o nome de **substantivo predicativo** ao lexema utilizado nessa operação e o nome de "informação / suporte" ao conjunto de referências que é recolhido na designação.

[31] Vejam-se, no português, as indicações de Marcuschi e Koch (1998), baseadas em Francis (1994), para quem não ocorrem, aí, "meras nominalizações". Nesses estudos, tais empregos são apontados como casos de recategorização, diferentemente do que se propõe aqui.

[32] Apothéloz (1995b, pp. 147-148) chama a atenção para a grande frequência de uso dos pronomes demonstrativos neutros na linguagem oral coloquial e para a maior probabilidade de nominalizações lexicais no registro escrito cuidado.

[33] Kleiber, Schnedecker e Ujma (1994, p. 5) observam que foi Guillaume o primeiro a usar a designação **anáfora associativa** para essa relação referencial. Citam outras denominações a ela já conferidas (**inter-referência, anáfora conceptual, conexão intrínseca, anáfora indireta**), indicando obras em que aparecem essas denominações. Blanche-Benveniste e Chervel (1966), examinando esse tipo de anáfora como fenômeno psicológico, dão-lhe o nome de **anáfora por associação** (p. 31). Entre todos esses termos, o de maior divulgação, especialmente em trabalhos recentes, é **anáfora indireta**, adotado, por exemplo, por Schwartz (2000) e Marcuschi (2005). Há alguma diferença na direção dos estudos que se dizem de 'anáfora indireta' e abandonam o termo **anáfora associativa**: eles se conduzem mais pelo modo de ativação cognitiva do processo inferencial (tratando, por exemplo, das relações conceituais, dos recortes do mundo textual invocado, dos domínios interpretativos) e menos pela explicitação da relação entre o elemento anafórico e a porção textual que desencadeia a inferência (tratando, por exemplo, da estereotipia e da relação meronímica, das quais falarei adiante).

[34] Para Apothéloz e Reichler-Béguelin (1999, p. 364), essas duas propriedades da anáfora associativa são consensuais entre os linguistas, mas, a partir daí, surgem divergências em alguns pontos, especialmente os que se referem à origem da informação prévia (por exemplo, se precisa ser cotextual) e ao tipo de sintagma que opera a anáfora (por exemplo, se é necessário que ele tenha artigo definido).

[35] A maior parte dos estudiosos (por exemplo: Kleiber, Patry, Ménard, 1993, 1994a; Ujma, 1994) considera que só há anáfora associativa na direção do todo para a parte, e não o contrário. Corblin (1985; 1987), por seu lado, apresenta exemplos em que *igreja* remete anaforicamente a *campanário*, e *casa* remete a *teto*, isto é, o todo remete à parte. Para Kleiber, Patry, Ménard (1993), há, de fato, casos em que a parte precede o todo, mas há razões de diversas ordens que impedem que se considere que o todo constitua nesses casos uma expressão anafórica.

[36] Ver nota 33.

[37] Kleiber, Schnedecker e Ujma (1994, p. 10) apontam que as marcas de definitude dos dois sintagmas nominais envolvidos na anáfora associativa são essenciais para caracterizar o aspecto formal da relação.

[38] Ver, adiante, item "(Re)categorização e manipulação do enunciado.

[39] O conhecimento compartilhado pelos membros de determinada cultura constitui o que Givón (1984, pp. 399-401) chama **arquivo permanente**, sendo denominado **arquivo ativo** aquele "arquivo de conhecimento mantido pelos falantes / ouvintes para o propósito de produzir e interpretar um discurso **particular** do modo como ele está sendo conduzido".

[40] Fica implicada, aí, como propriedade definitória das descrições definidas, a unicidade. Para outros, por exemplo, Hawkins (1978) e Prince (1981), a propriedade a ser invocada é a familiaridade.

[41] Essas entidades singulares – exatamente por serem singulares – frequentemente são referidas com inicial maiúscula.

[42] A diversidade da expressão possessiva em português é examinada em Neves (1993 e 2000a).

[43] Trata-se, afinal, de uma anáfora associativa. Ver item "A anáfora associativa".

[44] Um estudo contrastivo do emprego do artigo em nomes sujeitos, feito com base na presença de unidades semânticas do verbo (segundo Chafe, 1970), encontra-se em Neves e Rodrigues (1978).

[45] Como já indicado no item "A anáfora associativa", Hawkins (1978, p. 123) denomina *trigger*, "gatilho", o sintagma nominal que provoca as associações.

[46] O exemplo que os autores dão, em língua inglesa, para o que não se contempla, é *The tiger is a fierce animal that lives in the jungle*. Eles também registram que essa lista de Hawkins constitui um desenvolvimento e uma extensão de Christophersen (1939).

[47] Ver nota 45.

[48] Confronte-se essa indicação com o que se diz do demonstrativo em comparação com o artigo, no início do item "Os demonstrativos", a seguir.

[49] Esse tema foi tratado no item "Sintagmas normais definidos", quando se falou do reconhecimento referencial pelo 'arquivo permanente' (Givón, 1984, p. 399).

[50] Desse tipo de entidades tratei em "Sintagmas normais definidos" (quando falei da definitude que surge do 'arquivo permanente') e no item "Os usos do artigo definido".

[51] Lembre-se que, com o quantificador universal, a referência é à totalidade.

[52] Ao tratar das nominalizações que recategorizam o objeto, Apothéloz (1995a, p. 154) diz que elas podem ser a ocasião de um trabalho mais, ou menos, importante sobre aquilo que Frege (1892) chamava "modo de dar o referente", um trabalho que pode refletir toda espécie de finalidades e necessidades pragmáticas, como, por exemplo, a argumentação. Essa é, determinantemente, a finalidade que se observa nos exemplos aqui oferecidos. Ver nota 6.

[53] Ver nota 30.

[54] Kleiber; Schnedecker; Ujma (1994, p. 47) trazem uma lista de pesquisadores que defendem essa posição.

[55] Os autores mostram que o holandês tem dois demonstrativos, correspondentes, respectivamente, a *this* e a *that* do inglês.

[56] Ver item "A categorização".

[57] Ver item "A recategorização".

Imprimir marcas no enunciado.
Ou: A modalização na linguagem*

Introdução

Os estudos sobre modalidade são de notável diversidade, de um lado porque varia a própria conceituação dessa categoria, de outro porque varia o campo de estudo, de outro, ainda, porque variam as orientações teóricas, e, finalmente, porque se privilegia ora um ora outro tipo de modalidade.

Desde a questão fundamental pela qual se pergunta se 'enunciar' já implica modalizar, até a questão de saber em que grau e por que meios o falante ajusta a modalidade que marca o seu enunciado, muita matéria de investigação se oferece ao estudioso da língua em função.

A noção básica de modalidade

O primeiro problema que se apresenta ao investigador da modalização dos enunciados de uma língua natural está na própria conceituação da categoria 'modalidade', que não é, absolutamente, pacífica. Conceituar modalidade é uma tarefa complexa exatamente porque esse conceito envolve não apenas o significado das expressões modalizadas, mas, ainda, a delimitação das noções inscritas no domínio conceptual implicado.

Duas questões básicas de investigação podem ser lembradas: a primeira refere-se à própria avaliação da existência ou não de modalidade em enunciados sem marca de modalização explícita e detectável – pelo menos como um segmento, ou um elemento, do enunciado –, e a segunda diz respeito ao difícil estabelecimento de fronteiras entre lógica e Linguística, quando o assunto é modalidade.

A opcionalidade da categoria 'modalidade' nos enunciados

A discussão inicial, no estudo linguístico da modalidade, diz respeito, pois, à possibilidade, ou não, da existência de enunciados não modalizados.

De um lado, pode-se dizer que, se a modalidade é, essencialmente, um conjunto de relações entre o locutor, o enunciado e a realidade objetiva, é cabível propor que não existam enunciados não modalizados. Do ponto de vista comunicativo-pragmático, na verdade, a modalidade pode ser considerada uma categoria automática, já que não se concebe que o falante deixe de marcar de algum modo o seu enunciado em termos da verdade do fato expresso, bem como que deixe de imprimir nele certo grau de certeza sobre essa marca.

Como aponta Bellert (1971, apud Dutka, 1993, p. 99), a interpretação semântica de um enunciado consiste em um conjunto de conclusões que dele decorrem, conforme as regras gramaticais empregadas e as informações de que se revestem as entradas lexicais utilizadas, mas, além disso, a cada enunciado necessariamente se atribui uma atitude modal, que pode ser explicitada como "o emissor afirma que...", "o emissor quer saber se...", etc.

Entretanto, a tradição da Linguística não tem tratado a modalização dos enunciados dessa maneira. Traçando um histórico desse tratamento, Ducrot (1993) diz que, seguramente, o nome **modalidade** foi dado inicialmente às expressões que remetem de modo mais, ou menos, aproximado à oposição estabelecida pela Lógica antiga entre os conceitos de "possível", de "real" e de "necessário". Nessa perspectiva, esses são os conceitos tidos inicialmente como modalidades, e a tendência é ver o real como uma espécie de modalidade zero. Assim,

- *Falso foi o meu sonho.*

aparece como menos modal do que

- *É **possível** que falso tenha sido o meu sonho.* (ML)

e menos ainda que

- *É **necessário** que falso tenha sido o meu sonho.*

Por outro lado, a simples afirmação de um fato como ocorre em

- *No próximo correio ele virá.* (ARR)

é sentida como menos modal do que a afirmação de uma obrigação, como

- *No próximo correio ele **deverá** vir.*

ou de uma crença, como

- *Acho que no próximo correio ele virá.*

Defendendo que o conceito de modalidade, como todo conceito, é opositivo, e que, portanto, se há modal, há não modal, Ducrot (1993) recorre, para a conceituação de modalidade, à oposição tradicional que existe, no pensamento ocidental, entre objetivo e subjetivo, entre a descrição das coisas e a tomada de posição em relação a essas coisas, ou em relação à própria descrição dada, já que há a tendência de pensar que, se a descrição é correta, ela está em conformidade com as coisas, e que as coisas são o que se diz delas. Nesse modo de ver de Ducrot, o aspecto não modal dos enunciados viria da descrição das coisas, das informações a propósito delas, da informação objetiva, e os aspectos modais seriam os relativos às tomadas de posição, às atitudes morais, intelectuais e afetivas expressas ao longo do discurso. Afinal, fica proposto que, na noção de modalidade, se possa separar, ao menos teoricamente, o objetivo e o subjetivo, e, desse modo, que haja uma parte isolável da significação que seja pura descrição da realidade.

Considerando a modalidade como uma categoria opcional da sentença, Katny (1993) vê o modo verbal indicativo como não marcado em termos de modalidade. Ele afirma que, quando a atitude do falante em relação a uma proposição é expressa por algum meio formal que não o simples indicativo, isso pode ser referido como modalidade, num sentido estrito. E, afinal, nem mesmo todas as atitudes – como, por exemplo, expressividade, emocionalidade – seriam modais.

Para Stephany (1993), o problema é, afinal, terminológico, já que, quando um enunciador diz *Está chovendo*, pode-se entender que, aceitando a factualidade da proposição expressa em sua asserção, e esperando que o destinatário a reconheça, ele não vê necessidade de qualificar a validade de seu enunciado. Assim, deveriam simplesmente ser consideradas como não marcadas, do ponto de vista da modalidade, asseverações como

- *A carga elétrica do próton é positiva e a do elétron é negativa.* (ELE)
- *Os mamíferos são, como as aves, homeotermos.* (GAN)

Nesse sentido vai a afirmação de Lang (1988, apud Wald, 1993) de que as proposições não podem ser proferidas puramente, estando sempre no alcance de um operador modal, o que desconsidera a possibilidade de uma modalidade 'neutra'.

Burton-Roberts (1984) diz que p (uma proposição) é sempre modal, no sentido de que, incontestavelmente, ela é mais fraca do que p *necessário*, e incontestavelmente mais forte do que p *possível*, e, assim, se um falante sabe que p, então, pela máxima de quantidade, ele é levado, sobre bases cooperativas, a dizer p, de preferência ao mais fraco *possível p*. Seria enganador alguém dizer

- *É possível que a carga elétrica do próton seja positiva e a do elétron seja negativa.*

ou

- *É possível que os mamíferos sejam, como as aves, homeotermos.*

se ele sabe (= tem pleno conhecimento de) que a carga elétrica do próton é positiva e a do elétron é negativa, e que os mamíferos, como as aves, são homeotermos.

Considerando que uma das classes de modalidade (e uma classe primordial) é a que reúne a asserção (afirmação e negação), a interrogação e a ênfase, Culioli (apud Vignaux, 1988) propõe que, automaticamente, não existem enunciados não modalizados. Também para Kiefer (1987, p. 77), cada tipo frasal tradicionalmente reconhecido (frase declarativa, interrogativa, optativa, exclamativa e imperativa) revela um tipo diferente de opinião por parte do falante, e, portanto, corresponde a um tipo de modalidade.

Com efeito, como diz Julia (1989), a consideração da modalidade, no uso linguístico, começa pelo reconhecimento da existência dos diferentes modos de interação social, que, para ele são três: declaração, interrogação e exortação. Isso, na verdade, representa um afastamento da concepção psicologista da modalidade como 'atitude do falante', em favor de outra mais social. Julia (1989, pp. 187-188) lembra muitos grandes autores – especialmente os funcionalistas, mesmo os que assim não se intitulam – que se situaram nessa visão: Jespersen (1924, p. 302), que distinguiu os pedidos dos não pedidos, subclassificando-os, respectivamente, em exortações e perguntas, por um lado, e em declarações e exclamações, por outro; Lyons (1977, p. 747 ss.), que distinguiu asseveração, pergunta e ordem como os três tipos fundamentais de expressão, segundo a "força ilocucionária"; Benveniste (1970), que propôs uma distribuição bastante similar a todas essas, referindo-se a ordem, a asserção e a interrogação. Para propostas quadripartidas, Julia cita Buyssens (1967, p. 10), que indica a asseveração, o desejo, a ordem e a pergunta, e Halliday (1985, p. 68), que fala em oferta, ordem, asseveração e pergunta. Psicologismo à parte, entretanto, os modalizadores – e a própria modalidade de ato de fala, ou seja, o tipo frasal – são usados na interação verbal, em princípio, para exprimir o ponto de vista do enunciador.

Lógica e Linguística

O histórico das investigações da Lógica

As primeiras modalidades, as aléticas ou aristotélicas, foram determinadas no quadrado lógico apresentado por Aristóteles, no qual, a partir das modalidades fundamentais do possível e do necessário, definem-se, por negação, os contrários respectivos, o impossível e o contingente.

A modalidade alética se refere às noções de verdade e/ou falsidade das proposições, podendo os enunciados de uma ciência ser necessariamente ou possivelmente verdadeiros. A noção de verdade, então, deixa de ser absoluta para ser necessária ou possível, num certo eixo que assim se representa (Parret, 1988, p. 91):

necessário	contingente	impossível
	(nem necessário nem impossível)	

Estabelecidas as modalidades aléticas, os lógicos definiram outros dois eixos conceituais, o do conhecimento e o da conduta, nomeando, então, as modalidades epistêmica e dêontica, do eixo da crença e da conduta, respectivamente (Parret, 1988, p. 93 e 96):

certo (p)	(pelo menos) *provável (p)*	(pelo menos) *possível (p)*
obrigatório	Certo	necessário

A investigação lógica da modalidade sofreu críticas que marcaram seu desenvolvimento subsequente.

Dentre essas críticas destaca-se a de Blanché (1969), que propõe uma reformulação do clássico quadrado lógico. Para Blanché, o sistema ideal é aquele em que as partes se relacionam por oposição e contraste, e isso o leva à proposta de um hexágono, que, na verdade, é uma ampliação do quadrado lógico. Nesse hexágono existe uma tríade dos contrários A-E-Y (em que A é o necessário, E é o impossível e Y é o termo neutro), à qual se opõe a tríade dos subcontrários, I-O-U (em que I é o possível, O é o contingente e U é o predeterminado) formando-se uma relação de contrariedade a partir da negação.

Nessa estrutura de relações são entendidas, paralelamente, as modalidades (alética / epistêmica / deôntica), paralelismo já sugerido por Von Wright (1951, apud Tolonen, 1992).

Na fórmula de quatro valores básicos ligados a possibilidade e a necessidade, que, afinal, marcou o tratamento tradicional das modalidades na lógica formal (Carnap, 1946), dois positivos se traduzem em dois negativos:

- *necessariamente verdadeiro* (necessário) traduz-se em *não possivelmente não verdadeiro* (impossível);
- *possivelmente verdadeiro* (possível) traduz-se em *não necessariamente não verdadeiro* (contingente, ou não necessário).

As relações entre Lógica e Linguística na definição da categoria 'modalidade'

Dado o histórico do estabelecimento das modalidades, falar de modalização, em princípio, é falar de conceitos lógicos, como "possibilidade" e "necessidade". Com efeito, o conceito de modalidade tem sido muito influenciado pela visão lógica.

Essa inter-relação tem constituído um complicador em investigações que se pretendam essencialmente linguísticas, especialmente porque, evidentemente, as línguas naturais são alógicas. Exatamente por isso, são diferentes os objetivos da Linguística e os da Lógica modal no estudo das modalidades, preocupando-se esta com a estrutura formal das modalidades em termos de valores de verdade, e independentemente do enunciador. Os estudos linguísticos, por seu lado, tratam das línguas naturais, e nelas, como diz Alexandrescu (1976, p. 19), saber que uma proposição *p* é obrigatória ou necessária é "saber <u>para quem</u> *p* é obrigatória ou necessária, <u>quem</u> aprecia o valor modal do enunciado *p*, e <u>em virtude de qual sistema de normas</u>" (grifos meus). Outro complicador provém da natural utilização dos termos relativos a noções de base lógica – como **possibilidade, necessidade, probabilidade, factualidade** – para o estabelecimento das definições, no campo da modalização dos enunciados. Wierzbicka (1988) chama a atenção para o problema que resulta do emprego de palavras e expressões do jargão filosófico, tais como **contingência, possibilidade, necessidade, factualidade** na definição de palavras que também se usam corriqueiramente, como, por exemplo, os verbos chamados **modais**[1] (português: *poder, dever, precisar*, etc.). Para ela, essa tentativa de esclarecimento, que consiste em traduzir palavras de noção considerada complexa por palavras mais complexas e obscuras ainda, além de arbitrária, resulta na introdução de conceitos que não são, eles próprios, esclarecidos e definidos.

Esse problema aparece tanto em conceituações bem amplas, como as de Bally (1942) e de Palmer (1986), quanto em conceituações mais restritas, como a célebre definição de Lyons (1977), que limita o conceito de modalidade às noções de "necessidade" e "possibilidade". Raramente uma conceituação abre mão de noções como essas, aparentadas com a Lógica, e nessa exceção está Maingueneau, que, estritamente dentro de um ponto de vista linguístico, define modalidade como "a relação que se estabelece entre o sujeito da enunciação e seu enunciado" (1990, p. 180).

Kiefer (1987) propõe uma distinção entre as descrições lógicas e as linguísticas: a tradição lógica se concentra na descrição de proposições lógicas, e a tradição linguística enfatiza os aspectos não proposicionais da modalidade, sendo as expressões modais nas línguas naturais usadas principalmente para expressar as atitudes do falante em relação aos estados de coisas. Kiefer assim resume o que ele chama de "definição lógica de modalidade":

> A modalidade de *p* significa que *p* é necessariamente verdadeiro ou falso, ou possivelmente verdadeiro ou falso em relação a certo pano de fundo. Ou, alternativamente, a modalidade de *p* significa que *p* é necessariamente verdadeiro ou falso, ou possivelmente verdadeiro ou falso num certo conjunto de mundos possíveis. (p. 71) [2]

A seguir, ele busca indicar quais as condições que têm de ser preenchidas para que uma expressão linguística seja uma expressão de modalidade, de acordo com a definição lógica de modalidade: primeiramente, o significado da expressão deve ser relacionável com as noções de necessidade e de possibilidade, e, em segundo lugar, ele tem de ser proposicional.

Ora, os verbos de atitude proposicional, como o assinalado em

- *Ele não **acredita** que as resistências à reforma no Congresso atrapalhem os planos do governo.* (ESP),

são proposicionais (condição 2), mas não expressam possibilidade ou necessidade (condição 1), e, então, estão excluídos do domínio da modalidade. Por outro lado, advérbios modais, como em

- ***Provavelmente** você não gostará da resposta.* (CLA),

geralmente têm significado relacionado a possibilidade ou a necessidade (condição 1), mas não são proposicionais (condição 2), e, consequentemente, devem ser excluídos do conjunto de expressões modais, devendo ser mais rigorosamente interpretados como expressões de atitude do falante, juntamente com os verbos parentéticos, as partículas modais, a entoação, a ordem de palavras, etc., todos elementos não proposicionais.

Entretanto, a tradição linguística parece considerar as expressões de atitudes do falante como o principal meio de expressão da modalidade nas línguas naturais, de onde se conclui que "a definição lógica da modalidade tem pouco a dizer sobre modalidade em linguística" (Kiefer, 1987, p. 73).

Coquet (1976) invoca Benveniste, que considera possibilidade e necessidade como as duas modalidades fundamentais, tanto em Linguística quanto em Lógica, mas diz que ele não esclarece a razão pela qual essas duas modalidades são primordiais em Linguística, dizendo apenas que a categoria linguística da modalidade compreende inicialmente os dois verbos *poder* e *dever*, e não mostrando como fazer a ligação entre o modelo lógico, de vocação universal, e o modelo sintático, relativo e aparentemente fortuito. Pelo contrário – aponta Coquet – o que Benveniste diz leva a duvidar fortemente do caráter primordial, em linguística francesa, das duas modalidades do poder e do dever.

As propostas de equacionamento da inter-relação entre Lógica e Linguística no exame da modalização

O problema das relações entre Lógica e Linguística não é simples de ser esclarecido, mas ninguém duvida de que seria necessário, em princípio, opor o plano lógico-semântico ao plano da manifestação linguística. Entretanto, embora certos linguistas tenham tentado distinguir a modalidade linguística da lógica, as definições oferecidas trazem, na maior parte das vezes, a marca lógica. E afinal, apesar de as línguas naturais não se comportarem de maneira lógica, as pesquisas têm demonstrado que os domínios da Lógica e da Linguística são inseparáveis.

Na tradição da análise lógica, as modalidades proposicionais se definem em relações de verdade que se estabelecem entre as proposições em si e algum universo de realização. Nessa análise, ficam estabelecidas as subcategorias 'verdadeiro' e 'falso', havendo, segundo Givón (1984, p. 252), que retoma Carnap (1947, 1959), três modos de verdade particularmente interessantes para os linguistas: a) a verdade factual; b) a verdade necessária; c) a verdade possível.[3]

Nas línguas naturais, entretanto, não se mantêm as definições estabelecidas pela Lógica, já que o simples envolvimento de um falante e um ouvinte, em uma situação de comunicação, implica a existência de um contrato epistêmico que redefine as modalidades sentenciais em termos de conhecimento: a) conhecimento asseverado como real (que inclui a verdade factual); b) conhecimento não contestado (que inclui a verdade necessária); c) conhecimento asseverado como irreal (que inclui a verdade possível ou condicional) (Givón, 1984).

Envolve-se, ainda, na definição dessas modalidades, a noção de pressuposição, não invocada na lógica tradicional, mas que constitui componente da estrutura lógica do pensamento, um componente independente da justificação por evidência factual.

Como diz Givón (1984), diferentemente da noção de necessidade, que representa precondição para a verdade, a noção de pressuposição constitui precondição para a significação. Assim, num enunciado como

- *Só lamento que a misteriosa moça não me tenha esperado.* (XA),

o uso da forma verbal *lamento* – um verbo factivo[4] – indica que é verdadeiro o fato de a moça não ter esperado o indivíduo que vem referido nessa primeira pessoa do singular. Se assim não for, o verbo estará mal empregado, já que tal fato é um pressuposto do enunciado, que só a partir dessa precondição obtém significação.

Essa determinação é independente do contrato comunicativo estabelecido entre falante e ouvinte, isto é, ela se refere ao conteúdo proposicional em si. Entretanto, obviamente, a interpretação do enunciado real da língua implica que se redefina a recuperação da pressuposição em bases pragmáticas, com o envolvimento de noções como, por exemplo, a de conhecimento compartilhado.

Givón (1984) observa, por outro lado, que propor uma entidade como conhecimento não contestado[5] implica uma conjuntura interacional linguística, no sentido de que implica posse de conhecimento por parte do falante e do ouvinte, garantida por uma fonte,[6] seja ela uma observação direta, seja uma experiência prévia, seja uma intercomunicação precedente, etc.

De tal modo – conclui Givón (1984) – a investigação das modalidades na língua em uso, embora indissociável das bases lógicas que definem as proposições individuais, se redefine em função da sua inserção pragmática, ou seja, da sua inserção no evento comunicativo, no qual a expressão linguística – e, portanto, as proposições que a compõem – é apenas um elemento dentro das relações entre falante e ouvinte, suas intenções comunicativas e suas reconstruções de intenções.[7] Reconstruídas como parâmetros comunicativos, as modalidades proposicionais, tanto da tradição antiga (por exemplo, a necessidade) como da mais recente (por exemplo, a pressuposição) se redefinem, substituindo-se a verdade e a falsidade das proposições pelas atitudes, crenças e expectativas dos participantes da comunicação, considerados os enunciados reais como atos de fala que contêm proposições.

A modalização dos enunciados

As diferentes noções de modalidade

Procurando mostrar que é possível conciliar a tradição lógica e a tradição linguística, Kiefer (1987) discute três noções de modalidade, que aqui se exemplificam:

a) expressão de possibilidade e de necessidade (alética / epistêmica /deôntica).
- *Você **tem que** ter um critério muito grande quando coloca um filme lá.* (RI)
- *O governo não **deve** sentir avareza nem apego pela riqueza e muito menos pela propriedade, **deve** doá-las para o bem-estar público.* (BUD).

b) expressão de atitudes proposicionais (com verbos que expressam estado cognitivo, emocional ou volitivo + oração completiva).
- *Não **sabe** como começar sua história, por que vai mentir?* (AGO)
- *Eles fazem mesmo, eu **sei**, porque também já estive lá sem ter culpa de crime nenhum.* (SA)

c) expressão de atitudes do falante (qualificação cognitiva, emotiva ou volitiva que o falante faz de um estado de coisas).
- *A Justiça **realmente** deve uma resposta ao País.* (SI)
- *A Kosmos é uma das empresas credenciadas pelo BNH. E, **provavelmente**, é a que mais se identifica com o espírito do programa habitacional.* (P-REA)

Na verdade, a primeira classe e a segunda situam-se no *dictum* da tradicional dicotomia *modus / dictum*,[8] pois se referem às proposições, não ao ato de fala, ou seja, são atitudes da pessoa a quem o sujeito da oração principal se refere. Na terceira classe encontra-se a modalidade entendida *stricto sensu*, isto é, entendida como externa ao *dictum*.

Os diversos tipos de modalidade

"Necessidade" e "possibilidade" são as noções que se colocam tradicionalmente na base da subtipologização das modalidades. Embora representem categorias distintas, essas noções não são independentes, e se resolvem em subcategorias modais (alética / epistêmica / deôntica / bulomaica / disposicional).[9]

A modalidade alética, ou lógica, está exclusivamente relacionada com a verdade necessária ou contingente das proposições:

- *A água **pode** ser encontrada em estado sólido, líquido ou gasoso.* (HID) (possibilidade alética)
- *Mas, se a Terra é uma bola e está girando todo dia perto do Sol, não **deve** ser verão em toda a Terra?* (ATE) (necessidade alética)

A modalidade alética tem relação com o mundo ontológico, refletindo a escala lógica que vai do necessário ao impossível, passando pelo possível e pelo contingente. Assim, embora central na Lógica, a modalidade alética é dificilmente detectada nas línguas naturais, já que o comprometimento da modalização alética com a verdade relacionada a mundos possíveis torna pouco claros no discurso comum casos de sentenças que sejam apenas aleticamente modalizadas. É muito improvável que um conteúdo asseverado num ato de fala seja portador de uma verdade não filtrada pelo conhecimento e julgamento do falante. Por essa razão, a modalização alética não constitui matéria privilegiada de investigação quando se trata de ocorrências reais de uma língua, diferentemente da modalização deôntica e, especialmente, da epistêmica.

A modalidade epistêmica está relacionada com a necessidade e a possibilidade epistêmicas, que são expressas por proposições contingentes, isto é, que dependem de como o mundo é. O conhecimento do falante sobre o mundo é representável como um conjunto de proposições. Uma proposição *p* é epistemicamente necessária se *p* for acarretada por aquilo que o falante sabe sobre o mundo, e uma proposição *p* é epistemicamente possível se *p* for compatível com aquilo que o falante sabe sobre o mundo:

- *Lá fora, o sol da tarde* **pode** *estar dourando tudo.* (R)
(possibilidade epistêmica)
- *– Esta moça está lá dentro?*
- *–* ***Deve*** *estar. Quer que mande chamá-la?*
(necessidade epistêmica)

A modalidade deôntica está relacionada com obrigações e permissões. Uma proposição *p* é obrigatória se não é permitido que *p*, e é permitida se não é obrigatório que *p*:

- *Primeiro eu vou mostrar ao senhor a baixada. Lá eu posso arranjar um animal para Ricardo, com Benedito da Olaria. Almoçamos aqui. Depois do almoço, Ricardo* **pode** *ir com a gente.* (ALE)
(possibilidade deôntica)
- *Ângela, é preciso tomar cuidado e não exagerar: você não* **deve** *estragar Mário.* (ML)
(necessidade deôntica)

A modalidade deôntica está condicionada por traços lexicais específicos ligados ao falante ([+ controle])[10] e, de outro lado, implica que o ouvinte aceite o valor de verdade do enunciado para executá-lo.

A modalidade bulomaica, ou volitiva, diz respeito a necessidade e a possibilidade, relacionadas aos desejos do falante (no fundo, uma necessidade deôntica):

- *Não* **pode** *ser. Seria sorte demais... Você quer dizer que o nosso Hipólito foi traduzido por Lutércio, do grego? Meu Deus! Não* **pode** *ser verdade. Seria a primeira tradução conhecida, de Eurípides, em latim. Coisa de fazer inveja até a Petrarca, meu querido!* (ACM)
(possibilidade bulomaica)
- *Desta vez o título* **deve** *ser nosso* (FSP)
(necessidade bulomaica)

A modalidade disposicional, ou habilitativa, refere-se a disposição, habilitação, capacitação (no fundo, uma possibilidade deôntica):

- *Os reimplantes são completados. A Criatura, mesmo renga, **pode** andar.* (AVL)
- *O premiê britânico, John Major, disse ontem em entrevista à BBC que a princesa Diana **deve** ter um papel "digno" na vida pública.* (FSP)

Palmer (1986) considera que sentenças como essas não envolvem nem a atitude nem a opinião do falante, e, apesar de admitir que a expressão de capacidade poderia ser excluída da tipologia das modalidades linguísticas, ele a mantém, analisando-a em separado, como modalidade "dinâmica". O autor julga necessária essa manutenção, devido à importância de tal categoria para o estudo do significado dos verbos modais.

Goossens (1985) tem uma proposta semelhante. Ele considera a existência de uma modalidade relacionada aos significados de capacidade e volição, à qual chama **modalidade facultativa**, e associa as noções de permissão e obrigação à modalidade deôntica.

Perkins (1983, apud Roberts, 1990, p. 364) estende mais ainda a lista dos tipos de modalidades:

1) Aléticas: referem-se a verdade.
2) Epistêmicas: referem-se a conhecimento e a crença.
3) Bulomaicas: referem-se a desejo.
4) Deônticas: referem-se a obrigações.
5) Temporais: referem-se a tempo.
6) Avaliativas: referem-se a julgamentos.
7) Causais: referem-se a causas.
8) Probabilísticas: referem-se a probabilidades.

Entretanto, desde que os lógicos estabeleceram o clássico quadrado, as modalidades (alética / epistêmica / deôntica) têm sido consideradas básicas, sendo o tratamento da primeira praticamente reduzido às investigações lógicas, o que reduz o conjunto, na prática, a dois subtipos.

Na esteira das investigações linguísticas tradicionais, de base filosófica – assentadas em von Wright (1951) e continuadas em Palmer (1986, 1990) –, necessidade e possibilidade foram postas entre os 'graus' de modalidade, e há, de fato, dois grandes 'tipos' de modalidade, as epistêmicas (relacionadas ao conhecimento) e as não epistêmicas, ou de raiz (relacionadas às ações), estas subdivididas em deôntica (que envolve permissão e obrigação) e dinâmica (tipo subclassificado em volição e habilidade, ou capacidade). Os dois eixos se entrecruzam, e cada um dos tipos pode ser descrito em termos de possibilidade (base da modalidade epistêmica) e de necessidade (base da modalidade deôntica).

Os tipos e graus de modalidade são assim ilustrados por Klinge (1996):

1) Modalidade epistêmica, que é a força com que o falante acredita na veracidade de uma proposição: *Acredito que p* e *Sei que p*. Os graus básicos de modalidade epistêmica são parafraseados como 'necessário' e 'possível', do modo que se vê, respectivamente, em

- *Lá em cima é tudo bem fechado e é mais fácil se esconder. E **deve** ser mais quente, porque não venta.* (ACM)

e

- *Você **pode** ter estranhado eu chamar Ângela de velha.* (A)

2) Modalidade (de raiz) deôntica, que é a maneira como um ato é socialmente ou legalmente circunscrito: *É permitido fazer A* e *É obrigatório fazer A*. Os graus básicos de modalidade deôntica são parafraseados como 'obrigatório' e 'permitido', do modo que se vê, respectivamente, em

- *Assim é que você **deve** fazer.* (OE)

e

- *Bem, você **pode** usar a minha sala.* (AGO)

3) Modalidade (de raiz) dinâmica, que é a maneira pela qual referentes de sintagmas nominais de função sujeito são dispostos em direção a um ato, em termos de habilidade e intenção. Os graus básicos de modalidade dinâmica são parafraseados como volição e habilidade, do modo que se vê, respectivamente, em

- *Mas eu te amo e **quero** te ver sempre.* (BU)

e

- *Eu **posso** resolver isso para você* (OMT)

Em resumo, pode-se dizer que os tipos de modalidade tradicionalmente reconhecidos são um tanto diferentes nos diferentes autores, mas podem, na verdade, ser resumidos na distinção genérica entre modalidade epistêmica e não epistêmica (de raiz: deôntica e dinâmica), como quer Klinge (1996). Uma simples bipartição entre modalidade epistêmica e modalidade de raiz (deôntica) está em Coates (1983) e em Brown (1991). Uma tripartição entre modalidade epistêmica, modalidade deôntica e modalidade dinâmica, ou disposicional, está em Palmer (1986, 1990), assim como em Davidsen-Nielsen (1990).

Tipos de relação modal e sua inserção no processo de produção do enunciado

Num enfoque perceptivo, vê-se que, nas tradicionais subcategorias de relações modais, a epistêmica, a dinâmica ou disposicional, a deôntica e a alética, distinguem-se dois componentes, 'factualidade' e 'possibilidade', ou 'necessidade', aos quais correspondem noções como "realidade" e "irrealidade", reunidas na categoria central de 'estatuto de validade'.

Essas quatro modalidades tradicionais representam realces perceptivos da fronteira entre enunciação e enunciado. Há uma orientação diferente, segundo a modalidade, como se esquematiza no seguinte esquema, que tem base em indicações de Garcia (1994).

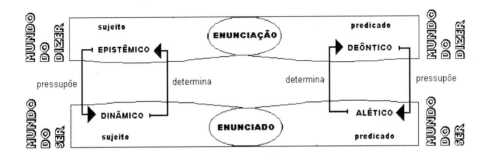

A organização indicada pode assim enunciar-se:

a) Epistêmica: orientada para o sujeito da enunciação.
b) Dinâmica: orientada para o sujeito do enunciado.
c) Deôntica: orientada para o predicado da enunciação, implicando o traço [+ controle].
d) Alética: orientada para o predicado do enunciado.

Numa visão vertical, verifica-se que os modais dinâmicos e os aléticos levam aos epistêmicos e aos deônticos, respectivamente. A relação vertical entre os epistêmicos e os dinâmicos nasce do fato de que os primeiros são pressupostos para os outros, do ponto de vista pragmático: alguém crê que alguém fará algo, porque está capacitado para isso. A relação vertical entre os deônticos e os aléticos é semelhante: a necessidade lógica determina a lei moral.

Numa visão horizontal, verifica-se que os epistêmicos e os deônticos afetam o mundo do dizer (o crer e o ordenar), enquanto os dinâmicos e os aléticos afetam o mundo do referente, já que o fazer, logicamente, é uma faceta do ser. Nesse quadro, é especial o estatuto da modalidade alética, relacionada ao mundo ontológico (Lyons, 1977), fundamental no equacionamento veredictório das proposições, e, portanto, central na lógica, mas periférica nas línguas naturais[11] (Kiefer, 1987).

Centremo-nos na modalidade epistêmica, aquela que constitui a qualificação do falante sobre um certo estado de coisas em termos das chances de ele ocorrer em algum mundo possível (Nuyts, 1993a), ou seja, a qualificação do falante sobre a probabilidade de o conteúdo de uma proposição ser ou poder tornar-se verdadeiro, ser, ou poder ser validado (Silva-Corvalán, 1995). Ela envolve inferência lógica do falante, de modo que, quando se diz

X (não) pode / deve (não) fazer / ser Y.

ou

(Não) é possível / provável que X (não) tenha feito / sido Y.

tem-se como paráfrase: *eu infiro / eu concluo que...*

É o que se observa, por exemplo, em:

- *É inevitável que apareça mas **pode** demorar, **pode** ficar retido pela "conversa de família".* (A)
- *É claro que essa situação não **poderia** perdurar.* (AR-O)
- *A parte final da história **pode** não ter sido exatamente assim.* (CRE)
- *Almoço de marmita **deve** ser tão gostoso.* (TB)
- *Boa coisa não **deve** ser...* (MRF)
- *O show dos Rolling Stones danificou o gramado, que **deve** não estar em condições de uso para o domingo.* (FSP)

Pode-se formular da seguinte maneira o conjunto das quatro grandes modalidades epistêmicas mais comuns e mais distinguidas nas línguas naturais (Givón, 1995):

a) Pressuposição: p é verdadeira por definição ou por concordância prévia.
b) Asserção real: p é fortemente asseverada como verdadeira.
c) Asserção irreal: p é fracamente asseverada como possível, provável ou incerta.
d) Asserção negativa: p é fortemente asseverada como falsa.

Diferentes graus de modalidade também são reconhecidos tradicionalmente – como se viu no item "Os diversos tipos de modalidades –, em particular os pares possibilidade/permissão e necessidade/obrigação (Palmer, 1990), aos quais se acrescentam habilidade, volição, intenção e predição (Klinge, 1996, p. 36). Necessário e possível são graus ligados à crença do falante na verdade da proposição, e, portanto, à modalidade epistêmica; obrigatório e permitido são graus ligados ao modo como um ato se circunscreve social ou legalmente, e, portanto, à modalidade deôntica. À modalidade dinâmica, também chamada **disposicional**, porque representa "o modo pelo qual os referentes do sintagma nominal sujeito estão dispostos a um ato, em termos de sua habilidade ou intenção" (Klinge,1996, p. 36), ligam-se os demais graus, habilidade, volição, intenção e predição.

Toda essa complexidade se reflete, na prática, no fato de que as expressões modais, e, em especial, os verbos modais, são altamente polivalentes. Isso pode ser dito, muito particularmente, dos verbos modais em português,[12] que são em número mais reduzido do que o que existe em várias outras línguas.

Modalidade epistêmica e evidencialidade

A modalização epistêmica (que basicamente envolve uma atitude do falante) necessariamente se relaciona com a fonte do conhecimento, com a qual o falante pode não estar comprometido. Como diz Fitneva (1994), conhecer a base epistêmica da informação que a linguagem veicula é tão importante quanto conhecer a própria informação. Essa 'informação epistêmica' é definida como a qualificação da informação em termos de sua origem ou da própria atitude do falante (crença, dúvida, etc.). Quanto aos 'evidenciais', muito citada é a definição de Bybee (1985), segundo a qual eles são "os marcadores que indicam algo sobre a fonte da informação da proposição" (p. 18).

Por outro lado, entende-se, por princípio, que a falta de marca indicativa da fonte (a falta de marca evidencial) implica que essa fonte seja o próprio falante, filtro natural das proposições por ele expressas. Quem diz

- *A gente se habitua a tudo, que é só questão de vontade, ou melhor: de força de vontade.*

é entendido como autor e mentor – ou, pelo menos, compartilhador – da ideia de que "a gente se habitua a tudo (etc.)". Se assim não for – e o falante quiser deixar isso registrado, eximindo-se da responsabilidade – ele indicará a fonte externa da ideia / informação. Na verdade, foi o que aconteceu no enunciado documentado:

- ***Dizem*** *que a gente se habitua a tudo, que é só questão de vontade, ou melhor: de força de vontade.* (A)

Do mesmo tipo são registros como

- *Já **ouvi dizer** que nem todos são maçons.* (BDI)
- *Práticas desta ordem, em que o Pentágono e a CIA estariam envolvidos, não seriam, **segundo a revista Time** (30 de agosto de 1993, pp. 28-29), grandes novidades.* (REA)
- ***Pelo que disse seu tio****, parece que você não se sente feliz aí, meu filho.* (JT)

Não é consensual entre os estudiosos o conceito de evidencialidade.[13] Só é pacífica a ideia de que se trata de indicação da origem de conhecimento de um enunciador. Entretanto, já por aí se entra em território conflituoso, porque a expressão de uma fonte de conhecimento implica modalização do nível do conhecimento, o que configura a coocorrência das duas categorias. Mas, de fato, elas são duas? Esse é um terreno de dissensões. Se são duas, qual delas está acima da outra, ou seja, qual delas tem a outra no seu âmbito de incidência? Em outras palavras: No domínio semântico do conhecimento, esses são dois modos distintos de as línguas codificarem a qualificação epistêmica? Se são dois, eles devem ser tidos como paralelos, ou um é primário (inclui o outro) e o outro é secundário? Botne (1997) sacramenta a controvérsia quando declara que há dois conceitos de evidencialidade:

> A evidencialidade foi concebida, em um sentido estrito, incluindo os elementos gramaticais que codificam a fonte de conhecimento expressa em uma proposição, e em um sentido lato, incluindo os elementos gramaticais que codificam tanto a fonte de conhecimento como a atitude do falante acerca do grau de convicção / segurança que ele tem na confiabilidade desse conhecimento. (p. 509)[14]

Na verdade, não é evidente que haja uma fusão da qualificação epistêmica com a qualificação da fonte epistêmica, assim como não é evidente que haja subordinação de uma a outra.[15] Entretanto, se alguma é primária, parece ser ela a modalização:

com efeito, a indicação de evidências pode ser vista como uma prestação de serviço ao compromisso do falante com a verdade, com a sua crença na verdade, com o seu julgamento da verdade, e não o contrário.

Assim pensam Palmer (1986), Hengeveld (1988, 1989) e Dik (1989a, 1997), para os quais os evidenciais são um tipo de modal epistêmico. Nessa visão, a evidencialidade se situa na mesma camada que a modalidade subjetiva (ambas como parte da modalidade epistemológica, que é a terceira camada),[16] o que implica não estar nenhuma dessas duas categorias no âmbito de incidência da outra, e estarem ambas incidindo sobre uma outra camada hierarquicamente inferior (a segunda camada, a da modalidade objetiva). Nessa linha se desenvolvem as reflexões aqui apresentadas no item "As classes de elementos modalizadores e os níveis de constituição do enunciado".

Para Van Valin (1997), De Haan (1997) e, especialmente, Nuyts (1992, 1993a, 1993b, 2001), ao contrário, é a qualificação evidencial que determina a qualificação epistêmica. A evidencialidade é uma categoria independente da modalidade epistêmica, e situada em uma camada superior à dessa modalidade.[17] Para Nuyts (1993a), ela é responsável pela qualificação da modalidade que está em seu âmbito de incidência, a qual pode ser subjetiva (se o falante é a fonte) ou não subjetiva / intersubjetiva (se a fonte é uma comunidade, podendo ser incluído o ouvinte). Nesse modo de ver, modalidade e evidencialidade não são subcategorias do mesmo nível – nível em que se organiza a modalidade epistemológica, como pretende Hengeveld, 1988, o que as poria como apenas inter-relacionadas e garantiria que qualquer uma delas está fora do escopo da outra –, mas, pelo contrário, a evidencialidade atinge a própria qualificação modal do enunciado. Não se trata de uma hierarquização da estrutura linguística, mas de categorias da estrutura conceptual cujo comportamento tem reflexo na estrutura linguística. E a interpretação de subjetividade é governada pela ação da qualificação evidencial sobre a qualificação modal. O argumento de Nuyts (1993, p. 946) é que, "sem evidência nenhuma avaliação da probabilidade do estado de coisas é possível – só se poderia, então, dizer que não se sabe".[18]

São possíveis, ainda, propostas que mesclem essas duas mais conhecidas.[19] Pode-se entender que a evidencialidade e a modalidade epistêmica são categorias de diferente natureza: como pretende Nuyts, e diferentemente do que pretendem Hengeveld e Dik, pode-se entender que a evidencialidade não é uma modalidade, mas, por outro lado, como pretendem Hengeveld e Dik, e diferentemente do que pretende Nuyts, pode-se entender que elas estão situadas na mesma camada do enunciado e sem incidência de uma sobre a outra. Assenta-se, nesse caso, a existência de exterioridade e de paridade, e, a partir daí, há que buscar-se a relação (que não envolve incidência) entre o grau de confiança na informação da proposição (modalidade epistêmica) e a indicação sobre a fonte da informação da proposição (evidencialidade). Por outro lado, ainda entendendo que a evidencialidade e a modalidade epistêmica são categorias de diferente natureza, ainda entendendo que, como pretende Nuyts, e diferentemente do que pretendem Hengeveld e Dik, a evidencialidade não é uma modalidade, ainda entendendo que, como pretendem Hengeveld e Dik, e diferentemente do que pretende

Nuyts, elas estão situadas na mesma camada do enunciado, pode-se propor que, como pretende Nuyts, e diferentemente do que pretendem Hengeveld e Dik, é a modalidade que está no âmbito de incidência da evidencialidade.

De todo modo, os modelos de organização do enunciado em camadas – seja o da gramática funcional de Dik (1989a, 1997) e Hengeveld (1988, 1989) seja o da gramática de Van Valin e La Polla (1997) – permitem a consideração de modalidade e evidencialidade entre as demais categorias qualificacionais que, estratificadamente, compõem, em inter-relação, o conteúdo proposicional (Dall'Aglio-Hattnher e Neves, 2002).

A manifestação das modalidades

Os meios de expressão

Como se explicita em Neves (1996a), a modalidade pode ser expressa por diferentes meios linguísticos, por exemplo:

a) por um verbo[20]
a1) (auxiliar) modal:
- *Esse casarão **deve** ser ideal para o reumatismo de minha tia Margherita.* (ACM)
- *O presidente da república **pode** e **deve** ser denunciado como coautor do homicídio do major Vaz.* (AGO)

a2) verbo de significação plena, indicador de opinião, crença ou saber:
- ***Acho** que por humilhação maior jamais passaram.* (A)

b) por um advérbio, a que ainda pode associar-se um verbo modal:
- *Carlos e Pedro Moreno cochichavam, discutindo **provavelmente** detalhes da agonia. Dona Leonor.* (A)
- *Esse exame propicia a visualização de vários dados, que **devem** ser **obrigatoriamente** pesquisados.* (CLC)

A modalização por meio de advérbios pode incidir num constituinte, e não na proposição:
- *Ela deu uma olhada nele e achou uma anotação meio estranha, **talvez um escólio**.* (ACM)
- *O ateniense, quando desconfia que alguém quer tornar os outros tão hábeis quanto ele próprio, zanga-se, **talvez por inveja**.* (TEG)

c) por um adjetivo em posição predicativa:
- *Quem sabe se nada disso vai ser **necessário**?* (FIG)
- *É **impossível** que o Brasil tome conhecimento de outra aberração.* (RR)
- *É **preciso** que você fique perto de mim, sempre.* (AQ)

d) por um substantivo:
- *O homem não deve pensar muito, esta é a minha **opinião**.* (OMT)
- *Tenho a **impressão** que um dos grandes erros da política brasileira nestes últimos vinte anos tem sido a matematização da vida econômica.* (POL-O)

A ocorrência de nome modalizador é bastante comum na posição de objeto de verbo-suporte,[21] em que o verbo e o sintagma nominal objeto (em princípio, não referencial) formam, conjuntamente, o predicado.
- *Cada folha sulfite dobrada em quatro dá **possibilidade** para oito páginas impressas.* (LOP)

e) Pelas próprias categorias gramaticais (tempo / aspecto / modo) do verbo da predicação:
- *E a discussão ficaria nisso.* (A)

Essas categorias aparecem normalmente associadas a advérbios modalizadores:
- *Esta obra **talvez tenha sido** um dos livros didáticos mais importantes da época.* (ATN)

Além desses elementos, expedientes puramente sintáticos podem ser usados na modalização dos enunciados.

a) A unipessoalização (que alterna com a primeira pessoa do singular) minimiza a participação do falante:
- *Eu sei – disse o Ministro – que Vilar tem a admiração de vocês todos e, portanto, a minha também, mas **é preciso** que vocês, amigos dele, o advirtam.* (Q)

b) O efeito contrário, entretanto, é obtido
– com intercalação ou apêndice de orações em primeira pessoa:
- *Perguntou-me se eu estava ali há muito tempo e eu - **acredito** hoje - disse a minha primeira e mais grave mentira da vida: disse que não, havia subido para apanhá-lo, a barca proximava-se do cais.* (BB)
- *Não que esteja contra. Mas o feminismo é pra mulheres muito especiais, eu **acho**.* (E)

– com subordinação a orações em primeira pessoa:
- *Mas **acho** que estou falando demais...* (RI)

Por outro lado, seja qual for o meio segmental utilizado, os meios prosódicos sempre estão presentes na modalização em linguagem falada, e frequentemente são os únicos responsáveis por ela.

Saint Pierre (1991), buscando formar uma 'gramática dos modalizadores', apresenta um modelo de descrição que, a partir da teoria dos atos ilocucionários, distingue três classes de modalizadores:

a) os marcadores prosódicos, que são a entoação e outros componentes ligados à voz, e podem alterar a força ilocucionária de atos diretivos e assertivos, ou apenas reforçar a modalização expressa pelos marcadores de outro nível estrutural;

b) os marcadores morfológicos e sintáticos, que são os auxiliares modais, as locuções de intensidade, a forma impessoal, os advérbios modais e a colocação em relevo;

c) os marcadores discursivos, que podem tanto ultrapassar o quadro da proposição quanto indicar convenções do emprego da língua.

Em outro trabalho mais amplo, Saint Pierre (1992), conjugando as abordagens filosófica, linguística, pragmática, enunciativa e psicológica, acrescenta uma quarta classe, a dos modalizadores metadiscursivos, ou seja, as ligações contextuais tecidas entre os marcadores de modalização (acordo, desacordo, iteração, justificativa, etc.).

Tolonen (1992), ao descrever os modalizadores epistêmicos do discurso científico, propõe uma classificação tripartida, que se aproxima da classificação proposta por Saint-Pierre:

1) elementos verbais de modalidade (verbos modais, modos e verbos independentes que expressam a modalidade);
2) elementos lexicais de modalidade (nomes modalizados, adjetivos cujas formas expressam comparação, e advérbios);
3) outros marcadores de modalidade (elípticos, pronomes, primeira pessoa, voz passiva e estrutura discursiva).

Os elementos descritos nas propostas de Saint-Pierre e Tolonen são basicamente os mesmos, mas esta última classificação destaca os elementos verbais dos lexicais.

A relação entre as formas de expressão e os significados modais

Os modalizadores se caracterizam, nas diversas línguas, por uma grande diversidade de formas, de sentidos e de empregos, sem que haja relações unívocas entre essas três dimensões. Por exemplo, a probabilidade, nos seus diferentes graus, pode ser expressa em português por formas muito diferentes:

- *É **provável** que a imaginação me tenha iludido.* (ML)
- ***Parece** que a imaginação me iludiu.*
- *A imaginação **parece** ter-me iludido.*
- *A imaginação **deve** ter-me iludido.*
- *A imaginação **pode** ter-me iludido.*
- *A imaginação me **terá** iludido.*
- ***Provavelmente** a imaginação me iludiu.*
- *Eu **acho** que a imaginação me iludiu.*

Roulet – seguindo Bally (1942)[22] – começa por distinguir, de um lado, os modalizadores explícitos, que trazem um traço explícito do enunciador, como em

- *Acho que ela vai atrasar minha pesquisa.* (ACM)
- *Penso que ela vai atrasar minha pesquisa.*
- *Parece-me que vai atrasar minha pesquisa.*

e, de outro, os modalizadores implícitos, desprovidos de tal traço, como em

- *Ela deve atrasar minha pesquisa.*
- *Parece que ela vai atrasar a minha pesquisa.*
- *Talvez ela vá atrasar minha pesquisa.*

O autor também mostra a distinção entre os modalizadores "extraídos", claramente distintos do *dictum*, como em

- *Parece-me que a vida teria músculos e sossego.* (MPB)
- *É provável que a vida tenha músculos e sossego.*

e os modalizadores integrados no *dictum*, como em

- *A vida me parece ter músculos e sossego.*
- *A vida provavelmente tem músculos e sossego.*

As duas classificações se entrecruzam, como mostra o quadro a seguir.

MODALIZADOR	EXPLÍCITO	IMPLÍCITO
EXTRAÍDO	*acho que* *quero que* *parece-me que* *estou feliz que*	*parece que* *é necessário que* *é provável que* *é bom que* *talvez*
INTEGRADO	*parece-me que* *creio sonhar*	*ele parece dormir* *ele deve ter voltado* *provavelmente ele dormiu* *devo estar enganado*

Geralmente as formas extraídas e as integradas formam pares sinônimos:

- *Parece que a situação dele não é boa não.* (AF) [extraído implícito]
- *Aparentemente a situação dele não é boa não.* [integrado implícito]
- *É provável que venha das montanhas.* (ML) [extraído implícito]
- *Provavelmente vem das montanhas.* [integrado implícito]

Entretanto, observa-se uma diferença semântica importante entre os adjetivos e os advérbios frequentemente ditos **avaliativos**, como se vê no par

- *É maravilhoso que o mundo tenha cessado de ver a África do Sul pelos olhos do racismo.* (FSP)
- *O mundo cessou de ver a África do Sul pelos olhos do racismo **maravilhosamente**.*

que tem, na primeira das frases, um "cessar de ver" pressuposto, ao contrário da segunda, em que o "cessar de ver" é um 'posto', isto é, constitui uma asserção no enunciado.

Roulet (1979) observa que os lexemas modais são modais potencialmente, isto é, sob certas condições de emprego. Em particular, os verbos que exprimem modalidade explícita só o fazem com um pronome sujeito (ou objeto indireto, para os impessoais) e com um tempo que envie para o enunciador. Há, pois, uma grande diferença entre

- ***Eu acho** que é na política que o poder da mulher vale mais.* (VEJ)

e

- ***Ele acha** que é na política que o poder da mulher vale mais.*

ou

- *Naquela época **eu achava** que era na política que o poder da mulher valia mais.*

O primeiro é um emprego modal, o segundo (com sujeito de terceira pessoa) e o terceiro (no passado), não. O mesmo ocorre na série apresentada a seguir, na qual o primeiro enunciado é modal, mas não os outros dois:

- ***Quero** que você não me perturbe.* (DO)
- *Eles **querem** que você não os perturbe.*
- *Eu **quis** durante muito tempo que você não me perturbasse mais.*

Além disso, aponta Roulet, verbos como *dever* e *poder*, em seus empregos ditos **deônticos**, não são efetivamente empregados como modais se a obrigação ou a permissão for criada pela própria palavra do enunciador (isto é, nos atos ilocutórios de pedido, solicitação ou permissão). Eles não são necessariamente modais quando o enunciador simplesmente enuncia a existência de uma obrigação ou de uma permissão que não tem o ato de enunciação como fonte. Veja-se a possibilidade de mais de uma interpretação[23] de

- *Vocês não **devem** ter medo.* (CCI),

que tanto pode significar "provavelmente vocês não têm medo" quanto "vocês não precisam ter medo", e cujo sentido geralmente – mas nem sempre – se resolve no contexto. O contexto próximo é

- *(Com desprezo) Medo. Empurrem. (Depois) Vocês não **devem** ter medo. Isso não **podemos** ter, se não ficamos fracos. Vamos assustá-los, compreendem?* (CCI)

Numa diferenciação mais sutil, veja-se, ainda, uma possibilidade de dupla interpretação como a de

- ***Pode** haver novidade.* (ARR),

que, mesmo no contexto, tanto pode significar "não está excluído que / eu não tomo posição", como "acho que é possível que":

- *Eu vou para o acampamento. **Pode** haver novidade. Daqui a pouco é hora do almoço.* (ARR)

Modos de expressão e graus da modalidade no eixo do conhecimento (epistêmicos)

A avaliação epistêmica se situa em algum ponto do *continuum* que, a partir de um limite preciso, onde se encontra o (absolutamente) certo, se estende pelos indefinidos graus do possível:

- *É **possível** que a história se repita.* (VIS)

As frases apresentadas a seguir ilustram algumas das inúmeras possibilidades que a língua oferece para graduar a relativização do possível dentro do *continuum* da avaliação epistêmica (graus de certeza):

- *É **absolutamente possível** que a história se repita.*
- *É **indiscutivelmente possível** que a história se repita.*
- *É **bem possível** que a história se repita.*
- *É **possível** que a história se repita.*
- *Seria **possível** que a história se repetisse.*
- *É **pouco possível** que a história se repita.*
- *Seria **pouco possível** que a história se repetisse.*
- *É **muito pouco possível** que a história se repita.*
- *Seria **muito pouco possível** que a história se repetisse.*
- *É **quase impossível** que a história se repita.*
- *Seria **quase impossível** que a história se repetisse.*

No extremo da certeza há um enunciador que avalia como verdadeiro o conteúdo de seu enunciado, apresentando-o como uma asseveração (afirmação ou negação), sem espaço para dúvida e sem relativização:

- *Tratava-se exatamente do fóssil completo do arqueoptérix, um bicho emplumado, de 35 centímetros de comprimento.* (SU)

Por outro lado, muitos enunciados oferecem um discurso com marcas do possível, e, no entanto contêm elementos lexicais que, em princípio, confirmam certeza ao enunciado. Tais enunciados possuem elementos que implicam desconhecimento, ao lado de outros que implicam conhecimento por parte do falante:

- *Foi apresentado um projeto de resolução, que não é um projeto de afogadilho, é um estudo sério, minucioso, que **evidentemente poderá** e, **acredito** mais, **deverá** receber emendas.* (CPO)

- *NA **verdade**, **seria exatamente** dessa descida das polcas dos pianos dos salões para a música dos choros, à base de flauta, violão e oficlide, que ia nascer a novidade do maxixe.* (PHM)

Nos enunciados em primeira pessoa, o locutor legitima espaço para registrar sua opinião – ao situar seu enunciado no campo graduável do possível –, e, confessando suas dúvidas e incertezas, ganhar em credibilidade:

- ***Acho** que **deve** ser inclusive o lema não somente deste encontro, mas que devemos transformá-lo numa ideia nacional.* (FOR-O)
- *EU **acho meio** frescura de vocês fingirem que não sabiam.* (SL)

A expressão da não certeza propicia também o escamoteamento da fonte do conhecimento, ou da falta de conhecimento do falante:

- *Tenho a **impressão** de que, enquanto você não mudar inteiramente, não se libertar dessa vocação para o mal – como você me envergonhou no tempo em que pintou aqueles murais obscenos de Herculanum! – tenho a **impressão** de que, enquanto não conseguir quebrar a sua dura cerviz, não estarei inteiramente redimido diante de Deus.* (BH)

O jogo da modalização epistêmica, independentemente de o enunciado situar-se ou não no eixo dos participantes do evento, manifesta

a) no extremo da certeza, precisão:
- *Por causa dela vim hoje aqui, disse Bárbara, ou, **mais exatamente**, por causa da estátua do namorado dela, tal de Narciso.* (CON)
- *Deixasse com ele, que arranjaria o caso, não tivesse dúvidas. **Realmente** arranjou, defendendo de noite, com desabitual veemência, a ideia do irmão.* (MRF)

b) no campo da não certeza, imprecisão:
- *Você só pensava em homem, Solange, e você não tinha, **praticamente** não tem, nunca teve (ou **será** que, agora, um pouco?) coragem, iniciativa.* (CON)
- *Porque **certamente** não o fizeram sem culpa – e culpa gera melancolia.* (SAT)

Ao considerar a fonte do conhecimento, o falante

c) apoia a certeza, a precisão, na evidência (absolutização, garantida pelo conhecimento):

> • *Agora, existem exemplos de ação, onde o que se procura é uma mudança de mais longo prazo, e aí, **evidentemente**, é o da retomada, em novos moldes, do tema do desenvolvimento.* (II-O)
> • *Quando falarmos na organização do turismo interno como última fase de superação desse estágio, para atingirmos a total capacidade de explorar o turismo externo, **evidentemente** devemos arrolar as fontes de captação de excelente rede hoteleira.* (LS-O)

d) apoia a não certeza, a imprecisão, na aparência (relativização, justificada pelo não conhecimento, ou desconhecimento):

> • ***Me parece*** *que meu pronunciamento foi muito oportuno.* (FSP)
> • ***Parece, não lembro bem**, que se chamava o Doutor Luís Alves.* (CF)

Modos de expressão da modalidade no eixo da conduta (deônticos)

A obrigação tem sido classificada em dois tipos principais:

a) obrigação moral, interna, ditada pela consciência, como em

> • ***Temos que*** *admitir que esta não é a realidade do artista brasileiro.* (FSP)

b) obrigação material, externa, ditada por imposição de circunstâncias externas, como em

> • *A oposição diz que num governo político como o de FHC vai **ser necessário** um representante político para a Bolsa.* (FSP)
> • *Aqueles que recebem ajuda da associação **têm por obrigação** plantar uma árvore.* (FOC)

Na obrigação interna, o componente de modalização tem base numa necessidade alética, mas o predicado envolve o traço [+ controle], permitindo que se opere a modalização deôntica do enunciado:

> • *Você **tem que** ter cuidado ou cai do burro.* (DO)

Uma obrigação interna negativa que envolva o traço [+ controle] equivale, num ato diretivo (que envolve um sujeito de segunda pessoa), a uma proibição:

> • *O senhor **não pode** fazer isso. **Não pode** dar a menor demonstração.* (MMM)

A obrigação pode expressar-se com auxílio de diferentes verbos modais, o que está implicado no fato de que esses verbos tendem a apresentar significados que se interseccionam, sendo, em alguns casos, mais, ou menos, intercambiáveis em determinados sentidos:

> • *Uma classificação racional dos fatores ecológicos **deve** levar em conta principalmente as particularidades das reações dos seres submetidos a esses fatores.* (ECG)

- *O rei Hussein **precisa** optar entre dar abrigo ao Hamas e abrigar a paz com Israel.* (FSP)

A modalização deôntica é propícia à coocorrência de mais de uma marca modal, por exemplo, um verbo modal e um advérbio modalizador:

- *Se toda uma cidade busca esses mesmos criminosos, por outros ações cometidas, isso **tem que necessariamente** ficar em segundo plano.* (FSP)
- *O candidato à bolsa de estudos **precisa necessariamente** estar desenvolvendo uma tese que tenha relação com o Canadá.* (FSP)

Quando a modalidade deôntica coocorre com a epistêmica, elas não têm o mesmo âmbito de incidência, mesmo que estejam ambas alojadas numa mesma camada da constituição do enunciado (por exemplo, na predicação):[24] a expressão da modalidade epistêmica pode afetar a expressão modal deôntica, enquanto a relação inversa é impossível:

- *É **possível** que eu **tenha de** fazer uma viagem.* (JM)
  * É obrigatório / permitido que seja possível eu fazer uma viagem.

A polissemia dos verbos modais[25]

Um dos temas tradicionalmente tratados no estudo da modalização dos enunciados é a polissemia dos verbos modais nas diversas línguas. Negligenciada nas gramáticas pedagógicas do português e bastante estudada em gramáticas de outras línguas, como o inglês e o alemão, a questão vem sendo geralmente conduzida, entretanto, no sentido simplesmente de buscar paráfrases semânticas, com recurso aos contextos de ocorrência, na resolução dos sentidos.

Assim, propostas tradicionais se referem à interpretação de cada modal, se não em potenciais significados lexicais, apenas em contextos particulares, ficando desconsiderada uma explicitação de fatores intervenientes na composição dos possíveis significados contextuais. Mais do que a determinação de significados individuais de verbos modais, na verdade, cabe às investigações explicitar todo o complexo que envolve a modalização dos enunciados efetuada por verbos, complexo que engloba a sintaticização da sentença, a ambiência do contexto extrassentencial e o impacto do contexto de elocução.

Nesse intrincado terreno, salta logo ao analista da língua a dificuldade de dar conta do significado de modais, por mais que se assuma uma base lexicogramatical, base que parte do léxico mas que se resolve somente na contração de relações, portanto no enunciado.

O tratamento lógico da diversidade de interpretação dos verbos modais

Já está em Aristóteles, nas *Refutações sofísticas* (*Perì tôn sophistikôn elenchôn*), uma indicação clara de que os verbos modais se prestam a uma diversidade de interpretações. Entre as seis fontes das falácias de base linguística que Aristóteles aponta como as que são utilizadas pelos sofistas na sua argumentação, duas se relacionam com verbos como *poder* (*dýnamai*): a composição (*sýnthesis*) e a divisão (*diaíresis*). Interpretada pela 'composição', uma sequência modalizada por verbo, como, por exemplo,

- *Uma pessoa sentada **pode** andar.*[26]

significa "é possível que uma pessoa esteja sentada e andando ao mesmo tempo". Interpretada pela 'divisão', essa sequência significa "uma pessoa sentada tem a possibilidade (=capacidade) de andar".

Segundo Kneale (1962, apud Rivero, 1975, p. 412), que é um historiador da lógica, esse parágrafo das *Refutações sofísticas* poderia indicar que Aristóteles já punha sob consideração um problema que viria a ser de grande interesse na Idade Média, que é a dupla função da modalidade:

a) O elemento modal pode ser considerado como predicado de toda uma proposição,[27] isto é, pode ser uma predicação de segunda ordem, ou seja, aquela que toma outra proposição como sujeito. Essa primeira interpretação considera o verbo modal no seu sentido de 'composição', e, na frase que acaba de ser apresentada, conduz à falsa conclusão de que é possível que uma pessoa caminhe estando sentada.

b) O elemento modal pode ser considerado como modificador de uma parte da proposição, apenas um de seus constituintes. Essa segunda interpretação toma o verbo modal no seu sentido de 'divisão', e, na frase apresentada, leva à conclusão de que uma pessoa não pode estar sentada e andar ao mesmo tempo, mas, estando sentada, pode estar habilitada a andar.

Este último significado (o de divisão) corresponde, de certo modo, ao dos verbos de modalidade de raiz, a obrigação (para *dever*) e a capacidade (para *poder*). Na contraparte, a modalidade epistêmica se ligaria à modificação de toda a proposição, ou seja, ao primeiro significado.

Essas ligações, entretanto, têm de ser avaliadas com cuidado (Neves, 1996a), e especialmente porque a própria interpretação oferecida para a teoria aristotélica não é pacífica. Por outro lado, ainda, não se pode esquecer que a construção examinada por Aristóteles tem um caráter particular: é uma construção grega unipessoal com sujeito oracional infinitivo, e para a qual, ainda, se tem de prover uma interpretação do tipo pessoal.

A natureza multissignificativa dos modais é tratada também na filosofia medieval, não apenas por retomada dos estudos aristotélicos, mas ainda por proposições particulares dos lógicos escolásticos. Reconhece-se mais uma vez o polissemantismo dos elementos modais, independentemente da categoria linguística que os expresse. A tradicional proposta da dicotomia *de re / de dicto* para a necessidade é explicitamente ligada, por Santo Agostinho, aos sentidos aristotélicos de divisão e de composição, respectivamente:

a) na relação entre *modus* e *res*, a modalidade é atribuída a um dos constituintes da oração subordinada (*sensu diuiso*), não à sua totalidade –, é a 'divisão';

b) na relação entre *modus* e *dictum*, a modalidade é atribuída a toda a proposição (*sensu composito*) –, é a 'composição'.[28]

Essa tradição lógica de dicotomização das modalidades, que desembocou na oposição entre modalidade de raiz e modalidade epistêmica, pode ter sua trajetória assim resumida:

de raiz	⇐ *de re*	⇐ *diuisa* (modificação parcial, ou seja, de um constituinte)	relação entre um sujeito modal e um verbo pessoal
epistêmica	⇐ *de dicto*	⇐ *composita* (modificação proposicional, ou seja, do *dictum* completo)	relação entre a modalidade e um sujeito que é a oração

A diversidade de interpretação dos enunciados modalizados nas línguas naturais

De modo geral, os significados que podem ser atribuídos às modalizações são basicamente três,[29] já que ao significado epistêmico (impessoal) devem ser acrescidos dois significados abrangidos pela modalidade de raiz (pessoal):[30]

Poder
- significado de raiz, ou pessoal — capacidade ou habilidade / permissão
- significado epistêmico, ou impessoal — simples possibilidade

Dever
- significado de raiz, ou pessoal — obrigação / ordem
- significado epistêmico, ou impessoal — simples necessidade

Uma primeira tomada de posição na resolução da polissemia de contextos modalizados pode ser representada pela investigação da semântica de modais individuais, e esse tem sido um caminho bastante seguido. Entretanto, partindo-se do princípio de que um enunciado explicitamente modalizado tem uma estrutura do tipo M(p), isto é, tem uma proposição no âmbito de incidência de um modalizador, facilmente se verifica a existência de uma relação necessária entre a proposição encaixada no âmbito do modal e a situação que ela representa numa dada instância de elocução, de onde o papel que ela representa na própria interpretação do elemento que a modaliza.

É frequente nos estudos linguísticos sobre modalização o tratamento da questão da ambiguidade entre significados epistêmicos e significados de raiz, e, dentre estes, especificamente, os deônticos. Essa ambiguidade é reconhecida em línguas não aparentadas, especialmente em ligação com os verbos modais, que são em número reduzido, com particularidades morfossintáticas em algumas línguas – como, por exemplo, o inglês, em que esses verbos não têm infinitivo – mas não em outras línguas, como, por exemplo, o português.

Chamando a atenção para o interessante fato de que, nas diversas línguas, as mesmas formas verbais podem ser usadas para os dois grandes tipos de modalidade tradicionalmente postulados, Bybee e Fleischman (1995) indicam a necessidade de recurso ao contexto para estabelecimento do significado. Wald (1993) também lembra o fato de que os verbos modais aparentemente ocorrem em todas as línguas, e que sempre constituem formas com uso tanto epistêmico como deôntico. Chega a dizer que diversos verbos modais se caracterizam semanticamente como neutros para a distinção entre epistêmico e deôntico.

Sweetser (1990b) considera que não é plausível o modo tradicional de tratar os significados modais de raiz como predicados lexicais que envolvem força ou obrigação, e os significados epistêmicos como combinações de operadores lógicos. A partir daí, afirma que é insuficiente dizer, simplesmente, que há proximidade semântica entre significados modais de raiz e significados modais epistêmicos. O argumento é que, se os dois conjuntos de significados são altamente distintos, e objetivamente têm pouco em comum, é necessária uma análise das modalidades de raiz e epistêmica que de algum modo torne natural a evidente relação semântica que entre elas se observa nas diversas línguas, já que a polissemia observada para os valores de raiz e epistêmicos é linguisticamente inter-relacionada com outros padrões de polissemia. A maior dificuldade apontada para o tratamento das modalidades de maneira unificada é, com efeito, o fato de que a análise semântica dos modais de raiz não se encaixa nos significados de necessidade e de probabilidade lógica.

Klinge (1996) afirma que todos os modais ingleses e dinamarqueses são encontrados com ao menos um significado epistêmico e um significado não epistêmico, e que, em outras palavras, há uma ambiguidade sistemática em todas as construções com verbos modais. Entretanto, para ele, atribuir aos próprios verbos modais a responsabilidade pela expressão dos diferentes tipos e graus de modalidade distinguidos, como se tem feito tradicionalmente, é errôneo, e representa negligenciar o papel representado pelo contexto. Assim, a oposição entre epistêmico e não epistêmico não reside propriamente nos modais, devendo ser descrita como resultado de contextualização. O contexto é entendido como o conjunto de hipóteses de que dispõe um destinatário e que ele utiliza para interpretar uma elocução. Um contexto é uma elocução específica. Constitui subparte do contexto o significado codificado no conteúdo proposicional da sentença, conteúdo que é distinto do modal, mas que está no âmbito de incidência dele. O conteúdo proposicional de uma sentença, continua Klinge, é independente de uma dada elocução, mas na elocução ele libera algumas das hipóteses utilizadas pelo destinatário para compor o sentido do enunciado, de onde se segue que o conteúdo proposicional de uma sentença tem um importante papel no significado interpretado.

Observem-se os enunciados

- *Pode sair, vai ver o casamento da sua prima!* (UNM)
- *E ele, como pode se prestar a uma pantomima daquelas!* (A)
- *À noite a lua vem da Ásia, mas pode não vir, o que demonstra que nem tudo neste mundo é perfeito.* (AL)
- *Ela não pode morrer no desespero em que está.* (A)

Para cada um desses enunciados se pode indicar um diferente significado modal: permissão, possibilidade deôntica, possibilidade epistêmica e volição, respectivamente. Não se pode, entretanto, atribuir ao verbo modal a responsabilidade da distinção, já que ele é o mesmo em todos os casos (*pode*).

E nos enunciados seguintes

- *Agora você pode ir embora, escravo.* (LC)
- *Chama-se Luzia. É limpa, boazinha, não tem perigo. O senhor pode ir sossegado com ela.* (ID)
- *O simbolismo das zonas pode ir mais adiante, porém é necessário que se tenha maior cautela..* (GFO)
- *Caio – disse ele me apontando – bem que pode ir. É o menos marcado. Não está comprometido com nada.* (DE),

nos quais se observam os mesmos diferentes efeitos modais dos quatro enunciados anteriores (permissão, possibilidade deôntica, possibilidade epistêmica e volição, respectivamente), além de haver o mesmo verbo modal (*pode*), ainda ocorre o mesmo predicado modalizado (*ir*), o que mostra que não está simplesmente nesses elementos, nem nesse sintagma restrito, a fonte da diferença de significado.

Obviamente, a leitura pode ser apenas probabilística, isto é, pode-se falar em "leitura preferida" (Klinge, 1996, p. 39). Assim, num enunciado como

- *Esse delegado **pode ir** abusar com mulher da vida e cachaceiro, na Vargem da Cruz, mas comigo é diferente.* (MMM)

um interpretante poderia optar por uma leitura de raiz ("ele tem capacidade de / licenciamento para") ou por uma leitura epistêmica ("é possível que / é provável que"), pois o contexto intrassentencial apenas fornece pistas para a interpretação, mas não fornece a interpretação toda. E, mesmo sendo considerado o contexto maior, pode ocorrer de ser apropriado falar em uma "leitura preferida":

- *Abri a porta e saí no alpendre: – Vocemecê pode ir embora com os seus soldados e o seu papel. Esse delegado **pode** ir abusar com mulher da vida e cachaceiro, na Vargem da Cruz, mas comigo é diferente. Aqui eu estou na minha casa. Este sítio é meu, foi o que meu pai sempre me disse. Se os ladrões dos meus primos querem tomar o que é meu, que venham, com delegado e tudo. Eu enfrento. Da minha casa só saio à força e amarrada.* (MMM)

Silva-Corvalán (1995), examinando os fatores que determinam as diferentes interpretações dos verbos modais do espanhol *poder* e *deber* em diferentes contextos, discute a adequação do tratamento monossemântico na análise da semântica desses verbos. Sua proposta é que os verbos modais possuem um significado invariante, mas que, na sua interpretação, comunicam significados contextuais diferentes, como consequência de sua interação com outros elementos no contexto, tais como, por exemplo, a animacidade dos sintagmas nominais, o aspecto, o tempo. A análise sugere que o tratamento monossemântico é mais apropriado para o espanhol em pelo menos dois pontos:

a) Os diferentes significados propostos (por exemplo, habilidade, possibilidade, permissão, polidez) são vistos como uma função da interação entre o modal e outros elementos (linguísticos e extralinguísticos) no discurso.

b) Uma perspectiva monossemântica que admite a possibilidade de sinonímia no contexto pode responder pela escolha de uma expressão sinonímica em vez de outra, com fundamento em seus diferentes significados básicos. Os significados invariantes propostos para os verbos do espanhol *poder* e *deber*, por exemplo, justificam a escolha de um modal, e não de outro, em um enunciado particular em que ambos podem ser interpretados para comunicar possibilidade epistêmica. Por outro lado, enquanto a análise de dados permite argumentar contra uma abordagem polissemântica para o significado dos modais, seus contextos de ocorrência mostram-se polissêmicos, isto é, às vezes mais de uma interpretação do significado de um dado enunciado modalizado é possível. Desse modo, é vaga, em alguns casos, a inclusão de um contexto específico (definido pela combinação de certas características, por exemplo, animacidade e agentividade dos termos) em um ou outro conjunto de contextos associados com a inferência de diferentes mensagens (por exemplo, possibilidade e permissão).

Com respeito a *poder* e *deber*, Silva-Corvalán (1995) propõe que os significados invariantes desses verbos respondem pelo uso de um modal em vez de um predicado não modalizado, ou pela escolha de um modal e não de outro, em contextos discursivos particulares. Nesses contextos, os verbos modais interagem com outros elementos linguísticos e extralinguísticos que contribuem para produzir significados sentenciais múltiplos e/ou discursivos compatíveis com a sua semântica. Fica sugerida, então, a existência de três componentes significativos ou tipos de significados na língua, que não são específicos para modais, mas caracterizam todos os elementos linguísticos:

1) significado descontextualizado, sistêmico, invariante;
2) significado contextualizado;
3) significado discursivo prototípico.

O significado invariante é o que forma a base, ou seja, está presente em todos os usos de um modal. O significado contextualizado, derivado da ação que exercem sobre o verbo modal fatores morfossintáticos, semânticos, prosódicos e pragmáticos atuantes em seus contextos de uso, constitui a mensagem que o modal comunica, ou o analista infere que o modal comunica, num contexto específico. Os significados invariantes e os significados contextualizados correspondem em parte ao que Bosh (1985, apud Silva-Corvalán, 1997) chama respectivamente "significado lexical contextual independente" e "noções contextuais dependentes do contexto". As noções contextuais são em princípio infinitas e únicas para cada contexto novo. O significado prototípico discursivo refere-se às mensagens mais frequentes que o modal comunica num discurso da língua. Ele tende a corresponder ao significado que a maioria dos usuários da língua (e às vezes até linguistas) determinam para uma forma, mensagens inferidas que, por muito frequentes, são consideradas pelos falantes como parte do significado da forma.

Nessa proposta, porém, falar simplesmente em "significado contextualizado", ou mesmo em "significado prototípico", constitui uma resolução um tanto vaga, já que a própria noção de contexto é, em si, vaga. Assim, num enunciado como

- *Mas de uma coisa você **deve** ter certeza, antes de tomá-la, de pô-la em execução.* (A)

o contexto considerado nos limites da frase é suficiente para uma interpretação deôntica, mas essa interpretação não fica decidida apenas dentro dos limites da proposição nuclear (que é: *mas de uma coisa você **deve** ter certeza*). Pelo contrário, a interpretação não se resolve até que se expresse o satélite temporal (que é: *antes de tomá-la, de pô-la em execução*).

Por outro lado, num enunciado como

- *Ela **deve** chegar já.* (OE)

a contextualização do modal no âmbito da frase completa não impede que se possam obter pelo menos três interpretações:

    a) probabilidade (possibilidade epistêmica): "é provável que ela chegue já" / "provavelmente ela chegará já";
    b) obrigação interna (necessidade deôntica): "é necessário que ela chegue já" / "ela precisa chegar já";
    c) obrigação externa (necessidade deôntica): "é obrigatório que ela chegue já" / "ela tem obrigação de chegar já".

É um contexto maior do que a frase que vai mostrar que o significado expresso na ocorrência documentada é o de probabilidade (epistêmico):

- *Ela **deve** chegar já. São sete horas? Ela me disse que não tardaria. O quarto dela vai ser o da frente, junto de vocês. Estou explicando – disse dirigindo-se ao filho – que vamos ter uma nova hóspede.* (OE)

O mesmo ocorre neste enunciado negativo:[31]

- *Homem branco, caraíba, não **deve** fazer isso perto de vocês...* (ARR)

Se isolada, essa frase é duplamente ambígua, podendo ser interpretada como:

    a) modalização epistêmica (probabilidade), com o significado de "provavelmente ele não está fazendo/não fará isso";
    b) modalização deôntica (obrigação), e, nesse caso, com dois significados possíveis:
    b1) "é-lhe proibido fazer isso" / "ele está proibido de fazer isso";
    b2) "é necessário ele não fazer isso" / "ele tem obrigação de não fazer isso".

Nem um contexto próximo resolve:

- *– (...) Respire só um pouco, se não eu choro mesmo. Homem branco, caraíba, não **deve** fazer isso perto de vocês... Por favor Avinarrai, não fique assim...* (ARR)

Só um contexto bem mais amplo permite uma interpretação unívoca, que é a de "necessidade deôntica / obrigação":

- *– (...) Respire só um pouco, se não eu choro mesmo. Homem branco, caraíba, não **deve** fazer isso perto de vocês... Por favor Avinarrai, não fique assim...*

  Sua voz tornou-se mais rouca:

  – Espere Cláudio chegar...

  Calou-se e baixou a cabeça sobre os ombros. O pescoço perdera a força; não suportava sua tristeza. As mãos ficaram paradas sobre o peito magro.

Não sentia mais os joelhos sobre a terra. Nem cansaço, nem nada. Não sabia o que pedir ou fazer mais.
Não choraria porque era feio um branco chorar diante de tanto índio. Mas também não falaria mais porque não controlaria mais o peito e poderia chorar... Sentiu um pequeno movimento sob seus dedos. Não tinha coragem de erguer os olhos porque temia enganar-se, pensando que a esperança ou a ilusão faziam com que sentisse o respirar de Avinarrai. Mas o ritmo da vida recomeçava mesmo, lento, fraco, no corpo débil do índio. (...) (ARR)

Entretanto, considerar, simplesmente, o contexto linguístico, por mais amplo que ele seja, implica minimizar, ou mesmo descartar, as relações intersubjetivas, em particular a modulação das funções ilocutórias, bastante visível em construções com verbos modais. Assim, em enunciados como

- *– Por gentileza, será que o senhor **pode** me mandar uma empregada?* (DEL)
- *– Quem sabe você **poderia** dar uma noticiazinha no seu jornal, hein?* (LC)
- *– Eu **posso** explicar.*
  – Então explique. (ANB)

é necessário considerar que o modal *poder* não faz simplesmente a expressão de possibilidade (seja epistêmica, seja de raiz) nem indica simplesmente uma atitude do falante (modulando, nos dois primeiros casos, uma pergunta, e, no terceiro, uma asseveração), mas obtém indicar um ato ilocutório:

a) um pedido, nos dois primeiros casos: o falante pede o envio de uma empregada, na primeira frase, e a publicação de uma notícia, na segunda;
b) uma oferta, no terceiro caso: o falante oferece explicar-se, oferta que é aceita em seguida pelo interlocutor.

Ocorre, pois, que o lexema modal ultrapassa o significado do enunciado, considerado isoladamente, para tocar a função ilocutória do ato de linguagem na interação verbal. Como aponta Roulet (1993, p. 33), para explicar casos como esses geralmente se admite, com Brown e Levinson (1978), que todos os atos de linguagem são potencialmente ameaçadores para as faces dos interlocutores, e que isso conduziu, em cada língua, a um desenvolvimento progressivo de processos de figuração, que visam precisamente a atenuar essa ameaça potencial, indicando a função ilocutória do ato de uma maneira mais implícita, e, então, menos restritiva para os interlocutores.

Obviamente, isso não impede que o ato executado venha expresso, como ocorre neste enunciado em que se faz uma "promessa" e se usa o verbo performativo correspondente:

- *Vou ver o que eu **posso** fazer – **prometeu** ele.* (FE)

Roulet também lembra Searle (1975), que mostrou que as formas implícitas mais comuns geralmente fazem alusão a uma das condições de realização do ato a que se visa, e, por isso, a realização sincera de um oferecimento pressupõe pelo menos as três seguintes condições: a) o oferecimento relaciona-se com um ato futuro do locutor; b) o falante se julga capaz de executar esse ato; c) ele pensa que o interlocutor deseja que ele cumpra esse ato.

Para evitar a forma constrangedora do performativo explícito *eu lhe ofereço* – diz Roulet – o falante pode executar implicitamente um ato de oferecimento assegurando uma das condições que lhe estão afetas: usa uma asserção completada eventualmente por uma oração hipotética referente à condição que diz respeito ao interlocutor. É o que se vê no enunciado

- *Depois, se você quiser, eu **posso** ir falar com o velho Onofre.* (ALE)
  (*Eu falarei com o velho Onofre [se você quiser].*)

Uma observação interessante é que enunciados como esses podem reduzir-se à expressão da condicionalidade, mantendo o estatuto de ato de oferecimento:

- ***Se você quiser**, hoje, à noite...* (MPB)[32]

Outros expedientes estão disponíveis para o enunciador fazer o oferecimento, por exemplo interrogar diretamente quanto a um ato que caberia ao locutor. Assim, o enunciado

- *– Depois, se você quiser eu **posso** ir falar com o velho Onofre.* (ALE)

pode reduzir-se a

- *– Você **quer** que eu fale com o velho Onofre?*

que é do mesmo tipo de perguntas como:

- *– **Quer** que eu vá conversar com ele?* (AGO)
- *– **Quer** que eu desligue a vitrola?* (AGO)

Um ato de oferecimento também pode ser executado implicitamente assegurando-se não o ato em si, mas uma das condições que lhe estão afetas:

- *– Se você quiser **posso** até tapar os ouvidos e ler em voz alta sem escutar.* (ANA)

Esses são empregos de modalizadores que se apresentam com numerosas possibilidades de combinações e com ampla gama de efeitos, e que não podem ser desconhecidos nas análises. Uma das questões, por exemplo, é que o cumprimento de atos ilocutórios diferentes daquele que o enunciado, visto isoladamente, sugeriria independe da polissemia dos verbos modais. Assim, uma frase como

- *– E você **pode** tirá-lo?* (CH),

que não é semanticamente ambígua (podendo-se facilmente entender um significado de capacitação, habilitação), no entanto, pode estar sendo utilizada para executar pelo menos dois atos ilocutórios diferentes:

a) simplesmente uma pergunta, ou seja, um pedido de informação (como indicado explicitamente pelo ponto de interrogação);
b) um pedido, uma solicitação.

Vista essa frase no contexto real, verifica-se que existe, realmente, uma pergunta (que, aliás, é respondida), mas que a força ilocucionária é de um pedido:

- (...) *Ergue a mão e toma entre os dedos o meu colar. Minha reação é instintiva.*
  – Solte isso! Não é enfeite. É conta de candomblé preparada. Ninguém pode pegar.
  – Não tive intenção de profanar seu colar.
  Fui grosseira. Podia ter agido com mais tato. Pela maneira como tratou-me, não merecia isso como retribuição. Mudo o tom de voz e explico que só própria a pessoa pode tocar nas contas, e que a mim nada aconteceria, mas não seria bom para ele. Seu rosto se descontrai. Ele sorri ao perguntar:
  – Foi só isso?
  – Não queria causar-lhe mal, depois que você me deu este dia de mar.
  *– **E você pode tirá-lo?***
  *– **Posso**.* (CH)
  Mas não faço qualquer movimento. Ele não se perturba. Segura com todo cuidado a alça do bustier que desamarrei do pescoço e, com ela, devagar empurra o colar para trás. Não me movi durante toda a operação. Quero ver o que pretende. Seja lá o que for, ele o fará, a menos que eu impeça. (CH)

Do mesmo modo, no enunciado transcrito a seguir, uma interrogação do mesmo tipo (sobre capacitação para execução de um ato) também cumpre a função de solicitar que se execute esse ato, mas, diferentemente, trata-se de um ato de fala:

- Peter Bogdanovich – ***Você pode falar sobre ele (Mankiewicz)?***
  Orson Welles – *Eu gostaria muito. Eu gostava muito dele. As pessoas também. Ele era muito admirado, você sabe.*
  Pb – *Exceto na parte que ele teve em escrever o enredo... Bem, eu li a respeito dos créditos...*
  Ow – *Oh, os créditos que vão para o inferno; uma porção de maus escritores tem diretores maravilhosos.*
  Pb – ***Você PODE explicar isso?***
  Ow – *Sorte. Os maus escritores de sorte tiveram bons diretores que sabiam escrever.* (REA)

O uso da modalização na complementação de funções ilocutórias inclui o propósito de atenuação daquela "ameaça potencial que todo ato de linguagem representa para a face dos interlocutores" a que se refere Roulet (1993, p. 33), aqui já referida. Na ocorrência apresentada a seguir, o verbo de elocução (*perguntar*) é modalizado pelo futuro do pretérito do verbo *gostar*:

- – *Ouvi atentamente o aparte do nobre Deputado Jorge Arbage, mas* **gostaria** *de* **perguntar** *quando foi que S.Exa. teve notícia do último atentado terrorista que ocorreu em nosso País.* (MS)

Nas duas ocorrências seguintes, predicações modalizadas pelo verbo *poder* – e que marcam um ato de oferecimento, de que já se deu exemplo aqui – estão sobremodalizadas pelo imperfeito do indicativo (valendo por futuro do pretérito) e pelo advérbio *talvez*, respectivamente, havendo, ainda, no primeiro caso, o uso hipotético do verbo *querer*:

- – *Se o senhor* **quisesse**, *a gente* **podia** *dar um jeito... O senhor sabe, com boa vontade, tudo se arranja.* (FE)
- – *Na carreira diplomática as mulheres não podem ingressar. Por quê? –* **Talvez** *eu* **possa** *responder. – É porque os homens não querem perder mais esta parada.* (VID)

A relação existente entre as modalidades e os atos ilocutórios é reconhecida pelos estudiosos do uso de modais em geral. Récanati (1982, apud Coracini, 1991) associa diretamente três tipos frasais aos três tipos básicos de modalidade: as frases assertivas correspondem à modalidade alética, as interrogativas à epistêmica, e as imperativas à deôntica.

Coates (1983), por outro lado, estudando o emprego dos modais em inglês, concluiu que todos os modais deônticos podem aparecer em construções interrogativas, e que nesse tipo frasal os epistêmicos não são normalmente encontrados. Entretanto, embora haja restrições, é possível modalizar epistemicamente uma frase interrogativa (de qualquer tipo), como ocorre em

- *Como* **pode** *existir na terra tanta mentira numa só criatura?* (THG)
- *Você* **pode** *me explicar o que está havendo?* (ANB)

Também os diferentes tipos textuais favorecem diferentes modalidades, segundo o que se tem verificado em pesquisas. Stephany (1995) observou, para o inglês, que, num texto de caráter diretivo (texto de instruções), predomina a modalidade deôntica, enquanto em textos narrativos e argumentativos é mais frequente a modalidade epistêmica. Blühdorn e Evangelista (1999), estudando textos em português e em alemão, verificaram que os textos argumentativos abrigam mais modalidade epistêmica do que os narrativos e os descritivos. Obviamente, não se pode partir da ideia de que os textos são homogêneos, mas deve-se entender, pelo contrário, que eles, em geral, abrigam porções de diferentes características textuais. E Stutterheim (1993) chama a atenção para o fato de que, nos textos em geral, é comum a heterogeneidade modal, com mudanças frequentes entre possibilidade, impossibilidade, proibição, permissão, etc.

Os licenciamentos de interpretação conferidos pela predicação modalizada

Essas indicações sobre diversidade de interpretação de enunciados explicitamente modalizados não desconsideram que o licenciamento para as diversas interpretações – seja do ponto de vista semântico seja do ponto de vista pragmático – partem da predicação básica, isto é, do estado de coisas codificado na oração modalizada.[33]

Assim, é bastante determinante para a interpretação da modalidade a "unidade semântica" básica (Chafe, 1979, capítulo 9) presente no predicado: verbos estativos, bem como verbos existenciais (ligados a sujeitos estáticos), por exemplo, são fortemente associados à modalidade epistêmica (Coates, 1983; Bybee e Pagliuca, 1994; Heine, 1995), e, realmente, enunciados como

- *A viagem entre São Paulo e Caraguatatuba também **deve levar** o dobro do tempo normal de duas horas.* (FSP)
- *Descubro que **pode existir** tanta pureza na carne como no espírito.* (CH)

não suscitariam interpretação modal deôntica.

Os fatores da interpretação

No exame do contexto restrito – considerado dentro dos limites da oração – o primeiro fator decisivo de interpretação dos enunciados com verbos modais é o tempo do enunciado.

Givón (1984) fala num "complexo formado por tempo, aspecto e modalidade (TAM)" (p. 272), que constitui um sistema presente nas línguas naturais, no qual as categorias se implicam mutuamente, ficando o tempo no eixo central da relação. Assim, é sobre base temporal que Givón equaciona as três categorias, que, entretanto, exigem tratamento independente, para a sua explanação e a de seus subcomponentes.

a) Tempo (*tense*): envolve primariamente – embora não exclusivamente – uma experiência temporal em termos de pontos numa sequência, e, consequentemente, envolve as noções de precedência e subsequência.

b) Aspecto (em suas variedades) envolve a noção de limitação dos períodos de tempo, isto é, a configuração de pontos iniciais, finais e mediais. Entretanto, na semântica do aspecto, quase sempre algum elemento do tempo (*tense*) está também envolvido, em termos de estabelecer-se um ponto de referência na sequência temporal.

c) Modalidade: abrange, entre outras coisas, nossas noções de realidade, no sentido de que ou há existência factual em algum tempo real ('verdadeiro'), ou não há existência em nenhum tempo real ('falso'), ou há existência potencial em algum tempo ainda por vir ("possível").

Uma primeira generalização que pode ser feita na relação entre modalidade e tempo-aspecto verbal vai no sentido de conferir aos enunciados relativos a eventos passados – e, especialmente, os télicos[34] – uma interpretação preferencialmente epistêmica, e, aos enunciados relativos a eventos futuros, uma interpretação preferencialmente de raiz, embora a interpretação epistêmica não fique excluída. Com efeito, estados de coisas passados já não podem ser influenciados por modalidades que se apliquem diretamente a eles, o que, em outras palavras, significa que a ninguém pode ser conferida uma permissão ou ser imposta uma obrigação para que tenha feito algo no passado.

Assim, nos enunciados

- *Não tem a cor macerada dos indianos ou tailandeses, nem o retinto dos africanos. **Pode ter vindo** do Caribe ou ser norte-americano.* (BE)
- *E o Santo Ofício **deve ter registrado** tudo sobre eles.* (ACM)

a interpretação é, respectivamente,

"É **possível** que tenha vindo do Caribe." / "**Provavelmente** veio do Caribe."

e

"É **possível** que o Santo Ofício tenha registrado tudo sobre eles." / "**Provavelmente** o Santo Ofício registrou tudo sobre eles".

Categorias deônticas como a obrigação e a proibição, bem como a permissão, na verdade, são afetas a predicações abertas para a futuridade, o que se explica pelo fato de que essa modalização diz respeito à conduta, que se projeta para um momento posterior à manifestação do *déon*,[35] isto é, da necessidade deôntica:

- ***É preciso fazer** alguma coisa para ajudar os pobres do Rio.* (AF)
- ***É preciso** que **falem** e **pensem** no que fizemos.* (CCI)
- *A mulher **tinha que obedecer**.* (RET)

Também têm leitura preferencialmente epistêmica as modalizações operadas por verbos em formas progressivas:

- *Seis horas. Cléber **deve estar saindo** do trabalho.* (AF)
- *Você esquece que quem fez as fotos **pode estar fazendo** jogo duplo.* (SAM)

Efetivamente, nesses casos de presente contínuo, é fácil ver que não faz sentido permitir a um agente executar um ato concomitante com o ato de elocução, nem obrigá-lo a isso.

Enunciados com abertura para o futuro, por outro lado, comportam muito bem licenciamento de atuação (modalidade de raiz), como se observou, mas comportam também licenciamento de inferências ou conclusões (modalidade epistêmica). É o caso, respectivamente, das ocorrências já registradas

- *Ela **deve** chegar já.*

e

- *Homem branco, caraíba, não **deve** fazer isso perto de vocês...*

Outro fato é que os verbos modais respondem ao teste do sujeito animado. Assim, uma oração de *poder* com sujeito não animado, como

- **Pode** *vir chuva, ventania, tempestade e até guerra.* (TV),

só tem interpretação de possibilidade epistêmica: "É possível que venha chuva, ventania, tempestade e até guerra."

Entretanto, uma oração com o mesmo modal, mas com sujeito animado (e sem as restrições de construção com forma perfectiva ou progressiva), como

- *E Gemar Quinto* **pode** *voltar.* (ML),

tanto pode significar simples possibilidade (interpretação epistêmica), "É **possível** que Gemar Quinto volte" como pode ter ambas as interpretações de raiz: "Gemar Quinto tem **permissão** para voltar" ou "Gemar Quinto tem **capacidade** para voltar."

Outra determinação para a interpretação pode ser encontrada na própria pessoa gramatical do verbo: uma expressão tende menos para uma interpretação deôntica quando está na terceira pessoa, e mais quando está na primeira, enquanto a modalidade epistêmica se associa mais com a terceira pessoa e menos com a primeira. Entretanto, os verbos de opinião (epistêmicos) são característicos de primeira pessoa, em construções do tipo de

- *Acho que por humilhação maior jamais passaram, jamais poderiam passar.* (A)

A multiplicidade de fatores que influem na interpretação de verbos modais polissêmicos levou diversos autores que estudaram a interpretação de enunciados modalizados em línguas particulares a organizar parâmetros de interpretação.

Estudando o espanhol, e, especialmente o verbo *poder*, Silva-Corvalán (1997) indica que, para esse verbo, há um conjunto de circunstâncias que parecem compor os significados contextuais:

a) presença ou ausência de fonte deôntica;
b) experiência prévia ou evidência;
c) grau de agentividade do sujeito;
d) aspecto situacional (estático, dinâmico, etc.);
e) aspecto morfológico e modo verbal.

Heine (1995), estudando os modais em alemão, indica, especificamente para a modalidade 'orientada para o agente' (de raiz, ou deôntica, no sentido geral), nas suas ocorrências prototípicas, as seguintes propriedades:

a) existe uma força (F), que se caracteriza por um 'elemento de desejo' (Jespersen, 1924);
b) o evento tem tipicamente um agente controlador (C);
c) o evento é dinâmico (D), isto é, envolve a manipulação de uma situação, e é concebido como levando a uma mudança de estado;

d) o evento ainda não ocorreu no tempo da referência, isto é, sua ocorrência, se de fato houver, será posterior a esse tempo (L);

e) o evento é não factual (Palmer, 1986), embora haja certo grau de probabilidade de que ocorra (P).

Configurando a modalidade epistêmica por oposição, Heine (1995) aponta que, de todas essas propriedades arroladas, apenas (P) é conectada diretamente com essa modalidade.

Quanto à distinção entre os dois significados de raiz, o teste passa pelo traço [+ controle] da predicação:

a) Com *poder*, só o traço [+ controle] da predicação licencia o significado de permissão. Assim, em

- *E Gemar Quinto **pode voltar**.* (MI)

em que *voltar* é um predicado com [+ controle], está licenciado, entre outros, o significado "tem permissão para **voltar**".

Mas isso não ocorre em

- *Só você **pode compreender** como eu sofro.* (TRH),

em que o sujeito também é animado, mas em que *compreender* é um predicado com o traço [– controle]. Neste caso, o significado é apenas de capacidade, não de permissão.

b) Com *dever*, só o traço [+ controle] da predicação licencia o significado de obrigação pessoal. Assim, em

- *Terminado esse tempo o marido **deve retornar** à morte.* (ACM),

em que *retornar* é um predicado que sugere [+ controle], está licenciado o significado "tem obrigação de retornar à morte".

Isso não ocorre em

- *Pede a punição dela que por ser adúltera, segundo as leis também **deve morrer**.* (ESS),

em que o sujeito também é animado, mas em que *morrer* é uma predicação com o traço [– controle].

Desse modo, são maximamente polissêmicas as construções com predicado modalizado que têm o traço [+ controle] e têm sujeito animado. Em resumo, nesse caso, como já se indicou para a primeira das frases seguintes, as três interpretações básicas são possíveis:

– *poder*:
- *E Gemar Quinto **pode voltar**.* (ML)
Interpretação1: possibilidade (significado epistêmico)
Interpretação2: permissão (significado de raiz)
Interpretação3: capacidade (significado de raiz)

- *dever*:
- E Gemar Quinto **deve** voltar.

Interpretação1: possibilidade (significado epistêmico)
Interpretação2: obrigação externa (significado de raiz)
Interpretação3: obrigação interna / necessidade (significado de raiz)

Sem o traço [+ controle] do sujeito as interpretações ficam limitadas. Com *poder*, um enunciado como

- *Com pechincha, o preço* **pode** *cair ainda mais.* (VEJ),

por exemplo, só tem interpretação epistêmica. Com *dever*, um enunciado como

- *A essa altura, já* **deve** *saber da morte de Kátia.* (BB)

tem, além da interpretação epistêmica, apenas uma interpretação deôntica, a de necessidade, não a de obrigação externa.

Obviamente, a própria interpretação de uma predicação como [+ controle] ou [– controle] não se faz no léxico, isto é, não se liga a um verbo em si. Assim, por exemplo, há [+ controle] nestas predicações deonticamente modalizadas (obrigação externa) em que o verbo é *morrer*, em princípio um verbo que sugere [– controle], mas que, no contexto, tem de ser reinterpretado:

- **Deve** *morrer pelo povo, pela liberdade.* (CHR)
- *Esse seu amigo acha que a gente* **deve** *morrer por esse monte de lixo?* (IN)

Obviamente, também, pode haver necessidade de uma contextualização ampla para definir a existência do traço [+ controle] na predicação. Assim, a frase isolada

- *Terminado esse tempo o marido* **deve** *retornar à morte.* (ACM)

não permite, em si, essa definição, mesmo porque *retornar* pode sugerir [+ controle], mas *morte* sugere [– controle], e só a colocação do trecho na situação real de elocução dá a interpretação, que, afinal, é a de simples necessidade deôntica [– controle]:

- *Ao saber da morte, a esposa suplica aos deuses que restituam a vida ao seu amado, apenas para que possa encontrá-lo mais uma vez. Os deuses concedem a Protesilaus o retorno à vida e aos braços da esposa, apenas por três horas. Terminado esse tempo o marido* **deve** *retornar à morte. Laodameia, apaixonada pelo marido, decide morrer com ele.* (ACM)

Os mecanismos de interpretação

Buscando uma motivação mais ampla para a ligação desses dois grandes domínios semânticos aparentemente desligados, o epistêmico e o deôntico, Sweetser (1990b) encontrou uma forte evidência histórica, sociolinguística e psicolinguística para defender que o uso epistêmico dos modais é uma extensão de um significado mais básico de raiz (e não o contrário), ou que ambos são subconjuntos de um mesmo sentido mais geral superordenado: historicamente, os modais ingleses se desenvolveram de significados não modais (tais como força física: "ser forte", "ser capaz") para significados modais deônticos, e, mais tarde, ainda se alargaram para incluir leituras epistêmicas. Também nos estudos sobre aquisição Sweetser encontrou evidências de que as crianças adquirem os significados deônticos antes dos epistêmicos, o que significaria que as mudanças históricas nesse domínio foram moldadas por uma ligação semântica geral que provavelmente tem motivação psicolinguística inerente. Assim, os significados modais de raiz se estenderiam ao domínio epistêmico exatamente porque, em geral, se usa a linguagem do mundo externo para aplicação ao mundo mental interno, que é metaforicamente estruturado em paralelo com esse mundo externo. Os processos de raciocínio são vistos, então, como sujeitos a compulsões, obrigações e outras modalidades, do mesmo modo que as ações do mundo real são sujeitas a modalidades. Um argumento trazido como prova é que a modalidade não é a única área em que o mundo epistêmico é tratado como análogo ao mundo sociofísico, servindo de exemplo a extensão do verbo *ver,* da percepção física, como em

- *E ninguém **vê** televisão a menos de 5 centímetros da tela.* (REA),

para a percepção epistêmica, como em

- *Então ninguém **vê** que esses imigrantes vão trazer para cá, plantar aqui o ódio e a discórdia, junto com o possível café ou trigo que semearem?* (CT),[36]

bem como a existência de outras classes de entidades linguísticas que podem ser aplicadas tanto ao mundo epistêmico quanto ao mundo real, como os verbos de elocução, os elementos adverbiais, as conjunções coordenativas, as conjunções causais, as condicionais do tipo *se... então*, entre outras. O que a proposta defende é que os verbos modais não têm dois sentidos separados não relacionados, mas que ocorre uma extensão do sentido de raiz básico para o domínio epistêmico, uma extensão que é fortemente motivada pelo sistema linguístico como um todo.

Não é difícil aceitar que a separação entre os dois domínios, tradicionalmente abrigada nos estudos, possa ter sido sugerida pelo tratamento lógico das modalidades, já que, para os significados de raiz, não há, na lógica, um tratamento sistemático paralelo ao dado aos significados epistêmicos.

Talmy (1988) sugeriu que a semântica da modalidade de raiz, em termos linguísticos, é mais bem compreendida com recurso à noção de forças e barreiras em geral. Assim, por exemplo, *deixar* implica afastar uma barreira potencialmente presente, barreira que pode ser física, como em

- *Ergo nas mãos dois punhados de água azul e **deixo**-os correr lentamente pelos braços.* (CH)

- *A imagem dela não me **deixa** dormir.* (CEN)

ou social, como em

- *Mas quando você me quiser, manda um recado pelo primeiro moleque que te aparecer que eu **deixo** o moleque me levar pela mão para onde você estiver.* (ASS)
- *Você me **deixa** dar uma olhada nos livros?* (ACM)

Outros verbos podem ter restrições diferentes, como, por exemplo, *permitir*, que parece mais ligado à permissão social, do tipo de

- *Minha condição de diplomata não me **permite** falar, particularmente neste caso.* (BH)
- ***Permito**-me dizer que esse raciocínio vale também para o Brasil.* (POL-O)

Adotando essa ideia básica de ver a modalidade em termos de forças e barreiras, Sweetser (1990b) oferece análises tentativas para os diversos verbos modais de raiz do inglês. O objetivo primeiro é demonstrar que tais análises são possíveis, e prontamente extensíveis ao domínio epistêmico. Mas, diferentemente de Talmy (1988), que, na sua análise dos modais, toma a força física direta do ambiente – por exemplo, uma pedra resistindo à água – como a mais básica de todas, Sweetser prefere ver a modalidade como basicamente referente a forças e barreiras intencionais, embora reconhecendo que a causalidade prototípica é a força física direta do ambiente, e não a manipulação indireta ou puramente social. O que é proposto, afinal, é que a análise da modalidade dinâmica (de capacitação ou habilitação) se faça em ligação com os conceitos de forças e barreiras sociofísicas generalizadas.

Nesse modo de ver, um verbo como *dever* tem potencialmente os significados de "levar a" (de raiz) e "levar a crer" (epistêmico), como se demonstra em

- *Você tem razão, ele **deve** ficar quieto.* (ATR)

que tanto pode indicar que ele (o sujeito) "está sendo levado a" ficar quieto (significado de raiz: "ele tem de ficar quieto") como que o falante "está sendo levado a acreditar" que ele (o sujeito) ficará quieto (significado epistêmico: "acho que ele ficará quieto").

Ambiguidade à parte, entende-se, nessa proposta, que a força de autoridade que se observa, por exemplo, em um enunciado deonticamente modalizado, como

- *Você **deve** parar de fumar essas coisas, está ficando muito fraco.* (BL),

tem paralelo na análise epistêmica efetuada na mente do falante, de onde ser possível um enunciado paralelo, epistemicamente modalizado, como

- *Você **devia** parar de fumar essas coisas, está ficando muito fraco.*

Na proposta de Sweetser, tudo se explica por uma metáfora, que tem base não em possíveis traços comuns entre os obstáculos sociofísicos e os epistêmicos, mas no compartilhamento de estruturas comuns existentes na nossa experiência nesses domínios.

E, nesse percurso que vai do mundo real ao mundo epistêmico, há diferenças evidentes, como a relutância usual do sujeito, existente na construção deôntica, mas sem contraparte na construção epistemicamente modalizada. Obviamente, como em qualquer processo metafórico, nem todos os traços do domínio de origem se preservam no domínio alvo.

Essa característica dos verbos modais é compatível com a natureza dessa subclasse de palavras, ou seja, com a sua função particular de modalizadores de predicados, o que circunscreve seu significado à expressão dos determinados tipos e graus de modalidades que afetam estados de coisas. Trata-se, pois, de uma subclasse com difícil definição quanto à proposição de acepções, especialmente considerada a elaboração de dicionários.[37] Nessa linha, parece interessante a discussão de significados propostos por estudiosos de línguas particulares para esse tipo de verbos, o que farei a seguir, com aplicação ao português, limitando-me aos dois verbos modalizadores mais usuais, *poder* e *dever*.

Cabe lembrar mais uma vez a interessante observação de Wierzbicka (1988) de que conceitos como "obrigação" e "necessidade" são muito mais estranhos ao falante comum do que o próprio significado das palavras *dever, precisar, ter de*, e de que a escolha de termos para identificar o significado de um verbo modal é bastante arbitrária: assim, Halliday (1970, p. 336, 347, apud Wierzbicka, 1988, p. 128) explica o inglês *should* em termos de "obrigação" e o inglês *must* em termos de "compulsão", enquanto Leech (1971, p. 91, apud Wierzbicka, 1988, p. 128) explica *must* em termos tanto de "obrigação" como de "compulsão", e *should* em termos de "obrigação atenuada".

Explicações mais analíticas têm sido propostas por alguns estudiosos. Para o inglês *can* (português: *poder*), Perkins (1982) propõe a fórmula K (C não impede X), na qual se diz que, com referência a um conjunto de princípios (K), as circunstâncias (C) não impedem a realização do estado de coisas (X). C e X são variáveis (que incluem aspectos morfossintáticos, semânticos e prosódicos) que, juntamente com o modal selecionado, determinam se X é interpretado como de uma ou de outra modalidade. Essas variáveis são, pois, os elementos que contribuem para o significado contextual, e, então, o equacionamento da interpretação já está presente na fórmula que apresenta "não impede" como significado invariante de *can*.

Na verdade, o significado básico "não impede" para o verbo português *poder* correspondente ao inglês *can* – e parece que também para o *poder* correspondente ao inglês *may* – legitíma-se dentro da proposta da submissão da semântica da modalidade à noção de forças e barreiras (Talmy 1988; Sweetser, 1990b). Com efeito, o significado "não impede" para *poder* implica a inexistência (ou a inoperância) de barreiras, e, inversamente, um significado "impede" para *não poder* corresponderia à existência (ou à ação) de barreiras. Por outro lado, ao adotar o tratamento do significado das modalidades em termos de dinâmica de força – que inclui barreiras – Sweetser interpreta o modal inglês *may* (português: *poder*) como "não exige não" (barreira potencial, mas ausente), o que, em termos gerais, corresponde ao significado "não impede" atribuído ao inglês *can* por Perkins (1982). Isso significa que, para esses dois verbos ingleses que se traduzem por *poder*, em português (*can* e *may*), é proposto um mesmo significado básico, o que representa atribuir um significado invariante a esse verbo modal do português. Desse modo, fica explicada a "sobreposição de territórios semânticos" apontada por Sweetser (1990b, p. 53) para os modais ingleses *can* e *may*, sobreposição representada, afinal, na existência de um único verbo correspondente (*poder*) em português, como em outras línguas.

Para o modal inglês *must* (português: *dever*), o significado invariante proposto por Perkins (1982) é κ (c requer / favorece x), que prevê que, com referência ao conjunto de princípios κ, as circunstâncias c requerem / favorecem x. Dizendo de outro modo, os enunciados modalizados por *poder* têm uma interpretação dependente do conjunto de princípios que lhes servem de referência bem como das circunstâncias de que se revestem, mas essas variáveis atuam em conjunto com o modal, e, portanto, compõem, juntamente com o seu significado invariante – κ (c requer / favorece x) –, o significado contextual a ser interpretado. Por seu lado, para equacionar o significado do modal inglês *must* (português: *dever / ter de*), Sweetser (1990b) sugere a existência de uma barreira que restringe o domínio da ação de alguém no cumprimento de um ato singular, mas considera que esse modal expressa mais uma compulsão positiva do que uma restrição negativa: uma força restringe as ações do interlocutor (ou tenta fazê-lo), mas faz isso obrigando a escolha de alguma alternativa específica. É, na verdade, também por esse caminho que se chega ao significado básico de "requer, favorece".

Essa proposta de um significado invariante – κ (c não impede x) para *poder*, e κ (c requer / favorece x) para *dever* – obviamente tem de ser testada no uso real da língua portuguesa.

Já está discutido, neste estudo, o fato de que ambos os verbos – *poder* e *dever* – têm usos deônticos e usos epistêmicos, e, dentro desses usos, existem muitas interpretações possíveis. Na análise de *corpus* que efetuei (*Corpus* de Araraquara),[38] encontrei, para *poder*, 75% de uso epistêmico e 25% de uso deôntico, e, para *dever*, 59% de uso epistêmico e 41% de uso deôntico, o que revela que o significado invariante "não impede" do verbo *dever*, coerentemente, serve mais (41%) à expressão da necessidade (o deôntico) do que o significado "requer / favorece" do verbo *poder* (25%).[39]

Pode-se sugerir que isso signifique que, para o modal *dever*, as interpretações se mantenham mais ligadas ao significado invariante - κ (c requer / favorece x) - nos usos deônticos do que nos epistêmicos, e que o inverso ocorre com *poder*, cujas interpretações parecem manter-se mais ligadas ao significado invariante – κ (c não impede x) – nos usos epistêmicos do que nos usos deônticos.

Com efeito, como se verá na análise mais específica dos usos do verbo *poder*, dependendo das circunstâncias (c) que cercam os empregos, e dos princípios (κ) que os regem, os resultados de sentido estarão mais, ou menos, ligados ao significado básico. Basta voltar às ocorrências

- **Pode** *sair, vai ver o casamento da sua prima!* (UNM)
- *Ela não* **pode** *morrer no desespero em que está.* (A),

ambas com *poder*, para verificar que o significado modal da primeira delas (permissão) é quase puramente "não impede [o estado de coisas *você sair*]", enquanto o significado modal da segunda (volição), embora guarde relação com a noção de não impedimento (no caso, negado), envolve um desejo do falante atuando sobre essa relação.

A proposta de consideração de um conjunto de princípios (K) que servem de referência, bem como de um conjunto de circunstâncias (C) que se ligam à realização do estado de coisas modalizado (X), de fato se mostra útil para o equacionamento de diferentes significados nas diferentes realizações, que representam diferentes contextos em diferentes situações de interação.

Alguns exercícios se farão a seguir, tomando como ponto de reflexão o verbo *poder*, em português, limitando-se a análise a casos de tempo presente, para que não se multipliquem muito as variáveis.

Considere-se esta ocorrência, de linguagem da propaganda:

- *Outra vantagem exclusiva: o limite de saque do cliente Nacional no Banco 24 horas é renovado em apenas 24 horas. Você passa hoje no Banco 24 horas e retira, de acordo com seu saldo, todo o seu limite de saque. Passa amanhã e **pode** sacar tudo de novo. Você não acha que já está na hora de ser cliente do Nacional?* (EX)

O significado básico de *poder*, que é K (C não impede X), modalizando o X *(você) sacar tudo*, interpretado sob um conjunto K (regulamento bancário) e sob um conjunto C (circunstâncias que envolvem, entre outras coisas, fonte deôntica forte, evidencialidade, situação dinâmica, orientação para o futuro, sujeito animado, sujeito agente, consequências positivas para o sujeito), dá o significado contextual de "concessão (permissão genérica) de novo saque em prazo conveniente" (um significado dentro da possibilidade deôntica). No mesmo estado de coisas modalizado, se, em vez do sujeito genérico *você, cliente* (=seja que cliente for), fosse usado um sujeito especificado, como em

- *Você, João, passa amanhã e **pode** sacar tudo de novo.*

estaria contextualizado um significado de possibilidade deôntica, também, mas de "permissão direta, específica, para novo saque em prazo conveniente".

Do mesmo tipo é esta ocorrência, de linguagem oratória:

- *Então, baseado no Regimento, eu pediria, por favor, que V. Exa. encerrasse o seu pronunciamento porque temos mais quatro oradores inscritos, que são os prejudicados, porque as Lideranças pedem a palavra por 20 minutos, cada um fala 20, 30, tomando o tempo dos oradores que estão inscritos para falar, de modo que eu pediria a V. Exa. que, quando quisesse fazer um pronunciamento tão belo como o que vem fazendo em torno do BNH, se inscrevesse como orador após a Ordem do Dia, quando o orador **pode** dispor de uma hora.* (JL-O)

O significado básico de *poder*, que é K (C não impede X), modalizando o X *o orador dispor de uma hora*, interpretado sob um conjunto K (leis governamentais) e sob um conjunto C (circunstâncias que envolvem, entre outras coisas, fonte deôntica forte, situação dinâmica, evidencialidade, orientação para o futuro, sujeito animado, sujeito agente, consequências positivas para o sujeito) dá o significado contextual de "concessão (permissão genérica) de utilização de tempo maior" (um significado dentro da possibilidade deôntica). Um sujeito especificado, como em

- *V. Exa.* **pode** *dispor de uma hora.*

em vez do sujeito genérico *o orador* (=seja qual for), por sua vez, contextualizaria um significado de possibilidade deôntica também, mas de permissão direta, específica.

Diferente é a interpretação desta ocorrência de literatura romanesca, já usada em outro ponto do capítulo:

- *Os reimplantes são completados. A Criatura, mesmo renga,* **pode** *andar.* (AVL)

O significado básico de *poder*, que é K (C não impede X), modalizando o X *a Criatura andar*, interpretado sob um conjunto K (leis físicas e biológicas) e sob um conjunto C (circunstâncias que envolvem, entre outras coisas, tempo genérico, situação dinâmica, evidencialidade, sujeito animado, sujeito agente, preenchimento de condições prévias, insuficiência de impedimentos existentes), dá o significado contextual de "capacitação / habilitação para andar" (possibilidade de raiz).

Interpretação bem diferente tem esta ocorrência, que é de linguagem técnica:

- *O estudo do material* **pode***, ainda, incluir uma série de procedimentos analíticos, dependendo dos objetivos propostos e das técnicas utilizadas.* (ARQ)

O significado básico de *poder*, que é K (C não impede X), modalizando o X *o estudo do material incluir uma série de procedimentos analíticos*, interpretado sob um conjunto K (leis racionais) e sob um conjunto C (circunstâncias que envolvem, entre outras coisas, ausência de fonte deôntica, falta de evidencialidade, sujeito inanimado, tempo genérico, situação estática, experiência prévia, conhecimentos relacionados, estabelecimento de hipóteses pertinentes), dá o significado contextual de "inferência de que é possível a inclusão de procedimentos analíticos no estudo" (possibilidade epistêmica).

Todas essas são propostas ligadas à solução de prever, para os verbos modalizadores de enunciados, significados invariantes que sustentem a diversidade de significados contextuais verificados no uso. Partindo da possibilidade de dupla (tripla?) interpretação dos verbos modais apontada na lógica e refletindo sobre o valor polissêmico de enunciados modalizados da língua portuguesa, trazidos como amostra, o que se propõe é que a consideração da semântica dos enunciados modalizados por verbos modais necessariamente envereda por um complexo que, a par da investigação da natureza do modal – item com estatuto lexical –, tem de alargar-se ao contexto sintático da sentença, e, mais além, ainda, tem de resolver-se na total incursão de cada enunciado específico em uma determinada enunciação específica. Mais do que a maioria dos elementos lexicais, os verbos modais exigem um tratamento gramatical que se acople à investigação do léxico (uma lexicogramática), para que questões ligadas à natureza da predicação (predicado e argumentos), bem como às categorias gramaticais que se aplicam a verbo (tempo, modo, aspecto e pessoa), se componham com as leituras modais básicas, para, então, chegar-se aos significados contextuais, e, em última instância, aos significados discursivos prototípicos, numa busca de fornecer ao usuário da língua as acepções que ele reconheça como aquelas que, de fato, correspondem aos significados do uso.

A alocação da modalidade nos diversos níveis de organização do enunciado

A oração finita é a unidade essencial da organização gramatical, já que é em torno de uma oração finita que geralmente se constrói a frase. Nessa afirmação, aparentemente banal, está implicado que é no domínio da oração finita que se determinam transitividade, caso e relações gramaticais.[40] Ora, esse constructo que é a oração finita caracteriza-se semanticamente, em princípio, por alguma especificação de tempo[41] e modalidade – explícita ou não, mas sempre gramaticalizada[42] – que efetua a instanciação da oração. São especificações sem valores precisos, nunca numéricas como são, por exemplo, as do tipo: "há dois meses", ou "com 95% de possibilidade" (Langacker, 1990, p. 212). Elas apenas se prendem à ancoragem na enunciação, isto é, dizem respeito ao falante, ao ouvinte, e ao momento de enunciação.

Essa primeira indicação da natureza da modalidade nas línguas naturais, ligada à proposta funcionalista de constituição dos enunciados em camadas, permite uma boa incursão na compreensão da categoria modalidade, bem como na de tempo (que, entretanto, não é o tema focal, aqui). Com efeito, há de ser reconhecido como premissa básica que uma categoria modal (que qualifica) é externa em relação à predicação, às vezes à proposição e ao próprio ato de fala. Basta lembrar o sempre reconhecido *modus*, na sua relação com o *dictum*.[43]

Os níveis de atuação na modalização segmental dos enunciados

Uma investigação de base funcionalista da expressão da modalidade em enunciados passa pela verificação das camadas de constituição da frase (Dik, 1989a, 1997; Hengeveld, 1987, 1988, 1989).[44]

A explicitação dessa organização do enunciado em níveis pode partir da lição básica de Dik (1997) segundo a qual a estrutura subjacente da frase se forma a partir de um predicado ao qual se aplicam termos, produzindo-se uma predicação (designação de um estado de coisas), a qual se constrói em uma estrutura de ordem mais alta, a proposição (um fato possível), que, por sua vez, se reveste de força ilocucionária, constituindo o enunciado.

Uma primeira indicação dessa proposta de camadas de constituição da frase é sobre os diversos níveis em que a modalidade pode atuar:

1) No nível da estrutura interna da predicação, (nível 1), o que configura a modalidade denominada **inerente**, a que diz respeito às relações entre um participante e a realização do estado de coisas em que ele está envolvido. Essa modalidade só tem expressão lexical (verbos modais) e abrange os quatro grandes matizes reconhecidos através dos tempos pelos estudiosos, sem corte rígido entre eles: modalidade dinâmica (capacitação), alética (possibilidade ou necessidade lógica), epistêmica (crença ou conhecimento) e deôntica (obrigação ou permissão).

2) No nível da predicação – ou dos estado de coisas – (nível 2), o que configura a modalidade denominada **objetiva**, a que diz respeito à avaliação que o falante faz da realidade do estado de coisas designado pela predicação, independente da opinião pessoal: na modalidade epistêmica, o falante avalia a realidade do estado de coisas em termos de seu conhecimento; na modalidade deôntica, o falante avalia a realidade do estado de coisas em termos de normas morais, legais e sociais. Os extremos lógicos da modalidade objetiva epistêmica são as distinções de polaridade:[45] indica-se que o falante está certo, ou não, da realidade do estado de coisas.

3) No nível da proposição – ou dos fatos possíveis – (nível 3), o que configura a modalidade chamada **epistemológica**, a que diz respeito ao compromisso pessoal do falante com a verdade da proposição, ou seja, com a sua atitude em relação ao conteúdo da proposição. Essa modalidade tem como subtipos a modalidade subjetiva (o falante toma a responsabilidade pessoal em relação ao conteúdo da proposição, e assinala o grau de sua certeza em relação à verdade ou validação desse conteúdo) e a modalidade evidencial (o falante dá indicação de como obteve informação sobre a qualidade da proposição).[46]

Ocorre que, como diz Stutterheim (1988), na enunciação de um enunciado, um núcleo formado pelas especificações nos domínios de referência a pessoa ou objeto, e de referência a predicados (ações, propriedades, etc.) é ancorado por meio das referências temporal e espacial, e à relação estabelecida entre os diferentes componentes significativos é dado um estatuto de validade, que é o valor modal.

Essa organização pode assim representar-se:

valor	pessoa / objeto de referência	+	predicado	modal
	⇧			
	referência de tempo	+	referência espacial	

A modalização dos enunciados e as funções da linguagem

É possível entender que, metodologicamente, seja viável a alocação mais direta das expressões modalizadas não apenas em uma ou em outra camada do enunciado (tal como se apresenta genericamente no item anterior) mas também em uma ou em outra função da linguagem. Parece interessante avaliar a produção de enunciados modalizados no domínio maior do cumprimento das funções da linguagem.

Obviamente, não se dirá que, na modalização, haja uma função (nos termos de Halliday, 1985) que deixe de ser cumprida: no caso, tanto entender o ambiente (função ideacional) como influir sobre os outros (função interpessoal) são, igualmente, propósitos do usuário da língua, operacionalizados pela função textual. No entanto, parece evidente que o estabelecimento da interação verbal – da 'troca' que cumpre a função interpessoal da linguagem – é o momento em que os interlocutores, ao mesmo tempo que organizam a mensagem, definem seus papéis na interlocução, colocando-se na posição de doador ou de solicitador, de asseverador, de perguntador, de respondedor, de ordenador, etc. (a modalização implícita), ao mesmo tempo que escolhem marcar explicitamente seu enunciado – ou não – com valores modais das diversas categorias.

Pode-se supor que, em um enunciado marcadamente modalizado, também deva estar mais marcada a função interpessoal, exatamente pela evidente presença do falante e do destinatário, tanto no comprometimento epistêmico (que se liga a um papel semântico do tipo experimentador, ligado ao falante) como no envolvimento deôntico (que envolve as diversas pessoas do discurso, centrando-se no ouvinte). Acrescente-se a ligação da modalidade com a evidencialidade, uma categoria marcadamente interpessoal.

Com efeito, entrando no domínio epistêmico e avaliando, quanto aos propósitos do falante, a qualificação modal em relação à qualificação evidencial, também se pode dizer que a ambos os propósitos (o ideacional e o interpessoal) serve o falante quando modaliza epistemicamente um enunciado, e também a ambos ele serve quando evidencia a fonte do conhecimento. Entretanto, parece que se pode aventar que haja maior aderência da modalização propriamente dita ao primeiro dos propósitos (já que ela representa que o falante avalia, filtra, julga a 'realidade' do estado de coisas ou a 'verdade' da proposição, com ou sem opinião pessoal, e a partir daí faz distinções na escala do possível), e maior aderência da evidencialidade ao segundo dos propósitos (já que ela representa que o falante assume uma relação com o mundo de outros falantes, trazendo-os ou não como 'interlocutores', como 'parceiros', na manifestação da avaliação epistêmica).

As classes de elementos modalizadores e os níveis de constituição do enunciado

Nas relações das camadas de constituição do enunciado com as classes de palavras modalizadoras, tem-se considerado (Hengeveld, 1988, 1989) que, em princípio:

a) os verbos modais são expressão (lexical) da modalidade inerente: modalização do predicado;
b) os adjetivos modais pertencem à proposição e referem-se a um elemento do mundo (o estado de coisas): modalização da predicação;
c) os advérbios modais, por sua vez, não são parte do significado proposicional, mas expressam uma atitude do falante em relação à proposição (Nuyts, 1993a): modalização da proposição.

Uma evidência importante é que há adjetivos modais negativos, mas não há advérbios modais negativos:[47] há *improvável*, *impossível*, mas não os advérbios correspondentes, *improvavelmente* e *impossivelmente* porque é óbvio que o falante não pode negar sua própria atitude ou perguntar sobre ela.[48] Para Bellert (1977), os advérbios modais qualificam a verdade da proposição, e, por isso, não podem ser negados nem questionados. A autora cita Lang (1979), para quem os advérbios modais estão fora do significado proposicional e expressam uma atitude do falante em relação à proposição, o que significa que uma negação ou questionamento nesse nível corresponderia a uma negação ou questionamento da própria atitude de quem modaliza o enunciado. Esse impedimento não existe com os adjetivos modais, que são internos à proposição e se referem a um elemento do mundo, ou seja, a um estado de coisas.

Assim, é usual a interrogação com o modalizador adjetivo (nível 2), como em

- *Mas é **possível** que o Brasil, com tanta coisa, não tenha nenhum peixe que seja prato nacional como a feijoada e a carne-seca?* (IS),

mas não a interrogação com o advérbio modalizador (nível 3):

- * *Possivelmente o Brasil, com tanta coisa, não tenha / não tem nenhum peixe que seja prato nacional como a feijoada e a carne-seca?*

Também é possível negar a frase modalizada com adjetivo (nível 2), como em

- *Não é **possível** que ela faça isso.* (MD),

mas não a frase modalizada com advérbio (nível 3):

- * *Possivelmente ela não faça / faz / fará isso...*

Pode-se, ainda, hipotetizar a frase modalizada com adjetivo (nível 2), como em

- *Se é **possível** que ela faça isso... etc.*,

mas não é possível hipotetizar a frase modalizada com advérbio (nível 3):

- * *Se possivelmente ela faça / faz / fará / fizer isso... etc.*

Ocorre que a modalidade subjetiva (nível 3), sendo externa à proposição, está não apenas fora do alcance do tempo mas também fora do âmbito da negação, ficando também, protegida da possibilidade de ser hipotetizada. E, ainda, como a modalidade subjetiva está ligada ao comprometimento do falante quanto à verdade do conteúdo da predicação, ela não pode ser questionada.

A noção da alocação da modalidade em diferentes camadas do enunciado (segundo Dik, 1989a, 1997 e Hengeveld, 1987, 1988, 1989)) permite entender-se por que, e como, modalidades podem combinar-se entre si e incidir uma sobre a outra, como mostram os seguintes esquemas:

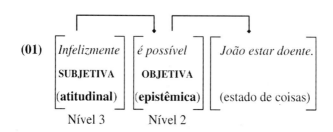

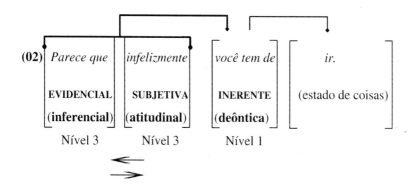

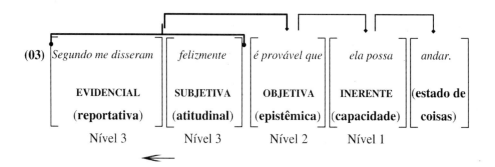

Incluindo a negação, que é do nível 2:

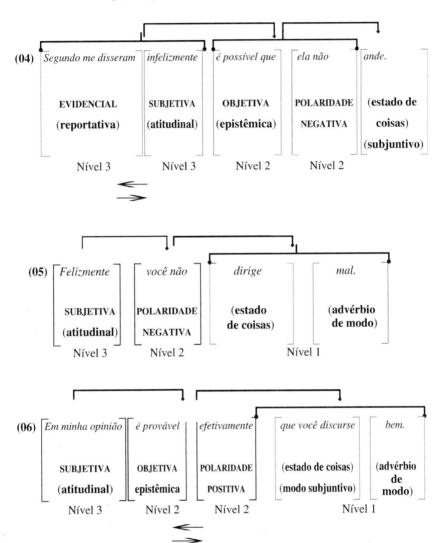

O que se apresenta a seguir é um esquema que retrata essa organização em níveis:

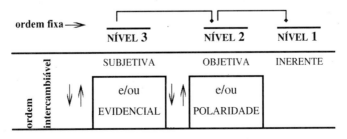

A evidência de que há direcionalidade na incidência das diferentes modalidades tem levado a propostas de bases diversas, incluindo-se a que se fundamenta sobre a própria diferença de natureza de cada tipo de relação modal. Assim, tem-se apontado que a modalidade epistêmica pode incidir sobre a deôntica, mas não o contrário, o que levaria a que se vissem as duas categorias como hierarquicamente ordenadas, embora se revele algum desconforto nessa verificação (Stutterheim, 1988). O que ocorre, na verdade, numa análise dessa ordem, é que a expressão do grau de certeza, que é de responsabilidade pessoal do falante (modalidade epistemológica subjetiva, nos termos de Dik), tem natureza epistêmica, no sentido de que se situa no eixo do conhecimento, mas não se efetua naquele mesmo nível do enunciado em que se efetua a expressão da avaliação feita simplesmente em termos de conhecimento, independentemente de opinião pessoal (modalidade objetiva epistêmica, nos termos de Dik).[49]

A estranheza de

- *Talvez aquela mulher **deve** ser rica.*

ou de

- *Provavelmente aquela mulher **deve** ser rica.*

vem do fato de que a avaliação de não factualidade do estado de coisas filtrada pelo conhecimento do falante vem duas vezes registrada: num nível mais interno (com o verbo modal) e num nível mais externo (com o advérbio), neste último nível com evidente subjetividade. No reverso, a predicação

- *Aquela mulher **deve** ser rica.*

marcada como *irrealis* pelo verbo modal *dever*, nunca teria esse caráter de não factualidade suspenso ou anulado pelo uso de algum advérbio (nível mais externo) de certeza absoluta. Observe-se que, em uma frase como

- *Com **certeza** aquela mulher **deve** ser rica.*

o modalizador de certeza, de nível mais alto, contamina-se com o caráter de *irrealis* da predicação modalizada, em termos de possibilidade, pelo *dever*.

Com o outro subtipo de modalidade que ocorre em nível mais alto do enunciado (segundo Dik, 1997), o subtipo evidencial da modalidade epistemológica – que explicita a fonte de conhecimento – vale o mesmo raciocínio para se entenderem as questões de hierarquia e de incompatibilidade. Assim, num enunciado como

- *No meu entender, aquela mulher **deve** ser rica.*

a expressão de modalização evidencial *no meu entender* nada mais faz do que ratificar que o falante é a fonte do grau de certeza, já que essa condição estaria também manifestada no enunciado sem o modalizador evidencial, ou seja,

- *Aquela mulher **deve** ser rica.*

enunciado em que nenhuma fonte de conhecimento é indicada e em que, portanto, está implícito que essa fonte é o próprio falante.[50] Por outro lado, num enunciado como

- *No seu entender, aquela mulher **deve** ser rica.*

o modalizador evidencial, que indica fonte de conhecimento diferente do falante, anula o implícito, já que, situando-se em nível mais elevado, recoloca a força do valor modal como expressão apenas do grau de certeza, independente de qual seja a fonte de conhecimento.

Modalidade e polaridade

É clássica a proposta de M. A. K. Halliday[51] de consideração da modalidade como terreno intermédio em relação aos polos positivo e negativo do enunciado. Ela faz parte da consideração de que a polaridade e a modalidade são componentes dos enunciados em geral, e de que todas as línguas conhecidas apresentam a possibilidade de modalizar ou de negar uma proposição (em si, afirmativa). Muito banalmente referida essa proposta, pode-se dizer que um elemento como *talvez* está em algum ponto intermediário entre o *sim* e o *não*.

Indicando que a polaridade é a escolha entre o positivo e o negativo na proposição, como em *é / não é*, Halliday (1985) indica (exemplificando com o inglês) que, tipicamente, a polaridade é expressa no elemento verbal finito, razão pela qual esse elemento é temático numa frase interrogativa geral (que pede, na resposta uma escolha entre *sim* e *não*), como

- *Eles trancaram você no xadrez?* (AS)

A ligação da polaridade com a modalidade está exatamente no fato de que as possibilidades de escolha para essa resposta não se resumem a *sim* e *não*, havendo, naturalmente, graus intermediários, tanto do ponto de vista qualitativo (*talvez*), como do ponto de vista quantitativo (*às vezes*). Diz Halliday (1985) que esses graus intermediários entre o positivo e o negativo são conhecidos como 'modalidade' e que há dois tipos de possibilidades intermediárias: graus de probabilidade (*possivelmente* ⇒ *provavelmente* ⇒ *com certeza*) e graus de habitualidade (*às vezes* ⇒ *comumente* ⇒ *sempre*). No terreno da probabilidade existe uma 'disjunção' entre o *sim* e o *não* ('sim' **ou** 'não'), o que corresponde a um "talvez sim, talvez não" (em diferentes graus), enquanto no terreno da habitualidade existe uma 'conjunção' do *sim* com o *não* ('sim' **e** 'não'), o que corresponde a um "às vezes sim, às vezes não" (em diferentes graus).[52]

Trata-se, como se vê, de um alargamento da zona tradicionalmente tida como da modalidade, na linguagem. Por outro lado, Halliday (1985) postula, a par da existência desse processo de 'modalização' (que se aplica às proposições e que tem como polos opostos a 'afirmação' e a 'negação'), a existência de um processo de 'modulação', que se aplica às 'propostas' (relação de um enunciado com ações, e não com outros enunciados) e que tem como polos opostos a 'determinação' (o correlato da 'afirmação' proposicional) e a 'proibição' (o correlato da 'negação' proposicional).

O que se tem é que, no geral – e na esteira do tratamento lógico –, modalidade e polaridade são interdeterminantes. O peso do tratamento preparado pela lógica é invocado textualmente por Halliday (1985, p. 336), que correlaciona modalidade e modulação com o que é referido, na "semântica filosófica", como "modalidade epistêmica" e "modalidade deôntica", respectivamente.

A lógica das relações de polaridade e modalidade

Em termos de negação, as noções de possibilidade e necessidade se relacionam do ponto de vista lógico,[53] e essas relações estão em algum grau refletidas na língua (Palmer, 1995). Assim, tanto na modalidade epistêmica como na deôntica, tem-se que

não possível = necessário não
possível não = não necessário

Já em Aristóteles as noções de possibilidade e necessidade, do modo como estão inscritas no 'quadrado de oposições', ou quadrado lógico', são interdefiníveis com o auxílio da negação, e dificilmente os estudiosos das línguas naturais têm voltado a essa inter-relação sem recurso ao equacionamento que a lógica oferece.

Jespersen (1948 [1917]) organiza os operadores lógicos numa tripartição, que é definida por um conjunto de regras de equivalência. Propõem-se valores quantificacionais, assim representados

A: *all*   *everything*   *everybody*   *always*   *everywhere*
B: *some/a*   *something*   *somebody*   *sometimes*   *somewhere*
C: *all /no* *nothing*   *nobody*   *never*   *nowhere*

e, também, categorias modais, assim representadas:

A: necessity   must/need   command   must
B: possibility   can/may   permission   may
C: impossibility cannot   prohibition must not / may not

A generalização proposta por Jespersen assenta que, quando o elemento absoluto (um dos extremos A ou C) vem antes da negação, a noção absoluta prevalece, e o resultado é a noção contrária (A se torna C, ou C se torna A), mas, se a negação (*not/ não*) vem primeiro, o elemento absoluto (A ou C) é negativizado, e o resultado é o elemento intermediário (B).

Ilustro com os valores quantificacionais:

a) – *all not...* / *todos não...* = *none...* / *nenhum...*;
– *everything not...* / *tudo não...* = *nothing...* / *nada...*;
– *everybody not...* / *todos as pessoas não...* = *nobody...* / *ninguém...*;
– *always not...* / *sempre não...* = *never...* / *nunca...* .

b) – *not all...* / *não todos...* = *some, a...* / *alguns, uns...*;
– *not everything...* / *não tudo...* = *something...* / *algo...*;
– *not everybody...* / *não todos as pessoas...* = *somebody...* / *alguém...*;
– *not always...* / *não sempre...* = *sometimes...* / *às vezes...* .

Ilustro com categorias modais:

a) negação posposta
– necessário não... = impossível;
– precisar não... = não poder
– ordenar não... = proibir
b) negação anteposta
– não necessário... = possível
– não precisar... = poder
– não ordenar... = permitir

Uma integração do quadrado lógico aristotélico com a organização de Jerpersen está no quadrado escalar da modalidade em três camadas de Auwera (1996), que explicita os acarretamentos:

necessário p, não possível não p $\Rightarrow$		
não necessário p, possível não p	$\Leftarrow$ p contingente, contingente não p $\Rightarrow$	possível p, não necessário não p.
	$\Leftarrow$ necessário não p, não possível p.	

Pode-se repetir, pois, que as noções de possibilidade e necessidade são logicamente relacionadas em termos de negação, e que facilmente se veem manifestas na língua essas relações que a lógica sempre explicitou (não possível = necessário não; possível não = não necessário; possível = não necessário que não):

- *O macaco pode estar quebrado.* (OMT)
= é possível que / não é necessário que não
- *O macaco não pode estar quebrado.*
= não é possível que / é necessário que não
- *O macaco pode não estar quebrado.*
= é possível que não / não é necessário

O jogo entre modalidade e polaridade na linguagem

Palmer (1995) aponta que não se pode sugerir que todas as formas modais se enquadrem no sistema lógico, embora isso pareça ser verdade para os modais epistêmicos do inglês, que têm as formas de necessidade negativa fornecidas por equivalências lógicas. Com os modais deônticos, entretanto, observa o autor, há formas que parecem ser logicamente equivalentes, mas não têm as mesmas funções na língua.

De todo modo, embora as relações linguísticas não sejam relações lógicas, como reconhecem todos os estudiosos, e como já se acentuou aqui (item "As relações entre lógica e linguística na definição da categoria 'modalidade'"), nos enunciados das línguas naturais se pode muitas vezes observar (especialmente no sistema epistêmico) um jogo semelhante ao que se acaba de explicitar, em termos lógicos, entre o elemento polarizador e o modalizador.

Ocorre que da posição do operador de negação pode depender a interpretação de alguns modais no enunciado,[54] já que muda o âmbito da negação. É o que acontece com *poder*:

- *É claro que essa situação **não poderia** perdurar.* (AR)
- *Ele **não pode** estar morrendo, **não pode**.* (MCP)
  (não possibilidade = necessidade de não)

Nega-se o modalizador, e, com ele, a predicação modalizada. A "negação de possibilidade" é, pois, equivalente à "necessidade de negação":

"**Não** seria **possível** que essa situação **perdurasse**." / "**Não** é **possível** que ele **esteja morrendo**."

equivalem, respectivamente, a

"Seria necessário que essa situação **não perdurasse**." / "É necessário que ele **não esteja morrendo**."

Ocorre que, em frases como as que vêm a seguir (com o elemento polarizador *não* hierarquicamente abaixo do modalizador), não se nega a possibilidade, mas a predicação ainda não modalizada:

- *É claro que essa situação **poderia não** perdurar.*
- *Ele **pode não** estar morrendo, **não pode**.*
  (possibilidade de não = não necessidade)

A "possibilidade de negação" é, pois, equivalente à "negação de necessidade":

"Seria **possível** que essa situação **não perdurasse**." / "É **possível** que ele **não esteja morrendo**."

equivalem, respectivamente, a

"**Não** seria **necessário** que essa situação **perdurasse**." / "**Não** é **necessário** que ele **esteja morrendo**."

Não é, entretanto, o que ocorre com o verbo *dever*:[55] o âmbito de incidência desse modalizador não se altera quando se altera a posição do elemento negativo. Em qualquer posição o operador de negação incide sobre a predicação modalizada, seja na modalidade deôntica, como em

- *Sobretudo, **devemos não** esquecer que há uma soma de energia interior que tem de ser despendida: se não for naturalmente sê-lo-á às escondidas, talvez em perversões.* (AE)
- *Sobretudo, **não devemos** esquecer que há uma soma de energia interior que tem de ser despendida: se não for naturalmente sê-lo-á às escondidas, talvez em perversões.*

seja na modalidade epistêmica, como em

- *O show dos Rolling Stones danificou o gramado, que **deve não** estar em condições de uso para o domingo.* (FSP)
- *O show dos Rolling Stones danificou o gramado, que **não deve** estar em condições de uso para o domingo.*

O alcance da negação

Em princípio, o limite da oração é também o limite do alcance da negação (Bublitz, 1992), que se efetua por um operador de nível 2 (que incide sobre a predicação). O encaixamento da predicação em uma predicação matriz com verbo epistêmico não factivo e não implicativo (*achar, julgar, considerar, supor*) foi considerado por Bublitz como um caso que se desvia da regra, já que uma frase como

- *Acho que o mundo das artes **não** tem a mesma importância.* (MAN)

tem, no genérico, o mesmo sentido de

- ***Não** acho que o mundo das artes tem a mesma importância.*

Percebe-se que a primeira frase é mais fraca em certeza que a segunda, no que diz respeito à expressão de negação do enunciado encaixado, pressupondo-se, para isso, fatores diversos, semânticos, sintáticos e pragmáticos. Na verdade, a transferência da negação para a oração matriz é, no caso, uma estratégia de defesa utilizada pelo falante para atenuar o conteúdo proposicional declarado no enunciado complemento, e para, de certa forma, direcionar a interpretação do ouvinte (Neves et al., 1997).

Nessa questão de transferência da negação pode testar-se a validade da proposta funcionalista de organização do enunciado em camadas.[56] Com efeito, os verbos factivos (como, por exemplo, *lamentar*) correspondem a modalizadores do nível 3 (subjetivos atitudinais), e, por isso, não são intercambiáveis com a negação, que é do nível 2, não ocorrendo, pois, com esses verbos, o alçamento da negação. Assim,

- *Só **lamento** que **não** tenhamos travado conhecimento antes, diretamente.* (CV)

não equivale a

- *Só **não lamento** que tenhamos travado conhecimento antes, diretamente.*

Por outro lado, o caso de transferência da negação nas construções com verbos como *achar, julgar, considerar, supor*, de que muito se tem tratado, não precisa ser considerado como 'desvio de regra', explicando-se facilmente a intercambialidade pela igualdade de nível entre a negação e esses modais não factivos e não implicativos, que são de avaliação epistêmica, ou seja, de modalidade objetiva (nível 2).

Marcas de polaridade

A polaridade representa a escolha entre o positivo e o negativo na oração (negação predicativa).[57] Em português, o positivo prescinde de expressão formal, como se vê em

- *Comecei a examinar a tribuna.* (ACM)

O negativo, por sua vez, normalmente é expresso por um elemento autônomo, como o grifado em

- *Ele **não** é educado?*

ou, redundantemente, por mais de um elemento, como os grifados em

- *Ninguém **não** sabe direito quem são, de onde vieram.* (R)
- ***Não** é isso **não**, Sílvio!* (A)
- *Mas hei de plantar também uma chácara, como **nunca ninguém não** viu, com todas as qualidades de fruta.* (AS)

Na verdade, o elemento do polo negativo (protótipo: *não*), mas não o do polo positivo (protótipo: *sim*) constitui expressão do modo da sentença. O elemento *sim*, quando expresso, do ponto de vista sintático se desvincula da proposição afirmativa, e do ponto de vista semântico-discursivo constitui redundância de expressão:

- *Os fatos, em si, Ângela não os negava. Disfarçava-os, **sim**. Escondera-os, enquanto pudera. **Sim**, enquanto Sérgio não resolvera trazê-los, todos, impiedosamente, à luz do dia.* (A)

O elemento *não*, por sua vez, ao lado da função do modo proposicional de polarização negativa, forma par opositivo com *sim* em todos os seus empregos. No emprego que ora se aponta, pode-se exemplificar com

- *Os fatos, em si, Ângela não os negava. Não os disfarçava, **não**. Não os escondera. **Não**, tanto quanto Sérgio, que resolvera trazê-los, todos, impiedosamente, à luz do dia.*

A desvinculação da marca de polaridade (*sim / não*) em relação ao modo proposicional fica evidenciada pelo fato de que a existência de uma marca positiva ou uma marca negativa no enunciado não se vincula a uma polaridade correspondente na proposição que se segue. Assim, tanto é possível uma afirmação seguida de proposição negativa, como

- *Sim: não podia deixar de saber.* (ALE)
- *Ah, sim, não eram gregos os rapazinhos.* (SPI)

quanto é possível uma negação seguida de proposição afirmativa, como

- *Não, o prefixo é outro.* (ACM)
- *– Não. Eu quero ficar loura e branca.* (CEN)

Na verdade, *sim* e *não*, no início dessas últimas frases, estão externos à proposição que se segue, cumprindo uma função no texto.

O emprego discursivo-textual de *sim* constitui uma referência afirmativa ligada a um outro enunciado emitido ou inferido da situação, uma ligação que se pode considerar 'fórica'.[58] O *sim* responde afirmativamente a uma questão geral tanto afirmativa, como em

- *– Deve dar conselho?*
  *– Devo, **sim**, porque afinal de contas vim aqui para amparar sua obra.* (TPR)

quanto negativa, como em

- *– Como? Então **não** aceitaste?*
  *– Aceitei **sim**, aceitei.* (TJR)

Uma afirmação de tipo anafórico, mais do que uma polaridade positiva, pura e simples, representa, entre outros:

– assentimento a um enunciado assertivo anterior, ou concordância com os termos dele, como em

- *– Querida, há dias que eu noto que não és a mesma mulher... Teu corpo está aqui... mas a mente, não.* (TRH)
  *– **Sim**, querido. Tens razão...*
- *– E você também Januário, não é homem bastante... para tomar uma atitude sozinho... Já nós dois juntos... quem sabe?* (Pausa)
- *– **Sim**, Inês. Quem sabe?* (TRH)

– discordância de um enunciado anterior, como em

- *– É melhor você esbarrar e voltar para casa.*
  *– **Não**. Eu capino.* (BOC)
- *– Você não tem vergonha mesmo não, Filó – disse Agenor. – Em tudo você mete uma esculhambação no meio.*
  *– Não é esculhambação **não**. Eu estou falando é sério.* (CAS)

– quase um simples sinal de recebimento da mensagem, como em

- *– Quer dizer: as indígenas.*
  *– Ah! **Sim**, as indígenas! Com certeza já te contaram o episódio do riacho.* (VP)

É a mesma função de uma frase como "*É.*", que, aliás, é mais frequente na conversação do português do Brasil do que "*Sim.*", casos como estes:

- P: *Molecada dos infernos!... Estavam espiando a gente!...*
  E: (Sorri) *É, nós fomos feitos pra sermos espiados.* (TGG)
- *— Tu vai? Pra esse lugar longe, na guerra de sedição, com esse homem que tu não sabe quem é?*
  — Quem ele é, se sabe. É, nós vamos. Eu mando notícias. (VPB)
- *— Bom dia, Mr. Wilson. De pé tão cedo?*
  — **Sim***, eu vai ver o navio.* (ASS)

A resposta afirmativa "*É.*" (menos frequentemente, "*Sim.*") por vezes constitui a contraparte de um pedido de verificação que, sob forma negativa (*não é?, né?, não?*), se coloca como apêndice de interrogação geral, como em

- *Uma bela quantia,* **não é?** *É. Os cem mil-réis da aposentadoria vão pro aluguel.* (CVB)
- *— Ele disse se ia passar nalgum lugar antes? Ah, é mesmo, falou sim.*
  — Não. Falou não. Mas ele deve estar chegando, **né***?*
  — É. Deve ser isso.
- *— Teu avô deve ser comunista, como eu.* **Não é***, Rinaldo?*
  — Claro que **sim***, só que ele está meio de briga com o partido desde a eleição do prefeito.*

É também fórico o emprego de *sim* e de *não* como retomadores de predicados, como em

- *O mano Jerônimo não* **estava** *mas ela* **sim***, ela ali estava, no galpão das danças, sendo muito disputada por vários noivos na quentura do semecho.* (CHP)
- *Nem* **fora audacioso***, nem* **ousado***. Não, ela sim.* (JM)
- *— Mas, papai! Não interfiro na vida de vocês quando estão em meu apartamento.*
  — Você, eu sei que **não***. Mas, esta sua empregadinha! Onde arranjou este estrepe?* (ES)

Os elementos *sim* e *não* retomam também toda a oração, incorporando sujeito e predicado, como em

- *— Por enquanto, pretendo ir para casa. As galáxias podem esperar.*
  — Acho que **sim***.* (ACM)
- *Sendo que esse homem não existia, nem tinha existido nunca; ou, se* **sim***, se tratava do espírito de um já morto e enterrado havia muitos anos – e era esse ser o que o bobo temia.* (COB)

Ambas as funções do *não*, a textual e a de polarização proposicional, podem coocorrer como em

- *– O que vale na vida é o dinheiro. E eles aqui sabem ganhar dinheiro. Não se habilita, Dimas?*
  – Não, não me habilitei. (AFA)

Talvez a essa função do *não* como expressão da polaridade negativa do verbo se deva a colocação tradicional desse elemento na classe dos advérbios. Essa função do *não* é a que corresponde à das formas *(do) not* (inglês), *nicht* (alemão), *ne...pas* (francês). A outra função, a que se localiza fora da sentença (ou no lugar de uma sentença?) e que consiste em retomar negativamente um outro enunciado, representa fazer, pois, uma polarização projetada no nível do texto, correspondendo aos elementos *no* (inglês), *nein* (alemão), *non* (francês).

A polarização operada pelo elemento negativo pode ter como alcance não proposições, mas termos:

- *Saí-me bem, o **não criminoso** foi absolvido, o resultado final foram as papes entre os rivais.* (AM)
- *Ela tem a obrigação, a tremenda responsabilidade de fazê-lo belo, **não para si**, mas para nos, o público que egoisticamente desejará sempre mais e mais de sua arte maravilhosa.* (VB)
- *Otávio, estudante de direito, idade entre 24 e 26 anos, com gestos suaves e femininos, veste-se **não muito discretamente**.* (DEL)[59]

O *não* chega a confundir-se com um prefixo (usado com e sem hífen), como em

- *E aí não cabe a lei da **não contradição** de forma tão rígida se a contradição é precisamente o vetor desse dinamismo.* (T)
- *Em nome do progresso, da modernização, da **não violência**, rapidamente Mundinho galvanizou a sociedade local.* (CRO)
- *A nobreza **não real**, mais numerosa, compreendia vários tipos de chefes e os chamados "grandes homens livres", para distingui-los do homem livre comum, que geralmente trabalhava o campo.* (MAL)

Nesses diversos casos de negação de constituinte, ainda se poderia, facilmente, considerar 'predicativa' a polaridade negativa, porque a negação alcança propriedades.

Modalidade, tempo e referencialidade

Em primeiro lugar, deve-se observar que o tempo é uma variável significativa na definição de uma sentença modalizada, já que, ao fazer a ancoragem de tempo, o falante estabelece uma correspondência entre a proposição contida no enunciado modalizado e a situação referencial, localizada no passado, no presente ou no futuro.

Os enunciados modais com situação referencial no presente ou no passado têm leitura preferencialmente epistêmica.[60] Os enunciados que representam uma situação referencial de tempo futuro, por seu lado, podem ser epistêmicos, mas, muito comumente, têm leitura não epistêmica: a obrigação e a permissão ligam-se ao controle de situações futuras; a habilidade e a volição envolvem exercício futuro. É muito significativo o fato de, em certos casos, um mesmo enunciado poder ser considerado de tempo presente, se for epistêmico, e de tempo futuro, se for deôntico, ou vice-versa. Observem-se os possíveis enunciados:

- **Epistêmico, presente:** *A sala **deve** estar limpa sempre. Ninguém reclama.*
- **Deôntico, futuro:** *A sala **deve** estar limpa sempre. Não quero que alguém reclame.*

Nos textos do português brasileiro examinados (*Corpus* de Araraquara) encontrei 83% dos verbos modais deônticos no presente, mas, obviamente, trata-se de um presente com extensão para o futuro, como é o caso da frase deôntica que acaba de ser sugerida. No futuro do presente, ocorreram 5% dos verbos deônticos, mas sabe-se bem que esse tipo de forma verbal não tem, mesmo, grande presença no uso atual da língua. No futuro do pretérito encontraram-se 2% dos verbos deônticos, e, no pretérito imperfeito, 8%, mas, em muitos casos, o pretérito imperfeito é, em português, uma forma com nítido valor de futuro do pretérito, como se pode observar em

- *A senhora **devia** rezar mais...* (NOF)
  (= A senhora deveria rezar mais...)

Afinal, em pretérito perfeito, um tempo inquestionavelmente passado, ocorreram apenas 2% dos verbos modais, com variedade também restrita.

Por outro lado, a modalidade deôntica está, em princípio, ligada a agentes moralmente responsáveis (Lyons, 1977), e, portanto pressupõe predicações que envolvam um agente controlador.[61] Assim, por exemplo, um mesmo verbo modal, numa mesma forma temporal (presente, por exemplo) terá, em princípio, leitura deôntica (e futura) se a predicação tiver argumento sujeito que seja controlador, e leitura epistêmica (e presente) se a predicação tiver argumento sujeito que seja não agente, não controlador (mesmo que tenha potencialidade para ser agente e controlador):

- **Deôntico:** *Você **deve** esforçar-se mais.*
- **Epistêmico:** *Você **deve** sofrer muito.*

De qualquer modo, é fundamental a ideia de que a relação *realis* x *irrealis*, na proposição, é claramente ligada com a relação temporal, e o teste mais comum para essa distinção envolve a referencialidade de argumentos indefinidos sob o alcance dessas modalidades instadas pela categoria (modo-)temporal. Observe-se o sintagma nominal em posição de complemento nas ocorrências registradas nos esquemas **1.** a **4.**:

1.
A-Presente
- *Lindauro pensa um instante e* **toma uma** *resolução.* (ATR)
(Asserção de fato)
B-Passado
- *A Brabham ainda não* **tomou uma** *decisão concreta.* (CRU)
(Asserção de fato)
C-Futuro
- *O Brasil* **tomará um** *novo rumo.* (H)
(Asserção de possibilidade)

2.
A-Presente
- *Virgínia Lane* **compra um** *ônibus e percorre cidades do interior apresentando seu show.* (PO)
(Asserção de fato)
B-Passado
- *Sarney Filho* **comprou um** *apartamento de quatro quartos.* (FSP)
(Asserção de fato)
C-Futuro
- *(O fazendeiro)* **compraria uma** *casa em Aracaju.* (ATR)
(Asserção de possibilidade)

3.
B-Passado
- *Mário* **ganhou um** *carro zero.* (BL)
(Asserção de fato)
C-Futuro
- *O Teatro* **ganhará um** *novo funcionário.* (BB)
(Asserção de possibilidade)

4.
A-Presente
- *Túlio* **coloca um** *disco na vitrola,* **uma** *valsa vienense.* (MD)
(Asserção de fato)
B- Passado
- *Vovô Pepê* **colocou um** *disco na vitrola.* (MD)
(Asserção de fato)

Nesses esquemas, **A** e **B** são modalidades reais: a crença na verdade da sentença implica também crença na existência de um objeto único. Assim, nesta última frase, trata-se de um disco único.

Por outro lado, **C** é modalidade irreal: a interpretação é não referencial, ou genérica. Assim, em *O Teatro ganhará um novo funcionário*, *um novo funcionário* tanto pode ser um funcionário único (interpretação referencial) como um funcionário qualquer.[62]

Outra fonte de modalidade *irrealis* em oração simples – além do tempo – vem de alguns operadores probabilísticos, como os advérbios e modais epistêmicos.

Presente:

- *Túlio **talvez coloque** um disco na vitrola.*

Passado:

- *Túlio **pode ter colocado** um disco na vitrola.*

Nessas duas frases, que são asserções de possibilidade, o objeto direto *um disco* é não referencial.

Finalmente, outra fonte de modalidade *irrealis* em orações principais são os verbos modais criadores de mundo, isto é, que não implicam a existência de seus objetos, mesmo no passado, ou seja, verbos que representam modos, estados ou eventos imaginários, como *procurar, querer, imaginar, sonhar com*:[63]

- *Túlio queria / imaginava / procurava / sonhava em colocar um disco na vitrola.*

Neste ponto, pode-se voltar à questão da organização do enunciado em camadas (Dik, 1989a, 1997) para verificar a incidência dos modalizadores sobre o segmento em seu âmbito, nos enunciados:

1) A incidência de operadores e satélites de nível 3 (modalidade subjetiva ou evidencial) sobre uma asserção não afeta a referencialidade do complemento com indefinido, porque esses modalizadores já incidem sobre a proposição, e, portanto, não alteram a definição interna dessa proposição como *realis* ou *irrealis*:

    - ***Segundo os jornais*** *Virgínia Lane compra **um** ônibus e percorre cidades do interior apresentando seu show.*

    Aparentemente *Virgínia Lane compra **um** ônibus e percorre cidades do interior apresentando seu show.*

    Felizmente *Virgínia Lane compra **um** ônibus e percorre cidades do interior apresentando seu show.*

    É bom que *Virgínia Lane esteja comprando **um** ônibus e percorrendo cidades do interior apresentando seu show.*[64]

    - ***Segundo os jornais*** *Sarney Filho comprou **um** apartamento de quatro quartos.*

    Aparentemente *Sarney Filho comprou **um** apartamento de quatro quartos.*

    Felizmente *Sarney Filho comprou **um** apartamento de quatro quartos.*

    É bom que *Sarney Filho tenha comprado **um** apartamento de quatro quartos.*[65]

    - ***Segundo os jornais*** *(o fazendeiro) compraria **uma** casa em Aracaju.*

    Aparentemente *(o fazendeiro) compraria **uma** casa em Aracaju.*

    Felizmente *(o fazendeiro) compraria **uma** casa em Aracaju.*

    Seria bom que *(o fazendeiro) comprasse **uma** casa em Aracaju.*

2) Os modalizadores de nível 2 (modalidade objetiva), por seu lado, podem afetar a referencialidade do complemento com indefinido, impedindo que se defina como *realis* uma predicação de presente ou de passado (que, em princípio, comporia uma asserção de fato), isso porque a incidência desses modalizadores é sobre a predicação. Assim, há asserção de possibilidade (*irrealis*) e complemento não referencial em
- *É possível / provável / impossível / improvável* que *Virgínia Lane compre um ônibus.*
- *É possível / provável / impossível / improvável* que *Sarney Filho tenha comprado um apartamento de quatro quartos.*

3) Finalmente, um modalizador de nível 1, (modalidade inerente), como o verbo modal *poder* de possibilidade, já define o predicado como *irrealis* (asserção de possibilidade), implicando não referencialidade do complemento indefinido:
- *Virgínia Lane* **pode** *comprar* **um** *ônibus.*
[com o mesmo significado da frase que está em 2: "é possível"]
- *Sarney Filho* **pode** *ter comprado* **um** *apartamento de quatro quartos.*
[com o mesmo significado da frase que está em 2: "é possível"]

Isso não ocorre no emprego do modal *poder* de capacidade, que não implica necessariamente não referencialidade do complemento indefinido:
- *Sarney Filho* **pode / pôde** *comprar* **um** *apartamento de quatro quartos*
[com o significado de "tem / teve condição de"]

Modalidade e relevo informativo

Outra ligação interessante da modalidade é com as noções de primeiro plano, ou *foreground* (linha principal do episódio, da descrição, da comunicação), e de segundo plano, ou *background* (porções de suporte do episódio, da descrição, da comunicação).[66] Embora haja uma relação entre essa divisão e a divisão entre informação asseverada e informação pressuposta, não se pode fazer uma assimilação entre os dois pares, já que ambos os tipos de informação podem ser encontrados tanto no *foreground* como no *background*.

Quanto à modalidade, o *realis* se liga, em princípio, ao *foreground*, e o *irrealis*, ao *background*: "Eventos que aconteceram realmente devem ser mais salientes para codificação e recuperação do que eventos hipotetizados" (Givón, 1984, p. 289). Entretanto, essas correlações são probabilísticas, não absolutas. E, como assinala Givón, elas pertencem mais tipicamente ao discurso narrativo, sendo menos evidentes na conversação face a face, e ainda menos num discurso direcionador de procedimentos. Pode-se afirmar, por exemplo, que, num texto de narrativa pessoal, que tem suas porções informativas arranjadas no quadro das referências de tempo, espaço e pessoa, se estabelece uma moldura modal que coloca os eventos em um mundo real, configurando-se um estatuto factual. Isso não ocorre, entretanto, num folheto com instruções de procedimento, no qual fica estabelecida uma moldura de natureza diretiva, configurando-se um estatuto não factual, hipotético.[67] Esse condicionamento modal inerente a cada tipo de texto está comprovado na análise de textos que efetuei. Uma das investigações a que procedi diz respeito ao emprego dos adjetivos *(im)possível*, *(im)provável* e dos advérbios *possivelmente* e *provavelmente*, com valor epistêmico, nos cinco tipos textuais sob exame (*Corpus* de Araraquara).[68] Numa apresentação genérica dos resultados obtidos, pode-se afirmar que não há grande discrepância entre o uso de tais modalizadores nos diversos tipos textuais:

a) no total, a linguagem técnica é a que mais usa esses modalizadores (33%), vindo a seguir a linguagem jornalística (29%); as duas têm porcentagens acima da média também no uso de cada um dos seis elementos (acima de 25% e acima de 28%, respectivamente); segue-se imediatamente a literatura romanesca, com 25% do total de ocorrências;

b) no total, a literatura dramática é a que menos usa esses modalizadores (6%), vindo a seguir a oratória (9%); as duas têm porcentagem abaixo da média também no uso de cada um dos seis elementos (abaixo de 7% e de 9%, respectivamente).

As tendências mantêm-se quando se investiga o uso de cada um desses modalizadores epistêmicos, evidenciando-se a pouca presença deles nos textos interacionais (literatura dramática) e nos textos retóricos (oratória), que são tipos textuais com baixa criação de segundo plano.

Por outro lado, a comparação dos três tipos menos híbridos de texto (o dramático, o técnico e o oratório) mostrou que o dramático tem 54% das ocorrências de verbos modais deônticos, isto é, ligados à conduta, enquanto o técnico tem apenas 19% do total desses verbos. No reverso, o texto técnico é o que apresenta o maior porcentual de verbos modais epistêmicos, isto é, ligados ao conhecimento (36%).

Como assinala Givón (1984), as correlações de *realis* e de *irrealis* com *foreground* e *background*, respectivamente, não têm nada de necessário, do ponto de vista lógico. O que elas representam são fatos cultural-cognitivo-perceptuais concernentes ao que os homens mais provavelmente consideram notável, informativo, saliente, memorável ou saliente na codificação e comunicação de experiência. Embora não sejam absolutas, elas representam a base para uma elucidação feita em função da qualidade de 'marcado' nos sistemas de tempo, aspecto e modalidade.

Observada a alocação dos diferentes tipos de modalidade – incluída a polaridade – nos diferentes estratos do enunciado, verificaram-se algumas determinações da modalidade da frase sobre a referencialidade do sintagma nominal complemento, bem como se apontou a pertinência de uma investigação que aloque a expressão da modalidade na organização informativa do texto.[69] Textos que, por sua natureza, têm diferente arranjo de porções de informação apresentam diferente seleção de tipos modais.

Notas

* Este capítulo reúne reflexões e aproveita trechos de estudos de Neves (2000b; 2000c).
[1] Considero mais fiel à função envolvida, o adjetivo **modalizadores**, para esses verbos. Entretanto, não é essa a tradição, na nossa como em outras línguas.
[2] Tradução minha. O original inglês é: "The modality of *p* means that *p* is necessarily true or false, or possibly true or false with respect to a certain background. Or, alternatively, the modality of *p* means that *p* is necessarily true or false, or possibly true or false in a certain set of possible worlds."
[3] Essa tripartição corresponde à tradicional tripartição lógica entre verdade, necessidade e possibilidade.
[4] Ver Neves (2000a, p. 32-35). Ver também, neste livro, o capítulo "Construir o texto com a gramática".
[5] O conhecimento não contestado é o que se acaba de registrar na definição b), como correspondente comunicativo da entidade lógica 'verdade necessária'.
[6] Sobre a categoria 'evidencialidade' (ligada à fonte do conhecimento), ver o item "Modalidade epistêmica e evidencialidade".
[7] Leve-se em conta o modelo de interação verbal de Dik (1989a, 1997), explicitado em Neves (1997, p. 19-21). A esse modelo me refiro nos diversos capítulos deste livro.
[8] A distinção *modus / dictum* já está, de certo modo, presente no tratamento estoico da predicação, preparando exatamente a distinção entre a predicação / a proposição / o ato de fala e a sua modalização. Na Linguística merece menção o tratamento de Bally (1950), para quem todo enunciado combina a representação de um processo ou estado (o *dictum*) com uma modalidade que o afeta (o *modus*) a partir do sujeito falante, e de três modos: em relação ao entendimento (constatar), ao sentimento (apreciar) e à vontade (querer). Verifica-se grande importância dessa dicotomia na teoria de Culioli (1968), que reconhece uma *léxis*, base da invariância parafrástica, e diversas operações de determinação que singularizam o enunciado a partir do sujeito enunciador.
[9] Da modalidade chamada **alética** se tratará a seguir. Fica por discutir se **bulomaica** e **disposicional** são, realmente, modalidades, pois, a rigor, apenas a epistêmica – e, com reservas, a deôntica – respondem completamente às propriedades da modalização linguística.
[10] Para o traço [+ controle] ver Dik (1997), explicitado em Neves (1997, p. 88-89). Essa questão voltará a ser tratada em muitos pontos deste capítulo, especificamente no item "A polissemia dos modos verbais".
[11] Ver o item "Os diversos tipos de modalidade".
[12] Os verbos modais são tratados, particularmente, no item "A polissemia dos modos verbais".
[13] Galvão (2001, pp. 62-90) busca fazer uma definição e delimitação da categoria linguística evidencial, partindo de um estágio em que "não há uma delimitação quanto aos integrantes dessa categoria, ou seja, não se identifica qual o plano de funcionalidade da dimensão categorial evidencial, se lexical ou gramatical" (p. 82). Parte do marco histórico de Jakobson (1957, 1971, apud Jacobsen, 1986) e passa, entre outros, por Bybee (1985), Anderson (1986), Chafe (1986), Chafe e Nichols (1986), Willet (1988), Dendale e Tasmowski (1994), Lazard (2001), Plungian (2001), além dos funcionalistas que ligam muito determinantemente a evidencialidade e a modalidade a camadas de constituição do enunciado (Dik, 1989a; Hengeveld, 1988, 1989; Nuyts, 1992, 1993a, 1993b, 2001), dos quais trato, especialmente, aqui.
[14] A tradução é minha. O original inglês é: *Evidentiality has been conceived in a narrow sense as subsuming those grammatical elements that code the source of knowledge expressed in a proposition, in a broader sense as subsuming those elements that code both the source of knowledge and the speakers' attitude about the degree of confidence s/he has in the reliability of that knowledge.* (Botne, 1997, p. 509)
[15] Galvão (2001) explicita a defesa dessa independência das duas categorias feita, entre outros, por Anderson (1986), Chafe (1986), Bybee e Fleischman (1995), Willet (1988), Lazard (2001), Plungian (2001). A comprovação mais invocada é a existência, nas línguas, de diferenças formais e semânticas entre as expressões modais e as evidenciais (não modais), com sistemas evidenciais gramaticalizados.
[16] Ver item "Os níveis de atuação na modalização segmental dos enunciados".
[17] Com essa proposta concorda Dall'Aglio-Hattnher (1995), que afirma que, admitindo que a modalidade epistêmica está dentro do âmbito de incidência da evidencialidade, lhe "foi possível descrever a modalidade epistêmica de uma forma mesno fragmentária" (p. 131)
[18] Tradução minha. O texto inglês é "without evidence, no evaluation of the probability of the state of affairs is possible – one could then only say that one does not know".
[19] Dall'Aglio-Hattnher (1995) afirma que "as análises dos enunciados epistemicamente modalizados feitas por Hengeveld e Nuyts, ainda que de naturezas diferentes, não são excludentes" (p. 82).
[20] Os verbos modais mais usuais em português – como, de resto, deve ocorrer nas diversas línguas – são *poder* e *dever*. Carrascossi (2003, p. 84) examinou a frequência relativa desses dois verbos (tanto da modalidade de raiz como da modalidade epistêmica), em *corpus* de língua falada culta – Nurc – e em *corpus* contemporâneo de literatura dramática, tida como simulação da língua falada (*Corpus* de Araraquara), e encontrou 75% para *poder* e 25% para *dever*. Outros estudos do português (Costa, 1995; Mesquita, 1999; Faria, 2003) também comprovaram a elevada frequência relativa de *poder*. Lembre-se a forte polissemia desse verbo (ver o item "A diversidade de interpretação dos enunciados modalizados nas línguas naturais").

[21] Para o conceito e o uso de verbo-suporte (ou verbo geral, ou verbo leve), ver Neves (2002, p. 189-206). Ver, também, neste livro, o capítulo "Falar de... e dizer que...", item "Verbos-suporte".

[22] Diferentemente de Bally (1942), porém, Roulet (1979) exclui dos modalizadores de proposição as expressões da atividade verbal do enunciador, distinguindo os verbos performativos, que são predicados de ação, dos verbos modais, que não o são. Seu estudo se limita ao exame dos modalizadores lexicais, os mais acessíveis à observação, o que exclui os marcadores gramaticais (como o futuro anterior epistêmico: *A imaginação me terá iludido.*) e os contornos prosódicos. Estes, por não serem discretos, permitem, sem dúvida, uma modalização mais fina do enunciado do que os marcadores lexicais ou gramaticais.

[23] Ver item "A polissemia dos verbos modais".

[24] Sobre a alocação da modalidade nos diversos níveis de constituição do enunciado, ver item "A alocação da modalidade nos diversos níveis de organização do enunciado".

[25] Ver nota 1.

[26] A construção total examinada por Aristóteles (166a 22) é: "*oíon tò dýnastai kathémenon badízein kaì mè gráphonta gráphein*".

[27] Uso o termo **proposição** (*apóphansis*), nesta parte do livro, em seu significado lógico aristotélico de "expressão de juízo".

[28] Ver nota 8.

[29] Os tipos de modalidade são tratados, neste capítulo, no item "Os diversos tipos de modalidade".

[30] Carrascossi (2003) encontrou o verbo *poder* usado como de raiz em 70% dos casos (30% como epistêmico), e, inversamente, o verbo *dever* usado como de raiz em 34% dos casos (66% como epistêmico), atribuindo a alta frequência de *poder* de raiz ao fato de o *corpus* de exame constituir-se de textos interativos (língua falada e textos dramáticos – ver nota 21). Com *corpus* de natureza diferente, entretanto também com forte apelo interpessoal (contratos), Faria (2003) encontrou porcentagem semelhante para *poder* de raiz: 63%. Entretanto, Costa (1995), que também examinou textos interativos (a fala carioca), encontrou mais baixa frequência de *poder* de raiz (54%), o que mostra que o conjunto de variáveis a pesar é complexo. Mesquita (1999), que analisou textos escritos de tipos variados e restringiu o exame a *poder* deôntico propriamente dito, encontrou uma porcentagem restrita a 25% para esse valor do verbo. Quanto ao verbo *dever*, tem-se verificado que ele expressa muito mais frequentemente modalidade epistêmica do que deôntica, e para a baixa frequência do uso como deôntico deve pesar a concorrência de verbos menos polissêmicos e mais enfáticos, especialmente *ter de / que*. Mas o tipo de texto condiciona os usos: Faria (2003), no exame de textos contratuais, teve 98% de casos do verbo *dever* expressando obrigação. Obviamente, em textos de contratos, verbos como *ter de / que* (e, mesmo, *precisar*) não ocorrem, porque eles são muito fortes nas relações contratuais com um cliente.

[31] Da relação entre modalização e polarização – com implicação dos verbos modais – trato no item "Modalidade e polaridade" deste capítulo e no item "Modalização e polarização" do capítulo "Construir o texto com a gramática".

[32] Deste tipo de enunciado, sob outro ponto de vista, trato no item "As diferentes noções de modalidade" do capítulo "Conectar significados".

[33] Da predicação trata o capítulo "Falar de... e dizer que...".

[34] Dik (1997, p. 108) define o estado de coisas télico como aquele que atinge um ponto terminal natural quando está totalmente acabado.

[35] Δε'ον é o particípio presente do verbo δειν (só de terceiras pessoas), que significa "ser preciso".

[36] Em Dik (1997, p. 232-233) esse uso de **ver é** invocado para ilustrar a camada da proposição, superior à de predicação, à qual pertence o uso de ver da frase anterior. Sobre as camadas de constituição do enunciado, segundo a gramática funcional de Dik, e sua relação com o processo de modalização, ver item "A alocação da modalidade nos diversos níveis de organização do enunciado".

[37] Tenho estado empenhada na elaboração de dicionários, como membro da equipe do Departamento de Linguística da Faculdade de Ciências e Letras da Unesp – Araraquara, que, com coordenação do Professor Francisco da Silva Borba, já publicou três dicionários baseados em ocorrências reais (Borba (coord.), 1990, 2002 e 2005).

[38] Indicações sobre *corpus* de análise estão na Apresentação.

[39] Entretanto, com os demais verbos modais, em geral, e em especial com os de forma perifrástica, o uso deôntico ultrapassa o epistêmico: *ter de / que* (86%), *ser preciso* (85%) e *ser necessário* (71%). Com *precisar*, a frequência é equilibrada: 51% de modalização deôntica.

[40] Desses temas ligados à predicação trata o capítulo "Falar de... e dizer que...".

[41] Trato, genericamente, da categoria verbal 'tempo', no item "A investigação das formas verbais nos enunciados". do Capítulo "Falar de... e dizer que...".

[42] Trato da possibilidade, ou não, da existência de enunciados não modalizados no item "A noção básica de modalidade" deste capítulo.

[43] Ver nota 8.

[44] Para uma visão genérica, ver Neves (1997, p. 83-94).

[45] Sobre as relações entre modalidade e polaridade, ver item "A alocação da modalidade nos diversos níveis de organização do enunciado". Ver, também, capítulo "Construir o texto com a gramática".

[46] Sobre as relações entre modalidade e evidencialidade, ver o item "Modalidade epistêmica e evidencialidade".

[47] Um advérbio como *indubitavelmente* não contradiz essa afirmação, porque ele é negativo só morfologicamente, pois, na verdade, expressa polaridade positiva forte.

[48] *Impossivelmente* ocorre, e raramente, incidindo sobre adjetivo, isto é, sem valor atitudinal. São duas as ocorrências em todo o *corpus* examinado: *Aleck Karis é o melhor exemplo do que podem os bons músicos hoje, num espaço tão superpovoado e **impossivelmente** competitivo como o da música clássica (Fsp)*. Quatro anos depois, em 1958, perderia novamente para Jorge Alessandri, por uma margem **impossivelmente** *estreita de 32 mil votos*. (Fsp).

[49] Como se explicitou no início deste item, Dik chama **epistemológica** a essa modalidade, obtendo uma diferenciação terminológica, mas mantendo a noção básica ligada a "conhecimento" (grego: *epistéme*).

[50] Ver o item "Modalidade epistêmica e evidencialidade".

[51] Está bem clara a proposta em Halliday (1985), mas pode-se percorrer a série de obras desse autor citadas na bibliografia, para compreensão da organização de seu sistema. Em especial cito Halliday (1970).

[52] Obviamente, nessa equação, trata-se de 'sim' e 'não' proposicionais, não interpessoais. Ver, adiante, item "Marcas de polaridade".

[53] Ver item "Os históricos das investigações da lógica".

[54] Há, ainda, o fato de a interpretação poder ser epistêmica ou deôntica. Ver capítulo "Construir o texto com a gramática", item "Modalização e polarização".

[55] A questão já foi tratada neste capítulo, no item "A polissemia dos verbos modais", e a ela se volta no capítulo "Construir o texto com a gramática".

[56] Ver item "Modalização e polarização". do capítulo "Construir o texto com a gramática".

[57] Ver Neves (2000, p. 285-331)

[58] Ver capítulo "Referenciar", especialmente o item "A referenciação e os conceitos correlatos".

[59] Mesmo quando a negação não está contígua a um termo, ela pode atingi-lo especificamente. Aliás, a tendência é a negação incidir sobre o mais específico, e não sobre o mais geral, como aponta Leinfellner (1994, p. 88-89), que apresenta regras que dirigem as probabilidades de ocorrência. No caso específico desta frase, verifica-se que, se a redação fosse *Otávio (...) não se veste muito discretamente*, a negação, mesmo antecedendo o verbo, não estaria incidindo sobre todo o predicado (*se veste muito discretamente*), mas continuaria incidindo sobre o adjunto adverbial de modo (*muito discretamente*), e, especialmente, sobre a sua intensificação (*muito*), e a frase corresponderia exatamente a *Otávio (...) veste-se não muito discretamente*. A primeira das regras de Leinfellner, aliás, diz que o elemento com a maior probabilidade de ser atingido pela negação é o quantificador.

[60] As relações entre tempo, modo e aspecto na interpretação de uma predicação modalizada foram tratadas, neste capítulo, no item "Os fatores da interpretação".

[61] A ligação da modalidade deôntica com o traço [+ controle] do sujeito é tratada, neste capítulo, especialmente nos itens "Os diversos tipos de modalidade", "Modos de expressão da modalidade no eixo da conduta (deônticos)" e "Os fatores da interpretação".

[62] A questão do aspecto, ligado ao tempo, não é examinada aqui. Ver capítulo "Falar de... e dizer que...", sobre predicação. Observe-se, porém, que a definição, em última instância, é aspecto-temporal. Assim, em uma frase com presente habitual (por exemplo, com complemento plural), como em: *Túlio coloca discos na vitrola*, a expressão é genérica, não referencial: não se refere a nenhum disco nem a algum grupo único de discos.

[63] Esses verbos são tratados, neste livro, no capítulo "Texto e gramática".

[64] É *bom* constitui um predicado factual, de modo que, mesmo que a proposição completiva esteja em subjuntivo, ela é *realis*.

[65] Ver nota anterior.

[66] Ver capítulo "Falar de... e dizer que...", nota 48.

[67] Esses dois tipos de texto foram estudados, em alemão, por Stutterheim (1988), que, além de examinar as estruturas modais encontradas, buscou verificar como essas estruturas variam dentro de um tipo específico de texto, do estatuto de primeiro plano (*foreground*) para o de segundo plano (*background*). O favorecimento de certas modalizações por diferentes tipos textuais foi referida no item "A polissemia dos verbos modais" deste capítulo.

[68] Verificou-se o número de ocorrências de cada um desses modalizadores por 100.000 palavras, encontrando-se números absolutos e porcentuais. O total de ocorrências foi 5.521. Aqui se comentam alguns porcentuais.

[69] Ver capítulo "Construir o texto com a gramática".

Conectar significados.
Ou: A formação de enunciados complexos*

Introdução

Em Halliday e Hasan (1976), fica assentada a noção de que conjunção (ou junção) é processo textual (coesivo): é uma relação semântica (difícil de definir em termos claros) pela qual se especifica a conexão que existe entre o que vem depois e o que vem antes em um enunciado (p. 227), conexão que abrange os mais diversos tipos de estruturação de superfície. Trata-se, na verdade, de um conjunto de relações semânticas entre orações, entre complexos oracionais, entre trechos de texto, explicitados por um sem número de expedientes, não apenas pelos elementos ditos 'conjuntivos', como as conjunções. Elementos conjuntivos que ocorram não são, segundo Halliday e Hasan (1976), coesivos por si mesmos, mas apenas de forma indireta, em virtude de o seu significado pressupor a presença de outros elementos no discurso. Essas relações ocorrem ligadas a formas estruturais até bastante gerais: por exemplo, numa predicação, o amarramento temporal ou o amarramento causal pode ser marcado por um advérbio (como nos dois primeiros trechos a seguir), mas pode também ser marcado pelo próprio verbo (como nos dois últimos trechos a seguir):

- *E os dois meteram-se pelo atalho juncado demuricis florando.* **Pouco depois**, *deixavam de ouvir os gritos lancinantes de Sinhá Andresa.* (ALE)
- *Na variedade magnesiana, o processo é mais lento e,* **consequentemente**, *a produção de calor é menor, assim como o aumento de volume.* (MCO)

- *Houve um acordo entre o Estado – que dizia que os consumidores foram enganados – e a fábrica de flocos de aveia. **Seguiu-se** um megaestudo financiado pela Quaker, analisando todas as pesquisas pró e contra o uso de aveia.* (FSP)[1]
- *A exuberância daquela saudação, **violentando** a serenidade do ambiente da casa do fazendeiro, **causou** certa surpresa a Jenner.* (ALE)

Halliday e Hasan (1976) classificam, de um modo bem geral, quatro tipos de conjunção / junção: aditiva (incluindo alternativa), adversativa, causal (incluindo razão, propósito, consequência, resultado, etc.) e temporal. Consideram que essas mesmas quatro relações se estabelecem tanto no conteúdo do que está sendo dito (maior ligação com a função experiencial da linguagem) como no desenvolvimento da argumentação (maior ligação com a função interpessoal da linguagem).

São expressão de relação temporal quanto a conteúdo os advérbios e as formas verbais em negrito que, em diferentes níveis estruturais (entre sintagmas, entre orações, entre frases completas), em diferentes ordens, em diferentes distâncias, ocorrem nos seguintes trechos:

- *Foi intuição, creio. Os anos iriam dizer que havia um anjo protetor a impelir Carlito para outros amores prematuros. **Primeiro**, uma italianinha cujo pai sapateiro acabou milionário. **Logo a seguir** uma pequenina alemã de sardas que hoje dirige uma confeitaria em Vila Mariana. **Pouco depois** (ele tinha 14 anos) uma normalista gorduchinha que já me deu três netos.* (BH)
- *Não devia falar com a gente do mestre. **Primeiro** procuraria o Capitão Custódio. Aparício os mandara para a Roqueira, à procura da proteção do velho. E não ficava bem contar o sucedido a estranhos. Alice apareceu na porta, num desmazelo de quem não esperava ser vista, assim como estava Escondeu-se ele atrás de uma moita de cabreira e **foi se apossando** de seu espírito um pavor esquisito. Viu **depois** o mestre na porta, nu da cintura para cima, olhando para a estrada. Tomou coragem e apareceu para dar bom-dia:* (CA)
- *Com a mesma santa paciência o velho encomendou então seu almoço – ovos, um pedaço de linguiça, café – e **depois** pegou a partir o queijo, **primeiro** ao meio, em duas metades e **depois** uma destas em fatias, como umas oito ou dez; **acabando**, ofereceu a todos:* (CG)[2]
- *Se falasse – sabia o capataz – Seu Tonho Inácio ia, na certa, ficar mais esperançado, agradecer o serviço, elogiar - o patrão e os outros... Isso, **no primeiro momento**; mas, e **depois**? **Esparramada a notícia**, que nem fogo em coivaral, de quem seria a culpa, se o restante da história, o que estava ainda para vir, não desse **mais** certo?* (CHA)

Nos trechos que vêm a seguir, observa-se, no papel dos elementos destacados em caixa-alta, a marcação de relações temporais no desenvolvimento da argumentação, casos que envolvem apenas porções superiores da organização estrutural do enunciado (orações, frases), e nos quais está presente mais diretamente a marca do falante sobre a situação, com escolha mais acentuada de papéis discursivos e de canais retóricos:

- *Não fora ele, que diabo! Quem duvidaria de sua palavra?* D<small>EPOIS</small>, *não havia provas, nenhuma prova. O fato de ser amante dela, e há tantos anos, não significava absolutamente que quisesse matá-la.* (M<small>AD</small>)
- *No contexto editorial de hoje, tal êxito é surpreendente.* E<small>M PRIMEIRO LUGAR</small>, *não se tratava exatamente de novidade: já os antigos gregos falavam de melancolia.* D<small>EPOIS</small>, *não é um texto exatamente curto.* (S<small>AT</small>)
- *Quem quiser estudar medicina deve estar atento para o seguinte:* P<small>RIMEIRO</small>, *deve considerar o efeito das estações do ano sobre a pessoa.* D<small>EPOIS</small>, *deve estudar os ventos, quentes e frios,* tanto *os da região como um todo como os de uma localidade em particular.* (A<small>PA</small>)
- *O: (Para Suzana) – Olha aqui menina, acima de tudo compostura!*
  T: – E <small>DEPOIS</small>, *você quase estragou tudo quando me agrediu...*
- *Não, não se tratava de borbulha. Borbulha! Borbulha Habacuc conhecia, o que sabia também era que na interface entre o ar sequestrado e o líquido que momentaneamente o contém, certa iridescência se pode produzir, mediante a reflexão da luz vinda da superfície. Mas,* E<small>M PRIMEIRO LUGAR</small>, *trata-se de um fenômeno fugaz, porque fugaz é a borbulha; o ar que ela contém é um ar tenso, um ar que anseia pela libertação (diferente do ar contido, por exemplo, numa bolha de sabão, aparentemente conformado a um gentil aprisionamento: a sutil película que o contém impõe-se mais pela fragilidade que pela força).* D<small>EPOIS</small>, *não havia ali qualquer luminosidade.* (C<small>EN</small>)
- *Antequera, velho de guerra: explica-se do seguinte modo.* P<small>RIMEIRO</small>, *você não tem memória tão afiada assim, a ponto de lembrar-se de pedaço tão grande de carta que a leste do céu celeste leste.*
  (Aviso ao ficcionista que lavra estas linhas, alinhavando-as ao seu gosto e tempo: (...). Não defenestre o diálogo, please!)
  E <small>SEGUNDO</small>, *te digo: em pagamento dos doze mil cruzados, eu desviava a correspondência, remetendo-a* **primeiro** *para o dito padre para que ele soubesse um passo antes o passo que deveria dar em seguida.* **Primeiro** *o padre lia meus despachos;* **depois** *lia-os ao Rei e* **só depois** *ao Ministro do Exterior.* (C<small>ID</small>)

A coocorrência dessas diferentes modalidades de expressão é elucidadora: nos seguintes trechos estão presentes marcações de relações temporais tanto no conteúdo (em negrito) como na argumentação (em caixa-alta):

- *Por que, então, não contar tudo ao Chiru, velho amigo? Não. Chiru com sua exuberância havia de propor para a questão uma solução simplista e provavelmente grosseira.* Depois, *não saberia guardar o segredo: iria* **logo** *passá-lo ao Saturnino, e era natural que assim fizesse, pois não há nada no mundo que predisponha mais uma pessoa à confidência do que uma caminhada pelas ruas desertas, na calada da noite.* (TV)

- *Tão inusitado era o fato, e tão apavorado ele ficou, que seu* **primeiro** *impulso foi fugir; dar as costas a ela e fugir, como uma lebre no campo. Mas resistiu; em* PRIMEIRO[3] *lugar, porque seria uma coisa ridícula;* DEPOIS, *porque sentia que ficando estava, de alguma forma, desafiando o poderoso Salomão; e* POR ÚLTIMO, *mas não menos importante, o sorriso dela – Deus, aquele sorriso era como o sol da manhã a iluminar vales e montanhas.* (CEN)

A articulação de orações e de frases

Revisitando conceitos

Nesta seção, coloca-se como centro das considerações sobre junção a questão da articulação de orações, e também de frases. Cabe refletir sobre direções que podem tomar as análises de enunciados, se e quando o que se tem no foco de exame é o conjunto de propósitos para estudar a língua em função, e não apenas as estruturas dos enunciados.

Uma análise de base funcionalista penetra a organização dos enunciados para avaliá-los não apenas sob diversos níveis (predicacional; proposicional; ilocucional), mas também sob os diversos ângulos que envolvem a atividade linguística (textual / informacional; interacional), e o faz sempre com incorporação dos diversos componentes (sintático; semântico; pragmático).

Além disso, uma investigação da língua em função implica a consideração de um caráter não discreto na organização das categorias. Nesse sentido, faz parte das propostas funcionalistas questionar o corte rígido entre subordinação e coordenação, especialmente no tratamento das frases compostas e complexas, nas quais a relação entre as orações não é a de integração sintática, daquele tipo em que uma oração é subparte de outra estrutura oracional.

A visão tradicional, fixada numa sintaxe de superfície, contenta-se em apresentar, de um lado, um conceito de coordenação que implica independência sintática – isto é, que implica que uma oração não desempenha função sintática em outra com a qual se constrói na mesma frase –, e, em direção oposta, um conceito de subordinação que se resolve na proposição de uma oração principal com um (ou mais de um) de seus termos expresso em forma oracional (oração subordinada). Esse termo pode ser qualquer um daqueles que compõem a lista das chamadas **funções sintáticas**:[4] sujeito, objeto direto, objeto indireto, complemento nominal, predicativo, aposto, adjunto adnominal, adjunto adverbial.[5] As seis primeiras funções configuram as chamadas 'orações substantivas'; as duas seguintes, aquelas relativas a adjuntos (adjunto adnominal e adjunto adverbial) configuram as chamadas 'orações adjetivas' e 'orações adverbiais', respectivamente.

Há algum tempo vêm os pesquisadores de orientação funcionalista (inclusive no Brasil) desenvolvendo estudos sobre os processos de constituição do enunciado, os quais mostram à exaustão que o rótulo **subordinação**, colocado pela tradição (e pela Nomenclatura Gramatical Brasileira) nesse amplo bloco de construções complexas não pode ser simplesmente e indiscriminadamente definido como designador de construções em que uma oração 'exerce função sintática em outra'. Só para servir de exemplo, já há mais de vinte anos Givón (1979b) mostrava o papel determinante que têm as orações do tipo adverbial de marcar o 'fundo' (*background*) na organização discursiva, e Chafe (1984) também mostrava que uma oração adverbial pode entrar no discurso (até como oração independente) simplesmente para servir de pista, de guia (*guidepost*), no fluxo de informação. É o que comentarei, mais adiante, analisando frases do tipo de

- *Se ao menos eu não fosse doente! Se ao menos todos nós não fôssemos doentes!*
(NOF)

E, especialmente, o que se conclui do exame efetivo da construção textual é que o rótulo **subordinação** não pode pretender-se configurador de um estatuto único para o vasto bloco a que se vem aplicando.

A base teórica

Eu poderia resenhar um sem-número de propostas que dão base a essa visão, e inicio com Halliday e Dik, criadores de duas teorias funcionalistas que tiveram muitos seguidores e que vêm servindo de suporte a importantes investigações.[6]

Dik (1978; 1980; 1989a; 1997) desenvolveu um modelo geral em que os termos (ou argumentos) compõem com o predicado a predicação nuclear, que é expandida por operadores (meios gramaticais) e por satélites (meios lexicais) de nível 1. Essa predicação (denominada **central**), por sua vez, é novamente expandida por operadores e por satélites, de nível 2. A predicação resultante (denominada **estendida**) recebe os satélites de nível 3, formando a proposição, que, afinal, é modificada pelos satélites de nível 4, que especificam o ato de fala. Em cada nível, pois, a estrutura nuclear fica no âmbito de incidência dos satélites correspondentes. Desse modo, argumentos (que, nos enunciados complexos, correspondem às orações 'substantivas') e satélites (que correspondem às orações 'adverbiais') constituem elementos de natureza completamente diferente, desempenhando diferente papel na organização do enunciado. O argumento, ou participante (e aqui falo das orações chamadas 'substantivas'), já está na formação da predicação nuclear, e nela entra para desempenhar um papel semântico já determinado pela natureza do predicado, o que não ocorre com os satélites (e aqui falo das orações temporais, causais, condicionais, concessivas, etc.): os satélites são opcionais, incidem sobre a predicação já configurada (em qualquer dos níveis da predicação, seja no mais baixo, o da predicação nuclear, seja no nível expandido, o da predicação central), ou, ainda, em níveis superiores (o da proposição ou o do ato de fala).[7]

Na sua proposta de uma 'gramática funcional', Halliday (1985) põe em xeque a atribuição de um caráter decisivo à dicotomia coordenação x subordinação, desenvolvendo a noção de que, na organização dos blocos enunciativos complexos, conjugam-se dois eixos, os quais definem as realizações. São eles:

   a) um sistema tático, que diz respeito à interdependência entre os elementos, e que se resolve em parataxe (relação entre elementos de igual estatuto) e hipotaxe (relação entre elementos de diferente estatuto);
   b) um sistema lógico-semântico, que se refere à relação entre os processos, desvinculada do modo de organização e de estruturação do enunciado, e que se resolve por uma 'expansão' ou por uma 'projeção', relações que cumprem diverso papel semântico-funcional.

Assim se especifica esse sistema lógico-semântico (Halliday, 1985, p.192-198):
   a) A expansão se dá:
   a1) por elaboração (uma oração elabora o significado de outra, especificando-a; o modelo de conjunção é *isto é*, e o sinal que identifica a relação é =);
   a2) por extensão (uma oração amplia o significado de outra, acrescentando algo novo a ela; a conjunção típica desse processo é *e*, e o sinal que identifica a relação é +);
   a3) por realce (uma oração realça o significado de outra, qualificando-a quanto a tempo, lugar, modo, causa ou condição; as conjunções típicas são *assim* e *então*, e o sinal que identifica a relação é **x**);
   b) Na projeção uma oração se projeta sobre a outra, funcionando como representação da própria representação linguística: ou se expressa uma locução (identificada pelo sinal "..") ou se expressa uma 'ideia' (identificada pelo sinal '..'). Ambas são representadas pelo discurso direto, se na parataxe, e pelo discurso indireto, se na hipotaxe.

No eixo tático há um sistema que sustenta uma relação de simples 'continuação' entre elementos que vêm um em seguida ao outro (a parataxe), e um sistema que sustenta uma relação de 'dominação' entre um elemento modificador, e, portanto, 'dependente', e um modificado, e, portanto, 'dominante' (a hipotaxe).[8]

Ficam fora desse eixo tático as relações de 'encaixamento' (*embedding*), aquelas em que uma oração não compõe diretamente o enunciado do ato de fala: ela funciona como constituinte da estrutura de um sintagma que, por sua vez, é constituinte da frase. Portanto, o encaixamento (por exemplo, a relação entre uma oração completiva ou uma oração adjetiva restritiva e sua 'principal', em termos tradicionais) não é nem hipotaxe nem parataxe, porque não é mecanismo de 'relação' entre orações, mas mecanismo de 'constituência' de uma oração que entra no eixo tático que vai formar a frase complexa. A definição de oração hipotática que vinha de Halliday & Hasan (1976) já especificava que essa oração é dependente de outra, mas não está estruturalmente integrada nessa outra, ou seja, não é seu constituinte, não perde identidade e se mantém como componente direto da estrutura complexa.

Comentando essa proposta de cruzamento entre um eixo tático (de interdependência) e um eixo semântico-funcional (de relações entre processos) na articulação de enunciados complexos, eu já observei (Neves, 2002a) que a proposta geral hallidayana evidencia uma visão sistêmica, não puramente tópica, das diferentes possibilidades de relacionamento entre os elementos:

> Se, por exemplo, uma coordenação é, no eixo tático, uma **parataxe** (uma **continuação**), tanto quanto a aposição, entretanto no eixo lógico-semântico é possível distinguir entre o caráter de **extensão**, que tem a coordenação, e o caráter de **elaboração**, que tem a aposição. Essas duas relações, por outro lado, se distinguem de uma articulação causal, ou de uma articulação condicional, por exemplo, em ambos os eixos: trata-se, agora, no eixo tático, de uma **hipotaxe** (uma **dominação**), e, no eixo semântico-funcional, de um caso de **realce**, ou **encarecimento** (nem **extensão** nem **elaboração**). (p. 152).

Ainda como observei logo a seguir, essa visão sistêmica dispensa que as apresentações recorram a adendos ou ressalvas *ad hoc* para corrigir visões parciais e laterais, como ocorre, por exemplo, na indicação tradicional de que determinadas orações são coordenadas gramaticalmente, mas subordinadas lógica ou psicologicamente (caso de uma frase como *Não vou à festa, não gosto de sair de casa*).[9]

Uma proposta que pode ser considerada de caráter inaugural no desenvolvimento da compreensão de como as orações se organizam em uma frase complexa é a que está em Matthiessen e Thompson (1988).[10] Considera-se aí que a avaliação do grau de interdependência das orações de um enunciado complexo (a parataxe e a hipotaxe de Halliday, 1985) tem de completar-se com a consideração das funções discursivas, isto é, não pode resolver-se totalmente no nível interno à frase. Levando em conta especificamente as orações adverbiais,[11] Matthiessen e Thompson propõem que a combinação de orações reflete a organização retórica do discurso: relações como as de causa, condição, concessão, etc. são relações retóricas que existem entre quaisquer partes de um texto, e que podem gramaticalizar-se na combinação de orações, seja na relação de listagem (o correspondente à parataxe,[12] em que os membros têm o mesmo estatuto), seja na relação núcleo-satélite (o correspondente à hipotaxe, em que um membro do par é 'ancilar' do outro, isto é, dependente do outro, uma relação que envolve a noção de 'satélite' e a noção de 'âmbito de incidência'). Existe, pois, em termos de interdependência, uma combinação paratática e uma combinação hipotática (na qual Matthiessen e Thompson se centram): no primeiro caso nenhum dos membros é suporte para o outro, enquanto no segundo caso há membros que realizam os objetivos centrais do locutor, enquanto outros constituem apenas suporte para os objetivos centrais, ou realizam objetivos suplementares. Na interação é que se resolve a atribuição de caráter nuclear ou suplementar às partes: quem fala ou escreve já constrói seu texto projetando sua expectativa do julgamento do leitor ou ouvinte sobre a nuclearidade ou a suplementaridade das partes, julgamento que é regido cognitivamente. Esses modos de combinação de orações (respectivamente dos tipos: 'listagem' e 'núcleo-satélite') são os mesmos pelos quais o texto como um todo organiza retoricamente suas entidades. As orações hipotáticas são compreendidas, afinal, como uma gramaticalização das relações núcleo-satélite que caracterizam a organização retórica de certos tipos de discurso.[13]

Diversos estudiosos têm insistido num caráter contínuo das diferenças que separam as diversas orações que se articulam em um texto, diferentemente de Matthiesen & Thompson (1988), que consideram que propostas desse tipo apenas substituem a preocupação de determinar critérios de colocação das orações em categorias pela preocupação de determinar o lugar do *continuum* em que uma oração deve ser colocada. Para eles, o problema é a falta de discussão da função discursiva da combinação de orações.

Hopper & Traugott (1993, p.170) propõem um *continuum*, num percurso que vai da subordinação (dependência e encaixamento) à parataxe (não dependência e não encaixamento), passando pela hipotaxe (dependência, mas não encaixamento), território exatamente das adverbiais.[14] O que Hopper & Traugott estabelecem é que as orações complexas tendem a uma gramaticalização,[15] com três etapas graduais: na parataxe existe uma independência relativa (em que o vínculo depende apenas de que a relação faça sentido e tenha relevância); na hipotaxe existe uma interdependência entre núcleo e margem; na subordinação existe uma dependência completa entre núcleo e margem, e, portanto, encaixamento da margem em um constituinte do núcleo. Essa organização – que integra os componentes sintático e semântico, além das relações retóricas – cruza duas tradições, a primeira entre parataxe e hipotaxe, a partir do parâmetro 'dependência', e a segunda entre coordenação e subordinação, a partir do parâmetro 'integração'. Dos dois pares em cruzamento obtém-se uma escala tripartida, que não é simples substituição das escalas bipartidas, já que o princípio que está na base é outro, e a escala não é resolvida em termos discretos. Sem a manutenção do princípio de não discretização de categorias, simplesmente se sairia de uma partição em dois para uma partição em três ou mais blocos de fronteiras rígidas, o que viria a dar na mesma.

Outro desses estudos é o de Lehman (1988), para quem as orações articuladas se distribuem num *continuum* que vai de um grau máximo a um grau mínimo de autonomia sentencial (*continuum* de rebaixamento, a partir da parataxe), e, no reverso, de um grau máximo a um grau mínimo de integração sentencial. Esse *continuum* representa a hierarquia entre um grau extremo no estatuto de 'sentença' (a coordenação), e um grau extremo de perda desse estatuto (a dessentencialização), aquele em que uma oração se torna um simples constituinte da outra oração (configurando encaixamento, ou seja, existência de um único estado de coisas no conjunto).[16] Entre os dois polos, e num ponto intermediário do *continuum* é que se encontram as chamadas **orações adverbiais** (as "hipotáticas de realce" de Halliday): de tempo, de causa, de condição, de concessão, etc. Quanto à forma de cada oração, o grau máximo no estatuto oracional é o de uma oração desenvolvida, o grau mínimo é o de uma nominalização (dessentencialização), ficando no intermédio a oração reduzida (Lehman, 1988). Também responde por esse *continuum* o partilhamento de categorias entre as orações que se articulam: por exemplo, o partilhamento de sujeito e o de tempos ou modos verbais constitui evidência de entrelaçamento, que pode chegar a uma estrutura única de superfície. Todas essas características se ligariam a uma representação icônica dos enunciados: conexões estruturalmente mais entrelaçadas (reduções estruturais) corresponderiam a conexões semântico-pragmáticas mais entrelaçadas. Em relação com isso, quanto mais integradas as orações de um enunciado mais avançado o processo de gramaticalização.[17]

Givón (1990) também sugere um *continuum* na hierarquia de integração de orações, negando a existência de uma simples fronteira rígida entre coordenação e subordinação: entre outros postulados, estão os de que nenhuma oração é totalmente independente de seu contexto oracional imediato, e de que existe uma relação icônica entre a integração das orações e a integração dos eventos. De um ponto de vista semântico, podem ser estabelecidas entre uma oração e seu contexto imediato as noções retóricas de temporalidade, condicionalidade, causalidade, concessão, propósito, razão, etc. Do ponto de vista lógico, estabelecem-se as noções de junção, disjunção, paráfrase, tautologia e contradição.

Finalmente[18] cabe apontar uma proposta bastante original de Longacre (1985), que, com motivação discursiva, viu as frases como feixes, semelhantemente aos parágrafos, mas feixes compactos, porque feixes de predicações, enquanto os parágrafos são feixes de frases; as relações são análogas, apenas os parágrafos são mais frouxos, mais difusos, com menos vínculos gramaticais evidentes.[19] As frases têm um núcleo e margens que adornam esse núcleo constituindo *slots* funcionais, e essas margens são tipicamente as orações adverbiais, consideradas pelo autor como importante meio de coesão dentro do parágrafo. Para Thompson e Longacre (1985), sendo margens, essas orações são relevantes para a organização discursiva, atuando na coesão dos feixes superiores, que são os parágrafos.

Nessa linha de reflexão desenvolvem-se estudos que contrastam os parâmetros de integração (integração sintática e integração discursiva) entre um segmento nuclear e um satélite, resultando o contraste numa proporção inversa entre os dois tipos de integração. Isso tem relação com um dos parâmetros relevantes para a caracterização da articulação de orações propostos por Lehman (1988),[20] segundo o qual quanto mais baixo for o nível estrutural (sintático) do segmento nuclear maior será a integração sintática: por exemplo, segmentos adverbiais que têm como âmbito de incidência um sintagma estão mais integrados à oração nuclear (uma vez que se encontram em seu interior) do que segmentos oracionais adverbiais que tenham como âmbito de incidência uma outra oração (uma vez que a relação avança para o nível do texto).[21]

É grande o número e a variedade de estudos que mostram que a ligação entre uma oração nuclear e uma oração do tipo adverbial fica bem distante daquela condição de 'encaixamento' que pode ser defendida para as orações 'substantivas' e as 'adjetivas', especificamente as restritivas. Além dos já citados, vale menção, por exemplo, a Thompson 1984; Akatsuka, 1985, 1986; Auwera, 1986; Ford & Thompson, 1986;

Dancygier, 1998; Dancygier & Sweetser, 2000; Declerck & Reed, 2001; Haiman, 1980, 1986; Hengeveld, 1998; König, 1986; König & van der Awera 1988; Quintero, 2000; Schwenter, 1999; Thumm, 2000. Entre nós, estão em desenvolvimento várias pesquisas nesse campo, e muitas já foram desenvolvidas (Braga, 1995, 1996, 1998 1999; Decat, 1993, 1999a, 1999b, 2001; Gryner, 1990; Gryner, Paiva e Braga, 1994; Martelotta, 1998, 2001; Neves, 1997, 1998, 1999a, 1999b, 1999c, 1999d, 1999e, 2000a, 2000e, 2001; Paiva, 1991, 1995, 2000; entre outras).

Um ponto significativo a ser destacado é que a razão fundamental das postulações que se fazem em todos esses estudos funcionalistas é a incorporação da pragmática na gramática, ou seja, é a inserção de categorias pragmáticas (por exemplo, a própria organização do fluxo informacional) na análise linguística. Vai daí a invocação de princípios como "as orações condicionais são tópicos das construções em que ocorrem", constituindo "molduras de referência" (Haiman, 1978, p. 564), ou da proposição da existência dos níveis "conversacional", ou "de atos de fala" (além dos níveis "de conteúdo" e "proposicional"), nas combinações oracionais (Sweetser, 1990a). Vai daí também a grande importância atribuída à pertinência da escolha da ordem, nesse tipo de construções.

A articulação de orações na hipotaxe adverbial

A natureza da oração adverbial

As orações tradicionalmente chamadas **adverbiais** têm sido objeto privilegiado de pesquisa do que se vem chamando, em linha funcionalista, **articulação de orações**, especialmente pelo fato de que, como apontei, dificilmente pode ser sustentada, para essas orações, a condição de 'subordinadas' que a tradição lhes atribui, nos mesmos moldes em que são tratadas as orações substantivas e as adjetivas restritivas.

Segundo a proposta de Halliday (1985), assim se organiza, no conjunto dos dois eixos propostos (o "tático" e o "semântico-funcional"), a zona referente à 'expansão', e, dentro dela, à expansão de realce (território das 'adverbiais'):

			EIXO TÁTICO	⇒ INTERDEPENDÊNCIA
			Parataxe (ou: continuação)	**Hipotaxe (ou: dominação)**
			- Ambas as orações são elementos livres (cada uma é um todo funcional).	- Uma oração domina / modifica a outra (há dependência).
			- A segunda oração faz a expansão (ordem fixa)	- A oração dominante é livre, a dependente, não.
EIXO SEMÂNTICO- FUNCIONAL	Expansão	elaboração =	- coordenadas assindéticas* - justapostas	- relativas explicativas
		extensão +	- coordenadas sindéticas** (aditivas, alternativas, etc.)	- hipotáticas de adição
		realce x	- falsas coordenadas*** (com matiz circunstancial: conclusivas, etc.)	- adverbiais
	Projeção		--	

Quadro 1. O complexo frasal no subsistema de expansão
*   eneárias e com mobilidade.
**   binárias e com pouca / sem mobilidade.
*** coordenação indicando circunstância (semelhante às adverbiais).

Na avaliação da articulação de orações desse tipo deve ser marcado, mais uma vez – e lembrando a proposta funcionalista de Dik referida no início do capítulo – que essas orações funcionam como satélites, termos que não são argumentos do predicado, mas trazem informações adicionais – não necessariamente pouco importantes – em qualquer das camadas de organização dos enunciados: na predicação, na proposição, no ato de fala. Assim, por exemplo, as orações temporais (que fixam coordenadas temporais) constituem satélites da predicação, enquanto as concessivas (que assentam um esquema dialógico: previsão de objeção + reconhecimento do peso da objeção + prevalência do ponto de vista do falante), ou, mesmo, as condicionais, constituem satélites da proposição, abarcando os satélites temporais da predicação central, em seu âmbito de incidência. Desse modo, numa frase como

- ***Embora muitas mulheres índias com prazer se entregassem aos brancos, e índios se tornassem seus soldados,** muitas tribos guerrearam **até sentirem não haver outra saída senão a retirada para o interior.*** (NOR),

o satélite temporal *até sentirem não haver outra saída senão a retirada para o interior* incide sobre a predicação central *muitas tribos guerrearam*, enquanto o satélite concessivo (duplo) *embora muitas mulheres índias com prazer se entregassem aos brancos, e índios se tornassem seus soldados* incide sobre toda a proposição (que inclui o satélite temporal) *muitas tribos guerrearam até sentirem não haver outra saída senão a retirada para o interior*.

Mais um exemplo está na ocorrência

- ***Quando das discussões entre os dois governos para o estabelecimento das relações diplomáticas com Pequim,** esse fato foi mais de uma vez levantado por eles, **embora reconhecessem que o assunto já estava superado e fora produto do excitamento natural de uma época de vitória revolucionária.*** (OL-O),

em que o satélite temporal *quando das discussões entre os dois governos para o estabelecimento das relações diplomáticas com Pequim* incide sobre a predicação central *esse fato foi mais de uma vez levantado por eles*, enquanto o satélite concessivo (duplo) *embora reconhecessem que o assunto já estava superado e fora produto do excitamento natural de uma época de vitória revolucionária* incide sobre toda a proposição (que inclui o satélite temporal) *quando das discussões entre os dois governos para o estabelecimento das relações diplomáticas com Pequim, esse fato foi mais de uma vez levantado por eles*.

Embora altamente sensíveis às determinações do discurso, tais orações-satélites são termos opcionais, e, por isso mesmo, particularmente ligados a escolhas do falante, na sua busca natural do melhor cumprimento de funções no seu enunciado.

Essa é, afinal, uma zona com amplo espaço de manipulação do falante na construção de seu enunciado, ficando evidente o baixo nível de restrições que o sistema impõe a variações construcionais.

Em primeiro lugar, pode-se falar da ordem, que é bastante livre, na maioria dos casos, mas isso até poderia ser invocado para atribuir o estatuto de 'subordinadas' a essas orações, o que abonaria a visão tradicional do fato.[22] Entretanto, também tem de ser dito que, nesses casos, a ordem é altamente pertinente, constituindo um fator de obtenção de diferentes efeitos, tanto semântica como pragmaticamente. E nem se pode entender que seja questão de simples preferência individual, de marca de estilo ou de busca de expressividade, mas mais decisivamente se pode falar em motivações do próprio intercurso interacional, eminentemente funcional-discursivas. Tratando das orações hipotáticas adverbiais em geral, Givón (1990; 1993; 1995) insiste numa função pragmática da ordem nessas construções: considera que as orações adverbiais antepostas (ou as intercaladas) exercem função de reorientação temática, geralmente marcando rupturas temáticas no discurso.

Para Haiman (1978), como já apontei, as prótases condicionais são tópicos das construções em que ocorrem, e uma evidência está no fato de que definições de condicionais encontradas em textos filosóficos são muito semelhantes a definições de tópicos encontradas em Linguística, por exemplo, em Chafe (1976). Tanto as condicionais como os tópicos seriam 'dados', constituindo o ponto de partida para a estruturação da informação, a moldura de referência em relação à qual a oração principal é verdadeira (se for uma proposição) ou apropriada (se não for). As evidências que o autor oferece incluem a existência, em várias línguas, de uma mesma morfologia para elementos como condicionais, tópicos e perguntas polares,[23] entendendo-se que semelhanças superficiais na forma geralmente refletem semelhanças subjacentes no significado. Característica dos tópicos é ocorrer no início da frase (o que abrange o deslocamento à esquerda de determinados termos), e isso configura uma relação icônica:[24] primeiro se enuncia a informação que é mais 'velha', e depois o que é 'novo'. Na verdade, como têm mostrado alguns trabalhos,[25] especialmente as condicionais têm como ordem preferencial a anteposição à oração nuclear,[26] e, portanto, se revestem do estatuto pragmático de tópico. Em Haiman (1983) vem defendida a motivação icônica da ordem das orações articuladas, em geral.

Estudando as orações hipotáticas temporais antepostas no inglês, Traugott (1985) destaca estruturas em que hipotáticas temporais antepostas servem de moldura para o conjunto de conhecimentos que se apresentam na oração nuclear. Especificamente para as molduras temporais (em português) é ilustrativo o conjunto de três quadrinhos que compõem a tira que vem a seguir:

Um comentário bastante simplificado seria: no primeiro quadro, a oração temporal abre uma moldura (ilustrada por um quadro iluminado) de fundo branco (a luz está acesa); no segundo quadro, a oração temporal abre uma moldura (ilustrada por um quadro de trevas) de fundo preto (a luz está apagada); no terceiro quadro, a oração temporal abre uma moldura (ilustrada por um quadro semi-iluminado) de fundo cinzento (uma luz fraca está acesa).

Thompson & Longacre (1985) estendem a todas as orações adverbiais essa característica de operar coesão discursiva mediante a atuação como tópico, exemplificando com casos de concessivas em chinês. Danon-Boileau et al. (1991) tratam particularmente das concessivas quando atribuem maior integração discursiva e menor integração sintática aos segmentos que atuam como 'tema' (o 'tópico' de Haiman e de Thompson & Longacre) nas construções adverbiais. A concessão é tida como dialógica em sua essência, e a expressão canônica desse dialogismo é alocada nas construções de maior integração discursiva, aquelas em que o segmento concessivo (o dialógico) vem anteposto.[27]

No polo oposto pode-se observar o diferente efeito pragmático-discursivo obtido pela posposição das orações adverbiais. Muito frequentemente os satélites adverbiais pospostos funcionam como adendos, isto é, como segmentos trazidos pelo falante após pausa que indicaria encerramento do ato de fala. Para Chafe (1984), trata-se de um acréscimo ao qual o falante recorre por não ter incluído esse segmento no seu planejamento de fala (é um *afterthought*). Além disso, também como no caso das anteposições, trata-se de produtos de negociação entre falante e ouvinte, com objetivos interacionais bem definidos, como indica Ford (1993), que apresenta uma série de finalidades conversacionais a que serve essa estratégia.[28]

Givón (1990) chama a atenção, no geral, para o fato de que os efeitos da posição da oração do tipo adverbial em relação à nuclear (anteposta, intercalada, posposta) se inscrevem no domínio pragmático-discursivo. Comentando estudos feitos em narrativas do inglês escrito (Thompson, 1985; Ramsay, 1987), ele mostra a compatibilidade do estatuto pragmático de 'dado' com a anteposição das orações adverbiais, as quais (geralmente com quebra entonacional) promovem coerência pragmática no discurso, diferentemente das pospostas, cuja relevância se restringe ao que está expresso na oração nuclear.

Com isso voltamos a propostas funcionalistas relevantes aqui lembradas: as combinações oracionais do tipo adverbial se fazem não apenas no nível do conteúdo, mas também no nível proposicional e no conversacional, ou de atos de fala (Sweetser, 1990a); as orações condicionais antepostas são tópicos das construções em que ocorrem (Haiman, 1978); nessas construções, o falante, segundo determinadas estratégias, configura e dispõe esses satélites de natureza adverbial, preparando molduras (*frames*, Chafe, 1984, p. 445), criando espaços mentais para o conteúdo das porções nucleares; conferindo "saliência" ou "realce" a essas porções (*enhancement*, Halliday, 1985, p. 196), eles as qualificam com referência a tempo, lugar, modo, causa ou condição, com alto grau de independência organizacional (Thompson, 1984), e, nesse modo de operar, eles lhes dão, afinal, relevo informativo.

Tenho acentuado o fato de que "a liberdade do falante nesse complexo jogo chega a ponto de se prepararem molduras que ficam vazias, criando-se espaços mentais que obtêm efeitos particulares muito significativos" (Neves, 2003c, 2004b), especialmente referindo-me a ocorrências como

- *Quer me dizer o... senhor pergunte para o Delegado.* **Se fosse por mim...** *Eu tenho coração de manteiga.* (NOF)
- *A resposta não se fez esperar:* **Se você acha assim...** *Não serei eu a impedi-la. Nem a pedir, também, que se vá.* (A)
- ***Se eu pudesse****, murmurei para a presença invisível que passara a me acompanhar naquele dia: **se eu pudesse** - mas eu nada posso, e me recolho agora a este prato de sopa.* (HAR)
- ***Se eu pudesse mudar desta favela!*** *Tenho a impressão que estou no inferno.* (QDE)
- *Se ao menos eu não fosse doente! Se ao menos todos nós não fôssemos doentes!* (NOF)
- *Também com um nome desse. Ainda se fosse Operação Falcão...* (MD).
- *Agora tô sem paciência pra ficar de conversê... Mas* ***se você quer saber....*** *Não conte pra ninguém mas tô preocupado mesmo é com... Adamastor.* (PD)
- *Ah, se eu pudesse abrir o coração com o Padre Bernardino!* (BDI)
- *Ah! se pudesse mudar de casa, morar num apartamento sem história nem fantasmas, claro e novo, onde não se ouvissem gritos da louca!* (CC)
- *Ah, meu bem,* ***se eu pudesse fazê-la entender!*** (CP)

De nenhum modo essas ocorrências podem ser explicadas indiscriminadamente por elipse da oração nuclear, somente para seguir a reza tradicional que ensina que as adverbiais ocorrem apenas funcionando numa principal. E, na verdade, verifica-se até maior autonomia nessas orações hipotáticas do que em orações 'coordenadas adversativas', de que é exemplo a assinalada em

- *Benito reformou contrato com o Renascença,* **mas há ainda muita gente com vínculos vencidos.** (EM), que nunca ocorreria como autônoma, como única (sem relação com outra), do modo como ocorre a condicional em *Ah, se fosse sempre assim!*

Nem mesmo adversativas de inicio de frase, do tipo da assinalada em

- *O Brasil está bastante amadurecido para não se deixar conduzir por pensamentos regionalistas.* ***Mas haveria de beneficiar-se grandemente de / uma restauração da antiga aliança mineira-paulista, que se operaria em função exclusivamente dos interesses nacionais.*** (EM)

podem ser entendidas como autônomas, já que há sempre implicado um complexo adversativo formado por dois segmentos, tenham eles a extensão e o estatuto que tiverem, ou, ao menos, evoca-se uma imagem mental com a qual o segmento adversativo contraste.

Estendo a observação para outro fato que venho apontando: do mesmo modo se lançam asserções para depois, em outra frase (outro ato de fala, que pode até ser de outro locutor), se colocarem, em acréscimo, como *afterthoughts*, ou 'adendos' (Chafe, 1994; Ford, 1993) concessões, condicionamentos ou causalidades relativas a essa asserção. Tenho invocado (Neves, 2001) construções como

- A: *A mim eles não conseguiram e não conseguirão jamais convencer de que você não é a criatura mais pura que já nasceu.* ***Ainda que tenha cometido erros, ainda que tenha feito confusões, ainda que tenha pecado.*** (OSA)
- *Podiam mandar mais dois homens comigo.* ***Embora eu preferisse ir só.*** (GCC)

e até construções como estas, em que a articulação das orações se faz em coautoria:

- F: *Eu devo vir para São Paulo no ano que vem.*
  T: ***Se tudo der certo, claro!*** (DEL)
- T: *O Bereco também não foi.*
  F: ***Porque não quis.***
- A: *Mas eu nunca obriguei você a comer fritada.*
  O: *Mas eu como.*
  A: ***Porque é burro.*** *Faça outra coisa pra você.* (DEL)

Observo, ainda, em outro trabalho especificamente dedicado à expressão concessiva (Neves, 1999c), que a vivacidade da língua falada – que conta com os recursos da entoação, facilmente provendo pausas e quebras significativas – é especialmente bem servida por *afterthoughts*, ou adendos, como em

- *gostaríamos demais de mais filhos... **embora** eu fique quase biruta...* (D2-SP-360:90-94)
- *eu só como queijos brancos... evito comer os outros queijos... **embora** eu goste muito...* (DID-RJ-328: 621-623)
- *eu diria que é mais sério do que isso... **embora**... isso seja seríssimo...* (EF-RE-337:418-420)
- *o rendimento dele também será menor, **apesar de que** existe um teto mínimo que é subvencionado pela Direção Central* (DID-POA-43:126-129)

- *carne nós comemos muito no sul... **se bem que** a viagem que eu fiz ao sul foi há muitos anos...* (D<small>ID</small>-RJ-355:18-20)
- *eles fazem um molho com pimenta muito gostoso... **se bem que** é muito... que é muito forte... né...* (D<small>ID</small>-RJ-328: 217-220)

Também tenho chamado a atenção para o fato de que a independência das relações adverbiais vai ao ponto de elas chegarem a ser expressas em enunciados paratáticos em que a oração de valor semântico adverbial vem em primeiro lugar (pressupondo-se curva entonacional ascendente no primeiro membro e quebra entonacional ao seu final), como em

- *Fosse vo<u>cê</u>* [29] *passava ela para frente.* (I<small>D</small>)

ou vem em segundo lugar, como em

- *E assim continuava, **não <u>fos</u>se** a discussão que acabei de ter com Dona Leonor.* (A)
  (pressupondo-se curva entonacional descendente no segundo membro).[30]

O raciocínio segue até a verificação de que é possível ainda – fato mais revelador – ocorrer uma conjunção coordenativa aditiva na junção das duas orações, no caso da condicional anteposta, como em

- *Tivesse vindo outro padre para substituí-lo e não haveria de morrer.* (<small>NOD</small>)

Essa formulação escolhida pelo escritor, e que implica curva entonacional ascendente no primeiro membro

[*Tivesse vindo outro padre para substituí-lo e não haveria de morrer.* (<small>NOD</small>),

revela a criação de um espaço mental hipotético-factual ao invés de um espaço mental hipotético-eventual, que haveria numa curva entonacional descendente, como a que pode ser pressuposta na construção condicional canônica (com *se*, e anteposta).

Essa escolha de uma construção paratática representa, afinal, alterar a moldura que se abre e se deixa em suspensão (após a curva entonacional ascendente) para nela se encaixar uma assertiva que seria nuclear (o conteúdo emoldurado).

Embora do ponto de vista lógico-semântico se possa invocar equivalência para as duas possibilidades de construção, claramente se vê que, do ponto de vista da comunicação, obtêm-se resultados diferentes.

Nos enunciados sem a marca condicional de hipotaxe (*se*), há, claramente, duas estruturas, a que expressa condição e a que expressa a asserção correspondente ao conteúdo da oração que seria nuclear, se o enunciado tivesse sido construído no tipo hipotático (com a oração adverbial condicional canônica). Trata-se de construções em que, evidentemente, as duas proposições têm relevância mútua (um mínimo de hierarquização), mas não têm estatuto diferente, propriedade que, no eixo tático, caracteriza a hipotaxe (Halliday, 1985), perdendo-se a própria noção de âmbito de incidência (Mathiessen e Thompson, 1988), que sustenta o estatuto de satélite. São, evidentemente, uma opção em que a manifestação de condicionalidade ganha relevo avaliativo, e, portanto, ganha carga subjetiva (Schwenter, 1999).[31]

Fillenbaum (1986, p. 4) reconhece a relação lógica de contingência entre p e q, mas assume, especialmente, a "inferência pragmática" para a interpretação condicional das construções paratáticas[32] (e obviamente, também, para a ordenação icônica das construções). Dancygier (1998) invoca a função cognitiva "predição" como central na condicionalidade (o que também implica iconicidade), afirmando que a interpretação condicional de uma construção paratática se deve justamente a que, nela, está presente essa função, tanto quanto numa hipotática. Também as "inferências de exclusão", invocadas por Schwenter (1999) e já referidas, têm cunho preditivo. Todas essas propostas se assentam numa ordem preferencial das orações que formam construções de valor condicional, e todas elas fazem ver a naturalidade de uma expressão paratática de tal valor.[33]

São opções diferentes à disposição do falante, e, embora se tenha acentuado a ordem preferentemente icônica em ambos os tipos de construção, há opções diferentes até quanto à posição das orações ligadas pela condicionalidade. Obviamente, a ordem é mais livre nas hipotáticas, e mais fixa (e icônica) nas paratáticas (haja, ou não, o conectivo coordenativo). Verifiquei em análise de *corpus* do português escrito (*Corpus de Araraquara*) que é muito mais rara a posposição de uma oração paratática de valor condicional do que de uma hipotática, embora, como já indicado, seja fácil defender-se – como registrei no parágrafo anterior – que as relações de condição se expressem – em qualquer arranjo sintático – mais comumente numa relação icônica: primeiro a condição, depois o que é condicionado.[34] Também pragmaticamente, como já apontei nesta seção, tem relevância, como ordem preferencial (em qualquer arranjo sintático), a anteposição da condicional à oração que traz aquilo que está enquadrado nesse condicionamento, posição que a reveste do estatuto pragmático de tópico (em qualquer arranjo sintático[35]), estatuto que abre espaço para relevantes efeitos interacionais, com ampla mobilidade no jogo das peças informativas dadas e novas.

A relação dialógica entre a oração hipotática e sua nuclear

Outro veio de investigação, na articulação de orações, diz respeito a uma consideração dialógica da relação entre uma oração hipotática "de realce" (Halliday, 1985) e sua oração nuclear.[36] Parte-se da noção de que as frases complexas nascem da fusão de dois turnos conversacionais, o que implica a admissão de uma tensão conversacional, na qual, já pela própria natureza de "unidade perceptiva" (Peirce, 1987) que marca o signo, têm de ser considerados três eixos de pressão, os quais nascem: (i) da natureza da interação entre **emissor** e **receptor**; (ii) da existência de duas contrapartes no signo, a **forma** e o **sentido**; (iii) da necessária existência, na percepção, de uma parte forte (**figura**) e de uma parte débil (**fundo**) (García, 1994).

É o entrecruzamento das tensões que faz a moldagem dos diversos tipos de relações lógico-semânticas a ser expressas no texto.

Assim, fazendo-se uma interpretação geral de García (1994), uma relação de causalidade a ser manifestada na articulação de duas orações pode, segundo as necessidades e conveniências do falante numa determinada situação de interação, ser representada:

a) por uma construção com oração causal, baseada em **pressuposição**, e, portanto, centrada no **falante**, para quem a **forma** prevalece sobre o **sentido**, como em

- *Como falava para um mundo de acácios, para uma época de acácios - ninguém percebeu o óbvio ululante.* (ESP)

b) por uma construção com oração consecutiva, baseada na **redundância**, e, portanto, centrada na **forma**, que é **figura** para o **falante**, e é **fundo** para o **destinatário**, como em

- *Maltratara-o de tal modo mesmo que, fraco de caráter, fraquíssimo, não resistira.* (A)

Uma relação hipotética, por sua vez, pode ser expressa:

a) em uma construção com oração condicional, baseada em **subentendido**, e, portanto, centrada no **destinatário**, para quem o **sentido** prevalece sobre a **forma**, como em

- *Se você sair, eu brigo com você!* (SM)

b) em uma construção com oração final, baseada em **pressuposição**, e, portanto, centrada no **falante**, para quem a **forma** prevalece sobre o **sentido**, como em

- *Baixe essa tampa bem devagar para que ela não se tranque de novo.* (ACM)

Esse jogo entre forma e sentido, entre centração no falante e centração no destinatário, e entre eleição da figura e eleição do fundo do enunciado ainda fica aberto para que, conforme as necessidades e conveniências que o falante pesa e avalia, se eleja a organização das relações temático-remáticas. Se, em condições não marcadas, o primeiro membro da construção de orações articuladas é tema e o segundo é rema,[37] por outro lado o que caracteriza mais basicamente o tema, como mostra García (1994), não é o fato de ser inicial (eixo sequencial), mas é o fato de ser conhecido (eixo informativo), enquanto o que caracteriza mais basicamente o rema não é o fato de ser não conhecido (eixo informativo), mas é o fato de ser não inicial (eixo sequencial).

Considerações de tal tipo apontam, mais uma vez, para a necessidade de incursão em questões como proeminência significativa, distribuição de informação e tematicidade, na avaliação do comportamento das construções com orações articuladas.

Ocorre que os signos que compõem as expressões linguísticas não se avaliam como simples estruturação de um significado, mas envolvem esquemas perceptivos que não se pode perder de vista, se não se perde de vista que os signos só adquirem sentido na interação.

Orações hipotáticas e margens frasais

De qualquer modo, porém, as orações tradicionalmente consideradas 'adverbiais' continuam sempre vistas em relação a uma predicação central: elas são 'satélites', embora esteja assentado que, como especifica o modelo funcionalista de estruturação em camadas, o satélite possa situar-se em uma camada superior à predicação (σ3: satélite de proposição; σ4: satélite de ato de fala).[38] Além disso, lembre-se que os satélites constituem elementos que – diferentemente dos termos, ou argumentos,[39] que entram na formação da predicação nuclear para desempenhar um papel semântico que a natureza do predicado determina – são opcionais, incidindo sobre uma predicação já configurada, e, portanto, por definição, mantendo com ela uma ligação 'frouxa'.

A própria inclusão da pragmática na gramática, porém, levou a gramática funcional (especialmente a da Holanda) a questionar-se sobre a necessidade de estender para além da oração (simples ou composta / complexa) a sua análise linguística, isto é, a avançar para o discurso (e para o texto).[40] Uma amostra particular dessa atitude está, já em Dik (1989a; 1997), na proposta de consideração de elementos com estatuto extraoracional (os chamados *extraclausal constituents*, referidos, em inglês, como *ECCs*), tidos como "fragmentos de orações", e, assim, "indiretamente descritos por referência à estrutura da oração" (Dik, 1997, p. 379), tidos como "de associação mais frouxa com a oração" (Dik, 1997, p. 379), e como frequentes especialmente na língua falada (Dik, 1997, p. 379).

A justificativa para a atenção a esses elementos é, dentro dos princípios da teoria, a busca da "adequação pragmática para as descrições linguísticas" (Dik, 1997, p. 380), especialmente porque esses constituintes podem: (i) codeterminar a interpretação pretendida da própria oração; (ii) interagir com a estrutura interna da oração de diferentes modos; (iii) diacronicamente, ser "absorvidos" na própria estrutura da oração, e, assim, prover uma fonte ontogênica para certos fenômenos gramaticais internos à oração (Dik, 1997, p. 380).

Os critérios que determinam o estatuto de *ECC* para um constituinte são, segundo Dik (1997, p. 381): (i) ser separado da oração por quebras do contorno prosódico, ou ocorrer em posição absoluta; (ii) nunca ser essencial à estrutura interna da predicação à qual se associa: se é retirado, a oração continua completa; (iii) não ser sensível às regras gramaticais que operam nos limites da oração, embora possa estar relacionado com a oração por regras (de correferência, de paralelismo – ou seja, mesma marcação de caso – e de antítese) que também podem caracterizar relações entre orações no discurso.[41]

São vários os tipos de ECCs propostos. Além de variar a posição em que eles ocorrem em relação à oração (anteposto, posposto, parentético, em posição absoluta), variam as funções que eles desempenham, particularmente ligadas à estrutura e à organização do discurso. Dik (1997, p. 384) relaciona ECCs que funcionam:

> a) no gerenciamento da interação: agradecimento, apelo, chamamento (vocativo), resposta mínima;

b) na especificação de atitude: expressão de estado emocional;
c) na organização do discurso: marcação de fronteira (início, desvio de tópico, subdivisão, finalização); orientação (tema, condição, marcação de cenário; adendo);
d) na execução do discurso: resposta (seja um elemento absoluto seja um iniciador de resposta); apêndice que muda o valor ilocucionário da oração que o precede.

Dentre todos esses, talvez o mais explorado até agora seja o Tema[42] (elemento ao qual Dik (1997) dedica uma quarta parte do capítulo, da página 389 à 395). Classificado dentro do subtipo **orientação**, o Tema, para Dik, é uma das "superfunções pragmáticas" abrangidas na função **organização do discurso**, e, em princípio, é de posição inicial, exatamente pelo papel orientativo em relação à informação que vem a seguir: o Tema é um elemento a respeito do qual a oração seguinte vai apresentar uma informação relevante, isto é, ele "orienta o ouvinte sobre os tópicos discursivos em relação aos quais o conteúdo da oração seguinte deve ser interpretado" (Dik, 1997, p. 389). Ora, o Tema seria o que tradicionalmente se denomina **tópico,** desde que seja extraoracional, o que equivale a dizer que ele seria, no geral, um tópico "deslocado à esquerda" (Dik, 1997, p. 389).

Desse modo, na Gramática Funcional de Dik, Tópico e Tema (ambos entidades de função pragmática) são dois tipos diferentes de elementos, especialmente porque Tema é extraoracional, e, a partir daí, tem função na orientação do discurso, e não na orientação da oração. É uma distinção que se revela bastante produtiva na análise linguística, porque, diferentemente do que faz com o elemento Tópico (intraoracional, e, portanto, com algum estatuto sintático), Dik reserva ao Tema, de âmbito puramente discursivo, um tratamento pragmático.

Mais problemática, porém, é a proposta de um conjunto de ECCs adverbiais[43] (**condição** e **construção de cenário**), constituintes que, nos estudos funcionalistas em geral, levada em conta toda a construção da teoria, vêm sendo abrangidos na conceituação de **satélites**, e, portanto, de constituintes (lexicais) intraoracionais.

No tratamento do ECC de condição, Dik (1997, p. 396) faz uma distinção entre uma prótase condicional pré-oracional (exatamente um ECC) e uma prótase condicional satélite (um constituinte integrado na estrutura oracional),[44] apoiando essa distinção na presença do elemento *então* (inglês: *then*) na apódose. Os exemplos que ele fornece de prótases condicionais pré-oracionais (ECCs) são:

a. *If John is rich,* **then** *he can help us out.* (Potentialis)
b. *If John were rich,* **then** *he could help us out.* (Irrealis)

O ponto de partida da discussão de Dik é a noção de que as orações condicionais podem ser usadas pelo falante para "criar" um mundo ou um "modelo mental", dentro do qual aquilo que é expresso na oração apodótica é relevante ou verdadeiro (Dik, 1997, p. 396). Nada muito diferente daquela proposta de Haiman (1978) de que "condicionais são tópicos", mas Dik considera que há prótases que podem ser expressas pelo mesmo modo usado para caracterizar Temas: assim, condição extraoracional se iguala a Tema (na terminologia de Dik), quanto à função de orientação discursiva (de nível superior à oração) e também quanto ao modo de marcação.

E segundo Dik, o mesmo ocorre com o terceiro tipo de orientação discursiva, a construção de cenário (lugar, tempo ou outra circunstância),[45] o que atribui às expressões adverbiais em geral (incluídas as orações) a possibilidade de funcionar como constituintes extraoracionais (ECCs), bem como, a meu ver, conduz à interpretação de que Tema (extraoracional) está para Tópico (intraoracional) assim como condição extraoracional está para condição intraoracional e assim como construção de cenário (relação adverbial) extraoracional está para construção de cenário (relação adverbial) intraoracional.

A coocorrência de orações na parataxe

A natureza da relação estabelecida

Voltemos ao conceito bem geral de **conjunção** (textual) proposto por Halliday e Hasan (1976) e tratado no primeiro item deste capítulo: ela se define como uma especificação semântica do modo pelo qual o que vai seguir-se está sistematicamente conectado com o que veio antes (p. 227). No caso específico da chamada 'coordenação', a necessidade de que a consideração se paute pela organização textual é particularmente importante. Em primeiro lugar, é evidente que essa relação escapa do esquema de organização da predicação, a qual constitui o núcleo da estrutura oracional subjacente. Em segundo lugar, há a observar-se o fato, bastante frequente (e muito significativo) de que os marcadores de coordenação (*e, mas, ou*) ocorrem frequentemente em início de frase, isto é, fazem 'conjunção' externa à organização sintática de cada frase completa.[46] Já se registre que esse 'início de frase' pode representar início de parágrafo, início de capítulo, início de obra, e que, portanto, tais elementos extrapolam a organização puramente sintática e constituem articuladores de altíssimo valor semântico-discursivo.

Obviamente, há relações estruturais expressas na organização semântico-textual da coordenação, mas a definição corrente de conjunção coordenativa como a palavra "que relaciona dois termos ou orações de idêntica função gramatical" (Cunha, 1975, p. 391)[47] não consegue responder totalmente pelo estatuto desse tipo de elemento.

Com essas premissas, Neves (1984) estudou as chamadas 'conjunções coordenativas' em português partindo de suas ocorrências interfrásicas (e não intrafrásicas), buscando determinar: (i) a definição de cada um desses elementos (a invariância); (ii) o valor básico comum a eles (a invariância que permite sejam eles agrupados em uma classe no sistema da língua); (iii) os diferentes empregos desses elementos (variação contextual). As chamadas 'conjunções coordenativas' foram observadas em posição inicial de frase, a partir da hipótese de que os tipos de ocorrência interfrásica contêm os de ocorrência intrafrásica, e não o inverso. Supôs-se, ainda, que a ocorrência da conjunção após pausa de final de frase permitiria uma melhor avaliação do valor desse elemento.

O exame se limitou aos elementos *e*, *mas* e *ou*, delimitação imposta pela própria conceituação que o curso do trabalho fixou para a classe das chamadas 'conjunções coordenativas', e que se explicita adiante.

Considerou-se necessário, no exame do coordenador interfrásico, observar o efeito das duas características básicas desse tipo de ocorrência: (i) o corte em duas frases (quando se poderia ter optado por uma só); (ii) o emprego do coordenador (se já havia corte). Exemplifique-se: é pertinente questionar

    a) por que o autor usou
- *Nada mais o atingia. E raramente consultava o relógio.* (REP)

e não
- *Nada mais o atingia e raramente consultava o relógio.*

    b) por que o autor usou
- *Nada mais o atingia. E raramente consultava o relógio.* (REP)

e não
- *Nada mais o atingia. Raramente consultava o relógio.*

Isso significa que se procurou verificar o que havia de diferente entre as ocorrências desse tipo encontradas e as possíveis frases: (i) com o coordenador, mas sem a pausa de final de frase; (ii) sem o coordenador, mas com a pausa de final de frase.

Desse modo, numa primeira direção, procurou-se determinar o estatuto dos elementos *e*, *mas* e *ou*, o que significou buscar determinar o valor comum de todos eles.

A determinação do estatuto de 'conjunção coordenativa'

A chamada **conjunção coordenativa** – assim como a chamada **conjunção subordinativa** – tem sido definida nas gramáticas apenas por referência ao estatuto sintático dos segmentos[48] entre os quais ocorre: a conjunção coordenativa 'liga' elementos de igual estatuto sintático e a conjunção subordinativa 'liga' um termo subordinado ao seu subordinante.

Essa ênfase conferida, na quase totalidade dos estudos gramaticais, a uma função 'ligadora' das (por isso mesmo) chamadas **conjunções** decorre da perspectiva em que esses estudos se situam: numa visão em que se parte dos elementos componentes e se faz o percurso das relações integrativas, na perspectiva dos elementos menores para os maiores – e, especialmente, se se para nos limites da frase –, de fato, um *e*, por exemplo, é simplesmente um elemento de ligação.

O que propõe aqui – e foi proposto em Neves (1984) – é uma mudança de perspectiva, partindo-se do conjunto coordenado para os membros coordenados, e, por isso mesmo, privilegiando as ocorrências de coordenação entre frases completas (nos textos escritos, marcadas por pontuação específica de final de frase).

Sejam dados os seguintes enunciados, com *e / mas / ou* no início da segunda frase:
- *No duro chão empinavam-se os arbustos. E as pedras.* (ME)
- *(Otávia) Quis saber o motivo mas a governanta apenas franziu os lábios, como fazia antes de formular qualquer, frase. E não respondeu.* (CP)
- *Era raso, como sabiam todos os meninos. E a água mal chegava aos joelhos do pesquisador [...]. (Rezende, 1974)*
- *(O cão) Tornaria a ouvir a voz do velho Naé. E tudo voltaria a ser exatamente como tinha sido até então.* (DM)
- *A entrevista está se engrenando, sentem todos. E as perguntas começam a matraquear.* (VI)
- *Entre ele e Nestor, havia uma distância de três ou quatro passos. Mas, quase sem rumor, com a leveza e a prontidão de uma sombra, o outro se postou à sua esquerda.* (FP)
- *Eu não valho nada, patrão. Mas o senhor pode contar comigo pra o que der e vier.* (CAS)
- *Velho e cego, (o cão) não podia enxergar as fisionomias que o rodeavam, nem podia perceber o rancor que cada expressão revelava. Mas teve medo e procurou fugir. (Condé, 1978)*
- *Os índios não sei se têm alma imortal. Ou se ainda têm. Nós eu sei que não temos.* (Q)
- *Ângela bem poderia ter sido minha mulher. Ou irmã.* (CC)

Pode-se considerar que, quanto ao valor semântico básico,[49] essas construções com coordenação interfrasal correspondem, respectivamente, a estas possíveis construções com coordenação intrafrasal:

- *No duro chão empinavam-se os arbustos **e** as pedras.*
- *(Otávia) Quis saber o motivo, **mas** a governanta apenas franziu os lábios, como fazia antes de formular qualquer frase, **e** não respondeu.*
- *Era raso, como sabiam todos os meninos, **e** a água mal chegava aos joelhos do pesquisador.*
- *(O cão) Tornaria a ouvir a voz do velho Naé, **e** tudo voltaria a ser exatamente como tinha sido até então.*
- *A entrevista está se engrenando, sentem todos, **e** as perguntas começam a matraquear.*
- *Entre ele e Nestor, havia uma distância de três ou quatro passos, **mas**, quase sem rumor, com a leveza e a prontidão de uma sombra, o outro se postou à sua esquerda.*
- *Eu não valho nada, patrão, **mas** o senhor pode contar comigo para o que der e vier.*

- *Velho e cego, (o cão) não podia enxergar as fisionomias que o rodeavam, nem podia perceber o rancor que cada expressão revelava, **mas** teve medo e procurou fugir.*
- *Os índios não sei se têm (alma imortal), **ou** se ainda têm.*
- *Ângela bem poderia ter sido minha mulher, **ou** irmã.*

Essa correspondência entre as construções (realizadas) de coordenação de duas frases (com pausa de final de frase antes do último segmento coordenado) e as construções (supostas) de coordenação interna à frase (sem pausa final de frase antes do último segmento coordenado) – ambos os tipos com ocorrência dos elementos *e / mas / ou* no início desse último segmento – permite concluir que: (i) o *e* intrafrásico e o *e* interfrásico, quando usados em construções correspondentes, têm o mesmo valor básico no texto; (ii) a ocorrência do *e* interfrásico descaracteriza o efeito da pausa de final de frase que o antecede, considerando-se que esse efeito é encerrar o primeiro segmento coordenado dentro do limite pela pausa indicado, e que, no entanto, na suposta construção sem o corte, o segundo segmento coordenado representa um termo da estrutura sintática do primeiro (o último de uma série de termos).

Afirmada essa correspondência dos dois tipos de construções comparadas, resta, porém, avaliar as diferenças entre elas, já que – há de se entender – nada no texto é gratuito, e, portanto, qualquer diferença entre dois textos tem significação.

A proposta de Neves (1984) é que se denomine **pausa dramática**[50] à que existe nas construções encontradas, uma pausa que tem efeito no drama da linguagem: ela indica um encerramento que, afinal, não se efetua, e, assim, o acréscimo do segundo segmento ao primeiro tem efeito dramático. Trata-se de um acréscimo diferenciado, marcando-se mais diretamente uma intervenção do sujeito da enunciação no enunciado: o inesperado da sequência após a pausa chama a atenção para o próprio fato de haver sequência.

Por outro lado, verifica-se que as construções colhidas nos textos (com coordenação interfrasal) não correspondem a possíveis construções em que simplesmente se suprimissem os elementos *e, mas* ou *ou*, que seriam estas, respectivamente:

- *No duro chão empinavam-se os arbustos. As pedras.*
- *(Otávia) Quis saber o motivo mas a governanta apenas franziu os lábios, como fazia antes de formular qualquer frase. Não respondeu.*
- *Era raso, como sabiam todos os meninos. A água mal chegava aos joelhos do pesquisador.*
- *(O cão) Tornaria a ouvir a voz do velho Naé. Tudo voltaria a ser exatamente como tinha sido até então.*
- *A entrevista está se engrenando, sentem todos. As perguntas começam a matraquear.*
- *Entre ele e Nestor, havia uma distância de três ou quatro passos. Quase sem rumor, com a leveza e a prontidão de uma sombra, o outro se postou à sua esquerda.*

- *Eu não valho nada, patrão. O senhor pode contar comigo para o que der e vier.*
- *Velho e cego, (o cão) não podia enxergar as fisionomias que o rodeavam, nem podia perceber o rancor que cada expressão revelava. Teve medo e procurou fugir.*
- *Os índios não sei se têm (alma imortal). Se ainda têm.*
- *?Ângela bem poderia ter sido minha mulher. Irmã.*

Verifica-se que, nestas possíveis construções, ou se sente o segundo membro coordenado como ainda preso ao primeiro, ou se tem um enunciado estranho (caso da última construção, marcada com ponto de interrogação). Exemplificando essa falta de 'avanço' decorrente da falta da conjunção, pode-se dizer que:

– *não respondeu* retoma (reiterando) *apenas franziu os lábios*;
– *a água mal chegava aos joelhos do pesquisador* retoma (explicitando / particularizando) *era raso*;
– *tudo voltaria a ser exatamente como tinha sido até então* retoma (explicitando / particularizando) *tornaria a ouvir a voz do velho Naé*;
– *as perguntas começam a matraquear* retoma (explicitando) *a entrevista está se engrenando*;
– *quase sem rumor, com a leveza e a prontidão de uma sombra, o outro se postou à sua esquerda* retoma (ilustrando) *entre ele e Nestor, havia uma distância de três ou quatro passos*;
– *eu não valho nada, patrão* retoma (ilustrando) *o senhor pode contar comigo para o que der e vier*;
– *teve medo e procurou fugir* retoma (ilustrando) *velho e cego, (o cão) não podia enxergar as fisionomias que o rodeavam, nem podia perceber o rancor que cada expressão revelava*;
– *se ainda têm (alma imortal)* retoma (reformulando) *se têm (alma imortal)*;

Essa não correspondência entre as construções (realizadas) com o elemento coordenador antes da segunda frase e as construções (supostas) sem o elemento coordenador antes da segunda frase, ambos os tipos com ocorrência de pausa de final de frase antes do segundo segmento, permite concluir que: (i) a pausa de final de frase após o primeiro segmento deixa sem definir a natureza do segmento que vem em sequência; (ii) o coordenador interfrásico descaracteriza o efeito da pausa de final de frase que o precede, isto é, anula a condição de membro último que a entoação conferia ao segmento precedente; deste modo, a conjunção define como co-ordenados[51] o segmento que ele inicia e o precedente (encerrado por pausa de final de frase).

A partir do confronto com as construções do segundo bloco (correspondência) e com as construções do terceiro bloco (não correspondência), o exame das construções colhidas no uso (com pausa de final de frase após o primeiro segmento e com o elemento *e / mas / ou* antes do segundo) permite concluir que:

a) o valor básico desses elementos (intrafrásicos ou interfrásicos) é a co-ordernação de segmentos, isto é, a apresentação de um segmento como acréscimo a um anterior, sendo ambos elementos de igual estatuto em uma sequência:

b) o *e*, o *mas* e o *ou* interfrásicos são elementos capazes de garantir essa coordenação, já que corrigem o efeito da pausa de final de frase que ocorre após o primeiro segmento e que, por si, o marcaria como segmento último (último elemento de uma série).

O que se propõe é que o traço central que define dois segmentos entre os quais ocorre uma 'conjunção coordenativa' é o da exterioridade sintática: o segundo segmento é, sintaticamente, externo ao primeiro, e a 'conjunção coordenativa' é bloqueador da aposição do segundo segmento ao primeiro.

Os diferentes tipos de relação de co-ordenação

Garantindo para o *e*, o *mas* e o *ou* esse valor de co-ordenador, resta definir o significado básico de cada um desses elementos.

Aqui não se explicitam os mecanismos de descoberta para as determinações encontradas, elas são apenas indicadas sucintamente. A partir da invariância sintática encontrada (exterioridade entre o primeiro segmento co-ordenado e o segundo), verificou-se que: (i) na ocorrência de *e*, os dois segmentos se somam; (ii) na ocorrência de *mas*, os dois segmentos se diferenciam; (iii) na ocorrência de *ou*, os dois segmentos se alternam.

Assim, pode-se propor como definições semânticas básicas:

a) Para o *e*, o valor semântico básico é o de adição.[52] Essa definição se relaciona com o próprio significado etimológico de *e*, entendida a relação temporal apenas no sentido da estruturação do enunciado. A ocorrência de *e* entre dois segmentos indica que cada um deles é externo ao outro (co-ordenado) e que o segundo se soma ao primeiro no processo de enunciação. Fica indeterminada a direção que toma o segundo segmento em relação ao primeiro, tanto na organização das unidades de informação como na organização argumentativa.

b) Para o *mas*, o valor semântico básico é o de desigualdade. Essa definição se relaciona com o próprio significado do étimo latino, o marcador de comparação *magis*. Basicamente o *mas* expressa a relação entre dois segmentos de algum modo desiguais entre si: cada um deles não só é o externo ao outro (co-ordenado), mas, ainda, é, marcadamente, diferente do outro. O emprego do *mas* entre esses segmentos representa o registro dessa desigualdade, indicando que o enunciador a reconhece e se utiliza dela na organização de seu enunciado, tanto na distribuição das unidades de informação, como na estruturação da argumentação.

c) Para o *ou*, o valor semântico básico é o de alteridade: o segmento iniciado por *ou* vem como alternativa nova em relação ao segmento enunciado precedentemente. Com a enunciação dessa alternativa (uma co-ordenação), o segmento anterior passa a ser entendido como uma primeira alternativa, estivesse ou não formulado como tal.

A partir dessas invariâncias pode-se tentar responder pelas diversas ocorrências de cada um desses elementos, incursionando, então, pelo terreno da análise semântica do enunciado total e pelas considerações de fatores discursivos. Pode-se ter como certo que essas caracterizações se fazem em terreno fluido, e o analista tem de contentar-se com aproximações. Sem entrar em classificações e subclassificações,[53] apresento apenas indicações gerais para cada um dos co-ordenadores:

a) Para o *e*. É gradualmente que se passa de uma adição neutra, como em
- *Ele fuma e toma um cafezinho.* (RE)
- *Era preciso amestrar os ouvidos, dizia o professor. E nos mandava ler alto, e com atenção, certos clássicos esmerados.* (TA-O)

para uma adição enfática, como em
- *Garçons que passam com pratos. E pratos de massas suculentas.* (ARI)
- *Afonso, embora morando na chácara, estava presente a tudo. E os assuntos comuns. E os jogos.* (CP)

E é sem prejuízo da invariância encontrada que o *e* faz a adição de unidades do sistema de informação, como em
- *Manhã de sol. Sala de paredes nuas e mobiliadas com simplicidade. Portas à direita e à esquerda.* (FAN)
- *O pai ocupava a cabeceira da mesa. E o copeiro de jaqueta engomada vinha trazendo os pratos.* (CP),

ou de argumentos, como em
- *Um conselho que te dou: nunca queiras saber de mulher. Todas elas são iguais; martirizam a vida de um homem. E é sempre uma despesa a mais.* (DM)
- *Chamam-se pessoas experientes às que discorrem sobre o que não entendem. A experiência é resultante de fatores pessoais formadores de um estilo. E é sabido que há estilo para tudo.* (BSS)

b) Para o *mas*. É geralmente com zonas nebulosas de interferência que se passa de uma desigualdade pouco caracterizada, como em
- *Aliás, a sua causa já está ganha há muito tempo. Mas em segredo e isso o aflige.* (VN)

para o contraste, como em
- *Em geral costumavam elas ter as suas quatro ou cinco cabeças de galinha, o que lhes dava algum rendimento. Mas na casa de Salu a coisa ia de mal a pior.* (CAS),

a contrariedade, como em
- *Vou bem. **Mas** você vai mal.* (vn),

a desconsideração, como em
- *E como enunciara a Emerlinda o novo homem, sem que esta ficasse feliz? **MAS** este seria um problema para resolver mais tarde.* (m),

e se chega a uma completa anulação, representada, por exemplo, por oposição, como em
- *Será que pé gasta? Diz que de quem trabalha em salina gasta. **Mas** eu não; agora sou jornalista.* (Vi),

por rejeição, como em
- *– Terá sido mesmo? **MAS** não pode ter sido.* (fp),

por refutação, como em
- *– Os bichos comem a gente.*
  *– **Mas** a gente não é só isso.* (cp),

as três últimas seguidas, ou não, de recolocação (como é o caso de *agora sou jornalista*, no antepenúltimo exemplo). Por outro lado, o registro das dissemelhanças só pode assentar-se na base das semelhanças, o eixo capaz de prover fundamento para o estabelecimento de diferenciações. Aparece, portanto, como outro traço característico da relação 'adversativa' o reconhecimento de uma entidade, para posterior registro de sua desconsideração, negação, anulação, rejeição. Assim, em todo enunciado em que ocorre o elemento *mas*, há algo de oposição (que vai de um mínimo, a condição de simples desigualdade, a um máximo, a anulação) e algo de admissão (que vai de um mínimo, o simples reconhecimento ou registro de existência, a um máximo, a concessão).

c) Para o *ou*. Há restrições de ordem, que se ligam especialmente à modalização dos segmentos co-ordenados por *ou*, e as restrições básicas se referem ao fato de o segundo segmento não poder ser enunciado como verdadeiro. Desse modo, o *ou* co-ordena:

– um primeiro segmento factual, real, a um segundo segmento eventual, como em
- *Aí estava a laçada do tenente. **Ou** aí estaria o dedo coadjutor do datilógrafo.* (cvp)
- *Mas eu não posso pagar mais. **Ou** será que apertando as despesas posso pagar dois mil e duzentos?* (el)

– um primeiro segmento eventual a um segundo segmento também eventual, como em
- *Ângela bem poderia ter sido minha mulher. **Ou** irmã. **Ou** prima. **Ou** mesmo amiguinha.* (av)

- *Não terá Cordélia então o direito de sentir-se aliviada quando souber da minha resolução de casar-me? **Ou**, inversamente, será que se ele também se casasse eu não me sentiria aliviado de minha responsabilidade?* (vn)

Assim, os três elementos co-ordenadores podem ser classificados e subclassificados numa gradiência, que vai da mais neutra adição ao máximo da exclusão, passando pela contraposição e pela oposição, conforme a contextualização do semantismo básico de cada um deles. Entretanto, estará por trás dessas indicações diferenciais, além da definição semântica básica de cada co-ordenador, uma definição unívoca da natureza básica da co-ordenação, definição obtida pela análise desses elementos a partir do nível do texto: a garantia de exterioridade (bloqueio de aposição) entre dois segmentos estruturalmente autônomos que se constroem em parataxe.

É evidente que o progresso do texto se faz de avanços e retomadas, e, nesse universo, o co-ordenador se define, particularmente, como elemento de avanço.

Observe-se que relações semelhantes a essas que, em movimento de avanço, os co-ordenadores expressam são trazidas ao texto, em movimento de retomada, por elementos adverbiais anafóricos.[54] Dado o forte valor de bloqueio da anáfora que as 'conjunções coordenativas' possuem, esses adverbiais anafóricos (do tipo de *contudo, apesar disso, além disso, por isso, em seguida, em alternância*), colocados no segundo segmento co-ordenado (que pode já abrigar uma 'conjunção coordenativa') assumem grande importância no amarramento textual. Se o falante, por exemplo, escolhe fazer uma construção com uma 'conjunção coordenativa' seguida de um de tais elementos (forte ou fracamente)[55] anafóricos no segundo segmento, o significado do texto se organiza com um avanço (operado pelo co-ordenador) logo após o primeiro segmento, fazendo-se depois a retomada (operada pelo advérbio anafórico). Novos avanços e novas retomadas que se façam reinterpretarão as unidades recursivamente, até que se feche o universo do texto.

A escolha de elementos conectores anafóricos para início da frase (posição da 'conjunção') indicaria, por seu lado, opção por uma repetição, no segundo segmento, do material do primeiro, o que representa diferente caracterização da sequência. É o caso de

- *O tabefe estalou, todos acorreram, a confusão se estabeleceu. **Contudo**, os dois não puderam se atracar, como pareciam pretender, porque entre eles se haviam interposto os presentes, numerosos aquela hora e, na maioria, conhecidos de um ou de outro dos contendores.* (a) [contudo = "com tudo isso", "apesar de tudo"]

Quanto às condições relativas de uso dos três co-ordenadores do português, o que se verificou foi que há contextos em que, mantido o valor básico do co-ordenador, poderia ocorrer um dos elementos e também outro, ou um dos elementos e não outro, ressalvadas as diferenças que a definição semântica básica de cada um ocasionaria, e ressalvadas as restrições de coocorrência.

Isso significa diferentes possibilidades de agrupamento entre dois dos três co-ordenadores, em oposição ao terceiro, segundo determinados eixos:

   a) agrupamento entre *e* e *ou* (que permitem associação dos segmentos em uma mesma classe conceitual), em oposição a *mas* (que não faz essa associação);
   b) agrupamento entre *e* e *mas* (que efetuam reunião, permitindo a consideração conjunta, mesmo provisória ou retórica, dos dois segmentos co-ordenados), em oposição a *ou* (que bloqueia essa reunião).

Os co-ordenadores e a 'arquitetura' do texto

Uma atenção especial cabe aqui ao papel dos elementos co-ordenadores na macroestrutura textual, isto é, na organização do texto tomado como unidade significativa. É evidente que, pelo seu valor no desligamento de porções do enunciado, e, consequentemente, no avanço textual, os co-ordenadores carreiam efeitos bastante caracterizadores para os textos em que ocorrem, especialmente quando operam entre blocos maiores.

Especialmente o *e*, que faz o texto avançar buscando acréscimos, tem um papel particular na caracterização da arquitetura do texto. Tratando do *e* inicial de frase, Antoine (1962, pp. 932-9) fala de um *e* "arquitetural", que serve para: (i) abrir um desenvolvimento (ataque); (ii) fechar um desenvolvimento (encerramento); (iii) marcar a transição de um desenvolvimento a outro (transição não lógica). É extraordinária a observação de Antoine, feita no começo dos anos 50, sobre esse valor de composição textual-discursiva do *e*. Sabemos, no entanto, que muita tinta correu posteriormente no estudo desse elemento sem que se levasse em conta tal valor, e até mesmo sem que se suspeitasse da necessidade de pesquisar o valor do *e* inicial de frase. Na verdade, ao valor básico do *e* inicial de frase como marca de avanço na progressão textual se pode atribuir cada um desses efeitos a que Antoine dedica sua análise, reconhecendo-se que eles nem sempre são nitidamente distinguíveis, como tudo que tem foco em enunciados reais. Desse modo, o chamado *e* "de transição" muitas vezes o é justamente porque abre um novo desenvolvimento (de "ataque"?), introduzindo temas, inaugurando cenas, apontando para a frente, ao mesmo tempo que deixa para trás um bloco que se encerra. Especialmente ocorrente em início de parágrafo, esse *e* pode ser observando em

- (...) *Devagar levantou-se, evitando pensar que matara exatamente o que mais amara.*

   E como se tivesse sobrevivido à morte do pássaro, impeliu-se a olhar o mundo naquilo que ele próprio acabara de o reduzir:
   O mundo era grande. (ME, 38)

Verifica-se que a paragrafação é especialmente importante na marcação de um avanço diferenciado. Caracteristicamente de transição são as frases iniciadas por *e* que retomam o curso da narrativa após discurso direto (ou indireto), como se observa em

- *– O negro é raçado mesmo.*
  – Se o coronel não tem o santo forte, estava torado na bala.
  – Mas também ele só atirou porque estava de porre – convinham alguns
  – De porre ou não, só sei dizer é que ele tem cabelo na venta – contestavam outros.
  E assim foi o negro feito herói pela cidade que o temia, pela cidade que conhecia a história dos seus crimes, e acabava de ficar sabendo até quanto podia ir sua audácia de cabra destemido que nascera para o cangaço. (c: 53-54)

Encerrando parágrafos, ocorrem, por outro lado, exemplos típicos de *e* "de arremate", como em

- *– Cuidado com os corretores! (...)*
  Ignoro se eles existiram no passado. Se existiram, Moisés, levando o seu povo pra a Terra Prometida, foi o primeiro corretor de imóveis. Pode ser que antes dele tenha havido outros, mas chegaríamos ao Padre Eterno que com tanto realismo aliciador soube propalar as vantagens do Paraíso. É verdade que temos o testemunho de Adão e Eva. (...). E assim os pais da Humanidade talvez tenham sido vítimas da verve do Primeiro Corretor. (BSS, 28)

A organização não apenas em parágrafos, mas, principalmente, em capítulos, permite a verificação do grande efeito do elemento *e* na progressão do texto, especialmente na abertura e fechamento de grandes blocos informativos, temáticos, argumentativos. Como no trecho seguinte, se abrem alguns capítulos, nos textos que examinei:

- *E desde quando um caráter de homem deixou de ser o espelho de sua adolescência? O retrato de Mauro está no recesso da casa paterna. A grande tela da sua vida comprimira-se no horizonte familiar, projetara-se dele para os seus olhos de criança.* (VB, 40).

E como no trecho seguinte se fecham alguns capítulos:

- *Até que tudo se esverdeou. Uma transparência pacificara-se no descampado sem deixar uma mancha mais clara. Então a cabeça oca pela sede subitamente se acalmou.*
  – Que luz é essa, pai? Que luz é essa? perguntou com voz rouca.
  – É a do fim do dia, meu filho.
  E assim era. A luz se transcendera em mistério. (ME, 42)

Finalmente, observemos o final do "Conto à la mode", que ilustra o mandamento "Guardar domingos e festas" (DM: 73-102). O conto se abre quando Zulmira, a agregada analfabeta da casa de Dr. Fifinho, um latifundiário, escancara as janelas, depois de voltar da missa, que não perdia nunca. Os da casa passam o domingo entre a praia, o tédio e o desamor. Vai-se delineando o perfil da família, sem valores e sem religião, cada um simplesmente tolerando o outro, em uma vida burguesa de egoísmo e hipocrisia.

Ocorre, então, a Revolução de março de 1964, e a família "pela primeira vez se uniu" no "Desfile da Cruz e da Família pela Liberdade". Somente Zulmira não foi. E é assim que o conto se encerra:

- *Somente Zulmira não foi. O apartamento não podia ficar sem ninguém – os ladrões andavam à solta, assaltando e matando. Fechou bem as portas, certificou-se que estavam bem fechadas, esteve um pouco à janela vendo o povo passar, depois recolheu-se ao quartinho, onde a imagem de São Jorge, pavorosa, coitada, tinha destacado lugar, e, mais cedo do que costumava, desfiou o rosário, que dr. Fifinho trouxera de Roma, como era hábito noturno. E dormiu com o coração em paz – cedinho teria que ir à missa.* (DM-MR, 101-102).

O elemento *mas*, por seu lado, também tem um papel bastante significativo na organização textual. Diferentemente, do *e*, porém, sua força não está na simples mobilidade para a direita, que faz do *e*, talvez, o elemento mais eficaz na dinamização do texto. Exatamente porque estabelece desvio, o *mas* exige uma certa fixação no contexto precedente, para o apoio da discriminação. Por isso mesmo ele é elemento de eleição privilegiada na abertura de caminhos novos, que ele marca como, de algum modo, divergentes ou discrepantes. Com ele se sugerem novos e diferentes temas, diferentes focos, diferentes lugares, diferentes tempos, enfim, com ele se abrem novas cenas que, deixando outras para trás – com a marca explícita da alteração –, conduzem o texto para rumos marcadamente desviantes.

Em início de parágrafo pode-se ver esse efeito do *mas*, que abre todo um bloco maior, desviante – de uma maneira ou de outra – do curso anterior da narrativa. É o que ocorre em

- *No mesmo dia que seu Marcos, triste e ressentido, arriou seus pertences na casa desocupada por Estêvão, o caminhão de Geraldo Magela roncou na subida da ponte levando os estrangeiros na boleia e o carpinteiro Estêvão atrás, em cima da carga. Ao vê-los passar em nossa porta, meu pai virou o rosto, enjoado; disse que nunca vira um espetáculo mais triste, um homem de bem como Estêvão, competente no seu ofício, largar tudo para acompanhar aquela gente como menino recadeiro.*
  Mas não deixou de ser um alívio vê-los fora da cidade. Agora podíamos novamente frequentar a pensão D. Elisa, conversar com os hóspedes, saber quem chegava e quem saía, sem necessidade de falar baixo nem de nos esconder. (CBC-JJV, 78)

É particularmente notável, por outro lado, é o efeito de um bloco iniciado pelo *mas* quando esse bloco é o de encerramento de capítulo, como ocorre em

- *Meu pai, que era um homem esperto, queria que eu fosse general ou papa, mas fugi de casa muito cedo e aprendi a ser apenas eu mesmo, sem nenhum*

título permanente – o que, de resto, não considero nenhuma virtude de minha parte, mas simples obrigação. No dia em que não puder ser eu mesmo eu me matarei de vergonha; aliás, nem será preciso que me mate: morrerei simplesmente. Já tentei o suicídio três vezes por esse motivo – mas, no instante mesmo em que me suicidava, compreendia que afinal voltara a ser eu mesmo, e desistia do intento. (...)
Mas *a chuva está insidiosa, como dizia um meu tio, e, já que não tenho o que fazer, e o melhor nesses casos, é exatamente não fazer nada, ponho-me de cócoras junto a um cinema que está exibindo um filme de Charlie Chaplin e cujo porteiro (de libré) me olha com um ar assustado e desconfiado, como se nunca antes houvesse visto um vagabundo maltrapilho e faminto, com a barba de uma semana na face esquálida e sem esperança.* (LVA, 111)

Por outro lado, verificam-se importantes efeitos do uso de co-ordenadores na caracterização de gêneros textuais, por exemplo no movimento de avanço conferido à narrativa ou na criação de recursividade por adição de unidades de informação, em trechos descritivos.

Nos textos históricos, a repetição do elemento *e* em início de frases próximas promove recursivamente uma somatória de fatos subsequentes. Uma modalidade desse efeito faz a criação do chamado 'texto bíblico', em que os fatos se somam em subsequência, tanto no tempo da enunciação como no tempo da ação, e o acréscimo de cada um ao anterior, ou aos anteriores, se reveste de significação especial, já que esses fatos criam um edifício de doutrina. Essa característica de texto bíblico aparece em trechos de *Dez mandamentos* (DM-OL: 52-57), exatamente uma coletânea de contos encomendados aos autores, com tal tema.

Quanto ao *mas*, examinei quatro textos com trechos particularmente marcados por repetidas ocorrências desse co-ordenador – e, muito marcadamente, entre segmentos grandes e complexos, como frases e parágrafos – e verifiquei que isso se reflete fundamente na sua temática, nos seus efeitos, na mensagem que cada um deles compõe. Pode-se dizer que o que cada um desses textos é, na sua essência, reflete exatamente o que é a essência de um *mas*: o primeiro deles (CP: 66-68) se faz de buscas e falhas, tentativas e frustrações. O segundo (CVP: 94-95) se faz de aparência e mentira. O terceiro (ME: 36-37) joga com a desigualdade no tempo e constrói desvios na narrativa. O quarto, finalmente – o conto "O búfalo", de Clarice Lispector (CBC-CL: 219-225) – do qual se apresenta, aqui, uma amostra, é um conto inteiro privilegiadamente caracterizado pelo elemento *mas*, que faz do texto um negacear constante:

O búfalo
Mas era primavera. Até o leão lambeu a testa glabra da leoa. Os dois animais louros. A mulher desviou os olhos da jaula, onde só o cheiro quente lembrava a carnificina que ela viera buscar no Jardim Zoológico. Depois o leão passeou enjubado e tranquilo, e a leoa lentamente reconstituiu sobre

as patas estendidas a cabeça de uma esfinge. "**Mas** isso é amor, é amor de novo", revoltou-se a mulher tentando encontrar-se com o próprio ódio **mas** era primavera e dois leões se tinham amado. Com os punhos nos bolsos do casaco, olhou em torno de si, rodeada pelas jaulas, enjaulada pelas jaulas fechadas. Continuou a andar. Os olhos estavam tão concentrados na procura que sua vista às vezes se escurecia num sono, e então ela se refazia como na frescura de uma cova.

    Mas a girafa era uma virgem de tranças recém-cortadas. Com tola inocência do que é grande e leve e sem culpa. A mulher do casaco marrom desviou os olhos, doente, doente. Sem conseguir – diante da aérea girafa pousada, diante daquele silencioso pássaro sem asas – sem conseguir encontrar dentro de si o ponto pior de sua doença, o ponto mais doente, o ponto de ódio, ela que fora ao Jardim Zoológico para adoecer. **Mas** não diante da girafa que mais era paisagem que um ente. Não diante daquela carne que se distraíra em altura e distância, a girafa quase verde. Procurou outros animais, tentava aprender com eles a odiar. O hipopótamo, o hipopótamo úmido. O rolo roliço de carne, carne redonda e muda esperando outra carne roliça e muda. Não. Pois havia tal amor humilde em se manter apenas carne, tal doce martírio em não saber pensar.

    Mas era primavera, e, apertando o punho no bolso do casaco, ela mataria aqueles macacos em levitação pela jaula, macacos felizes como ervas, macacos se entrepulando suaves, a macaca com olhar resignado de amor, e a outra macaca dando de mamar. Ela os mataria com quinze secas balas: os dentes da mulher se apertaram até o maxilar. A nudez dos macacos. O mundo que não via perigo em ser nu. Ela mataria a nudez dos macacos. Um macaco também a olhou segurando as grades, os braços descarnados abertos em crucifixo, o peito pelado exposto se orgulho. **Mas** não era no peito que ela mataria, era entre os olhos do macaco que ela mataria, era entre aqueles olhos que a olhavam sem pestanejar. De repente a mulher desviou o rosto: é que os olhos do macaco tinham um véu branco gelatinoso cobrindo a pupila, nos olhos a doçura da doença, era um macaco velho – a mulher desviou o rosto, trancando entre os dentes um sentimento que ela não viera buscar, apressou os passos, ainda volto a cabeça espantada para o macaco de braços abertos: ele continuava a olhar para a frente. "Oh não, não isso", pensou. E enquanto fugia, disse: "Deus, me ensine somente a odiar."

    "Eu te odeio", disse ela para um homem cujo crime único era o de não amá-la. "Eu te odeio", disse muito apressada. **Mas** não sabia sequer como se fazia. Como cavar na terra até encontrar a água negra, como abrir passagem na terra dura e chegar jamais a si mesma? Andou pelo Jardim Zoológico entre mães e crianças. **Mas** o elefante suportava o próprio peso. Aquele elefante inteiro a quem fora dado com uma simples pata esmagar. **Mas** que não esmagava. Aquela potência que no entanto se deixaria docilmente conduzir a um circo, elefante de crianças. E os olhos, numa bondade de velho, presos dentro da grande carne herdada. O elefante oriental. Também a primavera oriental, e tudo nascendo, tudo escorrendo pelo riacho.

A mulher então experimentou o camelo. O camelo em trapos, corcunda, mastigando a si próprio, entregue ao processo de conhecer a comida. Ela se sentiu fraca e cansada, há dois dias mal comia. Os grandes cílios empoeirados do camelo sobre olhos que se tinham dedicado à paciência de um artesanato interno. A paciência, a paciência, a paciência, só isso ela encontrava na primavera ao vento. Lágrimas encheram os olhos da mulher, lágrimas que não correram, presas dentro da paciência de sua carne herdada. Somente o cheiro de poeira do camelo vinha de encontro ao que ela viera: ao ódio seco, não a lágrimas. Aproximou-se das barras do cercado, aspirou o pó daquele tapete velho onde sangue cinzento circulava, procurou a tepidez impura, o prazer percorreu suas costas até o mal-estar, **mas** não ainda o mal-estar que ela viera buscar. No estômago contraiu-se em cólica de fome a vontade de matar. Mas não o camelo de estopa. "Oh Deus, quem será meu par neste mundo?" (......................) (CBC-CL)

"Mas era primavera". Assim se abre a história de uma personagem que queria o ódio. Assim se antecipa um jogo de desesperanças que se assentam sobre a desigualdade entre o que se busca e o que se encontra, entre o que se é e o que se espera ser, entre o que se quer e o que se tem, entre o que se procura entender e o que se sabe. E, paradoxalmente, o que se busca e se quer é o negativo, o que se encontra – e que frustra – é o positivo. E, assim, paradoxalmente, o positivo tem a marca do *mas*. E, paradoxalmente, ainda, esta contrariedade do que se busca antecipa todo o desenvolvimento do jogo dessas desigualdades, e vem como abertura do texto. Antecipa-se a frustração pelo mal que não se obteve, antecipa-se a força positiva – face à realidade – do que é negativo, e a força negativa – face aos impulsos – do que é positivo. E o *mas* nega o ódio, nega o mal, nega o negativo: "*Mas* era primavera". "*Mas* isso é amor". "*Mas* a girafa era uma virgem de tranças recém-cortadas". "*Mas* o elefante suportava o próprio peso."

E, desse modo, o *mas* chega ao requinte de se apresentar como adversativo do adverso – e por antecipação – num primoroso jogo desconexo de paradoxos, em que, ao final, as forças contrastantes que se enfrentam resolvem as suas desigualdades... e o *mas* deixa de ter razão de ser.

A organização dos enunciados e a gramaticalização

O processo de gramaticalização na articulação oracional

As reflexões de base funcionalista apresentadas no item "A base teórica" ajudam a preparar os fundamentos para a compreensão de um processo particularmente relevante na vida e na história das línguas, a gramaticalização,[56] exatamente o processo pelo qual entidades da língua sofrem acomodação para obter uma organização de enunciados que reflita o complexo de relações existente na base.

Muitos dos elementos usados na articulação de orações estão envolvidos em processo de gramaticalização, e observado o seu comportamento nos enunciados da língua, verifica-se que esses elementos podem ser colocados em diferentes pontos de escalas, segundo os diferentes estágios em que se encontram, nesse processo, na direção do estatuto de 'conjunção'.

O processo tem motivação nas necessidades comunicativas não satisfeitas pelas formas existentes, bem como na existência de conteúdos cognitivos para os quais não existem designações linguísticas adequadas. O fato significativo é que, para satisfazer a essas necessidades, novas formas gramaticais podem desenvolver-se ao lado de estruturas equivalentes disponíveis, sendo possível que ocorrências diversas de um item exibam características de diferentes categorias, mas não se podendo dizer, sem simplificação, que um elemento seja, ao mesmo tempo, membro de duas categorias gramaticais diferentes.

Partindo-se do princípio de que a gramaticalização se explica não como uma transição que se faz com entidades discretas, mas como uma extensão gradual do uso de uma entidade original, facilmente se vai entender, por exemplo, que o elemento *embora* possa ser entendido, em certos casos, como do mesmo estatuto de *se* ou de *porque*, mas possa comportar-se, em outros casos, como um verdadeiro advérbio. É possível entender, também, por exemplo, que o elemento *porém* possa comportar-se ora como *mas* (seu vizinho à direita na escala) ora como *entretanto* (seu vizinho à esquerda).

Na chamada 'coordenação' (especificamente no campo das chamadas 'adversativas')[57] propõe-se aqui uma escala, na direção do menos gramatical para o mais gramatical, com a seguinte ordem:

entretanto / *contudo* / *todavia*, etc. ⇒ *porém* ⇒ *mas* ⇒ *e, ou*

Na chamada 'subordinação' de relação *lato sensu* causal, ou *lato sensu* condicional (causal propriamente dita, condicional e concessiva),[58] propõe-se, na mesma direção, uma escala com a seguinte ordem:

embora ⇒ *porque* ⇒ *se*

A gramaticalização nas relações hipotáticas em português

Neste campo pode-se propor, em primeiro lugar, que o grande número de elementos conjuntivos no território da hipotaxe adverbial[59] – e a facilidade de criação de novas locuções que exercem o papel de articuladores de relações hipotáticas – constitui uma evidência de que as relações aí estabelecidas têm natureza muito diferente das que se estabelecem na subordinação estrita (representada pelas orações substantivas e pelas adjetivas restritivas).

A primeira fronteira poderia ser colocada exatamente nessa ordem de considerações: na língua não houve a formação de conjunções gramaticalizadas integrantes (num estágio anterior) nem de locuções conjuntivas integrantes, mas esses tipos de formações povoam o universo da hipotaxe, isto é, o território da combinação de orações nucleares com orações adverbiais.

A origem desses elementos é facilmente explicada sobre a base das teorias funcionalistas que assentam a natureza de tais relações (algumas das quais revisei nos itens anteriores). Tomem-se, por exemplo, locuções conjuntivas de expressão causal, condicional e concessiva (na verdade, condicionais *lato sensu*, e, ao mesmo tempo, causais *lato sensu*, formando um *continuum*),[60] e ver-se-á (Quadro 2) que elas estão distribuídas em três grandes grupos de bases lexicais (verbal, preposicional, e adverbial), seguidas de um 'transpositor' (*que*), que define a locução como conjuntiva:[61]

	Base participial	Base preposicional	Base adverbial
Causais	visto que	desde que	já que
	dado que	por isso que	uma vez que
		por causa que	tanto mais que
Condicionais	dado que	desde que	uma vez que
		sem que	
		a menos que	
		a não ser que	
		contanto que	
Concessivas	dado que	por mais que	ainda que
	posto que	por muito que	mesmo que
		por menos que	
		apesar (de) que	

Quadro 2. As locuções conjuntivas adverbiais conforme a base lexical.[62]

Todas essas bases – particípio, preposição e advérbio –, na expressão das diversas circunstâncias, se prestam a fornecer elementos satélites, com âmbito de incidência na predicação – em seus diversos níveis – e não elementos nucleares formadores diretos de predicação. O particípio e a preposição são acionadores de funcionamento de satélites, e o advérbio, por sua vez, é, reconhecidamente, o protótipo desses satélites.[63]

De um ponto de vista lógico-semântico, facilmente se verifica o *continuum* em que essas construções *lato sensu* condicionais se distribuem. Todas elas têm uma prótase (uma proposição cujo valor de verdade determina o valor de verdade da outra) e uma apódose (a proposição que expressa a consequência do preenchimento – ou não – da condição da prótase). A prótase abre sempre uma disjunção (*se fizer* implica a possibilidade de *se não fizer*), mas a resolução dela é diferente nos três tipos principais de construções *lato sensu* condicionais. O esquema é este:

CONCESSIVA	CONDICIONAL	CAUSAL
EMBORA faça **E** **EMBORA não faça**	**SE fizer** **OU** **SE não fizer**	**PORQUE faz**
• escolha irrelevante • relação causal negada	• relação causal proposta como base para escolha (vínculo causal hipotetizado)	• escolha já feita • relação causal afirmada

CONDICIONAL- CONCESSIVA	
MESMO SE fizer	
QUER faça QUER não faça **POR MAIS QUE faça** [= se E embora]	CONDICIONAL- CAUSAL **SE/DESDE QUE fez** [= se E porque]

Quadro 3. Relações *lato sensu* condicionais e *lato sensu* causais.
* Adaptação de Halliday (1985, p. 197).

A explicação pode ser:

a) nas condicionais propriamente ditas, há dois disjuntos, e um deles tem de ser escolhido (*se fizer __ou__ se não fizer*);

b) nas concessivas, essa escolha é irrelevante: o que se afirma na apódose independe do preenchimento de qualquer uma das condições (*embora faça __e__ embora não faça*);

c) nas causais, um dos disjuntos já é posto como escolhido, como condição preenchida (*se / desde que fez*).

Ora, o *continuum* vai mais além: as condicionais *stricto sensu*, por exemplo, ocupam um espaço que, de um lado, invade a área das concessivas, e, de outro lado, invade a área das causais. A observação desse fato permite verificar que a língua dispõe de mecanismos para marcar as diferentes relações, o que, no caso, se faz especialmente por torneios conjuncionais, isto é, por especificações nas locuções conjuntivas (além de – é óbvio – outros meios, como tempo e modo verbais). Assim, nas condicionais-concessivas:

a) em *mesmo se fizer*, é a focalização da conjunção condicional *se* pelo elemento *mesmo* que explicita a irrelevância da escolha das duas condições disjuntas;

b) em *quer faça quer não faça*, é a marca alternativa do elemento conjuntivo (*quer... quer*) que explicita essa irrelevância;

c) em *por mais que faça*, é a quantificação (*mais*), junto da preposição *por*, que cumpre esse papel: o que se diz, com essa quantificação, é que não importa o fato de o peso do que vem na prótase ser grande, porque, de qualquer modo, a condição é insuficiente para evitar a frustração da expectativa.

Por outro lado, essas locuções têm de ser examinadas pelo aspecto funcional. Pode-se verificar que, ao transpositor *que*, que tem a responsabilidade de definir a categoria funcional (conjunção), juntou-se um elemento (ou um conjunto de elementos) de uma das diversas funções adverbiais, independentemente de, morfologicamente, tratar-se de base verbo, base preposição ou base advérbio:[64]

	Consequência* / Conclusão	Tempo	Modo	Intensificação
Causais	dado que visto que por isso que por causa que	já que desde que uma vez que	-	tanto mais que
Condicionais	dado que	desde que uma vez que	sem que	a menos que contanto que
Concessivas	dado que posto que	ainda que	apesar(de) que mesmo que nem que	por mais que por muito que por menos que

Quadro 4. Funções semânticas das locuções conjuntivas adverbiais.
* Adaptação de Halliday (1985, p. 197).

Cada uma dessas conjunções / locuções conjuntivas se condiciona a determinações presentes no elemento formador, mas também a determinações textuais (por exemplo, os tempos verbais do enunciado):

a) o valor de *dado que* e *visto que* causais se liga à telicidade[65] do particípio passado (*dado* e *visto*), mas, no caso de *dado que* condicional ou concessiva, a telicidade se 'corrige' com o subjuntivo do verbo;

b) *desde que* e *uma vez que* conservam a relação que os elementos *desde* e *uma vez* têm com um ponto no passado, mas, no caso das construções condicionais, essa ligação com o passado se 'corrige' com o subjuntivo do verbo;

c) em *apesar (de) que*, está em processo nova organização categorial: perdida a autonomia morfológica de *pesar* (substantivo que entrou na expressão *a pesar*), desaparece a função do *de*, introdutor do complemento do nome, restando apenas o transpositor *que* (operação que o usuário da língua, sem a mordaça da normatividade, está executando)

Facilmente se pode verificar o processo de gramaticalização (em diferentes fases), operado a partir de bases típicas da função de satélite (particípio, preposição e advérbio), com valor semântico circunstancial. Ficam evidentes os diversos princípios que regem esse processo (Hopper, 1991). Por exemplo:

1. A persistência
⇒ *dado que, posto que, visto que* causais ⇒ mantém-se a telicidade do particípio passado;

⇒ *apesar de que* ⇒ mantém-se (não em todas as falas) a regência do substantivo *pesar* (preposição *de*).

2. A descategorização

⇒ *a pesar (de)* > *apesar (de)* ⇒ perdem-se, ou neutralizam-se, os marcadores morfológicos da categoria plena substantivo;

⇒ *já que* ⇒ já não há como ver um advérbio, no conjunto.[66]

3. A estratificação

apesar de que e *apesar que* ⇒ estão em uso em registros diferentemente avaliados;

⇒ *por causa de que* e *por causa que* ⇒ estão em uso em registros diferentemente avaliados.

4. A especialização

⇒ *apesar de que* ⇒ é mais frequente no registro culto (estágio anterior);

⇒ *apesar que* ⇒ é mais frequente no registro popular.

Quanto à forma, propriamente dita, das tradicionais 'conjunções adverbiais' do português, no que se refere ao processo de gramaticalização, temos de começar com a indicação de que a única representante de conjunção latina, mesmo, é a condicional *se*. A causal *porque* tem formação em português, embora o latim tivesse conjunção correspondente (*quia*). Ao contrário, as conjunções concessivas são tardias, nas línguas em geral. Lembre-se que o próprio termo **concessivo** surgiu no século XVII (Hermodsson, 1994). O elemento *embora* tem origem adverbial: liga-se à locução *em boa hora*, que se acrescentava a frases optativas ou imperativas, representando a crença de que o êxito dos empreendimentos dependia da hora em que ocorriam, como se vê em *Vaamos em boa hora nosso caminho.* (Zurara, *Guiné*, 337, apud Said Ali, 1964). Posteriormente, fundiram-se as três palavras em *embora*, elemento que passou a ser muito empregado – ainda com significado ligado a bom agouro – com o imperativo dos verbos *ir* e *vir*, como em *Vay-te embora ou na má hora.* (Serm 1, 208, apud Said Ali, 1964). Modernamente desapareceu essa acepção ligada a votos de bom êxito, e o elemento *embora* usado junto a esses verbos de movimento passou a ser entendido como expressão da noção de afastamento, já presente nos próprios verbos. Por outro lado, a conjunção *embora* é vista também em outro percurso de alteração semântica: usada – posteriormente –, como aponta Said Ali (1964), para indicar que "se concede a possibilidade do fato, ou que o indivíduo que fala não se opõe ao seu cumprimento" (p. 190). Um dos exemplos que Said Ali apresenta é: *Ria embora quem quiser, que eu em meu siso estou.* (Gil Vicente). O que ocorreu foi que "a principal passou a servir de subordinada, e a correlata despe-se da partícula *que*, convertendo-se em principal" (Said Ali, 1964, p. 190).

O que se verifica é que o exame das conjunções, e, particularmente, das locuções conjuntivas usadas para introduzir as orações satélites, é privilegiado para a verificação do estatuto das relações contraídas (tanto táticas como semântico-funcionais), já que só a natureza adverbial permite as formações conjuncionais de base verbal, adverbial e preposicional que se verificam na língua, as quais, sob a ótica da gramaticalização, podem ser muito bem explicitadas.

A gramaticalização nas relações paratáticas em português

A coordenação – tanto de sintagmas como de orações ou frases – apresenta a possibilidade de ser marcada apenas entonacionalmente, por exemplo, pela entoação característica da marcação por vírgula. Existem, porém, em muitas línguas, marcas formais de coordenação, e na maior parte das vezes a origem desses marcadores é conhecida, sendo possível traçar-se o percurso de seu desenvolvimento histórico, percurso que, em geral, representa um processo de gramaticalização. Mithun (1988), estudando uma grande variedade de línguas, mostra, por exemplo, que a origem de conjunções coordenativas ocorrentes entre sintagmas nominais está, frequentemente, em construções comitativas, ou em partículas adverbiais de significado aditivo – e, muitas vezes, de valor discursivo – do tipo de *também*. Mostra, ainda, que a coordenação entre orações é registrada, em algumas línguas, por um elemento adverbial – com significado próximo a *então* – que marca uma relação temporal com o contexto precedente, mas não assinala nenhuma relação gramatical. Em todos os casos, não é difícil entender que tais elementos passem, por força de seu funcionamento na frase, ao estatuto de conjunções de coordenação. Em várias das línguas estudadas, Mithun (1988) mostra uma falta de distinção clara entre advérbios e conjunções, a ponto de, em alguns casos, os estudiosos terem declaradamente desistido de estabelecer essa distinção. Isso apenas significa que, como se aponta em estudos referentes a línguas diversas, muitos desses elementos estão em fase de transição, uns mais próximos, outros mais distantes da plena gramaticalização. Esses estudos indicam, ainda, que muitas conjunções coordenativas são novas nas línguas, isto é, foram gramaticalizadas muito recentemente, e, inclusive, entraram em línguas que antes não tinham conjunções para estabelecer coordenação.

Em português, também, as partículas adverbiais são fontes de elementos coordenativos,[67] e também são fluidos os limites entre um papel semântico-discursivo e um papel basicamente relacional de tais partículas. Fluida é a própria classificação que pode ser atribuída a elementos ou sintagmas como *porém, entretanto, contudo, no entanto, portanto, por conseguinte*. As gramáticas em geral arrolam todas essas formas entre as conjunções coordenativas, embora elas não passem nos testes que lhes poderiam dar esse estatuto. Cite-se, apenas, dentre esses testes, a possibilidade de esses elementos coocorrerem com uma conjunção coordenativa como *e* ou *mas*, e de eles ocorrerem separados por vírgula. Exemplificando:

- *Ando por aqui como um forasteiro, **e entretanto** tudo isso já foi meu.* (AM)
- *Sim, ele lhe falara no quanto era bela a morte **e contudo** continuava vivo, ele e Luciana vivos, sozinhos dentro de casa!* (CP)

- *Aqui o ódio continuava mais intenso ainda e, **todavia**, foram obrigados a conviver na mesma senzala e como mercadoria de um mesmo proprietário.* (ZH)
- *Dante é um homem da Idade Média e Petrarca é um homem do Renascimento **e, no entanto**, são homens de uma mesma época.* (AU)
- *Aí está Minas: a mineiridade. **Mas, entretanto**, cuidado.* (AVE)
- *Dá-se ênfase à intenção plástica enquanto se busca o que existe de mais moderno na técnica construtiva (...), **mas, no entanto**, imaginam-se programas nem sempre compatíveis com a realidade social.* (AQT)
- *[Ananias] gostava dela, sim, **mas porém** não podia esquecer que fora infelicitada.* (FR)
- *Sem chuva fenece. **Mas porém** resiste.* (FR)
- *O fim dos cheques ao portador obrigou o produtor a identificar a origem do dinheiro **e, portanto**, pagar imposto.* (AGF)
- *Mãos de Ouro Trabalhos Maravilhosos é uma coleção dedicada às mulheres que já sabem trabalhar bem com as agulhas, e que desejam conhecer desenhos, pontos e serviços mais avançados - mais bonitos **e, logo**, mais apreciados também.* (REA)[68]

A diferença de estatuto entre, de um lado, elementos como *porém, entretanto, contudo, todavia, no entanto* – todos representando instâncias de gramaticalização de elementos adverbiais – e, de outro lado, as conjunções *e, mas* e *ou* fica evidente na simples observação da impossibilidade de coocorrências como as seguintes (que devem ser examinadas em comparação com as sequências vistas nos enunciados reais que se acaba de oferecer):

a) sequências com duas conjunções, como * *e ou*, * *e mas*, * *ou e*, * *ou mas*, * *mas e*, * *mas ou*;

b) sequências com a conjunção *e, ou* ou *mas* na segunda posição, como * *porém e*, * *porém ou*, * *porém mas*, * *entretanto e*, * *contudo e*, * *todavia e*, * *no entanto e*, * *entretanto ou*, * *contudo ou*, * *todavia ou*, * *no entanto ou*, * *entretanto mas*, * *contudo mas*, * *todavia mas*, * *no entanto mas*.

Há, além disso, entre os elementos do grupo citado (*porém, entretanto, contudo, todavia, no entanto, portanto, logo, por conseguinte*, etc.) diferenças de comportamento que revelam que eles não se encontram todos num mesmo estágio de gramaticalização. Assim, por exemplo, *mas porém* é ocorrente, o que colocaria *porém* no mesmo grupo de *entretanto*, enquanto * *e porém* não ocorre, o que o retiraria desse grupo.

Acresce que, mesmo entre os três elementos que funcionam evidentemente como conjunções – *e, mas* e *ou* – há diferenças de comportamento que colocam, num grupo, *e* e *ou*, e, em outro grupo, *mas*, ainda marcado por um determinado processo histórico de gramaticalização.

As duas conjunções coordenativas do português que podemos considerar como prototípicas (*e* e *ou*) têm origem em conjunções latinas (*et* e *aut*, respectivamente), e, portanto, em relação a elas não existe um processo de gramaticalização que possa ser percorrido na língua portuguesa.

A conjunção *mas*, porém, se desenvolveu de uma palavra que, se não é lexical, é menos gramatical do que a conjunção. Trata-se do advérbio latino *magis*, usado para estabelecer comparações de desigualdade, mais especificamente de superioridade, e que, entretanto, já no latim vulgar adquiriu sentido adversativo. Como sinônimo de *potius*, "antes", "de preferência a", *magis* se tornou concorrente de *sed*, "mas" (correspondente ao alemão *sondern* e ao espanhol *sino*), após frase negativa. Também se empregou em combinação com partículas adversativas como *autem, tamen, enim, immo*, e, mesmo, *sed*. Já o emprego de *magis* como adversativo depois de frases afirmativas (correspondendo ao alemão *aber* e ao espanhol *pero*) é mais tardio, não se podendo afirmar se é fenômeno latino ou românico (Neves, 1984).

Pode-se supor que essa ligação com *magis* responda por um comportamento de *mas* que difere do comportamento de *e* e de *ou*, conjunções já na origem. Estas últimas adicionam não apenas frases, orações e sintagmas de diversos tipos, mas, também, quaisquer palavras de mesmo estatuto, como, por exemplo, até dois numerais ou duas preposições (*dois e três / dois ou três; primeiro e segundo / primeiro ou segundo; de e para / de ou para*), enquanto o *mas*, ainda guardando o traço adverbial de marca de desigualdade, não é capaz de estabelecer esse tipo de relação (* *dois mas três*, * *primeiro mas segundo*, * *de mas para*), votando-se, especialmente, para relacionar predicados (Neves, 1984).

Ora, muito facilmente se pode verificar que o elemento *mas* tem empregos que ilustram diferentes estágios compreendidos entre uma simples marca de desigualdade (que pode ser uma pura mudança de rumo do discurso) e uma marca evidente de contrariedade, "adversidade" (= *no entanto*). Castilho (1997) estudou essa questão, mostrando a existência do que ele chamou "usos discursivos" do *mas* – em que o *mas* ainda não se gramaticalizou – ao lado de "usos sintáticos" – em que o *mas* adquiriu, especialmente, a propriedade de contrajunção. Minhas reflexões têm a mesma linha, com encaminhamento um pouco diferente, e o que trago aqui é uma amostra que destaca, no estágio atual da língua, a convivência de estágios diferentes do uso desse elemento.

Vejam-se os seguintes casos, que ilustram apenas algumas possibilidades de contextos de ocorrência de mas:[69]

a) **p** *mas* ≈**p** = **p** *mas, no entanto,* ≈**p** (ou: ≈**p** *mas* ≈**p** = ≈ **p** *mas, no entanto,* **p**):
- *Vou bem.* **Mas** *você vai mal.* (vn)
- *Jesus, naquela ocasião, não satisfez a curiosidade dos discípulos,* **mas** *foi à prática: curou o cego.* (le)

b) **p** *mas* **p-** ⇒ **p** *mas, no entanto,* **p-** / ? *embora* **p-**, **p**:
- *– Os bichos comem a gente.*
  – **Mas** *a gente não é isso.* (cp)
- *Dr. Fifinho ficou só, embalado pelo ronronar do aparelho de ar condicionado.* **Mas** *foi por pouco tempo.* (dm)

c) **p** *mas* **p+** ⇒ **p** *mas, no entanto,* + / ? *embora* **p+, p**
O sertão, para ele, não é uma coisa, **mas** *principalmente uma ideia e um sentimento.* (FI)

- *Esse perigo era maior na hora de atravessar a esquina, quando ficavam esperando uma oportunidade – o trânsito estava muito movimentado – e então se expunha inteiramente à vista dos outros.* **Mas** *os carros estacionados não eram menos perigosos:* (CO)

d) **p** *mas* ≠ **p** ⇒ * **p** *mas, no entanto,* ≠ **p** / * *embora* ≠ **p, p**
- *O senhor quer dizer que a morte para minha mãe seria muito melhor que a vida.* **Mas**... *e se ela sarar?* (CP)
- *– Não. A gleba no Guarujá é uma só, e olhe lá!*
– Mas, Augusto, como você está bem disposto! (VN)

Verifica-se que, em a) – em que se ilustra um grau forte de gramaticalização –, *mas* é o que se pode chamar, realmente e plenamente, de 'adversativo', valor que a expressão adverbial *no entanto* acentua. Ademais, nessas frases, poderiam, mesmo, coocorrer, em conjunto, a conjunção (*mas*) e o advérbio (*no entanto*). Já nas frases de b), c) e d) – que ilustram graus cada vez mais baixos de gramaticalização do *mas* e graus cada vez mais altos de cumprimento de funções discursivas – em grau cada vez maior esse elemento fica a dever, em termos de indicação de 'direção contrária', de 'oposição', e em grau cada vez maior repele a coocorrência com *no entanto*.

São ilustrações da multifuncionalidade do elemento *mas*, reflexo da mobilidade categorial dos itens, no sistema instável da língua.

Notas

[*] Este capítulo reúne reflexões e aproveita trechos de estudos de Neves (2004b; 2003c; 2001b; 2000d; 1998; 1985).
[1] Outras (con)junções de tempo possíveis seriam, por exemplo, de formas como: *um megaestudo* **sucedeu** *ao acordo;* **em seguida** *houve um megaestudo;* **depois disso** *houve um megaestudo;* **após** *o acordo houve um megaestudo;* **depois que se firmou** *o acordo fez-se um megaestudo;* **firmado** *o acordo, houve um megaestudo.*
[2] Nesse trecho, observa-se recursividade de relação temporal de subsequência, uma dentro de outra.
[3] Nestes dois primeiros casos, a relação temporal é marcada por um elemento adjetivo de ordenação: *primeiro*.
[4] Usam-se, aqui, os termos abrigados no documento oficial da Nomenclatura Gramatical Brasileira.
[5] Ressalve-se que nem todos os tipos do que se tem considerado 'adjunto adverbial', um conjunto muito heterogêneo, ocorrem como oracionais.
[6] Tratei de um modo geral desses autores funcionalistas no capítulo "Estudar os usos linguísticos".
[7] A referência é aos níveis de estruturação do enunciado propostos na gramática funcional (Dik, 1989a, 1997; Hengeveld, 1988, 1989), de que trato em vários pontos deste livro, e que especifico em Neves (1997, p. 84-94). Estenda-se a proposta até os "movimentos" (*moves*, Hengeveld, 2003; 2005), de que falo no item "A concorrência de orações na parataxe" deste capítulo, e de que também trato no final do capítulo "Estudar os usos linguísticos".
[8] Parataxe e hipotaxe são apresentadas, porém, como relações gerais, que não se restringem apenas às relações intra e interfrasais.
[9] Entretanto uma observação desse tipo já é diferencial em algumas obras tradicionais sobre o português, revelando intuição relevante. Cite-se Garcia (1967). Bechara (1999) já registra explicitamente que a justaposição pode, no nível do texto, apresentar interpretações do tipo adverbial, exemplificando casos de "orações justapostas de valor contextual adverbial" (p. 507).
[10] Os autores dessa obra integram um grupo funcionalista que propõe uma "teoria da estrutura retórica do texto" (Mann & Thompson, 1983; 1987a; 1987b; 1988; Thompson & Mann (1987); Mann, Matthiesen & Thompson, 1992, apud Antonio, 2004), relativa à organização dos textos, com caracterização das relações que se estabelecem

entre as suas partes. Assenta-se que, além do conteúdo proposicional explícito das orações do texto, há proposições implícitas, denominadas relacionais, que surgem da combinação entre as partes do texto, tanto entre orações como entre porções maiores do texto. A teoria tem quatro tipos de mecanismos: relações, esquemas, aplicações dos esquemas e estruturas. Os tipos de relações são ou núcleo-satélite (uma porção do texto é ancilar de outra) ou multinucleares (cada porção do texto é um núcleo distinto). Os tipos de esquemas são quatro: elaboração, contraste, lista e sequência. Antonio (2004) estuda, nessa linha, narrativas orais e escritas do português.

[11] Nos termos de Halliday (1985), trata-se da hipotaxe (no eixo tático) conjugada com a expansão de realce (no eixo semântico-funcional).

[12] Tradicionalmente, a coordenação, a aposição e a citação.

[13] Um ponto central nessa proposta é que fica rejeitada a consideração de **subordinação** como um mesmo rótulo para as relações de hipotaxe e as de encaixamento, às quais volto a seguir, com Lehman (1988).

[14] Disso trato no item "A articulação das orações na hipotaxe adverbial" deste capítulo.

[15] Assumo, em relação ao termo **gramaticalização**, o que está em Neves e Braga (1998): "Tratamos a gramaticalização, aqui, não no sentido estrito da evolução diacrônica, mas no sentido funcional de acionamento de possibilidades concomitantes, representativas de diferentes graus de coalescência semântica e/ou sintática na organização do enunciado. Mais do que evolução, o caráter gradual da gramaticalização representa escolha entre construções que estão mais, ou menos, estabelecidas, entre itens que estão mais, ou menos, dentro da gramática. No estudo da articulação de orações, por exemplo, isso representa a consideração, especialmente, da existência de graus na marcação (não morfológica) de caso, isto é, na integração da oração hipotática de realce à nuclear." (p. 194-195).

[16] Nesse ponto, Lehman deve ser distinguido tanto de Halliday (1985) como de Matthiessen e Thompson (1988), porque abriga na 'articulação de orações' (*clause linkage*) também o encaixamento: incluem-se nela a coordenação (associação) e a subordinação (dependência), esta abrigando hipotaxe e encaixamento. Verifica-se que Lehman não rejeita os termos **coordenação** e **subordinação**. Para ele, a subordinação / dependência se define como a relação entre um x e um y, se a categoria gramatical do complexo é determinada pelo x (uma relação endocêntrica): por exemplo, a combinação de uma oração nuclear com uma oração adjetiva restritiva (núcleo nominal + atributo) mantém o estatuto da nuclear.

[17] Essa relação foi testada em Neves e Braga (1998), especificamente para o caso das temporais e das condicionais, tomando-se por base três propriedades: a posição relativa das duas orações; a realização do sujeito nas duas orações; a determinação do tempo e do modo da hipotática pela nuclear. O resultado mostrou que, quanto às duas primeiras variáveis, as construções condicionais são mais integradas e, portanto, mais gramaticalizadas do que as temporais, e, quanto à terceira variável, as temporais são mais integradas do que as condicionais.

[18] Fora da linha dos autores até agora comentados merece menção a proposta de Lakoff (1984), que, tratando da pragmática na subordinação, também defende a distribuição das orações num *continuum* em que as orações se vão apresentando como mais, ou menos, coordenadas, mais, ou menos, subordinadas, conforme as características que apresentem: os níveis extremos são o da parataxe pura (justaposição sem conectivo) e o da hipotaxe pura (subordinação sintática e semântica, com perda de identidade sentencial de uma das orações). São intermediários o nível da mixotáxis (coordenação com conectivo) e o nível da quase-hipotaxe (subordinação de uma ideia ou de uma oração a outra, com conectivo). A quase-hipotaxe corresponderia à "hipotaxe" de Halliday, e a hipotaxe pura, ao encaixamento.

[19] Longacre (1985) apresenta dois tipos de coesão entre parágrafos sucessivos: cauda-cabeça (*tail-head linkage*), na qual o início de um parágrafo se refere ao final do parágrafo anterior, e resumo-cabeça (*summary-head linkage*), na qual a primeira frase de um parágrafo resume o parágrafo precedente.

[20] Esses parâmetros são: 1. degradação hierárquica da oração subordinada; 2. nível sintático do constituinte ao qual a oração subordinada se liga; 3. dessentencialização da oração subordinada; 4. gramaticalização do verbo principal; 5. entrelaçamento das duas orações; 6. grau de explicitude da ligação.

[21] Para investigar a distribuição das construções concessivas no *continuum* 'menor ⇒ maior integração do segmento concessivo ao segmento nuclear', Zamproneo (1998) estabeleceu o seguinte grupo de fatores: a) nível sintático do núcleo; b) posição do segmento concessivo em relação ao núcleo; c) (não) identidade do sujeito; d) explicitude do sujeito do segmento concessivo.

[22] É recorrente nas lições tradicionais a diferenciação entre coordenadas e subordinadas baseada na maior liberdade posicional destas últimas.

[23] Trato disso em Neves (1999a, 1999b, 1999c).

[24] Remeto a Dik (1997 I, p. 133), que trata da ordem icônica nas construções com orações-satélites recorrendo à atribuição que Greenberg (1966) faz dos universais linguísticos a um princípio geral de iconicidade segundo o qual a ordem dos elementos da linguagem é paralela à ordem dos elementos da experiência física ou à ordem de seu conhecimento. Apontando que, em certo sentido, uma condição é conceptualmente anterior à sua conclusão, e um propósito é conceptualmente posterior ao estado de coisas do qual ele é o propósito, Dik propõe que a ordem linear dessas orações reflete as relações conceptuais.

[25] Na análise de uma mesma amostra do *corpus* de português falado culto – NURC, Neves (1999b) encontrou cerca de 90% de condicionais antepostas e Braga (1999) encontrou 72% de temporais nessa posição. No entanto, Souza (1996), examinando textos variados de português escrito contemporâneo (*Corpus* de Araraquara), encontrou maior proporção de casos de posposição de orações temporais, tanto com o conectivo *quando* (pospostas: 47%; antepostas: 39%; intercaladas: 14%) quanto com o conectivo *enquanto* (pospostas: 64%; antepostas: 36%; intercaladas: menos de 1%). Lembre-se que há frequentes casos de construções com *enquanto* (também *enquanto que*) que se aproximam da parataxe (são contrastivas), condicionando a posposição dessa oração: *As turmalinas têm dureza compreendida entre sete e sete e meio, enquanto as safiras são nove. (PEP). A falta de planejamento tático faz cair a eficácia a curto prazo, enquanto que a falta de planejamento estratégico pode comprometer a sobrevivência.* (AD). As indicações sobre *corpus* de exame estão na Apresentação.

[26] Aliás, já de um ponto de vista lógico é assentada a condição naturalmente anteposta das condicionais. Greenberg (1966, apud Haiman, 1986) indica a ordem prótase-apódose como um universal linguístico.

[27] Esse estatuto dialógico pode explicar-se, bem simplesmente, do seguinte modo: Numa construção concessiva típica, a primeira oração (a concessiva) exprime um acordo entre os interlocutores enquanto a segunda (a nuclear) traz uma divergência. Entretanto, a anteposição da concessiva não é a posição preferencial, pelo menos no português, conforme pesquisas de Neves (1999c) e de Zamproneo (1998), que encontraram mais de 50% de posposição nessas construções.

[28] Em sua tese de doutorado sobre as relações hipotáticas adverbiais na interação verbal, Lima (2002) encontrou como mais frequentes em posição posposta as orações hipotáticas causais, e atribuiu esse dado ao fato de "os satélites causais serem os preferencialmente selecionados para desempenhar funções de explicação, que representam a maior parte do material adicionado" (p. 167). A maciça prevalência de posposição no caso das causais também foi encontrada, em português, por Paiva (1991), Neves (1999a) e Ferretti (2000).

[29] Em todos os casos, com o sublinhado indico maior carga entonacional, que acredito poder ser suposta.

[30] Nessas ocorrências o sujeito da oração paratática de valor condicional vem posposto ao verbo, e, de fato, isso é o que ocorre na quase totalidade dos casos. Entretanto, sendo anteposta essa oração paratática de valor condicional, pode até encontrar-se sujeito anteposto, a mesma colocação que se encontra nas condicionais hipotáticas canônicas. Um exemplo é: *Eu quisesse, à força, hoje mesmo a Ritinha vinha comigo*. (GR)

[31] Hirata-Vale (2005) defende essa tese. O trabalho discute a proposta de Schwenter (1999) de que são implicaturas conversacionais (e não significados de itens como as conjunções condicionais) que levam a valores como hipoteticidade e incerteza: o que há é que o falante usa as condicionais como um convite para fazer inferências de exclusão, que é o que caracteriza a perfeição condicional (*se e somente se*): *Se você não for bom, não ganhará nenhum presente no seu aniversário. / Comporte-se mal e você não ganhará nenhum presente no seu aniversário.* (Schwenter, 1999, p. 110). Como aponta Hirata-Vale (2005: 59), seguindo esse autor, a interpretação condicional nas justapostas está ligada à implicatura da incerteza, pois só a informação que é incerta para o falante e para o ouvinte é passível de uso em enunciados que se excluem. Observo que isso explica a possibilidade de ocorrência da conjunção *ou* (indicando alteridade), e não apenas da conjunção *e* para ligação das orações, nesses contextos. É o que se registra na famosa fala da esfinge mitológica: *Com o patrocínio de Estados militaristas, para os quais o conflito armado é inerente ao fazer político, a guerra ganha, então, sua face enigmática – como a lendária Esfinge, que pede: "Decifra-me ou te devoro".* (GUE)

[32] Fillenbaum (1986) julga que, em construções paratáticas de expressão condicional como *comporte-se mal e/ou você não ganhará nenhum presente de aniversário*, está implicado que o falante quer induzir o ouvinte a fazer algo, e, por isso, ele as considera condicionais "de promessa" ou "de ameaça". De fato, essa parece ser a função pragmática mais frequente de construções desse tipo, mas com certeza não é a única: essa mesma frase, dita por quem não é o doador dos presentes, pode ser de advertência, de alerta, de conselho, e não de ameaça ou promessa, e nem mesmo precisa implicar que o falante queira induzir o ouvinte a fazer algo, pois, para ele, pode ser completamente indiferente que o outro ganhe, ou não, presentes. Com isso fica questionada também a indicação desse tipo de construção como necessariamente "diretiva" (Dancygier, 1998).

[33] Para o português, um estudo clássico das condicionais justapostas está na tese *Leite com manga, morre!* (Decat, 1993).

[34] Ver nota 25, na qual registro que, em análise de *corpus* de língua falada (Neves, 1999b), encontrei grande maioria de hipotáticas condicionais antepostas.

[35] Haiman (1983) registra, explicitamente, que também nas construções paratáticas as condicionais são tópicos.

[36] Tratei esse tema mais especificadamente em Neves (2002a, p. 141-149).

[37] O conceito corrente do par tema / rema é firmado a partir das propostas da Escola de Praga: a frase, unidade susceptível de análise, biparte-se em um elemento comunicativamente estático, o tema, e um elemento comunicativamente dinâmico, o rema ou comentário. Ver Ilari (1992). Trato genericamente esses conceitos em Neves (1997, p. 16-19).

[38] Na verdade, pode-se indicar, até, a existência de satélites no nível de *moves*, ou seja, de 'movimentos' de fala, na interação. Ver item "Uma visão dos rumos...", do primeiro capítulo.

[39] Lembre-se que a estes correspondem as 'orações substantivas'.

[40] Cite-se, em primeiro lugar, Connoly (1997). Da proposta de uma Gramática Funcional do Discurso, propriamente dita (em elaboração), trato no item "Uma visão dos rumos..." do capítulo "Estudar os usos linguísticos".

[41] Além disso, há línguas que têm critérios mais específicos, dependentes da própria língua, para determinar se um constituinte pertence, ou não, à oração. (Dik, 1997).

[42] Como já observei, Dik (1989a, 1997) registra as entidades pragmáticas com maiúscula inicial. Essa entidade pragmática **Tema**, em Dik, não tem o mesmo estatuto (oracional) que tem o **tema** (complementar do **rema**) da Escola de Praga e de toda a tradição.

[43] Observe-se, entretanto, que não necessariamente se trata de 'orações' adverbiais.

[44] Bastos (2004) aponta que a relação entre satélites e ECCS fica mais clara quando se sai da consideração da estrutura da frase para a consideração da estrutura do discurso. Para ela, "o uso de um mesmo elemento como satélite ou ECC atende aos propósitos comunicativos do falante no interior do discurso" (p. 42). Com certeza essa foi a lição que o funcionalista Dik pretendeu.

[45] Ou seja, a "moldura" (Haiman, 1978; Chafe, 1984).

[46] Obviamente, essa evidência refere-se a textos escritos, nos quais a pontuação deixa registrado como foi que o falante organizou e limitou suas predicações e seus atos de fala.

[47] Observe-se que a definição de conjunções, em geral ('coordenativas' e 'subordinativas') de Cunha (1975, 32) é a seguinte: "palavras invariáveis que servem para relacionar duas orações ou dois termos semelhantes da mesma oração." (grifo meu).
[48] Refiro-me a segmento de texto, de qualquer nível: termo, oração, frase.
[49] Fica claro, a partir de tudo o que se propõe nesta obra, que não se defende que haja equivalência discursiva, informativa, comunicativa, etc. entre as duas construções comparadas. Por outro lado, em uma como em outra construção mantém-se o estatuto sintático relativo dos dois segmentos coordenados.
[50] Entenda-se *dramático* em seu significado etimológico, isto é, relacionado a *drama* como "ação" (ligado ao verbo *dráo* grego).
[51] A grafia com hífen que adoto neste ponto das reflexões visa a registrar mais transparentemente uma acepção específica para o termo: entende-se (acentuando-se a exterioridade sintática) que tal tipo de conjunção define como "ordenados lado a lado" ("co-ordenados") os dois segmentos entre os quais ocorre. Mantenho essa grafia até o final desta seção, para marcar mais fortemente o estatuto estabelecido para a classe, que é especialmente vista em oposição aos adverbiais do tipo de *entretanto, todavia*, etc., elementos de natureza anafórica. Nas seções subsequentes, volto a registrar a grafia corrente.
[52] Esse valor está transparente na nomenclatura tradicional, que dá a essa conjunção o nome de **aditiva**.
[53] Algumas especificações se encontram em Neves (2000a, p. 739-785).
[54] Sobre o processo de gramaticalização desses elementos, ver, a seguir, o item "Os co-ordenadores e a 'arquitetura' do texto".
[55] Os fortemente anafóricos são os que estão em um grau mais baixo de gramaticalização como conjunção coordenativa, e os fracamente anafóricos são os que se aproximam mais do ponto final da gramaticalização.
[56] Ver item "Uma visão dos principais temas funcionalistas", do capítulo "O funcionalismo e os principais modelos funcionalistas".
[57] Da gramaticalização das chamadas 'conclusivas' em português trata cuidadamente Pezatti (2002, p. 192-193). Nesse campo, de fato, ocorre um notável processo de gramaticalização. Entretanto, não considero que já haja, no conjunto, algum elemento com o estatuto pleno de 'conjunção', comparável ao que exibem *e, mas* e *ou*. Ver nota relativa ao elemento *logo*, no item "A gramaticalização nas relações paratáticas em português".
[58] Ver, adiante, "A gramaticalização nas relações paratáticas em português".
[59] Por coerência com a proposta, uso o termo **hipotaxe** para referência às construções que se fazem com as tradicionalmente denominadas **orações subordinadas adverbiais**.
[60] Ver Neves (1999a, 1999b).
[61] A história da língua mostra, por exemplo, que um *ainda que* representa a colocação da conjunção *que* para iniciar uma oração que se segue a outra terminada pelo advérbio *ainda*. (Said Ali, 1964).
[62] Observações sobre o quadro:
a) Só constam formações que ainda mantêm a forma de locução. Lembrem-se, porém, formações já recategorizadas morfologicamente como conjunção, como *porquanto, conquanto, embora*.
b) Como só estou examinando locuções (com um transpositor), não constam as conjunções que constituem gramaticalizações de bases nominais, como *caso*. A formação concessiva *mercê que* (base nominal + conjunção) não aparece porque está em desuso, conforme minha consulta ao *corpus* de língua escrita contemporânea (*Corpus* de Araraquara). A forma é documentada no século XIII (Barreto, 1999, p. 401).
c) Só constam locuções com o transpositor *que*, mas não podem ser esquecidas formações como *visto como, ainda quando, exceto se, mesmo se*, em que o último elemento é uma conjunção mais marcada (causal, temporal ou condicional).
d) Não se esqueça, ainda, a existência de uma formação como *não obstante* (de base verbal, e ainda sem transpositor (ex.: *não obstante predomine*).
[63] Há, ainda, o caso das locuções adverbiais formadas a partir de outra conjunção básica (que já é um introdutor de satélite): *se bem que (se bem*: contrajunção, século XVII + conjunção concessiva *que*, por analogia), *pois que* (ex.: *pois que obraram com união*).
[64] Um caso interessante que quero sinalizar é o das locuções concessivas com *quer*, que marcam disjunção: *como quer que, onde quer que, o que quer que, quem quer que* (estas duas últimas de estatuto pronominal). Nelas há o registro explícito daquilo que caracteriza a concessão: a escolha de qualquer um dos elementos disjuntos não influi no conteúdo da oração núcleo. Disso tratarei mais adiante.
[65] Ver item "Os fatores da interpretação", do capítulo "Imprimir marcas no enunciado", sobre modalização.
[66] Veja-se a possibilidade de chegar-se a *desque você não vai...*
[67] Observações relevantes sobre o fato estão em Carone (1988, p. 59).
[68] Pezatti (2002, p. 194) considera *logo* "a conjunção conclusiva por excelência", e, de fato, esse elemento é o que se encontra em grau mais avançado de gramaticalização como conjunção, ficando difícil, entretanto, garantir, para qualquer contexto, um estatuto unívoco. Entretanto, um dos "parâmetros" invocados por Pezatti para "demonstrar estar completo o processo de gramaticalização" de *logo*, isto é, para dar a *esse elemento*, univocamente, a condição de conjunção ("não poder ser precedido de outra conjunção como a aditiva") fica descumprido, com essa ocorrência que apresento. Observe-se que Pezatti trabalhou com dados de língua falada, na qual, de fato, não é encontradiço esse tipo de ocorrência.
[69] Em Neves (2000a, p. 757-770), há um tratamento mas especificado do valor semântico de *mas*.

Construir o texto com a gramática. Ou: O inter-relacionamento dos processos de constituição do enunciado*

Introdução

Uma investigação fascinante do uso linguístico consiste em buscar inter-relacionar funcionalmente os diversos processos que se manifestam na estruturação do enunciado. Um ensaio dessa investigação é feito aqui, numa reflexão sobre determinações mútuas que se verificam entre processos básicos acionados na atividade linguística, como a predicação, a referenciação, a modalização e a polarização. Busca-se apontar sobredeterminações desses processos reveladas no acionamento simultâneo de diferentes categorias gramaticais. Busca-se verificar, ainda, como todos esses processos se equacionam harmonicamente dentro de uma mesma proposta geral sobre o funcionamento linguístico, a de modelos funcionalistas como o de metafunções da linguagem de Halliday (1985) ou o de níveis de estruturação do enunciado de Dik (1989a, 1997) e de Hengeveld (1988, 1989).

São reflexões que põem em questão as implicações entre um e outro processo em exame, buscando dar uma amostra, afinal, do funcionamento entrecruzado de todos esses processos, que só se explicam – cada um deles – com explicitação de todos os outros.

Predicação e referenciação

Seja ponto de partida o processo básico de constituição dos enunciados, a predicação (pela qual termos se associam a um predicado), ligada ao processo de referenciação (pela qual tais termos guiam o destinatário para as entidades envolvidas na predicação).

Uma primeira indicação é que, sendo tais entidades *constructos* mentais e não objetos da realidade (embora possam ter contraparte na realidade, o que é irrelevante), a referenciação consiste numa "ação cooperativa" (Dik, 1997, p. 127) que permite ao falante, referindo-se a essas entidades por meio de termos, introduzir argumentos no discurso, e, a partir daí, rastreá-los, compondo coesivamente seu texto. Desse modo, a intenção comunicativa, que está na essência da interação verbal funcionalmente avaliada,[1] envolve também intenção referencial (Givón, 1984), algo como uma negociação entre os falantes sobre o universo de que falam, e, consequentemente, sobre as entidades nele existentes, a partir da construção desse universo por eles mesmos, na qualidade de parceiros da atividade comunicativa.

Assim, por exemplo, se um falante diz

- *Comprou **apartamento** em São Paulo.*[2] (FSP),

ele instaura um referente textual (Conte, 1980, p. 135), ou seja, faz uma "referência construtiva" (Dik, 1997, p. 127),[3] não simplesmente porque usou um sintagma indefinido (*apartamento*), mas porque construiu uma predicação na qual *apartamento* é constituído em objeto de discurso (Apothéloz e Reichler-Béguelin, 1995), o que ocorreria de modo diferente se o enunciado fosse um dos seguintes,[4]

- ***Sonhou** que comprou **apartamento**.*
- ***Fingiu** que comprou **apartamento**.*
- ***Não** comprou **apartamento**.*

este último, um caso em que está envolvida a negação, operação que será avaliada em outro ponto deste capítulo.

A partir do enunciado

- *Comprou **apartamento** em São Paulo.* (FSP)

o objeto de discurso criado pode, obviamente, voltar a ser referenciado por remissão, como em

- *Comprou **apartamento** em São Paulo. Cuida **dele** com muito capricho.*

A observação do fato de que os enunciados

- ***Sonhou** que comprou **apartamento** em São Paulo.*
- ***Fingiu** que comprou **apartamento** em São Paulo.*

instauram o referente textual *apartamento* apenas dentro do universo criado pelo predicado matriz (*sonhar* e *fingir*, respectivamente) conduz ao exame da implicação que existe entre complementação verbal (dependente da classe semântica do verbo escolhido como núcleo da predicação) e referencialidade dos argumentos (levada em conta a definitude). Esses dois enunciados – que trazem como complemento um sintagma indefinido – têm como predicado nuclear, respectivamente, verbos do tipo 'criador de mundo', como *sonhar*, e 'contrafactivo', como *fingir*,[5] ambos os tipos determinadores de uma condição de nãofato para o estado de coisas descrito.

Pelo contrário, a escolha de um predicado factivo (Kiparsky e Kiparsky, 1970; Karttunen, 1970, 1971, 1973; Leech, 1978) como nos enunciados

- *Seu pai **descobriu** que ele comprou **apartamento**.*
- *Seu pai **lamenta** ele ter comprado **apartamento**.*

assegura factualidade ao estado de coisas descrito, o que mantém a referencialidade, em qualquer mundo, do termo complemento do predicado da oração completiva (*apartamento*).

A 'criação de mundo' obtida com verbos matrizes contrafactivos, por outro lado, pode – segundo condições específicas, por exemplo o emprego de um pretérito imperfeito do indicativo – estender-se, a seguir, no enunciado, a ponto de garantir também a referencialidade dos sintagmas nominais usados para retomada. Assim, o enunciado

- *Comprou **apartamento** em São Paulo.* (FSP),

em que o complemento é um sintagma nominal referencial, se for subordinado a um predicado matriz criador de mundo ou contrafactivo, passa a ter como complemento, como já se observou, um sintagma nominal que só tem referencialidade no mundo criado. Terão essa mesma condição referencial, também, todos os sintagmas nominais remissivos ao complemento (que são argumentos em predicações temporalizadas e aspectualizadas no imperfeito do indicativo):

- ***Sonhou/Fingiu*** *que comprou **apartamento** em São Paulo. Cuidava **dele** com muito capricho, deixando-o sempre na maior ordem. **O apartamento**, afinal, era um brinco.*

Predicação, referenciação e polarização

O exame da estreita associação entre a referencialidade, ou não, de determinados termos, em função da escolha do predicado com o qual esses argumentos se constroem, se complica e se complementa quando passa a interferir outra operação da estruturação do enunciado, a negação. Com efeito, nessas mesmas predicações que vêm sendo comentadas, altera-se a condição de referencialidade dos complementos, em dependência da atuação de operadores de negação. Assim, em

- *Não comprou **apartamento** em São Paulo.*

o sintagma indefinido e não específico *apartamento* não instaura referente textual, isto é, não cria objeto de discurso, o que constitui decorrência do efeito do operador de negação *não*, que nega em qualquer mundo a factualidade do estado de coisas, afirmada no enunciado não negado, que é

- Comprou *apartamento* em São Paulo.

Diferentemente, a operação de negação nos enunciados

- *No sonhou que* comprou *apartamento* em São Paulo.
- *Não fingiu que* comprou *apartamento* em São Paulo.

não altera o estatuto factual dos termos complementos, já que a negação da criação de mundo (do sonhar) ou a negação da contrafactualidade (do fingir, do simular), operada pelo *não*, fica restrita ao mundo negado (o do sonho ou o da simulação), não atingindo o próprio estado de coisas, e não atingindo, pois, sua condição de factualidade ou não factualidade.

Do mesmo modo, a negação de um predicado factivo, como ocorre em

- *Seu pai **não** descobriu que* comprou *apartamento* em São Paulo.
- *Seu pai **não** lamenta ele ter comprado **apartamento** em São Paulo*

tem como âmbito de incidência apenas a predicação matriz, e, assim, não reverte a factualidade do estado de coisas da oração completiva (*comprou um apartamento em São Paulo*) nem a referencialidade do termo complemento que ocorre nessa oração (*apartamento*).

Assim, em ambas as asseverações, a afirmada e a negada, tem-se que:

a) é fato que comprou apartamento em São Paulo;
b) o sintagma *apartamento* é referencial.

Como apontam Kiparsky e Kiparsky (1970), a negação permite que se avalie o estatuto pressuposicional de uma oração, ficando distinguidas a pressuposição e a asserção, pelo fato de a pressuposição nunca estar no âmbito de incidência do operador de negação, isto é, nunca ser negada pela simples negação daquilo que é asseverado no enunciado. Exatamente por isso, uma oração completiva de predicado não factivo (incluído, aí, o predicado implicativo) pode conter um operador de negação próprio, independente do operador de negação ocorrente na oração matriz, mas a incidência deste último se estende ao operador negativo da oração completiva, anulando-o:

- ... *ah, Nelson, eu já deixei tantos recados com os seus amigos*... **não** *acredito que* **não** *tenha recebido nenhum*... *seu mentiroso*...(F)

Por outro lado, a negação de um predicado implicativo (Kiparsky e Kiparsky, 1970; Karttunen, 1970, 1971, 1973; Leech, 1978),[6] como em

- *Não consigo ter uma ideia.* (F),

representa não apenas a reversão da condição factual do estado de coisas *ter uma ideia*, mas também a reversão da condição referencial de *uma ideia*, condições que existiriam no possível enunciado correspondente afirmativo:

- *Consigo ter **uma ideia**.*

Novamente a explicação deve recorrer ao âmbito de incidência do operador de negação, que, nos predicados implicativos, se estende ao complemento oracional, já que se trata, então, de uma asserção, isto é, de uma 'declaração' – e não de uma pressuposição – de que a proposição completiva é verdadeira: desse modo, a negação da afirmação obviamente se estende ao fato declarado afirmativamente. O que predicados desse tipo representam é uma condição necessária e suficiente que determina se o estado de coisas descrito no complemento acontece ou não. Assim, o enunciado que tem um predicado implicativo constitui um julgamento que estabelece se a condição é preenchida ou não (Karttunen, 1973).

O que se observa é que a avaliação do âmbito de incidência dos operadores de negação nos enunciados pode resultar, sob determinadas condições, na avaliação da referencialidade de termos implicados na predicação, entendido que diferentes predicados instituem diferentes mundos no discurso, e, a partir daí, definem diferentemente o estatuto referencial dos objetos de discurso criados nesses mundos.

A avaliação deve estender-se, porém, às predicações mais simples, não encaixadas em predicados, e, portanto, não governadas por aquelas pressuposições que determinam a interpretação das predicações oracionais completivas.

Chafe (1995, p. 362) fala em "contextos de irrealidade" – como os de negação, obrigação, possibilidade, proibição, ordem, eventualidade – que fazem determinações sobre a referencialidade ou a especificidade dos elementos do enunciado, favorecendo a interpretação, como não específicos, de sintagmas nominais complementos. Tratando mais particularmente dos graus de transitividade das orações, Hopper e Thompson (1980, p. 287) também relacionam os contextos de irrealidade (aí incluídos os de negação) com a não especificidade dos referentes, indicando que, em línguas como o inglês e o francês, em que a ação do verbo em uma oração negativa é menos direta, os objetos indefinidos são não referenciais.

Em Renzi e Salvi (199?, p. 256) vem tratado, especificamente, o efeito da negação sobre determinado segmento de enunciado, quanto à especificidade da referência, apontando-se, tal como em Givón (1979a), que a negação tem a propriedade de transformar uma interpretação indefinida específica de um sintagma nominal em uma interpretação indefinida não específica. Assim, os enunciados

- *O caixa quis fazer **um acordo**.* (BH)
- *Vamos fazer **uns cortes** nisto.* (TB),

que, no contexto, têm como objeto direto sintagmas nominais referenciais indefinidos específicos (denotadores de entidades particulares),[7] se negados como em

- *O caixa **não** quis fazer **(um) acordo**.*
- ***Não** vamos fazer **(uns) cortes** nisto.*

têm alterada a natureza dos sintagmas nominais objetos, que passam a não referenciais e não específicos, denotadores de tipos, e não de indivíduos.

Givón (1979a, p. 103) aponta que os falantes não usam enunciados negativos para introduzir argumentos referenciais novos no discurso, sendo mais próprio desses enunciados abrigar argumentos referenciais já mencionados no discurso precedente, os quais aparecem, portanto, como definidos. Isso corresponde a considerar menos pressuposicionais os enunciados afirmativos, e mais pressuposicionais os negativos, os quais implicam que o falante tem um maior conhecimento sobre a informação de que o ouvinte dispõe do que no caso de enunciados afirmativos. A partir daí, uma série de restrições relativas à distribuição de sintagmas nominais referenciais (e definidos) é apresentada.

1) **Na posição de sujeito.**

Um sujeito indefinido não se interpreta como referencial, em enunciados negativos.[8] Exatamente por isso, na maioria das línguas, o sujeito de uma oração negativa[9] não pode ser referencial indefinido (Givón, 1979a, p. 26).[10] Isso significa que a posição do sujeito na oração não é, tipicamente, para informação nova, o que se relaciona com a tendência comunicativa de colocar como sujeito o tópico, ou seja, a informação 'dada'.

Os sujeitos colocados no âmbito de incidência da negação tendem a ser

a) definidos e referenciais:[11]
- *O corpo **não** se moveu.* (A)

b) indefinidos e não referenciais:
- ***Nenhum homem** de categoria vai pôr-se em mangas de camisa numa pista enfumaçada.* (JM)

2) **Na posição de objeto.**

Os objetos indefinidos não têm interpretação referencial nos enunciados negativos.[12] Nesses enunciados, os complementos são[13]

a) referenciais definidos:
- *Quando o médico voltou à tona **não** viu **o sertanejo**.* (FR)

b) indefinidos não referenciais:
- *Vimos, outro dia, o Ministro Henrique Hargreaves dizendo na televisão que o Presidente Itamar Franco **não** pegou **um país**, pegou uma massa falida, e é verdade.* (SI-O)

É nesse sentido que, como já se apontou no início deste item 2., um enunciado como

- *Não comprou **apartamento** em São Paulo.*

'não instaura referente textual', e, na sequência do texto, não pode haver remissão ao objeto *apartamento*:

- * *Não comprou **apartamento** em São Paulo. (Não) Cuida **dele** com muito capricho.*

O mesmo se pode dizer do enunciado anterior,

- *Vimos, outro dia, o Ministro Henrique Hargreaves dizendo na televisão que o Presidente Itamar Franco **não** pegou **um país**, pegou uma massa falida, e é verdade.* (SI-O),

que não poderia ter uma sequência como a que se vê em

- *Vimos, outro dia, o Ministro Henrique Hargreaves dizendo na televisão que o Presidente Itamar Franco **não** pegou **um país**, pegou uma massa falida, e é verdade. * Não consegue governá-**lo**.*

A reflexão sobre esse fato se completa com a indicação (Givón, 1979a, p. 95) de que, no caso de enunciado afirmativo, não só é possível a remissão anafórica ao complemento representado por sintagma indefinido – diferentemente do que ocorre nos enunciados negativos – como também a retomada se faz não apenas com identidade de sentido, como em

- *– Que beleza de discussão! O Sermão do Bar. Vai falando, enquanto tomo **uma bolinha** para me animar.*
  *– Então, me dá **uma** também. Que estou meio na fossa.* (DE),

mas ainda com identidade de referência, como em

- *Certa vez, notou que no quintal da casa havia **uma menina** de seus 13 ou 15 anos, pendurando roupa na corda. Outra vez, viu-**a** dando comida aos animais que ocupavam a parte mais funda do quintal: galinhas, porcos, uma cabrita.*

A indicação de Givón (1979a) de que, num enunciado negativo, pelo contrário, não é possível remissão com identidade de referência (correferência), mas apenas com identidade de sentido (cossignificação), como em

- *Um homem **não** toma **uma bolinha** para se animar e o outro homem **não** toma **Uma** também.* (BB),

significa, exatamente, que, nesses enunciados, não é possível retomada referencial, o que se explica pelo fato de não se ter estabelecido referente textual.

Assim, a respeito da natureza textual-discursiva da operação de negação se pode dizer, com Givón (1993), que, numa asserção negativa, o falante não está interessado em trazer informação nova, mas em corrigir crenças errôneas do ouvinte, e que, quando num diálogo os interlocutores tendem a divergir, a negação pode ser um recurso de reorientação das expectativas para o sentido desejado.

Predicação (proposição, enunciado) e modalização

Tal como a polarização confere um estatuto particular a cada enunciado, também a modalização – na verdade um domínio intermédio dos extremos polares (Halliday, 1985) – necessariamente se liga às predicações, e, nas camadas mais altas (Dik, 1989a, 1997), às proposições e aos atos de fala,[14] ocorram, ou não, marcas explícitas de categoria modal.

Está na discussão inicial de qualquer estudo sobre modalização a questão da existência, ou não, de enunciados não modalizados.[15] Parece que as propostas da existência de uma parte não modalizada, objetiva, que se possa isolar nos enunciados, ficam no plano lógico, ou no plano teórico-metodológico. No fundo, concorda-se, em geral, com o que já propunha Bally (1932), um dos primeiros a tratar extensamente o tema em uma língua moderna: a modalidade é "o pensamento motor da ação", e, assim, tanto pode ser explícita (com um verbo modal e um sujeito modal), como pode ser implícita (com outros recursos, como a entoação, os modos verbais, etc.).

A distinção básica para a consideração de enunciados não modalizados (explicitamente) e de enunciados modalizados é situada por Kiefer (1987) na diferenciação entre orações descritivas e orações não descritivas.

a) A oração descritiva fornece uma descrição da realidade, representando, pois, uma proposição. Assim,
- *Titio está cansado.* (ARR)

é uma oração descritiva, representando a proposição *titio está cansado*, e, a partir daí, são gramaticais as seguintes possíveis frases:
- *Maria **sabe** que titio está cansado.*
- *Maria **afirma** que titio está cansado.*
- ***É verdade** que titio está cansado.*

b) A oração não descritiva não fornece uma descrição do mundo, ou, pelo menos, a descrição do mundo é apenas parte de sua função, e, portanto, como um todo, ela não representa uma proposição. Ela não pode ser usada como uma afirmação sobre a realidade, e, portanto, não pode ser negada. E, linguisticamente, uma oração não descritiva não pode ser encaixada na expressão do saber, do afirmar, do declarar. Assim, uma oração como
- ***Provavelmente** titio está cansado.*

não é descritiva, não representando uma proposição, e, a partir daí, são agramaticais as seguintes frases:
- * *Maria **sabe** que **provavelmente** titio está cansado.*
- * *Maria **afirma** que **provavelmente** titio está cansado.*
- * *É verdade que **provavelmente** titio está cansado.*

Kiefer (1987, pp. 74-75) aponta, ainda, que a expressão de atitude do falante, que é não proposicional, torna a oração necessariamente não descritiva, e, desse modo, com propriedades como

1. não poder ocorrer em orações *se* (não poder ser premissa):
   - * *Se titio está **provavelmente** cansado, então ele não vai sair.*
2. não carregar, normalmente, acento contrastivo:
   - * *Titio está **provavelmente** cansado.*[16]
   - * *Titio está **talvez** cansado.*
3. não poder, em geral, ser coordenada a outra expressão do mesmo tipo (embora algumas possam aparecer combinadas em uma oração):
   - * *Titio está **lamentavelmente** e* PROVAVELMENTE *cansado.*
   - * *Titio está **talvez** e **infelizmente** cansado.*
4. não poder ser quantificada:
   - * ***Frequentemente** titio está **provavelmente** cansado.*
   - * ***Sempre** titio está **provavelmente** cansado.*

Sintetizando, operações lógicas que facilmente podem ser feitas com proposições ou elementos proposicionais são bloqueadas pela expressão da atitude do falante. Se o operador atitudinal estiver no âmbito de incidência do quantificador, a oração será agramatical, mas, se o operador atitudinal ficar fora do âmbito do operador lógico, a oração se torna gramatical, o que mostra que a estrutura semântica de orações não descritivas é constituída de duas partes, o operador atitudinal e o conteúdo proposicional.

Os modalizadores de proposição são definidos como uma marca do ponto de vista do enunciador que incide sobre o conjunto de uma proposição, o que exclui desse campo os elementos que têm uma incidência local, interna à proposição (Roulet, 1979). Veja-se a diferença entre

- *Se lhe chego sujo, rasgado, fedendo, **certamente** me fecharás a porta.* (CNT)

e

- *Se lhe chego sujo, rasgado, fedendo, **corretamente** me fecharás a porta.*

esta última ocorrência, com incidência do advérbio limitada à predicação;   ou a diferença entre

- *É **interessante** que hajam feito esse comentário extraoficialmente.* (CRU)

e

- *Esse comentário feito extraoficialmente é **interessante**.*

esta última ocorrência, com incidência do adjetivo limitada ao sujeito.

A qualificação epistêmica de um estado de coisas / de uma predicação se apresenta como independente da avaliação do falante. O falante, adquirindo foros de isenção, dá maior autoridade a suas declarações. As estratégias que aí se utilizam podem consistir no emprego de expedientes sintáticos de

a) subordinação a uma oração de predicado unipessoal:
- *Comparado ao de todas as demais categorias de seres humanos, é **possível** que ele só encontre paralelo no egoísmo da mãe.* (LC)

b) subordinação a uma oração de cópula:
- *A **verdade é** que os cursinhos se transformaram em empresas altamente especializadas em vendas de acesso à Universidade.* (REA)

c) atribuição da declaração a terceiros:
- ***Diz-se que**, lá na cadeia do arraial, os soldados fizeram graça.* (SA)

Na qualificação epistêmica, em que o falante assume seu enunciado, posicionando-se com relação à avaliação do valor de verdade da proposição, ele pode

a) não se manifestar no seu enunciado:
- *Cada um vivera para seu lado: às vezes um cruzara com outro em alguma cidade e então **possivelmente teria** perguntado pelo terceiro.* (OV)

b) construí-lo na primeira pessoa, e, assim, pôr sua força

b1) na garantia da asseveração:
- *Ele diz que é remédio, mas **tenho certeza** que é estricnina.* (AFA)

b2) no registro da atenuação:
- *Isso – **acredito eu** – está sendo analisado dentro do grupo que analisa a matriz energética .* (POL-O)

O falante pode obter efeitos de atenuação e de asseveração simplesmente pela ausência de marcas: facilmente se atribui maior grau de certeza, de evidência, de precisão a enunciados sem marcas atitudinais que revelem passagem pelo conhecimento e pelo julgamento do falante. Enunciados desse tipo, por outro lado, podem trazer elementos circunscritores que não modalizam o enunciado – não envolvem ressalva em relação ao conhecimento – apenas limitam a predicação ou partes dela, e, desse modo, sugerem precisão ou garantem uma imprecisão pretendida:

- *O episódio do solário permanece **até certo ponto** mergulhado na obscuridade.* (NB)
- *O destino **geralmente** é fruto das sementes que plantamos.* (NOD)

Essa operação de circunscrição se situa numa camada mais baixa da estruturação do enunciado, e, subsequentemente, os 'modalizadores' propriamente ditos vão operar sobre a predicação já modificada por esses circunscritores:

- ***Provavelmente** o episódio do solário permanece **até certo ponto** mergulhado na obscuridade.*
- ***Acredito** que o ensino médico **geralmente** fica distorcido por estar totalmente embasado na atenção de patologias próprias da população indigente que, felizmente, está desaparecendo em parte do nosso País.*

Há uma ordenação hierárquica também entre as modalidades, e entre uma modalidade e as qualificações de tempo, aspecto, polaridade e força ilocucionária, já que, na estrutura representacional do enunciado em camadas da gramática funcional, a modalidade é apenas uma das categorias qualificacionais que afetam o estado de coisas. Se se percorrerem as diversas camadas, se verá que

a) não admitem modalização no terreno da possibilidade epistêmica as predicações télicas:
- *Estudei, mas esqueci.*
  * **Foi provável** eu estudar / * **Foi provável** eu esquecer.

b) não admitem modalização deôntica as predicações com o traço [– controle], esteja ou não presente o traço [+ dinamismo]:
- *Horas se passaram desde que acabamos de conversar.* (A)
  * **Foi permitido / proibido** as horas se passarem (...).

Nessas condições, a predicação mais amplamente modalizável é dinâmica, com controle e não télica, a qual admite tanto possibilidade epistêmica como obrigação e permissão deônticas:

- *Ele **caminhava** pela sala olhando atentamente para todos os detalhes da confortável casa.* (FSP)

  Era provável ele caminhar pela sala (...).
  Era proibido / permitido ele caminhar pela sala (...).

Por outro lado, a predicação menos modalizável é a dinâmica, sem controle e télica:

- *A Alquimia **se desenvolveu** ao redor de duas atividades bem antigas e de importância capital para a civilização: a metalurgia e a prática médica.* (ALQ)

  * **Foi provável** a Alquimia se desenvolver (...).
  * **Foi proibido / permitido** a Alquimia se desenvolver (...).

Finalmente, as predicações não dinâmicas, pelo fato de serem sempre atélicas, admitem a modalização de possibilidade epistêmica:

- *A zona limnética não existe nas lagoas pouco profundas.* (ECG)
  Não é provável a zona limnética existir nas lagoas pouco profundas.
- *Eu gosto das coisas bonitas.* (DE)
  É provável eu gostar das coisas bonitas.

Há, ainda, a possibilidade de expressão de dois modalizadores aparentemente opostos em sentido:

- *É **certamente possível** reduzi-la a níveis muito menos acintosos.* (FSP)

Nessa ocorrência, a modalização objetiva de probabilidade opera sobre a predicação (*é possível* ⇒ *reduzi-la a níveis muito menos acintosos*), e, sobre a proposição objetivamente modalizada, opera a crença do falante, a qual é independente da probabilidade, que constitui propriedade da proposição (*certamente* ⇒ *é possível...*).

A modalidade epistêmica também pode ser afetada pela atenuação ou asseveração da força ilocucionária. Assim, a asseveração de um enunciado declarativo é incompatível com a manifestação de um fraco comprometimento do falante com a verdade da proposição encaixada. Desse modo, não se espera que os falantes enunciem uma frase (com complemento no subjuntivo) do tipo de

- * **Asseguro** que **seja** verdade.

Modalização e polarização

No entrecruzamento entre as manifestações modais e a manifestação da negação,[17] uma separação tem de ser feita, já que é ponto pacífico que diferentes modalizações se fazem em diferentes camadas, e a polarização negativa, por seu lado, também é evidentemente alocada num determinado estrato da constituição do enunciado.

Assim, um verbo de modalidade inerente (capacidade ou habilidade, o *realis*) modaliza o predicado (nível 1), e sobre ele pode incidir a negação, que modaliza a predicação (nível 2):[18]

- *Você **não pode** andar, eu disse, apoiando as mãos nos joelhos. Vamos, monta em mim.* (DR)

Um adjetivo modal, por sua vez, modaliza a predicação, tanto quanto o operador de negação, já que pertencem, ambos, à proposição, o que se verifica no fato de haver adjetivos modalizadores negativos, como, por exemplo, *improvável*, *impossível*:

- *É **impossível** você continuar nesta casa, desse modo.* (A)
  = **Não** é **possível** você continuar (...).
- *É **improvável** que a água condensada durante o processo de resfriamento atmosférico tenha sido a maior fonte de suprimento dos oceanos.* (OCE)
  = **Não** é **provável** que a água condensada (...).

Um advérbio modalizador, finalmente, modaliza a proposição (nível 3): estando fora do significado proposicional, ele incide sobre esse significado, expressando uma atitude do falante em relação à proposição (Lang, 1979), ficando a negação em nível inferior ao de seu âmbito de incidência, como se vê em

- * *Possivelmente* você **não** vai continuar nesta casa, desse modo.
- * *Provavelmente* a água condensada durante o processo de resfriamento atmosférico **não** foi maior fonte de suprimento dos oceanos.

Ocorre, pois, que os advérbios modais – operando modalidade subjetiva (ou *epistemológica*, nos termos de Dik, 1989a, 1997), ligada ao comprometimento do falante com a verdade do conteúdo proposicional – qualificam a verdade da proposição, e, por isso, não podem ser negados nem podem ser objeto de interrogação (Bellert, 1977), o que, como se acaba de observar, não ocorre com os adjetivos modais, que pertencem à proposição.

Do mesmo nível dos advérbios modalizadores (nível 3: modalidade subjetiva; atitudinais) são os verbos factivos, que, assim, não são intercambiáveis com a negação (nível 2). Por isso, um enunciado como

- *Não lamento nada morrer quase todos os dias.*

com negação na oração matriz, não tem o mesmo significado básico do enunciado

- *Lamento **não** morrer quase todos os dias.* (CRE)

com negação na oração completiva, já que a operação de negação se faz em outro nível.

O mesmo não ocorre com verbos epistêmicos não factivos e não implicativos (do tipo *de achar, julgar, considerar, supor*), que são modalizadores do mesmo nível da negação (nível 2: modalidade objetiva; avaliadores epistêmicos). Nos enunciados complexos que têm esses verbos na oração matriz, a oração deixa de ser o limite do alcance da negação (Bublitz, 1992), isto é, esses enunciados mantêm seu significado básico, quer a negação ocorra na oração completiva, como em

- *Acho que Letícia **não** está muito animada com a mudança.*

quer ele se transfira para a oração matriz, como em

- *Não acho que Letícia **esteja** muito animada com a mudança.* (CP)

O enfraquecimento da certeza do enunciado, ou, em outras palavras, a atenuação do conteúdo proposicional com efeitos no direcionamento da interpretação do ouvinte obtida com a transferência da negação para a oração matriz (Neves et al., 1997), não implica alteração do alcance do conteúdo negado.

Com relação aos verbos modais, é a posição desses operadores de negação que dirige a interpretação, já que essa posição governa o alcance da negação. É o que vem ilustrado a seguir, em relação ao emprego do verbo *poder*:[19]

- *Quer dizer que de Samba **eu não** POSSO gostar.* (F)
  (negação da possibilidade).
- *A gravidez PODE **não** modificar a evolução da moléstia, mas é comum exacerbá-la no primeiro trimestre.* (OBS)
  (negação da predicação ainda não modalizada)

A ordem em que os operadores ocorrem nesses enunciados permite, em princípio, verificar que, no primeiro, o verbo modal está no âmbito de incidência da negação, e, no segundo, a negação está no âmbito de incidência do verbo modal.[20]

O jogo entre polaridade e modalidade pode ser explicitado a partir de um enunciado como

- *Eu **não** posso me afastar daqui.* (PP)

Essa frase, isolada, pode equivaler a:

a) não é possível que eu me afaste (epistêmico) = é necessário que eu não me afaste (epistêmico);
b) não é permitido que eu me afaste (deôntico) = é obrigatório que eu não me afaste (deôntico).

No enunciado seguinte esse jogo se inverte:

- *Eu **posso não** me **afastar** daqui.*

No caso, a frase isolada poderia equivaler a:

a) é possível que eu não me afaste (epistêmico) = não é necessário que eu me afaste (epistêmico);
b) é permitido que eu não me afaste (deôntico) = não é obrigatório que eu me afaste (deôntico).

Na maior parte das vezes o contexto mostra qual deve ser a interpretação pretendida:[21]

- *Acerte-o no peito. Daqui **não pode** errar.* (LCR)
  ("não é possível que eu erre" / "não é necessário que eu não erre" – epistêmico)
- *Ora, excepcionalmente o presidente da República pode designar embaixadores que não pertençam à carreira de diplomata, mas **não pode** nomear um único terceiro secretário que não tenha sido aprovado no processo seletivo do Instituto Rio Branco.* (DIP)
  ("não é permitido que o presidente da República nomeie" / "é obrigatório que o presidente da República não nomeie" – deôntico)
- *Com um limão galego na mão, mais o álcool me ardendo nas bochechas, **não posso não** pensar no meu amigo. Lembro-me de dias inteiros tomando caipirinha, eu e ele nesta beira de piscina.* (EST)
  ("<u>não</u> é possível que eu não pense" / "<u>é</u> necessário que eu pense" – epistêmico)[22]
- *Agora, já me sujei então agora **posso não** ter cuidado...* (PE)
  ("é permitido que eu não tenha cuidado" / "não é obrigatório que eu tenha cuidado" – deôntico)

Esses casos com alternância entre *não poder* e *poder não* são do tipo que Palmer (1995) considera de situação ideal, aqueles em que, para a anteposição da negação ao modal, se prevê a paráfrase *não é possível que.../ não é necessário que...*, e em que, para a anteposição do modal à negação, se prevê a paráfrase *é possível que não.../ é necessário que não...* Entretanto, como se vê em

- *Você **não deve** dizer essas bobagens na frente dessa menina.* (F)

a anteposição da palavra de negação ao verbo modal não garante que ele esteja no âmbito de incidência da negação, já que, para esse enunciado, considerado isoladamente, pode-se propor não apenas a paráfrase *não é permitido que você diga bobagens* (escala de permissividade), mas também *é necessário / obrigatório que você não diga bobagens* (escala de obrigatoriedade).

Não fica, aí, licenciada a negação da modalidade na escala da necessidade / obrigatoriedade (*não necessário / não obrigatório*), que ocorreria se fossem usados outros verbos deônticos, por exemplo, *precisar, necessitar*, como em

- Você **não precisa / não necessita** dizer nada. [= não é necessário / não é obrigatório que...]

e, especialmente, se fossem usados predicados modalizadores que se constroem com orações completivas, como em

- *Não é **necessário / obrigatório** que você diga nada.*

O verbo *dever* tem, particularmente, a propriedade de não ser atingido pela negação (por incidir sobre a predicação), o que ocorre categoricamente na modalização epistêmica, fato também notado por Silva-Corvalán (1995), examinando o espanhol.

Assim, em enunciados como

- *Esta situação **não deve** perdurar. Todavia, ainda há muito tempo para outras análises e posterior definição.* (JB)
- *O governo do Estado entende que essa reformulação **não deve** tardar.* (AR)

a única interpretação licenciada é com afirmação da possibilidade epistêmica e negação do predicado modalizado: "esta situação **deve não** perdurar" / "**é possível** que esta situação **não** perdure"; "esta reformulação **deve não** tardar" / "**é possível** que esta reformulação **não** tarde".

Quanto à possibilidade deôntica (e, especialmente, na escala de permissividade), pelo contrário, verifica-se que a anteposição do operador de negação ao modal (tipicamente, *poder*) implica a colocação da modalidade no âmbito de incidência da negação. Assim, para

- *São obrigados a trabalhar exageradamente, recebem um salário miserável, **não podem** escolher o local do trabalho, moram em condições precaríssimas, **não podem** reclamar.* (SIG)

tem-se a interpretação "não é permitido escolher o trabalho", "não é permitido reclamar", o que, em última análise significa que "não é possível (deonticamente) escolher o trabalho" e "não é possível (deonticamente) reclamar".

Por outro lado, quando a ordem dos elementos coloca o modal *poder* fora do âmbito de incidência da negação (negação posposta ao modal), a interpretação não é de possibilidade deôntica, mas de possibilidade epistêmica, como se pode ver nesta ocorrência, já apresentada:

- *A gravidez pode não modificar a evolução da moléstia mas é comum exacerbá-la no primeiro trimestre.* (OBS) [= "é possível que a gravidez não modifique a evolução da moléstia"]

No exame dos enunciados do *corpus* em análise (*Corpus* de Araraquara),[23] o que se verificou foi que não houve nenhuma ocorrência em que *poder não* + verbo tivesse a interpretação "ser permitido não + verbo", havendo, em 100% dos casos, a interpretação "ser possível não + verbo".

Entretanto, sabe-se que são possíveis enunciados como

- *Você PODE não comparecer, mas tem de arcar com as consequências.*

embora, de fato, se possa esperar que, nesses contextos, ocorra mais frequentemente um verbo lexicalmente negativo, ao invés da palavra negativa atuando sobre o verbo. É o que se vê em

- *Você PODE deixar de comparecer, mas tem de arcar com as consequências.*

Predicação, referenciação, polarização e modalização

A partir dessas reflexões é possível aquilatar, embora de modo superficial, a complexa rede que a constituição do enunciado "enunciado" representa. Se não, vejamos, apenas pinçando algumas das relações sugeridas:

1) Predicação e referenciação governam, em inter-relação, a construção de objetos de discurso e sua manutenção no texto, bem como a natureza referencial desses *constructos*, que constituem os termos que formam as predicações, e, portanto, os argumentos que ficam disponíveis no discurso – com um determinado estatuto referencial – para o rastreamento coesivo no fazer do texto.

2) A relação da referencialidade com a predicação se complica com a polarização negativa do enunciado. Com efeito, a alteração da condição de referencialidade dos complementos verbais decorrente da operação de negação transfere ou anula o universo de criação de objetos de discurso. O diferente alcance da negação em um caso de pressuposição, ou em um caso de asserção, resulta na diferente avaliação da referencialidade dos termos implicados na predicação, visto que diferentes mundos se instituem no discurso em função de diferentes predicações. Além de ligar-se com definição e indefinição, essas alterações se refletem também no fluxo informacional do texto, já que os enunciados negativos – mais pressuposicionais, e, portanto, relacionados com maior porte de informações por parte do falante – não se prestam facilmente à introdução de argumentos novos.

3) A relação entre modalização e predicação está na própria essência do processo de modalização (que, por sua vez, constitui um intermédio, no processo de polarização). Se todo enunciado é explícita ou implicitamente modalizado (tal como é explícita ou implicitamente polarizado) e se a modalidade é apenas uma das categorias qualificacionais que afetam o estado de coisas, em todo enunciado haverá entrecruzamento da operação de modalização com qualificações como as de tempo, aspecto, polaridade e força ilocucionária. Desse modo, os operadores dessas diferentes qualificações se distribuirão nas diferentes camadas de constituição do enunciado (desde o predicado nuclear até o enunciado com estatuto de ato de fala), definindo diferentes âmbitos de incidência, com hierarquização de alcances e com consequente definição de resultados de sentido.

4) Na definição das relações entre modalização e negação, essa atuação de operadores em diferentes camadas fica bastante evidente, já que a negação predicativa é alocada numa dessas camadas de constituição do enunciado. Desse modo, o inter-relacionamento desses dois processos é bastante variado, já que os diferentes operadores modais, podendo situar-se abaixo ou acima do estatuto em que se situa o operador de negação, vão definindo, na inter-relação dos processos, diferentes resultados, na ponta de saída dos enunciados.

5) Afinal, um estudo do inter-relacionamento e da harmonização dos processos de constituição do enunciado, ainda que parcial, como o que aqui se faz, logra mostrar que toda explicitação isolada, referente a apenas um processo, é apenas um recorte metodológico. Esse estudo revela, ainda, que reflexões sobre o acionamento simultâneo das categorias na produção dos enunciados só se completa com uma base de análise que possa integrar todos os componentes envolvidos, ou seja, sintaxe, semântica e pragmática.

Notas

[*] Uma primeira versão deste texto está sendo publicada em Coimbra, em obra em homenagem a José Herculano de Carvalho (Neves, no prelo b).

[1] Lembre-se o modelo de interação verbal proposto na gramática funcional (Dik, 1989a; 1997) – ao qual me refiro em todos os capítulos deste livro – que supõe uma implicação necessária entre a intenção do falante, que antecipa a interpretação do ouvinte, e a interpretação do ouvinte, que reconstrói a intenção do falante, tudo apenas mediado pela expressão linguística.

[2] Apresenta-se, aí, uma ocorrência com objeto direto sem artigo, porque, desse modo, ele é garantidamente indefinido e não específico (= qualquer apartamento). Em português, um objeto direto com artigo indefinido, como na frase *Comprou um mapa do país*. (MP), tomada isoladamente, tanto pode ser específico (um determinado *mapa do país*) como não específico (*um mapa do país* qualquer que ele seja). O primeiro caso não serviria ao raciocínio que se desenvolve a seguir.

[3] Ver item "Referencialidade e não referencialidade" do capítulo "Referenciar".

[4] Ver item "Introdução" do capítulo "Referenciar".

[5] Os diversos tipos de predicados que selecionam complemento oracional e o modo de construção de enunciados com esses predicados em português estão apresentados em Neves (2000a, p.31-53).

[6] Observe-se que implicativos e factivos se comportam da mesma maneira quanto à transferência de negação do predicado da oração completiva para o predicado da oração matriz. Assim, a possibilidade de um par como • ***Não acho que o mundo das artes tem a mesma importância que tinha no meu tempo.*** (MAN) • ***Acho que o mundo das artes não tem a mesma importância que tinha no meu tempo.*** (que será tratado, adiante, no item "Predicação, proposição, enunciado e modalização") não existe com esses dois tipos de verbo. Ocorre que os predicados factivos e os implicativos, por sua natureza semântica, são incompatíveis com uma atitude de tentativa e incerteza, ou seja, com o desejo do falante de restringir a validade da declaração pressuposta na verdade da proposição expressa. Para explicação sobre o fenômeno, ver Neves et al., 1997.

[7] Ver nota 2.

[8] Obviamente, trata-se da negação predicativa, que coloca o sujeito no âmbito de incidência da negação.

[9] Excetua-se o caso das construções existenciais e apresentativas, que têm outro padrão (padrão Vs), como se vê em *Um dia me entrou um índio com cara de quem preferia não ter nascido e eu não me segurei nas bombachas.* (AVL)

[10] Diz Givón (1979a) que, no inglês, sujeitos referenciais indefinidos só existem no nível da competência, e com baixa frequência (10%).

[11] Liberatti (2000, p.199), analisando *corpus* de língua escrita do português do Brasil (*Corpus* de Araraquara), confirmou a hipótese de Givón (1979a) de que os sujeitos sob escopo da negação tendem a ser definidos e referenciais.

[12] Givón (1979a, p. 28) indica línguas nas quais objetos referenciais indefinidos nem mesmo podem ocorrer em sentidos negativos.

[13] Os resultados da análise de enunciados com negação predicativa frasal em português, feita por Liberatti (2000, p. 198), também comprovaram as indicações de Givón (1979a) de que os objetos diretos indefinidos em frases negativas (o que correspondeu a cerca de 54% do *corpus*) são não referenciais e os objetos diretos definidos (o que correspondeu a cerca de 46% do *corpus*) são referenciais.

[14] Ver item "A alocação da modalidade nos diversos níveis de organização do enunciado" do capítulo "Imprimir marcas no enunciado".

[15] Essa questão está discutida, neste livro, no início do capítulo "Imprimir marcas no enunciado".

[16] O sublinhado indica acento prosódico.

[17] No item "Modalidade e polaridade" do capítulo "Imprimir marcas no enunciado", já se refletiu sobre as relações entre modalidade e polaridade.

[18] Do âmbito de incidência das diversas classes de palavras modalizadoras (verbos, adjetivos, advérbios) trata o item "As classes de elementos modalizados e os níveis de construção do enunciado" do capítulo "Imprimir marcas no enunciado".

[19] Ver capítulo "Imprimir marcas no enunciado", item "A polissemia dos verbos modais".

[20] Isso dá as seguintes interpretações (sem discriminação do tipo de 'possibilidade'), respectivamente: – *"não é possível para mim gostar de samba"* – *"é possível a gravidez não modificar a evolução da moléstia"*.

[21] Não vou discutir aqui a possibilidade – sempre aberta – de se propiciar interpretação dúbia, até por opção do próprio falante, que assim dirige seu enunciado.

[22] Nessa frase, também *o poder* está negado, o que causa inversão de polaridade, que eu assinalo com o sublinhado.

[23] Para indicações sobre *corpus* de exame, ver a Apresentação.

Posfácio

Há muito tempo, sou um profundo admirador da Profa. Maria Helena Moura Neves. Sempre admirei suas contribuições à Linguística, que considero de altíssima qualidade e originalidade. Dona de um invejável currículo, Maria Helena já demonstrou para a comunidade acadêmica sua capacidade de acompanhar a vasta produção de pesquisa no mundo de academia, não só no Brasil, mas no mundo inteiro e, ao mesmo tempo, absorver tudo o que é encontrado no caminho de forma crítica e criteriosa, mantendo-se, dessa maneira, sempre atualizada bibliograficamente, sem abrir mão de suas próprias convicções. Sem querer desvalorizar suas contribuições em outras subáreas da Linguística – Letras Clássicas (Neves, 1985), Linguística Histórica (Neves, 1987), Linguística Aplicada (1990), por exemplo – acho procedente afirmar que a reputação da Maria Helena no campo de Linguística, tanto aqui no Brasil como lá fora, é a de um grande expoente do Funcionalismo.

No campo da Linguística, os simpatizantes da corrente funcionalista partem do pressuposto de que as formas linguísticas se desenvolveram ao longo da história de uma dada língua em resposta às necessidades comunicacionais que vão surgindo, e não, como insistem os formalistas, por força de uma lógica interna totalmente "cega" e insensível a quaisquer fatores externos, que teria como única meta "sanar" as eventuais "falhas" e "lacunas" dentro do próprio sistema linguístico e, ao fazer isso, ajudar o sistema a alcançar maior simetria, economia, elegância, eficácia e assim por diante.

Funcionalistas acreditam que as línguas humanas como nós as conhecemos existem porque os seres humanos evoluíram e distanciaram-se dos demais animais do reino animal (Oller e Griebel, 2004). Em decorrência disso, entre outras coisas, eles começaram a se comunicar entre si de maneira muito mais sofisticada e consequente. O uso do tempo verbal, para se pensar num exemplo fácil de entender, seria fruto da necessidade de se referir aos eventos já ocorridos no passado ou aos que ainda vão ocorrerem no futuro. Se os seres menos evoluídos no reino animal ainda não possuem sistemas comunicacionais tão complexos como são as línguas humanas, é simplesmente porque eles ainda não sentiram a necessidade de discursar sobre o passado e o futuro (ao que consta, ainda não se tem notícia de se ter encontrado nem historiadores nem futurólogos em meio a macacos!).

Ao contrário dos formalistas, que são fiéis seguidores dos ensinamentos de Descartes, a postura assumida pelos funcionalistas naturalmente tornam-nos favoráveis à tese darwiniana de evolução das espécies, segundo a qual a diferença entre as espécies diferentes, dentre as quais, o ser humano (*Homo sapiens*), seria apenas quantitativa e não qualitativa. Vejamos o que diz Canfield, um filósofo da linguagem:

> As teorias sobre a linguagem podem ser grosso modo classificadas como ou darwinianas ou cartesianas, dependendo de se elas contemplam o ser humano como contínuo a outras espécies ou separado delas por uma linha divisória ontológica de grande impacto.[1]

Só para se ter uma ideia de como os formalistas pensam a respeito, eis uma citação de Chomsky, um dos mais destacados e ferrenhos defensores dessa corrente:

> Todos os seres humanos adquirem a linguagem, ao passo que a aquisição de até mesmo seus mais elementares rudimentos está fora do alcance de um macaco, ainda que inteligente em outros aspectos.[2]

Como se pode ver, adotar uma ou outra postura diante do fenômeno da linguagem acarreta comprometer-se com uma série de questões concernentes à condição humana, ao papel da comunicação em nossas vidas, à relação entre linguagem e outras habilidades cognitivas e outras tantas questões afins.

A seguir, gostaria de focar alguns dos desdobramentos da tese principal defendida pela autora deste livro: a de que não há como desvincular o conceito da gramática do conceito do texto. Ora, as implicações dessa postura ousada são de longo alcance. Em primeiro lugar, lembremo-nos que, para os linguistas formalistas – e, por que não dizer, para a maioria das pessoas leiga – a gramática tem como sua unidade básica a sentença. Estudar as relações gramaticais significa, por conseguinte, estudar os fenômenos intrassentencias. Alguns teóricos admitem um certo conceito de texto como uma unidade suprassentencial e, como não podia ser de outra forma, supragramatical. Ao admitir texto como algo supragramatical, eles estão ainda reivindicando a existência da sentença como unidade legítima e independente.

Pois bem. Não é isso que Maria Helena propõe nos capítulos deste livro. Em sua ótica, os textos existem e sua legitimidade não está atrelada ao conceito da sentença, previamente legitimada. Da mesma maneira que uma só sentença pode compor um texto, nada impede que um texto se estenda a apenas uma palavra do tipo "Sim". Em outras palavras, pensar o texto significa pensar a linguagem a partir de um ângulo completamente diferente.

Os textos são eminentemente construções e, enquanto construções, eles podem ser avaliados em termos da qualidade da construção. Isto é, diferentemente das sentenças que, segundo a cartilha formalista, são necessariamente gramaticais ou agramaticais, os textos podem ser avaliados como melhores ou piores uns em relação a outros. Isto significa que na composição do texto entram não só questões gramaticais, mas também questões que dizem respeito à retórica – no sentido clássico do termo: eloquência ou a arte de falar e escrever bem.

Chamar algo de construção significa dizer que ele é um produto de esforço humano. O texto, portanto é um objeto cultural, diferentemente da sentença que uns entendem como parte da *natureza* linguística. Ou seja, os textos podem ser considerados mais ou menos bem costurados, mais ou menos persuasivos, mais ou menos convincentes, etc., dependendo do talento e empenho criativo de quem os constrói. É neste sentido que podemos dizer que os textos são produtos da criatividade humana em seu verdadeiro sentido – isto é, capacidade de criar coisas inexistentes até então. Note-se, a propósito, que a criatividade à qual estamos nos referindo aqui é totalmente diferente da noção de criatividade que se encontra na concepção gerativista da linguagem, graças à apropriação – diga-se de passagem, retoricamente engenhosa – da palavra feita por Chomsky para significar nada mais que o fenômeno conhecido no mundo da matemática como recursividade.

Abordar o texto como a unidade mínima do uso da linguagem, da atividade comunicativa, como propõe Maria Helena neste livro, implica – entre outras coisas – devolver ao termo "criatividade linguística" seu verdadeiro significado. A capacidade de produzir bons textos não é uma capacidade simplesmente adquirida como parte de sua herança genética, como é no caso da propensão do ser humano para andar; ela é cultivada – não recebida a custo de nada, mas trabalhada e aperfeiçoada com trabalho árduo. Neste sentido, podemos dizer que a postura assumida pelos funcionalistas como a autora deste livro, resgata uma das principais características que se imputam aos assim denominados "gramáticos tradicionais" – a de não reconhecer uma linha divisória entre a gramática e a retórica (ou, se quiser, a descrição e a prescrição). Spolsky (2004, pp. 49-50), referindo-se a Neustupný, aponta que foi exatamente essa a marca registrada da Escola da Praga: a abordagem de cultivo, "caracterizado pelo interesse em questões de correção, eficiência, níveis linguísticos que desempenham funções específicas, problemas de estilo, restrições que operam sobre a capacidade comunicativa etc." Não é por acaso que Maria Helena faz questão de declarar, com todas as letras, logo no primeiro capítulo, que o Funcionalismo liga-se historicamente às propostas da Escola Linguística de Praga, que

> concebiam a linguagem articulada como um sistema de comunicação, preocupavam-se com os seus usos e funções, rejeitavam as barreiras intransponíveis entre diacronia e sincronia e preconizavam uma relação dialética entre sistema e uso.[3]

Tomemos um exemplo bastante ilustrativo: o fenômeno de gramaticalização. Como deixa bem claro a autora deste livro em sua discussão sobre esse fenômeno, a gramaticalização tem a ver com um processo de adaptação e não adequação a categorias rígida e previamente estabelecidas. Apoiando-se nas reflexões de Givón, Maria Helena destaca o papel da semelhança no surgimento desse fenômeno. Semelhança é da ordem perceptual, isto é, a exemplo da beleza, a semelhança também reside no olhar de quem olha. É aqui que devemos procurar o ponto de encontro entre a gramática e a cognição. O fenômeno de prototipia ilustra novamente o papel importante da semelhança, posto que elementos prototípicos de um conjunto são identificados com base na ideia wittgensteiniana de "semelhança de família", sendo que o próprio conjunto no caso é entendido como composto de elementos que se aglomeram ao redor do protótipo.

A semelhança não está aí no próprio objeto de estudo, no caso, a linguagem; ela precisa ser atribuída a um objeto no gesto de compará-lo a um outro. Dito de outra maneira, ela é atribuída no uso da linguagem (se bem que, uma vez atribuída, é sempre possível ignorar o esforço humano empenhado e dizer que a semelhança estava como propriedade intrínseca dos próprios objetos). O mesmo pode ser observado em relação ao fenômeno de referenciação: nas palavras da autora,

> numa visão do funcionamento linguístico, o processo de referenciação, ou seja, a montagem da rede referencial do texto, não se reduz à construção e à identificação de objetos da realidade – muito menos à simples 'substituição' de uma forma referencial por outra, como muitas vezes se tem sugerido –, mas diz respeito à própria constituição do texto como uma rede em que referentes são introduzidos como objetos de discurso.

Ou seja, novamente o que está em jogo é a participação, a intervenção ativa e propositiva do sujeito-falante.

Os funcionalistas argumentam que a gramática é *a posteriori* ao uso. A gramática nada mais é do que um conjunto de regularidades, regularidades estas a serem observadas no uso. Ou seja, é o uso que nos leva a postular a gramática e não o contrário, como creem os formalistas. Como resultado, a gramática é algo em processo constante de construção e reformulação. Nas palavras eloquentes de Du Bois:[4]

> Para entender a gramática, procura saber como ela é usada. É essa a premissa norteadora de uma linha de pesquisa que visa *descrever* a gramática num contexto funcional, descobrindo seus padrões recorrentes de uso, e explicar a gramática, mostrando como estruturas fixas se cristalizam a partir das configurações dinâmicas de forma e função dentro do discurso.

A gramática funcional tem afinidade com a Linguística de *corpus*, como ficou demonstrado no livro *Gramática de usos do português*, que a própria Maria Helena publicou (Neves, 1999). Ambas se destacam pela atenção redobrada ao uso efetivo da linguagem e procedem de maneira indutiva. Seus resultados são sempre retratos do estágio em que se encontra uma determinada língua. A Linguística de *corpus* trouxe subsídios importantes para o estudo da linguagem ao se basear no uso efetivo da linguagem e não, como acontece em outras abordagens, no uso imaginário ou no uso em potencial.

Tenho certeza que o presente livro da Maria Helena veio para atender uma demanda reprimida de um livro de boa qualidade, que reflita as pesquisas mais recentes e atuais do campo e que, ao mesmo tempo, seja escrito numa linguagem acessível ao grande público. O livro deve subsidiar os esforços de professores de língua no sentido de aprimorar tanto a maneira de encarar as línguas como modos mais eficazes de ensiná-las. Por outro lado, os jovens pesquisadores que querem se iniciar na abordagem funcionalista vão encontrar neste livro uma discussão bastante abrangente sobre o tema e estímulo para encontrar os próprios caminhos para trilhar.

Campinas, 13 de fevereiro de 2006

Prof. Dr. Kanavillil Rajagopalan
Professor Titular na área de Semântica e
Pragmática das Línguas Naturais,
Departamento de Linguística,
Unicamp.

Notas

[1] Canfield, 1995, p. 195.
[2] Chomsky, 1968, p. 66.
[3] Neves, Braga e Paiva, 1997, p. 6.
[4] 2003, p. 1.

Corpus de Araraquara

Sigla	Obra
A	*Ângela ou as areias do mundo*. FARIA, O. Rio de Janeiro: José Olímpio, 1963.
AB	*Abajur lilás*. MARCOS, P. São Paulo: Global, 1979.
AC	*Auto da compadecida*. SUASSUNA, A. Rio de Janeiro: J.Olympio, 1963.
ACI	A cidade e a roça. In: BRAGA, R. *200 crônicas escolhidas*. 2. ed. Rio de Janeiro: Record, 1978.
ACL	*Audiologia clínica*. LACERDA, A. P. Rio de Janeiro: Guanabara, 1976.
ACM	*Aqueles cães malditos de Arquelau*. PESSOTI, I. 2. ed. Rio de Janeiro: Ed. 34, 1994.
ACQ	*A arte e a ciência do queijo*. FURTADO, M. M. Rio de Janeiro: Globo, 1990.
ACT	*Acontecências*. IGNÁCIO, S. E. Franca: Ribeirão Gráfica, 1996.
AD	*Administração estratégica*. GAJ, L. São Paulo: Ática, 1987. (Série Fundamentos, v. 27).
ADV	*Adubação orgânica*. COSTA, M. B. B. São Paulo: Ícone, 1989. (Coleção Agrícola).
AE	*Adolescência e sua educação*. LEÃO, A. C. São Paulo: C.E.N., 1950. v. 52.
AF	*A festa*. ANGELO, I. São Paulo: Sumus, 1978.
AFA	*A faca de dois gumes*. SABINO, F. Rio de Janeiro: Record, 1985.
AG	*A Gazeta*, Vitória. 10/01/1993.
AGF	Agrofolha. *Folha de S. Paulo*, São Paulo, 1986. Caderno Agrícola. Diversas edições.

AGO   *Agosto.* Fonseca. R. São Paulo: Cia. das Letras, 1990.
AGR   *O que é questão agrária?* Silva, J. G. 16. ed. São Paulo: Brasiliense, 1980. (Coleção Primeiros Passos).
AID   Ai de ti, Copacabana. In: Braga, R. *200 crônicas escolhidas.* 2. ed. Rio de Janeiro: Record, 1978.
AL   *A Lua vem da Ásia.* Carvalho, C. 3. ed. Rio de Janeiro: Codecri, 1977.
ALE   *Além dos marimbus.* Salles, H. O Cruzeiro, Rio de Janeiro, 1961.
ALF   *O alferes.* Proença, M. C. Rio de Janeiro: Civilização Brasileira, 1967.
ALQ   *O que é alquimia.* Machado. J. São Paulo: Brasiliense, 1991. (Coleção Primeiros Passos).
AM   *Ajudante de mentiroso.* Jardim. Rio de Janeiro: José Olympio, 1980.
AM-O   *Discursos de Gilberto Amado.* Amado, G. Rio de Janeiro, José Olympio, 1965.
AMI   Revista *Amiga*, n.616. Rio de Janeiro: Bloch, 1982.
AMN   *A Amazônia no espaço brasileiro.*
ANA   *Anarquistas, graças a Deus.* Gattai, Z. Rio de Janeiro: Record, 1979.
ANB   *O analista de Bagé.* Veríssimo, J. F. Porto Alegre: L&PM, 1982.
ANC   *Análise da conversação.* Marcuschi, L. A. São Paulo: Ática, 1995.
ANI   *Análise de investimentos e taxa de retorno.* Schubert, P. São Paulo: Ática, 1989. (Série Princípios, v. 187).
ANT   *Antibióticos na clínica diária.* Fonseca, A. L. 2. ed. Rio de Janeiro: Epume, 1984.
AP   *A província do Pará.* Belém, 1980. Diversas edições.
APA   *A paixão transformada.* História da medicina na literatura. Scliar, M. São Paulo: Cia. das Letras, 1996.
AQ   Ascensão e queda da família mineira. *Revista de Teatro*, Rio de Janeiro, jun. 1989.
AQT   *O que é arquitetura.* Lemos, C. A. C. 3. ed. São Paulo: Brasiliense, 1982. (Coleção Primeiros Passos, v. 16).
AR-O   *Palavra de Arraes.*
ARA   *A estória de Ana Raio e Zé Trovão.* Caruzo, M. e Buzzar, R. Novela Rede Manchete, 1991.
ARI   *Abismo de rosas.* Nogueira, A. Cap 1. Rede Globo. A. Rede Globo de Televisão, cap. 1, 1982. (Caso Verdade).
ARQ   *Arqueologia.* Funari, P. P. A. São Paulo: Ática, 1988. v. 145.
ARR   *Arraia de fogo.* Vasconcelos, J. M. São Paulo: Melhoramentos, 1965.
ARU   *Quadro da arquitetura no Brasil.* Nestor, G. R. São Paulo: Perspectiva, 1970.
AS   *A semente.* Guarnieri, G. São Paulo: M. Moho, s/d.
ASA   *A asa esquerda do anjo.* Luft, L. São Paulo: Siciliano, 1981.
ASS   *Assunção de Salviano.* Callado, A. Rio de Janeiro: Civilização Brasileira, 1954.
AST   *O que é astrologia.* Müller, J. A. C. São Paulo: Brasiliense, 1983. (Coleção Primeiros Passos, v. 106)

ASV	*As viagens*. MONTENEGRO, J. B. Rio de Janeiro: Gavião, 1960.
ATA	*A Tarde*. Salvador. 16/07/92, 17/07/92, 20/07/92.
ATE	*A terra em que vivemos*. CANIATO, R. 4. ed. Campinas: Papirus, s/d.
ATI	A traição das elegantes. In: BRAGA, R. *200 crônicas escolhidas*. 2. ed. Rio de Janeiro: Record, 1978.
ATL	Atletismo – corridas. SILVA, J. F., CAMARGO J. F. e CAMARGO, J. C. Rio de Janeiro: Guanabara, s/d.
ATN	*A temática indígena na escola*. SILVA, A. L., GRUPIONI, A. L. e GRUPIONI, L. D. B. Brasília: MEC/Mari/Unesco, 1965.
ATR	*A transamazônica*. MOTT, O. B. São Paulo: Atual, 1986.
ATT	*Áreas de terras e terrenos*. PARADA, M. O. São Paulo: Edição do Autor, s/d.
AV	*A viúva branca*. LEITE, A. *O Cruzeiro*, Rio de Janeiro, 1960.
AVE	*Ave, palavra*. ROSA, J. G. Rio de Janeiro: José Olympio, 1970.
AVI	*A vida secreta dos relógios*. CYTRYNOWICZ. São Paulo: Scritta, 1994.
AVL	*A velhinha de Taubaté*. VERÍSSIMO, J. F. Porto Alegre: LFPM, 1983.
AVP	*A vida pré-histórica*. MENDES, J. C. São Paulo: Melhoramentos, 1993.
AZ	*Arroz – O prato do dia na mesa e na lavoura brasileira*. ANSELMI, R. V. 2. ed. São Paulo: Ícone, 1988.
B	*A borboleta amarela*. BRAGA, R. 4. ed. Rio de Janeiro: Sabiá, 1963.
BA	*Barrela*. MARCOS, P. São Paulo: Global, 1976.
BAE	*Ballet essencial*. SAMPAIO, F. Rio de Janeiro: Sprint, 1996.
BAL	*Balão cativo*. NAVA, P. Rio de Janeiro: Nova Fronteira, 1986.
BAP	*As bases anátomo-patológicas da neuriatria e psiquiatria*. EDGARD, W., MAFFEI, D. M. São Paulo: Metodista, 1965. v. 1 e 2.
BB	*Balé branco*. CONY, C. H. Rio de Janeiro: Civilização Brasileira, 1966.
BC	*Biologia celular*. PINSET, E. D. São Paulo: Anglo, 1985. (Livro-texto, n. 41).
BDI	*O braço direito*. RESENDE, O. L. Rio de Janeiro: Edição do Autor, 1963.
BE	*O beijo não vem da boca*. BRANDÃO, I. L. Rio de Janeiro: Global, 1985.
BEB	*Botânica econômica brasileira*. MORS, W. B. São Paulo: E.P.U./Edusp, 1976.
BEN	*O que é benzeção*. OLIVEIRA, E. R. São Paulo: Brasiliense, 1985. (Coleção Primeiros Passos, v. 142).
BF	*O boia-fria*. MELO, M. C. Petrópolis: Vozes, 1975.
BH	*Balbino, O homem do mar*. LESSA, O. Rio de Janeiro: José Olympio, 1970.
BIB	*A biblioteca*. FERRAZ, W. 6. ed. Rio de Janeiro: Freitas Bastos, MEC, 1972.
BIO	*Como programar-se pelo biorritmo*. ENNESSE, L. São Paulo: Câmara Brasileira do Livro, 1986.
BL	*Blecaute*. PAIVA, M. R. São Paulo: Brasiliense, 1986.
BN	*Branca de Neve*. MONIZ, E. Rio de Janeiro: São José, 1954.
BO	Boca de Ouro. RODRIGUES, N. In: *Teatro quase completo*. Rio de Janeiro: Tempo Brasileiro, 1966.

BOC   *Boca de luar*. ANDRADE, C. D. Rio de Janeiro: Record, 1984.
BOI   *Boca do inferno*. MIRANDA, A. São Paulo: Cia. das Letras, 1989.
BP   *Brasileiro perplexo*. QUEIROZ, R. Rio de Janeiro: Edição do Autor, 1963.
BPN   *Bom dia para nascer*. RESENDE, O. L. São Paulo: Cia. das Letras, 1993.
BR   *A bruxinha que era boa*. MACHADO, M. C. 2. ed. Rio de Janeiro: Agir, 1954.
BRI   *O que é brinquedo*. OLIVEIRA, P. S. 2. ed. São Paulo: Brasiliense, 1989. (Coleção Primeiros Passos, v. 21).
BRO   *O que é burocracia*. FERNANDO, C. P. M. e MOTTA, F. C. P. São Paulo: Brasiliense, 1981. (Coleção Primeiros Passos, v. 21).
BS   *O boi e sua senhora*. TRAVASSOS, N. P. São Paulo: EDART, 1962.
BU   *Bufo & Spalanzani*. BRAGA, R. Rio de Janeiro: Francisco Alves, 1985.
BUD   *O que é budismo*. ROCHA, A. C. São Paulo: Brasiliense, 1984 (Coleção Primeiros Passos, v. 113).
C   *Calabar*. HOLLANDA, C. B., GUERRA, R. 12. ed. Rio de Janeiro: Civilização Brasileira, 1979.
C-ATA *A Tarde* – Correspondência. São Paulo.
C-ESP *O Estado de S. Paulo* – Correspondência. São Paulo.
C-FSP *Folha de S.Paulo* – Correspondência. São Paulo.
C-GLO *O Globo* – Correspondência. Rio de Janeiro: 1992.
C-JB   *Jornal do Brasil* – Correspondência. Rio de Janeiro.
CA   *Cangaceiros*. REGO, J. L. 5. ed. Rio de Janeiro: José Olympio, 1961.
CAA   *Revista Caras*. n. 45, Rio de Janeiro, abril, nov. 1994.
CAN   *Candomblés da Bahia*. CARNEIRO, E. 6. ed. Rio de Janeiro: Civilização Brasileira, 1978.
CAP   *O que é capoeira*. AREIAS, A. São Paulo: Brasiliense, 1983. (Coleção Primeiros Passos, v. 96).
CAR-O *Discursos na Academia*. CARVALHO, J. C. Rio de Janeiro: José Olympio, 1974.
CAS   *Cascalho*. SALLES, H. Rio de Janeiro: O Cruzeiro, 1966.
CAY   *Dorival Caymmy* – O culto Popular. Som. n. 19. Rio de Janeiro: Atena, 8.5.1998.
CB   *Correio Brasiliense*. Brasília, 22.7.1979.
CBC   *O conto brasileiro contemporâneo*. BOSI, A. (org.) São Paulo: Cultrix, 1977.
CC   *Cobra cega*. PEREIRA, L. M. Rio de Janeiro: José Olympio, 1954.
CCA   *Crônica da casa assassinada*. CARDOSO.L. Rio de Janeiro: Bruguera, 1959.
CCE   *Biblioteca da mulher*. ARAÚJO, L. e CRAVO, D. Rio de Janeiro: Victor Publicações, 1969.
CCI   *Caixa de cimento*. ESCOBAR, C. H. Rio de Janeiro: Civilização Brasileira, 1977.
CD   *Contos d'escárnio*. Textos grotescos. HILST, H. São Paulo: Siciliano, 1990.

CDI	*Cem dias entre a terra e o mar.* KLINK, A. Rio de Janeiro: José Olympio, 1985.
CE	*Cemitério de elefantes.* TREVISAN, D. Rio de Janeiro: Civilização Brasileira, 1975.
CEN	*Cenas da vida minúscula.* SCLIAR, M. Porto Alegre: L&PMF, 1991.
CET	*O que é ceticismo.* SMITH, P. São Paulo: Brasiliense, 1992. (Coleção Primeiros Passos, v. 262).
CF	*Chão de ferro.* NAVA, P. Rio de Janeiro: José Olympio, 1976.
CG	*Contos gauchescos e lendas do sul.* LOPES NETO, S. 5. ed. Porto Alegre: Globo, 1957.
CGA	*Criação de galinhas.* REIS, J. São Paulo: Ibrasa, 1977.
CH	*Chagas, o cabra.* MENDES, S. Rio de Janeiro: Civilização Brasileira, 1965.
CHA	*Chapadão do Bugre.* PALMÉRIO, M. Rio de Janeiro: José Olympio, 1965.
CHI	*Chão de infância.* DANTAS, P. São Paulo: CEM, 1953.
CHO	*O som nosso de cada dia* – Viva o chorinho. Som. n.3. Rio de Janeiro: Antena, ago. 1980.
CHR	*Chico Rei.* AYALA, W. Rio de Janeiro: Civilização Brasileira, 1965.
CHU	*Chuvas de verão.* DIEGUES, C. Rio de Janeiro: Civilização Brasileira, 1977. (Roteiro do filme).
CI	*A cigarra*, Rio de Janeiro: O Cruzeiro, 1962. n. 11.
CIB	*Cibernética.* EPSTEIN, I. São Paulo: Ática, 1986. (Série Princípios, v. 62).
CID	*A cidade dos padres.* SILVA, D. Rio de Janeiro: Guanabara, 1986.
CJ	*Capitão jagunço.* DANTAS, P. São Paulo: Brasiliense, 1959.
CL	*O coronel e o lobisomem.* CARVALHO, J. C. Rio de Janeiro: José Olympio, 1978.
CLA	Revista *Claudia.* São Paulo, 1987. Diversas edições.
CLC	*Clínica cirúrgica.* CORREA NETO, A.; RAIA, A. A. e ZERBINI, E. J. 4. ed. São Paulo: Sarvier, 1988.
CLI	*Clínica médica propedêutica e fisiopatológica.* MARCONDES, M.; RAMOS, D., RAMOS, O. 2. ed. Rio de Janeiro: Guanabara Koogan, 1979.
CM	*Cartas às mães.* Henfil. Rio de Janeiro: Codecri, 1980.
CME	*Biblioteca Copernicana.*
CNS	*Constituições brasileiras e cidadania.* QUIRINO, C. G. São Paulo: Ática, 1987.
CNT	*Contos da repressão.* ANGELO, I. Rio de Janeiro: Record, 1987.
COB	*Corpo de baile.* ROSA, J. G. Rio de Janeiro: Nova Fronteira, 1985.
COL-O	"Discurso de posse do Presidente Collor". Pub. *O Estado de S.Paulo*, São Paulo, 1990.
CON	*Concerto carioca.* CALLADO, A. Rio de Janeiro: Nova Fronteira, 1985.
COR	*Coronel dos coronéis.* SEGALL, M. Rio de Janeiro: MEC/DA/Funarte/Serv., 1978.
COR-O	*Resposta ao novo acadêmico.* CORREIA, V. Serviço de Documentação da Biblioteca Municipal de S. Paulo. São Paulo, 1955.
COT	*Contos de aprendiz.* ANDRADE, C. D. 1. ed. Rio de Janeiro: José Olympio, 1951.
CP	*Ciranda de pedra.* TELES, L. F. São Paulo: Martins Fontes, 1955.

CPO	*Correio do Povo.* Porto Alegre, maio/ out./ nov. 1980 – set. 1990.
CR	*Cabra das rocas.* HOMEM, H. São Paulo: Ática, 1973.
CRE	*O crepúsculo do macho.* GABEIRA, F. 5. ed. Rio de Janeiro: Codecri, 1980.
CRO	*O coronelismo, uma política de compromissos.* JANOTTI, M. L. M. 2. ed. São Paulo: Brasiliense, 1981.
CRP	*Correio da Paraíba.* João Pessoa, 23/09/92.
CRS	*Conserve e restaure seus documentos.* CORUJEIRA, L. A. Salvador: Itapuí, 1971.
CRU	Revista *O Cruzeiro* – jan./55, ago./59, set./59. Rio de Janeiro.
CS	*Cidade de Santos,* ago./67. Santos.
CT	*O caçador de tatu.* QUEIROZ, R. Rio de Janeiro: José Olympio, 1967.
CTB	*O que é contabilidade.* JACINTO, R. São Paulo: Brasiliense, 1983. (Coleção Primeiros Passos).
CTR	*O que é contracultura.* PEREIRA, C. A. M. São Paulo: Brasiliense, 1986. (Coleção Primeiros Passos).
CUB	*Curso básico de corte e costura* Denner. São Paulo: Rideel, s/d.
CV	*A cidade vazia.* SABINO, F. Rio de Janeiro: Sabiá, 1950.
D	*A democracia no Brasil.* TELLES JR., G. São Paulo: Revista dos Tribunais, 1965.
DC	*A democracia coroada.* TORRES, J. C. Rio de Janeiro: José Olympio, 1957.
DCM-O	*Discurso de Candido Mendes.* RIBEIRO, D. Brasília: Senado Federal, 1993.
DDR-O	*Carta-discurso de posse do acadêmico Darcy Ribeiro.* RIBEIRO, D. Brasília: Senado Federal. 1983.
DE	*Os 18 melhores contos do Brasil.* TREVISAN, D. Rio de Janeiro: Bloch, 1968.
DEL	*Desligue o projetor e espie pelo olho mágico.* HAVE, H. *Revista de Teatro* 463. Rio de Janeiro, 1987.
DEN	*Dentro da vida.* PRATA, R. São Paulo: Clube do Livro, 1953.
DES	*Desolação.* MACHADO, D. São Paulo: Moderna, 1981.
DIE	*Dinâmica impulsiva hidrostática.* ANDRADE, L. R. A et al. São Paulo: Anglo, 1985. (Livro-texto, n. 25).
DIP	*O que é diplomacia.* BATH, S. São Paulo: Brasiliense, 1989. (Coleção Primeiros Passos, v. 221).
DIR	*O que é direito.* LYRA, F. R. São Paulo: Brasiliense, 1982. (Coleção Primeiros Passos, v. 62).
DM	*Os dez mandamentos.* Vários autores. Rio de Janeiro: Civilização Brasileira, 1965.
DMB-O	*Carta-discurso do Senador Mauro Benevides.* RIBEIRO, D. Brasília: Senado Federal, 1993.
DO	*Dois perdidos numa noite suja.* MARCOS, P. São Paulo: Global, 1979.
DP	*Diário de Pernambuco,* Pernambuco, 8/3/1991.
DP-O	*Discurso –* Dirno Pires. ANAIS DA CÂMARA DOS DEPUTADOS. Rio de Janeiro: Serviço Gráfico do IBGE, 1952. vol. VII.
DRO	*As drogas.* ROCHA, L. C. 3. ed. São Paulo: Ática, 1993. (Série Princípios, v. 96).

DS	*Desempenho do setor agrícola.* Ribeiro, S. W. Brasília: Ipes, 1973.
DST	*Destruição e Equilíbrio – O homem e o ambiente no espaço e no tempo.* Rodrigues, S. A. 4. ed. São Paulo: Atual, 1989.
DZ	*Domingo Zeppelim.* Moraes, V. Rio de Janeiro: mec, 1978. v. ii.
E	*É.* Fernandes, M. Porto Alegre: l&pm, 1977.
EC	*Explicações científicas.* Hegenberg, L. São Paulo: Herder, 1969.
ECG	*Ecologia geral.* Dajoz, R. 3. ed. São Paulo: Vozes, 1978.
ECO	*Ecologia.* Uzunian, A. São Paulo: Anglo, 1985. (Livro-texto n. 45).
ED	*Emissários do diabo.* Lemos, G. Rio de Janeiro: Civilização Brasileira, 1968.
EFD	*O Estado Federal.*
EFE	*Estradas de ferro.* Brina, H. L. São Paulo: Livros Técnicos e Científicos, 1956. v. i.
EG	*Estudos de geografia.* Adas, M. São Paulo: Moderna, 1975.
EGR	*Ensino da gramática – Opressão? Liberdade?* Bechara, E. São Paulo: Ática, 1985.
EL	*Um elefante no caos.* Fernandes, M. Rio de Janeiro: Ed. do Autor, 1955.
ELD	*Eletrodinâmica.* Spani, A. et al. São Paulo: Anglo, 1985. (Livro-texto, n. 27).
ELE	*Elementos de fisioterapia.* Leitão, A. 2. ed. Rio de Janeiro: Artenova, 1970. (Medicina Física).
ELL	*Elle.* São Paulo, Abril, 1989. Diversas edições.
EM	*Estado de Minas.* Belo Horizonte. 93/94. Diversas edições.
EMB	*Embrulhando o peixe.* Semler, R. São Paulo: Best Seller, 1992.
EN	*Eles não usam black-tie.* Guarnieri, G. São Paulo: Brasiliense, 1966.
ENE	*Energia nuclear no Brasil.* Biasi, R. Rio de Janeiro: Artenova, 1979.
ENF	*Enfermagem.* Anatomia e Fisiologia Humana – Kawamoto. São Paulo: epu, 1988.
EPA	*O Estado do Pará*, Belém, 1981. Várias Edições.
ER	*O que é erotismo.* Branco, L. C. São Paulo: 1980. (Coleção Primeiros Passos, v. 136).
ES	*A escada.* Andrade, J. São Paulo: Brasiliense, 1964.
ESC	*Escara, problema de hospitalização.* Campedelli, M. C.; Gaidzinski, R. R. São Paulo: Ática, 1987. v. 146.
ESI	*O que é espiritismo.* Castro, M. L. V. São Paulo: Brasiliense, 1985. (Coleção Primeiros Passos, v. 146).
ESP	*O Estado de S. Paulo*, São Paulo, 1955 – 1958. Várias edições.
ESS	*O Estado de S. Paulo,* São Paulo, 22/12/1956. Suplemento Literário.
EST	*Estorvo.* Hollanda, F. B. São Paulo: Cia. das Letras, 1991.
ET	*O que é ética.* Valls, A. L. M. 7. ed. São Paulo: Brasiliense, 1993 (Coleção Primeiros Passos, v. 177).
ETR	*Estrela solitária.* Castro, R. São Paulo: Cia. das Letras, 1995.

ETT	*O que é estatística.* VIEIRA, S. & WADA, R. 2. ed. São Paulo: Brasiliense, 1987. (Coleção Primeiros Passos, v. 195).
EV	*Evolução do catolicismo no Brasil.* MONTENEGRO, J. A. Petrópolis: Vozes, 1972.
EVO	*Evolução humana.* LIMA, C. P. São Paulo: Ática, 1996. (Série Princípios, v. 190).
EX	*Revista Exame*, 1993. Várias edições.
F	*O fardão.* PEDROSO, B. Rio de Janeiro: Saga, 1967.
FA	Revista *Fatos e Fotos.* Rio de Janeiro, Bloch, 1993. Várias edições.
FAB	*Fábulas fabulosas.* FERNANDES, M. Rio de Janeiro: Nórdica, 1963.
FAN	*Fantoches.* VERÍSSIMO, E. Porto Alegre: Globo, 1956.
FAV	*Feliz ano velho.* PAIVA, M. R. São Paulo: Brasiliense, 1982.
FB	*O futebol.* SALDANHA, J. Rio de Janeiro: Bloch, 1971.
FC	*Frutas comestíveis da Amazônia.* CAVALCANTE, P. B. Manaus: CNPq/Inpa, 1976.
FE	*A falta que ela me faz.* SABINO, F. Rio de Janeiro: Record, 1980.
FEB	*Formação econômica do Brasil.* FURTADO, C. Rio de Janeiro: Fundo de Cultura, 1954.
FEL	*Felicidade.* CARLOS, M. Rede Globo de Televisão, 1989. Cap. 26 e 30 (Novela Rede Globo).
FER-O	*Discurso de posse de Fernando Henrique Cardoso.* In: *O Estado de S. Paulo*, São Paulo, 1995.
FF	*Fundamentos da farmacologia.* SILVA, M. R. 3. ed. São Paulo: Edart, 1973.
FH	*Favela high-tech.* LACERDA, M. São Paulo: Scrittta, 1993.
FI	*Ficção e ideologia.* CUNHA, F. W. Rio de Janeiro: Pongetti, 1972.
FIA	*Fisiologia animal comparada.* PINSETTA, S. E. São Paulo: Anglo, 1985. (Livro-texto, n. 43).
FIC	*Filme e cultura.* Rio de Janeiro: Empresa Brasileira de Filmes, 1978/79.
FIG	*Figueira do inferno.* CAMARGO, J. M. São Paulo: Cultura Editora, 1961.
FIL	*O que é filatelia.* QUEIROZ, R. G. São Paulo: Brasiliense, 1984. (Coleção Primeiros Passos, v. 132).
FL-O	*Discursos* – Fernando Lyra. Anais Da Câmara Dos Deputados. Rio de Janeiro: Serviço Gráfico do IBGE, 1959. v. XV.
FN	*Folclore nacional.* ARAÚJO, A. M. São Paulo: Melhoramentos, 1964.
FO	*Forró no engenho da Cananeia.* CALLADO, A. Rio de Janeiro: Civilização Brasileira, 1964.
FOC	*Folha de S. Paulo*, São Paulo, 1989 – 1990. Ciência. Várias edições.
FOR-O	*Fórum nacional sobre reforma fiscal.* Brasília, 1991.
FOT	*O que é fotografia.* KUBRUSKI, C. São Paulo: Brasiliense, 1988. (Coleção Primeiros Passos, v. 82).
FP	*O fiel e a pedra.* LINS, O. Rio de Janeiro: Civilização Brasileira, 1961.
FR	*Ficção reunida.* CARVALHO, O. G. R. Terezina: Meridiano, 1981.
FRE	*Fresador.* SOUSA, A. B. 2. ed. São Paulo: Edart, 1968.

FS	*Os fundamentos sociais da ciência*. SANTOS, I. R. São Paulo: Polis, 1979.
FSP	*Folha de S.Paulo*. São Paulo, 1º/1/1979; CD-ROM 1994/95.
FT	*As frutas silvestres brasileiras*. ANDERSEN, O. e ANDERSEN, V. U. 3. ed. Rio de Janeiro: Globo, 1989.
FU	*Aspectos fundamentais da cultura guarani*. SCHADEN, E. 3. ed. São Paulo: Ática, 1988.
FUN	*Fundamentos numéricos da química geral*. CARVALHO, G. C. Anglo, 1985. (Livro-texto, n. 32)
FUT	*Futebol de salão*. FERNANDES, L. G. O. São Paulo: Cia Brasil, 1973. v. 11.
G	*Os guaxos*. LESSA, O. Rio de Janeiro: Francisco Alves, 1959.
G-O	*Desenvolvimento e independência* – discurso.
GA	*Gota d'água*. HOLLANDA, F. B. Rio de Janeiro: Civilização Brasileira, 1980.
JA-O	*Discursos* – Jorge Arbage. ANAIS DA CÂMARA DOS DEPUTADOS. Rio de Janeiro: Serviço Gráfico do IBGE, 1955. v. v.
GAI	*Gaia – O planeta vivo* (por um caminho suave). LUTZENBERGER, J. Porto Alegre: L&PM, 1990.
GAN	*Grupos animais:* embriologia dos cordados. PINSETA, D. E. São Paulo: Anglo, 1985. (Livro-texto, n. 39).
GAT	*Galo das trevas*. NAVA, P. Rio de Janeiro: José Olympio, 1981.
GAZ	*A Gazeta de Vitória do Espírito Santo*. Vitória, 29/9/1994.
GCC	*Guerra do Cansa-Cavalo*. LINS, O. São Paulo: Conselho Estadual de Cultura, 1965.
GCS	*Geografia, ciência da sociedade*. ANDRADE, M. C. São Paulo: Atlas, 1987.
GD	*O ganhador*. BRANDÃO, I. L. São Paulo: Global, 1987.
GE	*A grande estiagem*. GONDINI FILHO, I. Rio de Janeiro: Dramas e Comédias, 1955.
GEM	*Geomorfologia* – Introdução.
GEN	*Genética*. PINSETA, E. D. São Paulo: Anglo, 1985. (Livro-texto, n. 42).
GEO	*Geomorfologia*. CHRISTOFOLETTI, A. São Paulo: Edusp, 1974.
GES	*Gazeta Esportiva*, São Paulo, 1957. Várias edições.
GFO	*O que é grafologia*. CAMARGO, P. S. 1. ed. São Paulo: Brasiliense, s. d. (Coleção Primeiros Passos, v. 264).
GHB	*Geografia humana*. LOBO, R. H. São Paulo: Atlas, 1970.
GI	*Galvez, o imperador do Acre*. SOUZA, M. Rio de Janeiro: Marco Zero, 1983.
GL	*Globo Rural*. Rede Globo de Televisão ns. 8, 15, 17, 18, 43.
GLA	*Glaucoma*. GONÇALVES, P. São Paulo: Fundo Procienx, 1966. (Coletânea de trabalhos e notas).
GLO	*O Globo*, Rio de Janeiro, 26/8/1954.
GM	*Ginástica para a mulher moderna*. FISCHER, N. G. Rio de Janeiro: Tecnoprint, sd.
GON	*Gonzagão – O monumento do Nordeste. Som*, Rio de Janeiro, n. 3, 149-154, Antena, 1980.

GP	*Gazeta do Povo*. Curitiba, 1992. Várias edições.
GPO	*O que geopolítica*. MAGNONI, D. 2. ed. São Paulo: Brasiliense, 1988 (Coleção Primeiros Passos, v. 183).
GRE	*A greve dos desempregados*. BELTRÃO, L. São Paulo: Cortez, 1984.
GRO	*Grotão do café amarelo*. MARQUES, R.; MARINS, F. F. 1957. 3. ed. São Paulo: Melhoramentos, 1971.
GT	*Gafanhotos em Taquara-Poca*. MARINS, F. 9. ed. São Paulo: Melhoramentos, 1971.
GTC	*Geografia – Teoria e Crítica*. MOREIRA, R. Petrópolis: Vozes, 1982.
GTT	*Um gato na terra do tamborim*. DIAFÉRIA, L. São Paulo: Símbolo, 1977.
GU	*Guia Rural*. São Paulo, Abril, 1990. ns. 2, 8, 11, 12.
GUE	*O que é guerra*. NUMERIANO, R. 1. ed. São Paulo: Brasiliense, 1990. (Coleção Primeiros Passos, v. 236).
GV	*Grupos vegetais*. BRITO, E. A. São Paulo. Anglo, 1982. (Livro-texto, n. 40)
H	*História econômica do Brasil*. PRADO JR., C. São Paulo: Brasiliense, 1967.
HA	*Halloween, O dia das bruxas*. GOMIDE, N. Rio de Janeiro: Zahar, 1988, v. 465.
HAB	*Habermas e a teoria crítica*. FREITAG, B. São Paulo: Ática, 1980.
HAR	*Harmada*. NOLL, G. G. São Paulo: Cia. das Letras, 1993.
HB	*Higiene bucal*. MICHELI, G. São Paulo: Ática, 1986. (Série Princípios, v. 79).
HIR	*História da riqueza do homem*. HUBERMAN, L. Rio de Janeiro: Zahar, 1962.
HIB	*História do Brasil*. BORIS, F. São Paulo: Edusp, 1994.
HF	*História da filosofia, psicologia e lógica*. FONTANA, D. F. São Paulo: Saraiva, 1969.
HG	*História Geral I e II*. MARONI. G. T. São Paulo. Anglo, 1985. (Livro-texto, ns. 8 e 9)
HH	*Halterofilismo pelo método Hércules*. 4. ed. São Paulo: Cia. Brasil, 1958.
HID	*Hidrologia*. SOUSA PINTO, N. L. Curitiba: UFPR, 1967.
HO	*O homem da capa preta*. RESENDE, S. Porto Alegre: Tcho, 1987.
HOM	*O que é homeopatia*. DANTAS, F. São Paulo: Brasiliense, 1989. (Coleção Primeiros Passos, v. 134).
HP	*O homem que perdeu a alma*. WANDERLEY, J. C. Rio de Janeiro: MEC, 1960.
I	*Irene*. BLOCK, P. Rio de Janeiro: Talmagráfica, 1953.
IA	*Introdução à antropologia brasileira*. RAMOS, A. 2. ed. Rio de Janeiro: Casa do Estudante, 1962.
IC	*A ilha de Circe* (Mister Sexo). BETHENCOURT, J. São Paulo: Brasiliense, 1966.
ID	*O ídolo de cedro*. BORGES, D. São Paulo: Livres Artes, 1965.
IFE	*Imprensa feminina*. BUITONI, D. S. 2. ed. São Paulo: Ática, 1990. (Série Princípios, v. 41).
II-O	*Inserção internacional do Brasil* – Gestão do ministro Celso Lafer no Itamaraty. LAFER, C. Brasília: Gráfica do Senado, 1993.
IN	*A invasão*. GOMES, D. Rio de Janeiro: Civilização Brasileira, 1962.

INC	*Incidente em Antares.* VERÍSSIMO, E. São Paulo: Globo, 1996.
INQ	*Inquéritos em preto e branco.* MAY, N. L. Porto Alegre: Mercado Aberto, 1994.
INT	*Revista Interview.* São Paulo, ns. 157/161, 1963.
IP	*Interdisciplinaridade e patologia do saber.* JAPIASSU, H. Rio de Janeiro: Imago, 1976.
IS	*Revista IstoÉ.* São Paulo, n. 252, Ed. Três, 18/8/1982.
ISO	*Informática e Sociedade.* YOUSSEF, A. N., FERNANDEZ, V. P. 2. ed. São Paulo: Ática, 1988.
ISL	*O que é islamismo.* HADDAD, J. A. São Paulo: Brasiliense, 1981. (Coleção Primeiros Passos, v. 41).
J	*João Abade.* SANTOS, J. F. Rio de Janeiro: Agir, 1958.
JA	*Jornal de Alagoas.* Maceió, 1992. Várias edições.
JB	*Jornal do Brasil,* Rio de Janeiro, 1981. Várias edições.
JB-OLI	*Jornal do Brasil,* 16, 17, 18, 20, 21, 22.01.1965 e 17/2/1981.
JDB	*Jornal de Brasília.* Brasília, 11/4/1979; 26/09/1980.
JC	*Jornal do Comércio,* Recife, 6/3/1981. Recortes.
JK-O	*Discursos* – Arraial do Cabo. Rio de Janeiro, 3/1/1958.
JL-O	*Discursos no Senado Federal* – J. Lins, ANAIS DA CÂMARA DOS DEPUTADOS. Rio de Janeiro: Serviço Gráfico do IBGE, 1958. v. XI.
JM	*A janela e o morro.* LIMA, G. F. J. Rio de Janeiro: Olympio, 1988.
JO	*Joia,* Rio de Janeiro: Bloch, 1954. Vários números.
JP	*Jardinagem prática.* PEREIRA, A. São Paulo: Melhoramentos, 1978.
JT	*João Ternura.* MACHADO, A. Rio de Janeiro: José Olympio, 1965.
JU	*O que é justiça.* BARBOSA, J. C. São Paulo: Abril Cultural, 1884. (Coleção Primeiros Passos, v. 6).
JV-O	*Discursos* – J. Viveiros. ANAIS DA CÂMARA DOS DEPUTADOS. Rio de Janeiro: Serviço Gráfico do IBGE, 1959. v. XIV.
L	*A ladeira da memória.* VIEIRA, J. G. São Paulo: Saraiva, 1950.
LA	*Labirinto de espelhos.* MONTELLO, G. São Paulo: Martins, 1961.
LAZ	*O que é lazer.* CAMARGO, O. L. 2. ed. São Paulo: Brasiliense, 1989. (Coleção Primeiros Passos, v. 172).
LC	*Lobos e cordeiros.* LOPES, E. São Paulo: Moderna, 1983.
LE-O	*Eu era cego e agora eu vejo.* LESSA, O. São Paulo: Pendão Real, 1976.
LET	*Letramento. Um tema em três gêneros.* SOARES, M. Belo Horizonte: Autêntica, 2003.
LIJ	*Linguagem jornalística.* LAGE, N. São Paulo: Ática, 1990. (Série Princípios, v. 37).
LIP	*O que é literatura popular.* LUYTEN, J. M. São Paulo: Brasiliense, 1992 (Coleção Primeiros Passos, v. 98).
LOB	*O lobisomem e outros contos.* SALES, H. Rio de Janeiro: Civilização Brasileira, 1975.
LS-O	*Discursos* – Lins e Silva. ANAIS DA CÂMARA DOS DEPUTADOS. v. 15 Rio de Janeiro: Serviço Gráfico do IBGE, 1975.

M   *A maçã no escuro.* LISPECTOR, C. 3. ed. Rio de Janeiro: Instituto Nacional do Livro, 1970.
MA-O   *Carta pastoral – Prevenindo os diocesanos.* MAYER, A. C. Rio de Janeiro: Vera Cruz, 1976.
MAD   *Madrugada sem Deus.* DONATO, M. São Paulo: Círculo do Livro, 1954.
MAG   *Magia e pensamento mágico.* MONTEIRO, O. São Paulo: Ática, 1986. (Série Princípios, v. 43).
MAN   Revista *Manchete*, Rio de Janeiro, ns. 1027/1222, dez./71/dez.75.
MAQ   *Mecanização* (Coleção Agrícola). Rio de Janeiro: Globo, 1991.
MAR   *Marcoré.* PEREIRA, A. O. Rio de Janeiro: José Olympio, 1965.
MAT   *Manual do torneiro.* LOUVRET, J. C. 9. ed. São Paulo: Credilep, 1970.
MC   *A Madona de Cedro.* CALLADO, A. Rio de Janeiro: José Olympio, 1957.
MCA   *À moda da casa da amizade* – 745 receitas testadas e aprovadas. FERREIRA, P. Araraquara: Rotary, Distr. 454, 1984.
MCO   *Materiais de construção.* BAUER, L. A. F. São Paulo: Livros Técnicos, 1979.
MD   *Mandala.* GOMES. D. Rede Globo de Televisão, 1988.
ME-O   *O jogo da verdade* – Assessoria Especial de Relações Públicas da Presidência da República. MÉDICI, E. A. Brasília, 1973.
MEC   *Memórias do cárcere.* RAMOS, G. Rio de Janeiro: José Olympio, 1954.
MEN   *Meninas da noite.* DIMENSTEIN, G. São Paulo: Ática, 1992.
MER   *O que é mercadoria.* SIGNINI, L. R. P. São Paulo: Brasiliense, 1984. (Coleção Primeiros Passos, v. 123).
MH   *Mundo Homem, arte em crise.* PEDROSA, A. M. São Paulo: Perspectiva, 1975.
MIR-O   *Agenda Parlamentar* – Discursos. Senador Gilberto Miranda. Agenda parlamentar. Brasília: Gráfica do Senado, v. 1.
MK   *O que é marketing.* RICHERS, R. 6. ed. São Paulo: Brasiliense, 1984. (Coleção Primeiros Passos, v. 27).
ML   *Memórias do Lázaro.* FILHO, A. 3. ed. Rio de Janeiro: Civilização Brasileira, 1974.
MMM   *Memorial de Maria Moura.* QUEIROZ, R. São Paulo: Siciliano, 1992.
MO   *A moratória.* ANDRADE, J. São Paulo: Agir, 1980.
MOR   *O que é moral.* PEREIRA, O. São Paulo: Brasiliense, 1991. (Coleção Primeiros Passos, v. 244).
MP   *A morte da porta-estandarte.* MACHADO, A. Rio de Janeiro: José Olympio, 1959.
MPB   *Malagueta, Perus e Bacanaco.* ANTONIO, J. 4. ed. Rio de Janeiro: Civilização Brasileira, 1976.
MPF   *Murro em ponta de faca.* BOAL, A. São Paulo: Hucitec, 1978.
MPM   *Manual prático de marcenaria.* MARCELLINI, D. 3. ed. São Paulo: Melhoramentos, 1953.
MRF   *Marafa.* REBELO, M. Rio de Janeiro: Edições de Ouro, 1966.
MS   *A menina do sobrado.* ANJOS, C. Rio de Janeiro: José Olympio, 1979.

MS-O	*Discursos* – Milton Steinbruch. *Discursos*. ANAIS DA CÂMARA DOS DEPUTADOS. v. 35. Rio de Janeiro: Serviço Gráfico do IBGE, 1956.
MT	*Manual de treinamento da empresa moderna.* FONTES, L. B. 2. ed. São Paulo: Atlas, 1975.
MU	*O mundo do boxe.* QUEIROZ, J. São Paulo: Civilização Brasileira, 1969.
N	*Noite.* VERÍSSIMO, E. Porto Alegre: Globo, 1957.
NAM	*Novo Amor.* CARLOS, M. Rede Globo de Televisão, 1982/1983
NAZ	*Nazismo* – O triunfo da vontade. LENHARO, A. São Paulo: Ática, 1986. (Série Princípios, v. 94).
NBN	*Nos bastidores da notícia.* GARCIA, A. São Paulo: Globo, 1991.
NB	*O nome do bispo.* TAVAREZ, Z. 1. ed. São Paulo: Brasiliense, 1985.
NC	*A navalha na carne.* MARCOS, P. São Paulo: Senzala, 1968.
ND	*Nordeste–Alternativas da agricultura.* ANDRADE, M. C. Campinas: Papirus, 1988.
NE	*Neuroses.* QUILES, I. Q. São Paulo: Ática, 1986. (Série Princípios, v. 76).
NE-O	*A rua da amargura.* NERY, J. C. São Paulo: Escolas Profissionais Salesianas, 1975.
NEP	*As novas estruturas políticas brasileiras.* 2. ed. VALLE, A. Rio de Janeiro: Nórdica, 1978.
NEU	*Neurolinguística dos distúrbios da fala.* RODRIGUES, N. São Paulo: Cortez, 1989.
NFN	*Noções de fisiologia da nutrição.* COUTINHO, R. 2. ed. Rio de Janeiro: Cultura Médica, 1981.
NI	*Um ninho de mafagafes cheio de mafagafinhos.* CARVALHO, J. C. Rio de Janeiro: José Olympio, 1972. (Coleção Sagarana, v. 91).
NO	*O Norte,* João Pessoa. 1980. Recortes.
NOD	Nó de quatro pernas. TOURINHO, N. *Revista de Teatro,* Rio de Janeiro, n. 457, 1986.
NOF	*No fundo do poço.* SILVEIRA, H. São Paulo: Livraria Martins, 1950.
NOL	*Natação olímpica.* LENK, M. Rio de Janeiro: INL, 1966.
NOR	*O que é Nordeste Brasileiro.* GARCIA, C. 5. ed. São Paulo: Brasiliense, 1986. 8 ed. (Coleção Primeiros Passos, v. 119).
NOV	Revista *Nova.* SP. abr., jun./78.
NP	*Noções práticas de estatísticas.* NUNES, M. R. 2.ed. Rio de Janeiro: Fundação IBGE, 1971.
NU	*O que é numismática.* COSTILHES, A. J. São Paulo: Brasiliense, 1985. (Coleção Primeiros Passos, v. 147).
O	*Orfeu da Conceição.* MORAIS, V. 2.ed. Rio de Janeiro: Livraria São José, 1960.
OA	*O alquimista.* COELHO, P. Rio de Janeiro: Rocco, 1990.
OAQ	*O aquário.* CASTRO, L. P. Rio de Janeiro: José Álvaro, 1970.
OB	*Os ossos do barão.* ANDRADE, J. São Paulo: Brasiliense, 1964.
OBS	*Obstretricia.* REZENDE, J. Rio de Janeiro: Guanabara Koogan, 1962. v. I e II.
OC	*Orfeu da Conceição.* MORAIS, V. 2. ed. Rio de Janeiro: São José, 1970.

OCE	*O que é oceanografia*. GALLO, J.; VERRONE, L. V. São Paulo: Brasiliense, 1993. (Coleção Primeiros Passos, v. 284).
OD	*O dia*. Rio de Janeiro. fev./mar. 1992.
OE	*Os escorpiões*. HOLANDA, G. São Paulo: Comissão do IV Centenário, s/d.
OEP	*O Estado do Pará*. Belém, 1992, várias edições.
OES	*O Estado de Sergipe*. Sergipe, 1992, várias edições.
OG	*O Globo*. Rio de Janeiro, 1992, várias edições.
OI	*O Imparcial*. São Luís, 20.12.1979, p. 07.
OL	*O outro lado do poder*. ABREU, H. 2. ed. Rio de Janeiro: Nova Fronteira, 1979.
OLA	*O labirinto de Mariana*. ANTINORI, M. São Paulo: Klaxon, 1990.
OLG	*Olga*. MORAIS, F. São Paulo: Alfa Omega, 1987.
OLI	*O Liberal*. Belém, 1981, várias edições.
OM	*Ópera do malandro*. HOLLANDA, F. B. 3. ed. São Paulo: Liv. Cultura, 1980.
OMA	*O jovem deve saber tudo sobre o mar*. BEKUTI, H.; MOREIRA, A. 1. ed. Rio de Janeiro: Inst. Nacional do Livro, 1971. (Coleção Brasil Hoje, n. 1).
OMT	*O matador*. MELO, P. 1. ed. São Paulo: Cia. das Letras, 1995.
OMU	*O mundo português*. Rio de Janeiro, 1992, várias edições.
ON	*Ondulatória*. STAVALE, S. et al. São Paulo: Anglo, 1982 (Livro-texto, n. 26).
OP	*O Popular*. Goiânia, 1980, várias edições.
OPT	*Óptica*. STAVALE, S. et al. São Paulo: Anglo, 1985. (Livro-texto, n. 23).
OPV	*O Povo*. Fortaleza, 23/09/1992.
ORM	*Orminda*. GARCIA, J. B. 6. ed. Capivari: EME, 1994.
OS	*Os servos da morte*. FILHO, A. 2. ed. Rio de Janeiro: GRD, 1965.
OS-O	*Atuação parlamentar do Senador Odacyr Soares* 1988. SOARES, O. Brasília: Senado Federal, 1992.
OSA	*O santo inquérito*. GOMES, D. Rio de Janeiro: Civilização Brasileira, 1966.
OSD	*Os desvalidos*. DANTAS, F. G. C. São Paulo: Cia. das Letras, 1993.
OV	*Olhos de ver, ouvidos de ouvir*. LISBOA, L. C. São Paulo: Difel, 1977.
P	*Patética*. CHAVES NETO, J. R. Rio de Janeiro: Civilização Brasileira, 1978.
P-AMI	Revista *Amiga*. Rio de Janeiro, Bloch, 1991, Propagandas.
P-ATA	*A Tarde*. Salvador, 1992. Propagandas
P-AUT	Revista *Auto-Esporte*. Rio de Janeiro, EFIC, 1992. Propagandas, várias edições.
P-CAR	Revista *Caras,* Rio de Janeiro, 44, ano 1, 09 set. 1994.
P-CLA	Revista *Claudia*, São Paulo. Abr./1990. Propagandas. São Paulo,1990.
P-CRU	Revista *O Cruzeiro*, Rio de Janeiro: O Cruzeiro, 1980. Propagandas.
P-ELL	Revista *ELLE*, São Paulo, abr./1991, várias edições.
P-EM	*O Estado de Minas*. Belo Horizonte, 1992, Propagandas.
P-EPR	*O Estado do Paraná*. Curitiba, 15.04.1981.
P-ESP	*O Estado de S. Paulo*. São Paulo, 1992, Propagandas.
P-EX	Revista *Exame,* São Paulo. abr./set. 1992.

P-FA	Revista *Fatos e Fotos*, Rio de Janeiro, Bloch, 1990, Propagandas.
P-FSP	*Folha de S.Paulo.* São Paulo, 1993,Propagandas.
P-GLO	*O Globo.* Rio de Janeiro, 1993, Propagandas.
P-INF	Revista *Informática*, São Paulo, Eletrônica digital, 1992. Várias edições.
P-IS	Revista *Isto é,* São Paulo: Ed. Três, 1992. Propagandas.
P-JB	*Jornal do Brasil.* Rio de Janeiro, 1993. Propagandas.
P-MAN	Revista *Manchete*, Rio de Janeiro. Propagandas.
P-OD	*O Dia.* Rio de Janeiro, 1992. Propagandas.
P-OMU	*O mundo.* São Paulo, O mundo Graf. Ed., 1992. Propagandas. Várias edições.
P-PFI	Revista *Pais e Filhos*, São Paulo/Rio de Janeiro: O mundo Graf. Ed., 1989. Propagandas. 1989
P-REA	Revista *Realidade*, Rio de Janeiro, abr./1989. Propagandas.Várias edições.
P-VEJ	Revista *Veja,* São Paulo, abr./maio/1994.
P-VIS	Revista *Visão*, São Paulo, Visão, 1987. Várias edições.
PAE	*Primo Altamirando e elas.* PONTE PRETA, S. 3. ed. Rio de Janeiro: Ed do Autor, 1962.
PAN	*Pantanal* – Um grito de agonia. SILVA, S. F. 2. ed. São Paulo: Câmara Brasileira do Livro, 1990.
PAO	*O pão de cada dia.* PIÑON, N. Rio de Janeiro: Nova Fronteira, 1994.
PCO	*Pedaços do cotidiano.* GASPARETTO, Z. M. 4. ed. São Paulo: Espaço Vida e Consciência, s/d.
PD	*Pedra sobre pedra.* Rede Globo de Televisão.
PE	*Práticas escolares.* D'ÁVILA, A. São Paulo: Saraiva, 1954. v. 3.
PED	Pedro pedreiro. PALLOTTINI, R. *Revista de Teatro,* Rio de Janeiro, n. 458, 1986.
PEL	*A pena e a lei.* SUASSUNA, A. 2. ed. Rio de Janeiro: Agir, 1975.
PEM	Pedro Malazarte. KHNER, M. H. *Revista de Teatro*, Rio de Janeiro, n. 469, 1989.
PEN	*O que é pentecostalismo.* ROLIM, F. P. São Paulo: Brasiliense, 1987. (Coleção Primeiros Passos, v. 188).
PEP	*As pedras preciosas.* FRANCO, R. R.; CAMPOS, J. E. S. São Paulo: Brasiliense, 1965.
PER	*Períodos literários.* CADEMARTORI, L. São Paulo: Ática, 1986. (Série Princípios, v. 21).
PEV	*Perigo de vida* – Predadores e presas – Um equilíbrio ameaçado. ALBERTS, C. C. 7. ed. São Paulo: Atual, 1989.
PEX	*A pesquisa experimental em psicologia e educação.* RODRIGUES, H. Petrópolis: Vozes, 1976.
PF	Pluft, O fantasminha. In: *Teatro infantil.* MACHADO, M. C. Rio de Janeiro: Agir, 1959.
PFI	*Pais & Filhos.* Rio de Janeiro: Bloch, 1972. Várias edições.
PFV	*Paixão e fim de Valério Caluete.* ARAÚJO, J. G. Rio de Janeiro: Agir-MEC, 1978.
PGN	*Por uma geografia nova.* SANTOS, M. São Paulo: Hucitec, 1980.

PH	*O período hipotético iniciado por se...* LEÃO, A. V. Belo Horizonte: Univ. Minas Gerais, 1961.
PHM	*Pequena história da música popular brasileira.* TINHORIO, J. R. Petrópolis: Vozes, 1978.
PI	O papel dos interesses na escolha da profissão. ANGELINI, A. N. In: *Psicologia educacional,* 5, São Paulo: FFCLH/USP, Boletim, n. 185, 1957.
PL	*Meu pé de laranja lima.* VASCONCELOS, J. M. 8. ed. São Paulo: Melhoramentos, 1968.
PLA	Revista *Placar.* 1989. Várias edições.
PM	*Pedro Mico* – O zumbi da Catacumba. CALLADO, A. Rio de Janeiro: Dramas e Comédias, 1957.
PN	*Os pastores da noite.* AMADO, J. São Paulo: Martins, 1964.
PO	*O que é pornografia.* MORAES, E. R., LAPEIZ, S. M. São Paulo: Brasiliense, 1984. (Coleção Primeiros Passos, v. 128).
POL-O	*Políticas de preços da energia no Brasil.* Brasília: Senado Federal, 1991.
PP	*O pagador de promessas.* GOMES, D. 3. ed. Rio de Janeiro: Civilização Brasileira, 1967.
PQ	*O que é poluição química.* PONTIN, J. A.; MASSARO, S. São Paulo: Brasiliense, 1994. (Coleção Primeiros Passos, v. 267).
PR	*A pedra do reino.* SUASSUNA, A. 3.ed. Rio de Janeiro: Civilização Brasileira, 1967.
PRA	*A prática da reportagem.* KOTSCHO, R. São Paulo: Ática, 1986. (Série Fundamentos, v.16).
PRE	*O Presidente.* VEIGA, V. São Paulo: Clube do Livro, 1959.
PRO	*Prodígios.* MACHADO, D. 1. ed. São Paulo: Moderna, 1980.
PRP	*Prospecção geotécnica do subsolo.* PORTO, J. C.; LIMA, A. Rio de Janeiro: Livros Técnicos, 1979.
PRT	*Prática das pequenas construções.* BORGES, A. C. 6. ed. São Paulo: Edgart Blucher, 1972.
PS	*O que é psicanálise.* CESAROTO, O.; LEITE, M. P. S. São Paulo: Brasiliense, 1984. (Coleção Primeiros Passos, v. 133).
PSC	*O que é psicoterapia.* PORCHAT, L. São Paulo: Brasiliense, 1989. (Coleção Primeiros Passos, v. 224).
PSI	*Psicanálise e linguagem.* CASTRO, E. M. São Paulo: Ática, 1986. (Série Princípios, v. 45).
PT	*Pesquisa tecnológica na universidade e nas indústrias brasileiras.* São Paulo: Pioneira, Inst. Roberto Simonsen, 1968.
PTP	*Progressos no tratamento das parasitoses.* CARRERA, P.; BARBEITO, A.; TESSI, C. São Paulo: Cia. Lit. Ypiranga, 1968.
PV	*Plataforma vazia.* BARRETO, B. Belo Horizonte: Itatiaia, 1962.
Q	*Quarup.* CALLADO, A. 2. ed. São Paulo: Círculo do Livro, 1974.

Q-DI	*Química.* CARVALHO. G. C. São Paulo. Anglo, 1985. (Livro-texto, n. 33).
QDE	*Quarto de despejos.* JESUS, C. M. São Paulo: Paulo de Azevedo, 1960.
QI	*A questão indígena na sala de aula.* Subsídios para professores de 1º e 2º graus. Prefácio Frei Betto. São Paulo: Brasiliense, 1987.
QUI	*O que é química.* CHRISPINO, A. 3 ed. São Paulo: Brasiliense, 1994. (Coleção Primeiros Passos, v. 226).
R	*Roteiro da agonia.* MIRANDA, M. Rio de Janeiro: Civilização Brasileira, 1965.
RAP	Os rapazes estão chegando. VIEIRA NETO, G. *Revista de Teatro*, Rio de Janeiro, n. 473, 1990.
RB	*Raízes do Brasil.* HOLLANDA, S. B. 10. ed. Rio de Janeiro: José Olympio, 1976.
RC	*Rasga coração.* VIANNA FILHO, O. Rio de Janeiro: MEC/SEAC/Funarte, 1980.
RE	*A resistência.* AMARAL, M. A. S. Rio de Janeiro: MEC/SEAC/Funarte, 1978.
REA	Revista *Realidade*, São Paulo, Abril, 1968. Várias edições.
REB	*A revolução dos beatos.* GOMES, D. Rio de Janeiro: Civilização Brasileira, 1962.
REF	*Reflexões sobre a arte.* BOSI, A. São Paulo: Ática, 1989. (Série Fundamentos, v. 8).
REI	*O rei de Ramos.* GOMES, D. Rio de Janeiro: Civilização Brasileira, 1979.
REL	*Relato de um certo Oriente.* HATOUM, M. São Paulo: Cia. das Letras, 1991.
REP	*República dos sonhos.* PIÑON, N. Rio de Janeiro: Francisco Alves, 1984.
RET	*O retrato do rei.* MIRANDA, A. São Paulo: Cia. das Letras, 1991.
RI	*Imprensa.* São Paulo: Imprensa Graf. Ed., 1989. Várias edições.
RIR	*Um rio imita o Reno.* MOOG, V. 8. ed. Rio de Janeiro: Civilização Brasileira, 1966.
RM	*A riqueza mineral do Brasil.* ABREU, S. F. 2. ed São Paulo: Nacional, 1957.
RO	*Rosamungo e os outros.* PONTE PRETA, S. 2. ed. Rio de Janeiro: Ed. do Autor, 1963.
ROM	*Romances completos.* PENA, G. Rio de Janeiro: Aguilar, 1958.
ROT	*O roteirista profissional:* TV e Cinema. REY, M. São Paulo: Ática, 1989. (Série Fundamentos, v. 50).
RR	*Revista do Rádio*, Rio de Janeiro ns. 876/1968 633/1961.
RS	*A redução sociológica.* RAMOS, G. Rio de Janeiro: MEC, 1958.
RV	*Roda viva.* HOLLANDA, F. B. Rio de Janeiro: Sabiá, 1968.
S	*Serras Azuis.* LIMA, G. F. 3. ed. Rio de Janeiro: José Olympio, 1976.
SA	*Sagarana.* ROSA, J. G. Rio de Janeiro: José Olympio, 1951.
SAM	*Sampa.* DANIEL, M.; ASSUNÇÃO, L.; AVANCINE, V. Rede Globo de Televisão, 1986. cap. 10. (Minissérie Rede Globo).
SAR	*Sargento Getúlio.* RIBEIRO, J. U. 7. ed. Rio de Janeiro: Nova Fronteira, 1982.
SC	*Seria cômico se não fosse trágico.* RANGEL, F. 2. ed. Rio de Janeiro: Civilização Brasileira, 1981.
SD	*Sete dias a cavalo.* BORBA FILHO, H. Porto Alegre: Globo, 1975.
SE	*Os sete pecados capitais.* ROSA, J. G. Rio de Janeiro: Civilização Brasileira, 1964.
SEG	Segura teu homem. CALVET, A. *Revista de teatro*, Rio de Janeiro, n. 468, 1972.

SEN   *O senhor do mundo*. Faria, O. Rio de Janeiro: José Olympio, 1957.
SER   *A serpente*. Rodrigues, N. Rio de Janeiro: Nova Fronteira, 1980.
SF-O   *Discursos*. Santos Filho. Anais da câmara dos deputados. Rio de Janeiro: Serviço gráfico do ibge, 1956. v. 9.
SIG-O   *Carta Pastoral*. sigaud, G. P. 1963.
SIM-O   *Recordo com a dor de todas as saudades*. Discurso de Pedro Simon dedicado a Ulisses Guimarães. Simon, P. Brasília: Gráfica do Senado, 1992.
SIN   *O que é sindicalismo*. Antunes, R. L. C. São Paulo: Brasiliense, 1981. (Coleção Primeiros Passos, v. 3).
SI-O   *Senador Pedro Simon – Discursos e Projetos* 1993. Discurso de Pedro Simon, Brasília, 1995.
SL   *O sorriso do lagarto*. Ribeiro, J. U. Rio de Janeiro: Nova Fronteira, 1984.
SM   *Santa Maria Fabril S.A.* Almeida, A. P. São Paulo: Martins, 1955.
SMI   *Semiologia infantil*. Pernetta, C. Rio de Janeiro: Gráfica Laemmert, 1957.
SO   *Sonho de uma noite de velório*. Costa, O. R. Rio de Janeiro: Funarte, 1976.
SOC   *Sociedades Indígenas*. Ramos, A. R. 2. ed. São Paulo: Ática, 1988.
SOR   *O sorriso de pedra*. Block, P. Rio de Janeiro: Pongetti, 1965.
SPI   *Spiros*. Jockman, S. Brasília: mec/Seac, 1977.
SS   *Saudades do século xx*. Castro, R. São Paulo: Cia. das Letras, 1994.
SU   Revista *Super Interessante*, São Paulo, ns. 5, 6, 7, ano 6. Abr.1987.
SUC   *Subordinação e coordenação*. Carone, F. B. São Paulo: Ática, 1988. (Série Princípios, v.138).
SV   *Sinal de vida*. Muniz, L. C. São Paulo: Global, 1979.
T   *O telefone amarelo.*Anisio, F. R. J. São Paulo: Rocco, 1979.
TA   *O que é tarô*. Urban, P. 1. ed. São Paulo: Brasiliense, 1992. (Coleção Primeiros Passos, v. 263).
TA-O   *Discurso do Sr. Aurélio de Lyra Tavares*. Anais da câmara dos deputados. Rio de Janeiro: Serviço gráfico do ibge, 1970.
TAF   *Táticas de futebol*. Mendes, L. Rio de Janeiro: Ouro, 1979.
TB   *Tudo bem*. Jabor, A. (Roteiro do filme).
TC   *Toxicologia clínica e forense*. Alcântara, H. R. 2. ed. São Paulo: Cia. Lit. Ipiranga, 1985.
TEF   *Termofísica*. Piqueira, J. R. C. São Paulo. Anglo, 1985. (Livro-texto, n. 28).
TE   *O que é teoria*. Pereira, O. 8. ed. São Paulo: Brasiliense (Coleção Primeiros Passos, v.59).
TEB   *Telefonia básica*. Romano, C.; Toddai, R. São Paulo: Brasiliense, 1978. v. 5.
TEG   *Teatro de G. Figueiredo*. Rio de Janeiro: Civilização Brasileira, 1964. Quatro peças.
TER   *Terra encharcada*. Passarinho, J. G. São Paulo: Clube do Livro, 1968.
TF   *Tratado de fitogeografia no Brasil*. Rizzini, C. T. São Paulo: Hucitec, 1976.
TG   *Tocaia grande*. Amado, J. Rio de Janeiro: Record, 1984.

TGB	*Tratado geral do Brasil.* SCANTIMBURGO, J. São Paulo: Edusp, 1971.
TGG	*Teatro de G. Guarnieri.* São Paulo: Hucitec, 1988. (Texto para TV).
TI	*Terapêutica infantil.* PERNETTA, C. 3. ed. Rio de Janeiro: Koogan, 1959.
TL	*Teoria lexical.* BASÍLIO, M. São Paulo: Ática, 1987. (Série Princípios, v. 88).
TPR	*Tragédia para rir.* FIGUEIREDO, G. Rio de Janeiro: Civilização Brasileira, 1958.
TQ	*Termoquímica.* CARVALHO, G. C. São Paulo. Anglo, 1985. (Livro-texto, n. 34).
TR	*Travessias.* LOPES, E. São Paulo: Moderna, 1980.
TRH	*Trilogia do herói grotesco* (A inconveniência de ser esposa. Da necessidade de ser polígamo). SAMPAIO, S. Rio de Janeiro: Civilização Brasileira, 1961.
TRI	*Tribuna do Norte.* Natal. 14/01/93
TS	*Tambores de São Luis.* MONTELLO, J. Rio de Janeiro: José Olympio, 1975.
TT	*O que é transporte urbano.* São Paulo: Brasiliense, 1988. (Coleção Primeiros Passos, v. 199).
TU	*Tubulações industriais.* TELLES, S. Rio de Janeiro: Ao Livro Técnico, 1968.
TV	*O tempo e o vento* – O continente. Tomo II. VERÍSSIMO, E. Rio de Janeiro: Globo, 1956.
U	*Um copo de cólera.* NASSAR, R. São Paulo: Livraria Cultura, 1978.
UC	*O último carro.* NEVES, J. Rio de Janeiro: MEC, 1976.
UE	*Usos da energia* – sistemas, fontes e alternativas do fogo aos gradientes de temperaturas oceânicas. TUNDISI, H. S. F. 4. ed. São Paulo: Atual, 1991.
UM	*Umbanda.* MAGNANI, J. G. C. São Paulo: Ática, 1986. (Série Princípios, v. 34).
UNM	*Um nome de mulher.* LOVADA, M. C. 1985 (Novela, TV Manchete).
UQ	*A última quimera.* MIRANDA, A. São Paulo: Cia. das Letras, 1995.
URB	*O que é urbanismo.* GONÇALVES, A. J.; SANT'ANA, A.; CARSTENS, F. São Paulo: Brasiliense, 1991(Coleção Primeiros Passos, v. 246).
US	Um sábado em 30. MARINHO, L. *Revista de Teatro*, Rio de Janeiro, n. 453, 1963.
V	*Vila dos Confins.* PALMÉRIO.M. Rio de Janeiro: José Olympio, 1957.
VA	*Vastas emoções e pensamentos imperfeitos.* FONSECA, R. São Paulo: Cia. das Letras, 1988.
VB	*A vida em flor de Dona Beija.* VASCONCELOS, A. 5. ed. Belo Horizonte: Itatiaia, 1988.
VEJ	Revista *Veja*, São Paulo. abr./1979. Várias edições.
VER	*Veranico de Janeiro.* BERNARDO, E. 2. ed. Rio de Janeiro: José Olympio, 1976.
VES	*O valete de espadas.* MOURÃO, G. M. Rio de Janeiro: Guanabara, 1965.
VI	*Vinte histórias curtas.* DINES, A. Rio de Janeiro: Antunes, 1960.
VIC	*Violetas e caracóis.* DOURADO, A. Rio de Janeiro: Guanabara, 1987.
VID	*Vida doméstica.* Rio de Janeiro: Bloch, set.1953.
VIE	*Vídeo business* 2 9 10. Ed. Publi-Vídeo.
VIO	*Paulinho da Viola. Som.* Rio de Janeiro: Antena. n. 3, 145-148, 1980.
VIS	Revista *Visão*, São Paulo, Editora Visão. 39/ 40.1970.

VIU	*Viúva porém honesta.* RODRIGUES, N. Rio de Janeiro: Tempo Brasileiro, 1966.
VL	*Volta ao lar.* NOGUEIRA, A. (Caso Verdade Rede Globo).
VN	*A viagem noturna.* TEIXEIRA, M. L. São Paulo: Martins, 1965.
VO	Vovô Clementino contra o planeta cor de prata. NASCIMENTO, J. *Revista de Teatro,* Rio de Janeiro, n. 467, 1988.
VP	A vila de Prata. MONIZ, E. *Revista dos tribunais.* São Paulo: MEC, 1956. Rio de Janeiro: S. José.
VPB	*Viva o povo brasileiro.* RIBEIRO, J. U. Rio de Janeiro: Nova Fronteira, 1984.
X	*O que é xadrez.* SANTOS, P. S. 1. ed. São Paulo: Brasiliense, 1993. (Coleção Primeiros Passos, v. 271)
XA	*O xangô de Baker Street.* SOARES, J. São Paulo: Cia. das Letras, 1995.
Z	*Zero.* BRANDÃO, I. L. 2. ed. Rio de Janeiro: Ed. Brasília, 1976.
ZH	*Zero Hora.* Porto Alegre, 1990. Várias edições.
ZO	*O que é zoologia.* FRANCIS, D. P.; MARIA, D. S. A. 2. ed. São Paulo: Brasiliense, 1989. (Primeiros Passos, v. 154).

Referências bibliográficas

ABAURRE, M. B. M.; RODRIGUES, A. C. S. (orgs.). *Gramática do português falado*: novos estudos descritivos. Campinas: Editora da Unicamp/Fapesp, 2002. v. VIII.
AKATSUKA, N. Conditionals and the epistemic scale. *Language*, v. 61, n. 3, p. 625-639, 1985.
_____. Conditionals are discourse bound. In: TRAUGOTT, E. C. et al. (eds.). *On conditionals*. Cambridge: Cambridge University Press, 1986, p. 333-351.
ALEXANDRESCU, S. Sur les modalités croire et savoir. *Langages*, v. 43, p. 19-27, 1976.
ALLERTON, D. J. Levels of word cooccurrence restriction. *Lingua*, v. 63, p. 17-40, 1984.
ALMEIDA, M.; DORTA, J. *Contribuciones al estudio de la lingüística hispánica*. Tenerife: Montesinos, 1997, t. I.
ANDERSON, J. M. *The grammar of case*: towards a localist theory. London: Cambridge University Press, 1971.
_____. *On case grammar*: prolegomena to a theory of grammatical relations. Londres: Croom-Helm, 1977.
ANDERSON, L. B. Evidentials, paths of change, and mental maps: typologically regular asymmetries. In: CHAFE, W.; NICHOLS, J. (eds.). *Evidentiality*: the coding of epistemology. Normood: Ablex, 1986, p. 273-312.
ANTOINE, G. *La coordination en français*. Paris: Editions d'Artey, 1959, v. I.
_____. *La coordination en français*. Paris: Editions d'Artey, 1962, v. II.
ANSCOMBRE, J. C.; KLEIBER, G. Semántica e referencia: algunas reflexiones. In: _____. *Problemas de semántica y de referencia*. Oviedo: Vicerrectorado de Extensión Universitaria y Servicios Universitarios. Universidad de Oviedo, 2001, p. 11-30.
_____;_____. (eds.). *Problemas de semántica y de referencia*. Oviedo: Vicerrectorado de Extensión Universitaria y Servicios Universitarios. Universidad de Oviedo, 2001.
ANTONIO, J. D. A estrutura argumental preferida em narrativas orais e em narrativas escritas. *Veredas*, v. 3, n. 2, p. 59-66, 1998.

_____. *Estrutura retórica e articulação de orações em narrativas orais e em narrativas escritas do português*. Araraquara, 2004. Tese (Doutorado em Linguística) – Faculdade de Filosofia, Ciências e Letras, Universidade Estadual Paulista.

ANTOS, G.; TIETZ, H. (Hrsg.). *Die Zukunft der Textlinguistik. Traditionen, Transformationen, Trends*. Tübingen: Niemeyer, RGL 188, 1997, Tradução portuguesa de Hans Peter Wieser. Mimeo

APOTHÉLOZ, D. Nominalisations, référents clandestins et anaphores atypiques. *TRANEL (Travaux neuchâtelois de linguistique)*, n. 23, p. 143-173, 1995 (1995a).

_____. *Rôle et fonctionnement de l'anaphore dans la dynamique textuelle*. Genève: Librairie Droz, 1995 (1995b).

_____; REICHLER-BÉGUELIN, M. J. Construction de la référence et stratégies de désignation. *TRANEL (Travaux neuchâtelois de linguistique)*, n. 23, p. 227-271, 1995.

_____; CHANET, C. Défini et démonstratif dans les nominalisations. In: MULDER, W. et al. (eds.). *Relations anaphoriques et (in)cohérence*. Amsterdam: Rodopi, 1997, p. 159-186.

_____; REICHLER-BÉGUELIN, M. J. Interpretations and functions of demonstrative NPs in indirect anaphora. *Journal of Pragmatics*, v. 31, p. 363-397, 1999.

_____; DOEHELER, S. P. Nouvelles perpectives sur la référence : des aproches informationnelles aux aproches interactionelles. *Verbum*, v. 25, n. 2, p. 109-136, 2003.

ARIEL, M. Referring expressions and the +/- correference distinction. In: FRETHEIM, T.; GUNDEL, J. K. *Reference and referent accessibility*. Amsterdam: John Benjamins, 1996, p. 13-36.

ARISTÓTELES. *Les réfutations sophistiques*. Nouvelle traduction et notes par J. Tricot. Paris: J. Vrin, 1950.

ASBHY, W. J.; BENTIVOGLIO, P. Preferred argument structure in spoken french and spanish. *Language Variation and Change*, v. 5, p. 61-76, 1993.

ATHANASIADOU, A.; DIRVEN, R. (eds.). *On conditionals again*. Amsterdam: John Benjamins, Amsterdam Studies in the Theory and History of Linguistic Science, Series Iv: Current Issues in Linguistic Theory, 1997, v. 143. 418p.

AUWERA, J. V. D. Conditionals and speech acts. In: Traugott, E. C. et al. (eds.). *On conditionals*. Cambridge: Cambridge University Press, 1986, p. 197-213.

_____. (ed.). *Adverbial constructions in the languages of Europe*. Berlin: Mouton de Gruyter, 1998.

_____; Groossens, L. (eds.). *Ins and outs of the predication*. Dordrecht: Foris Publications, 1987.

AZEREDO, J. C. *Língua Portuguesa em debate*. São Paulo: Vozes, 2000.

BACH, E.; Harms, R. T. (eds.). *Universals in linguistic theory*. New York: Holt, Rinehart and Winston, 1968.

BAKKER, D. FG Expression Rules: from templates to constituent structure. *Working Papers in Functionnal Grammar*, v. 67, 1999.

_____. The FG Expression Rules: a Dynamic Model. *Revista Canária de Estudios Ingleses*, v. 42, p. 15-54, 2001.

BALLY, C. *Linguistique générale et linguistique française*. 5. ed. Berne: Francke, 1932.

_____. Syntaxe de la modalité explicite. *Cahiers Ferdinand de Saussure*, v. 2, p. 3-14, 1942.

_____. *Linguistique générale et linguistique française*. Francke, Berne, 1950.

BARRETO. T. M. *Gramaticalização das conjunções na história do português*. Salvador, 1999. Tese (Doutorado em Letras) – Instituto de Letras, Universidade Federal da Bahia.

BARROS, D. L. P. Estudos do texto e do discurso no Brasil. *D.E.L.T.A.*, v. 15, n. esp., p. 183-199, 1999.

BASTOS, S. D. G. *Os constituintes extrafrasais com valor epistêmico: análise de entrevistas jornalísticas no espanhol e no português*. Araraquara, 2004. Tese (Doutorado em Linguística) – Faculdade de Filosofia, Ciências e Letras, Universidade Estadual Paulista.

BEAUGRANDE, R. A. *Introduction to the study of text and discourse*. Wien: Universitäts Verlag (pré-impressão), 1993 (1993a), cap. I.

_____. *Introduction to text linguistics*. Wien: Universitäts Verlag (pré-impressão), 1993 (1993b), cap. II.

_____. *Functionality and textuality*. Wien: Universitäts Verlag (pré-impressão), 1993 (1993c), cap. III.

_____. Textlinguistik: Zu neuen Ufern? In: ANTOS, G.; Tietz, H. (Hrsg.). *Die Zukunft der Textlinguistik. Traditionen, Transformationen, Trends*. Tübingen: Niemeyer, RGL 188, 1997, p. 1-12. Tradução portuguesa de Hans Peter Wieser. mimeo, p. 1-10.

BECHARA, E. Gramática funcional: natureza, funções e tarefas. In: NEVES, M. H. M. (org.). *Descrição do Português II*. Publicação do Curso de Pós-Graduação e Língua Portuguesa, ano v, n.1, Unesp – Campus de Araraquara, 1991, p. 1-17.

_____. Problemas de descrição linguística e sua aplicação no ensino de gramática. In: VALENTE, A. *Língua, linguística e literatura*. Rio de Janeiro: UERJ, 1998, p. 15-21.

_____. *Moderna gramática portuguesa*. 37. ed. Rio de Janeiro: Lucerna, 1999.

BELLERT, I. Nietóre Postawy Modalne W Interpretacji Semantycznej Wypowiedzi. *Urbanczyk*, p. 155-169, 1971.

BELLERT, I. On semantic and distributional properties of sentential adverb. *Linguistic Inquiry*, v. 8, p. 337-51, 1977.

BENTIVOGLIO, P. Spanish preferred argument structure across time and space. *D.E.L.T.A.*, v. 10, p. 277-293, 1994.

BENVENISTE, E. L'apareil formel de l'énonciation. *Langages*, v. 17, p. 22-28, 1970.

BERNSTEIN, B. (ed.). *Class, codes and control*. London: Routledge and Kegan Paul, 1973.

BERRENDONNER, A.; REICHLER-BÉGUELIN, M. J. (eds.). *Du syntagme nominal aux objets-de-discours*. SN complexes, nominalisations, anaphores. Neuchatel: Institute de Linguistique de l'Université de Neuchatel, 1995.

_____; _____. (eds.). *Travaux Neuchatelois de Linguistic*. Genève: Tranel, n. 23, 1995.

BIERWISH, M.; HEIDOLPH, K. E. (eds.). *Recent advances in linguistics*. The Hague, Mouton, 1970.

BLANCHÉ, R. *Structures intellectuelles*. Essai sur l'organisation systématique des concepts. 2. ed. Paris: Libraire Philosophique J. Vrin, 1969.

BLANCHE-BENVENISTE, C.; CHERVEL, A. Recherches sur le syntagme substantif. *Cahiers de lexicologie*, p. 3-37, 1966.

BLÜHDORN, H.; GUEDES EVANGELISTA, M. C. R. *Para uma semântica relacional da modalidade*. São Paulo: USP-FFLCH / Grupo de estudos em Teoria Gramatical, 1999. Mimeo.

BOLKESTEIN, A. M.; GROOT, C.; MACKENZIE, J. L. (eds.). *Predicates and terms in functional grammar*. Dordrecht-Holland/Cinnaminson: Foris Publications, 1985.

BONDZIO, W. Valenz, Bedeutung und Satzmodelle. In: HELBIG, G. (ed.). *Beiträge zur Valenztheorie*. Halle (Saale): Max Niemeyer Verlag, 1971, p. 85-106

BONOMI, A. *Lo spirito della narrazione*. Milão: Bompiani, 1994.

BOOGAART, R.; TRNAVAC, R. Conditional Imperatives in Dutch and Russian. In: CORNIPS, L.; DOETJES J. (eds.). *Linguistics in the Netherlands*. Amsterdam/Philadelphia: John Benjamins, 2004, p. 25-35.

BORBA, F. S. (coord.). *Estudos de filologia e linguística*. São Paulo: T. A. Queiroz Editor, 1981.

_____. (coord.). *Dicionário gramatical de verbos do português contemporâneo do Brasil*. São Paulo: Unesp, 1990.

_____. (coord.). *Dicionário gramatical de verbos do português contemporâneo do Brasil*. São Paulo: Unesp, 1991.

_____. *Uma gramática de valências para o português*. São Paulo: Ática, 1996.

_____. (coord.). *Dicionário de usos do português contemporâneo do Brasil*. São Paulo: Ática, 2002.

_____. (coord.). *Dicionário Unesp do português contemporâneo*. São Paulo: Unesp, 2005.

BOSH, P. Lexical Meaning Contextualized. In: HOPENBROUWERS, P. S.; WEITERS, A. (eds.). *Meaning and the lexicon*. Dordrecht: Foris, 1985, p. 251-258.

BOTNE, R. Evidentiality and epistemic modality in *lega*. *Studies in Language*, v. 3, n. 21, p. 09-532, 1997.

BOWERS, R.; BRUMFIT, C. (eds.). *Aplied linguistics and English language teaching*. London and Basingstoke: Macmillan, 1991.

BRAGA, M. L. Cláusulas temporais no discurso oral. In: *IV Encontro Nacional da ANPOLL*, João Pessoa. *Anais do VII Encontro Nacional da ANPOLL*. v. 2 - Linguística. João Pessoa, p. 1217-1233, 1995.

_____. Processos de redução: o caso das orações de gerúndio. In: KOCH, I. (org.). *Gramática do português falado*: desenvolvimentos. Campinas: Editora da Unicamp/Fapesp, 1996, p. 231-251, v. VI.
_____. Os enunciados de tempo no português falado no Brasil. In: NEVES, M. H. M. (org.). *Gramática do português falado*: novos estudos. Campinas: Editora da Unicamp/Humanitas/Fapesp, 1999, p. 443-459, v. VII.
BRITO, C. M. C. *A transitividade verbal na língua portuguesa*: uma investigação de base funcionalista. Araraquara, 1996. Tese (Doutorado em Linguística) – Faculdade de Filosofia, Ciências e Letras, Universidade Estadual Paulista.
BROWN, K. Describing modality in English. In: BOWERS, R.; BRUMFIT, C. (eds.). *Aplied linguistics and English language teaching*. London and Basingstoke: Macmillan, 1991.
BROWN, P.; LEVINSON, S. Universals in language usage: politeness phenomena. In: GOODY, E. N. (ed.). *Questions and politeness*: strategies in social interaction. Cambridge: Cambridge University Press, 1978, p. 56-311.
BUBLITZ, W. Transferred negation and modality. *Journal of Pragmatics*, v. 18, p. 551-579, 1992.
BURTON-ROBERTS, N. Modality and Implicature. *Linguistics and Philosophy*, v. 7, n. 2, p. 181-206, 1984.
BUYSSENS, E. *La communication et l'articulation linguistique*. Bruxelles: Presses Universitaires de Bruxelles, 1967.
BYBEE, J. *Morphology*. Amsterdam: John Benjamins, 1985.
_____; PERKINS, R.; PAGLIUCA, W. *The evolution of grammar*. Tense, Aspect and Modality in the Languages of the World. Chicago: Chicago University Press, 1994.
_____; FLEISCHMAN, S. (eds.). *Modality in grammar and discourse*. Amsterdam/Philadelphia: John Benjamins, 1995.
CARNAP, R. Modalities and Quantification. *Journal of Symbolic Logic*, v. 11, p. 33-64, 1946.
_____. *Meaning and necessity*. Chicago: Univ. of Chicago Press, 1947.
_____. *The logical syntax of language*. Patterson, N. J.: Littlefield, Adams and Co., 1959.
CARONE, F. B. *Subordinação e coordenação*. São Paulo: Editora Ática, 1988.
CARRASCOSSI, C. N. S. *A interpretação dos verbos modais poder e dever na língua portuguesa*. Araraquara, 2003. Dissertação (Mestrado em Linguística) – Faculdade de Filosofia, Ciências e Letras, Universidade Estadual Paulista.
CASTILHO, A. T. (org.). *Gramática do português falado*: a ordem. Campinas: Editora da Unicamp/Fapesp, 1990, v. I.
_____. Os demonstrativos no português falado. In: CASTILHO, A. T. (org.). *Gramática do português falado*: as abordagens. Campinas: Editora da Unicamp/Fapesp. 1993, p. 119-48. v. III.
_____. (org.). *Gramática do Português Falado*: as abordagens. Campinas: Editora da Unicamp/Fapesp, 1993. v. III.
_____. Um ponto de vista funcional sobre a predicação. *ALFA*, v. 38, p. 75-95, 1994.
_____. Língua falada e gramaticalização. *Filologia e Linguística Portuguesa*, v. 1, p. 107-120. 1997.
_____; BASÍLIO, M. (orgs.). *Gramática do Português Falado*: estudos descritivos. Campinas: Editora da Unicamp/Fapesp, 1996. v. IV.
CHAFE, W. L. *Meaning and the structure of language*. Chicago/London: The University of Chicago Press, 1970.
_____. Givenness, contrastiveness, definiteness, subjects, and point of view. In: LI, C. (ed.). *Subject and Topic*. New York: Academic Press, 1976, p. 25-55.
_____. *Significado e estrutura linguística*. Trad. port. de NEVES, M. H. M.; CAMPOS, O. G. L. A. S.; RODRIGUES, S. V. Rio de Janeiro: Ao Livro Técnico, 1979.
_____. (ed.). *The pear stories*. Norwood: Ablex, 1980.
_____. How people use adverbial clauses. *Annual meeting of the Berkeley linguistic Society*, v. 10, p. 437-449, 1984.

_____. Evidentiality in English conversation and academic writting. In: CHAFE, W; NICHOLS, J. (eds.). *Evidentiality*: the linguistics coding of epistemology. Norwood: Ablex, 1986, p. 261-272.

_____. Cognitive constraints on information. In: TOMLIN, R. *Coherence and grounding in discourse*. Amsterdam/Philadelphia: John Benjamins, 1987, p. 21-51.

_____. *Discourse, consciousness, and time*: the flow and displacement of conscious experience in speaking and writing. Chicago: University of Chicago Press, 1994.

_____. The realis-irrealis distinction in caddo, the northerm iroquoian. In: BYBEE, J.; FLEISCHMAN, S. (eds.). *Modality in grammar and discourse*. Amsterdam: John Benjamins, 1995, p. 349-366.

_____. Inferring identificability and accessibility. In: FRETHEIM, T.; GUNDEL J. K. (eds.). *Reference and referent accessibility*. Amsterdam: John Benjamins, 1996, p. 37-46.

_____; NICHOLS, J. (eds.). *Evidentiality*: the linguistics coding of epistemology. Norwood, New Jearsey: Ablex, 1986.

CHAROLLES, M. L'anaphore associative. Problèmes de délimitation. *Verbum*, v. 13, n. 3, p. 119-148, 1990.

_____. Anaphore associative, stéréotype et discours. In: SCHNEDECKER, C. et al. (eds.). *L'anaphore associative*: aspects linguistiques, psycholinguistiques et automatiques. Paris: Klincksieck, 1994, p. 67-92.

_____. Associative Anaphora and its Interpretation. *Journal of Pragmatics*, v. 31, p. 311-326, 1999.

_____; SCHNEDECKER, C. Coréférence et identité. Le problème des référentes évolutifs. *Langages*, v. 112, p. 106-126, 1993.

CHRISTIANO, M. E. A.; SILVA, C. R.; HORA, D. (orgs.). *Funcionalismo e gramaticalização*: teoria, análise e ensino. João Pessoa: Editora Ideia, 2004.

CHRISTOPHERSEN, P. *The articles*: a study of their theory and use in English. Oxford: Oxford University Press, 1939.

COATES, J. *The semantics of the modal auxiliaries*. London and Canberra: Croom Helm, 1983.

COLE, P. (ed.). *Radical pragmatics*. New York: Academic Press, 1981.

_____; MORGAN, J. L. (eds.). *Syntax and semantics 3*: Speech Acts. New York: Academic Press, 1975.

_____; SADOCK, P. *Syntax and semantics*: Grammatical relations. New York: Academic Press, 1977. v. 8.

COMRIE, B. Conditionals: a typology. In: TRAUGOTT, E. C. et al. (eds.). *On conditionals*. Cambridge: Cambridge University Press, 1986, p. 77-101.

CONNOLLY, J. H. et al. *Discourse and pragmatics in functional grammar*. Berlin/New York: Mouton de Gruyter, 1997.

CONTE, M. E. *La linguistica testuale*. Milão: Feltrinelli Economica, 1977.

_____. Coerenza testuale. *Lingua e Stile*, v. 15, n. 1, p. 135-54,1980.

_____. Anaphoric encapsulation. *Belgian Journal of Linguistics*, v. 10, n. 16, p. 1-10, 1996 (1996a).

_____.Dimonstrativi nel testo: tra continuità e discontinuità referenziale. *Lingua e Stile*, v. 21, n. 1, p. 135-145, 1996 (1996b).

COOK, W. A. *Case grammar*: development of the matrix model. Washington: Georgetown University Press, 1979.

COQUET, J-C. Les modalités du discours. *Languages*, v. 43, p. 64-70, 1976.

CORACINI, M. J. *Um fazer persuasivo*. O discurso subjetivo da ciência. São Paulo: Pontes - Educ, 1991.

CORBLIN, F. Remarques sur la notion d'anaphore. *Revue Québécoise de Linguistique*, v. 15, n. 1, p. 173-195, 1985.

_____. *Indéfini, défini et démonstratif*. Genève: Libraire Droz S. A., 1987.

CORNIPS, L.; DOETJES J. (eds.). *Linguistics in the Netherlands*. Amsterdam/Philadelphia: John Benjamins, 2004.

CORÔA, M. L. M. S. *O tempo nos verbos do português*: uma introdução à sua interpretação semântica. Brasília: Thesaurus, 1985.

COSERIU, E. *Competencia linguística*. Elementos de la teoría del hablar. Tradução espanhola. Madrid: Gredos, [1988]1992.

COSTA, M. C. R. *Modalidade e gramaticalização*. Estratégias discursivas na fala carioca. Rio de Janeiro, 1995. Tese (Doutorado) – Faculdade de Letras, UFRJ.

COULTHARD, M. (ed.). *Advances in written text analysis*. London: Routhedge, 1994.

COUPER-KUHLEN, E.; KORTMANN, B. (eds.). *Cause, concession, contrast, condition*. Cognitive and discourse perspectives. Berlin/ New York: Mouton de Gruyter, 2000. 475p.

CROFT, W. *Typology and universals*. Cambridge: Cambridge University Press, 1990.

CULICOVER, P.; JACKENDOFF, R. Semantic subordination despite syntactic coordination. *Linguistic Inquiry*, n. 28, p. 195-271, 1997.

CUNHA, C. *Gramática do português contemporâneo*. 5. ed. Belo Horizonte: Bernardo Álvares, 1975.

DALL'AGLIO-HATTNHER, M. M. Uma análise funcional da modalidade epistêmica. *ALFA*, v. 40, p. 151-73, 1996.

_____; NEVES, M. H. M. *A Functional aproach to modality and evidentiality in portuguese*. 2002. Mimeo.

DANCYGIER, B. Interpreting conditionals: time knowledge, and causation. *Journal of Pragmatics*, n. 19, p. 403-434, 1993.

_____. *Conditionals and prediction*. Time, knowledge and causation in conditional constructions. Cambridge: Cambridge University Press, 1998. 214p. v. 87.

_____; SWEETSER, E. Constructions with if, since and because: causality, epistemic stance and clause order. In: COUPER-KUHLEN, E.; KORTMANN, B (eds.). *Cause, concession, contrast, condition*. Cognitive and discourse perspectives. Berlin, New York: Mouton de Gruyter, 2000, p. 11-142.

DANON-BOILEAU, L. et al. Intégration discursive et intégration syntaxique. *Langages*-Intégration syntaxique et cohérence discursive, n. 104, p. 111-127, 1991.

DAVIDSEN-NIELSEN, N. *Mental grammar*: Russian aspect and related issues. Columbus: Slavica Publishers, 1990.

DAVIES, E. Some restrinctions on conditional imperatives. *Linguistics*, n. 17, p. 1039-1054, 1979.

DE HAAN, F. *The interaction of modality and negation*: A typological Study. New York: Garland, 1997.

DE LANCEY, S. An interpretation of split ergativity and related patterns. *Language*, v. 57, n.3, p. 626-657, 1981.

DECAT, M. B. N. *Leite com manga morre!* Da hipotaxe adverbial do português em uso. São Paulo, 1993. Tese (Doutorado) – Pontifícia Universidade Católica.

_____. Uma abordagem funcionalista da hipotaxe adverbial em português. In: CAMPOS, O. G. L. A. S. (org.). *Descrição do português*: abordagens funcionalistas. Araraquara/São Paulo: Curso de Pós Graduação em Letras – Faculdade de Ciências e Letras – Araraquara, 1999 (1999a), p. 299-318.

_____. Por uma abordagem da (in)dependência de cláusulas à luz da noção de "unidade informacional". *SCRIPTA*, Belo Horizonte, v. 2, n. 4, p. 23-38, 1999 (1999b).

_____. A articulação hipotática adverbial no português em uso. In: DECAT, M. B. N. et al. (orgs.). *Aspectos da gramática do português*: uma abordagem funcionalista. Campinas: Mercado de Letras, 2001, p. 103-166.

_____. et al. (orgs.). *Aspectos da gramática do português*: uma abordagem funcionalista. Campinas: Mercado de Letras, 2001.

DECLERCK, R. *When-clauses and temporal structures*. London/New York: Routledge, 1997.

_____; REED, S. *Conditionals*: a comprehensive empirical analysis. Berlin: Mouton de Gruyter, 2001.

DENDALE, P.; TASMOWSKI, L. L'evidentialité ou le marqueue des sources du savoir. *Langue Française*, v. 102, p. 3-7, 1994.

DIK, S. C. *Functional grammar*. Dorderecht-Holland/ Cinnaminson: Foris Publications, 1978.

_____. *Studies in functional grammar*. London/ New York: Academic Press, 1980.

_____. Formal and semantic adjustment of derived constructions. In: BOLKESTEIN, A. M.; GROOT, C.; MACKENZIE, J. L. (eds.). *Predicates and terms in functional grammar*. Dordrecht-Holland/Cinnaminson: Foris Publications, 1985, p. 1-28.

_____. *The theory of functional grammar*. Dorderecht-Holland/ Providence RI: Foris Publications, 1989.

_____. *The theory of functional grammar* 2. ed. by K. HENGEVELD. Berlin/New York: Mouton de Gruyter, 1997.

DIRVEN, R.; FRIED, V. (eds.). *Functionalism in linguistics*. Amsterdam/ Philadelphia: John Benjamins Publishing Company, 1987.

DITTMAR, N.; REICH, A. (eds.). *Modality in language acquisition*. Berlin: Walter de Gruyter, 1993.

DU BOIS, J. W. Beyond definiteness: the trace of identity in discourse. In: CHAFE, W. (ed.). *The pear stories*. Norwood: Ablex, 1980, p. 203-274.

_____. Competing Motivations. In: HAIMAN, J. (Ed.). *Iconicity in syntax*. Amsterdam: John Benjamins 1985, p. 343-35.

_____. The discourse basis of ergativity. *Language*, v. 63, p. 805-55, 1987.

_____. Discourse and the ecology of grammar: strategy, grammaticization, and the locus. Rice Symposium, MS, University of California: Santa Barbara, 1993.

_____; THOMPSON, S. *Dimensions of a theory of information flow*. Ms, UC Santa Barbara, 1991.

DUCROT, O. A quoi sert le concept de modalité? In: DITTMAR, N.; REICH, A. (eds.). *Modality in language acquisition*. Berlin: Walter de Gruyter, 1993, p. 111-130.

DUTKA, A. Les connecteurs argumentatifs en polonais. In: DITTMAR, N.; REICH, A. (eds.). *Modality in language acquisition*. Berlin: Walter de Gruyter, 1993, p. 97-110.

DUTRA, R. The hybrid s-category in brazilian portuguese: some implications for word order. *Studies in Language*, v. 11, n. 1, p. 163-180, 1987.

ENGEL, V. Neue Beiträge zur deustchen Grammatik, Duden Beiträge. Heft 37: Mannheim, 1969.

_____. *Syntax der deutschen Gegenwartssprache*. Berlin: Erich Schmidt Verlag, 1977.

ENGLAND, N.; MARTIN, L. *Issues in the aplications of preferred argument structure analisys to non-pear stories*. MS: Cleveland State University, s/d.

FANT, L. *Estructura informativa en español* – Estudio sintáctico y entonativo. Upsala: Upsala Universitet, 1984.

FARIA, L. T. *Modalização epistêmica e deôntica em contratos eletrônicos em inglês e português*. Araraquara, 2003. Dissertação (Mestrado em Linguística) – Faculdade de Filosofia, Ciências e Letras, Universidade Estadual Paulista.

FERRETI, L. S. *Um estudo sobre a hipotaxe adverbial causal no português escrito contemporâneo do Brasil*. Araraquara, 2000. Dissertação (Mestrado em Linguística) – Faculdade de Filosofia, Ciências e Letras, Universidade Estadual Paulista.

FILLENBAUM, S. The use of conditionals in inducements and deterrents. In: TRAUGOTT, E. C. et al. (eds.). *On conditionals*. Cambridge: Cambridge University Press, 1986, p. 179-195.

FILLMORE, C. J. The Case for Case. In: BACH, E.; HARMS, R. T. (eds.). *Universals in linguistic theory*. New York: Holt, Rinehart and Winston, 1968, p. 1-88.

_____. Some problems for Case Grammar. *Monograph series on languages and linguistics* 24, Washington, p. 37-54, 1971.

_____. The case for case reopened. In: COLE, P.; SADOCK, P. *Syntax and semantics*: grammatical relations. New York: Academic Press, 1977, p. 59-82. v. 8.

FIORIN, J. L. *As astúcias da enunciação*. São Paulo: Ática, 1996.

_____. As astúcias da enunciação. São Paulo: Ática, 1996. Resenha de NEVES, M. H. M. *Filologia e Linguística Portuguesa*, n. 2, p. 227-231, 1998.

FISHER, O. et al. (eds.). *Up and down the cline* - the nature of grammaticalization. Amsterdam/ Philadelphia: John Benjamins, 2004.

FITNEVA, S. Epistemic marking and reliability judgements: evidence from Bulgarian. *Journal of Pragmatics*, v. 33, p. 421-442, 2001.

FLÄMIG, W. Valenztheorie und Schulgrammatik- In: HELBIG, G. (ed.). *Beiträge zur Valenztheorie.* Halle: Max Niemeyer Verlag, 1971.
FOLEY, W. A; VAN VALIN, R. D. JR. *Functional syntax and universal grammar.* Cambridge: Cambridge University Press, 1984.
FORD, C. E. *Grammar in interaction*: adverbial clauses in American English conversations. Cambridge: Cambridge University Press, 1993.
_____; THOMPSON, S. A. Conditionals in discourse: a text based study. In: TRAUGOTT, E. C. et al. (eds.). *On conditionals.* Cambridge: Cambridge University Press, 1986, p. 353-372.
FORTESCUE, M. et al. (eds.). *Layred structure and reference in a functionnal perspective.* Amsterdam: John Benjamins, 1992.
FRAJZYNGIER, Z. *Grammaticalization of the complex sentence.* A case study in chadic. Amsterdam: John Benjamins, 1996.
FRANCIS, G. Labelling Discourse: an aspect of nominal-group lexical cohesion. In: COULTHARD, M. (ed.). *Advances in written text analysis.* London: Routhedge, 1994, p. 83-101.
FREGE, G. Über Sinn und Bedeutung. *Zeitschrift für Philosophie und philosophische Kritik* 100. 1892.
FRETHEIM, T.; GUNDEL J. K. (eds.). *Reference and referent accessibility.* Amsterdam: John Benjamins, 1996.
GABELENTZ, H. G. VON DER. *Die Sprachwissenschaft, ihre Aufgaben, Methoden und bisherigen Ergebnisse.* Leipzig: Weigel, 1891.
GALVÃO, V. C. C. *Evidencialidade e gramaticalização no português do Brasil: os usos da expressão* diz que. Araraquara, 2001. Tese (Doutorado em Linguística) – Faculdade de Filosofia, Ciências e Letras, Universidade Estadual Paulista.
GARCÍA, A. L. *Gramática del español I.* La oración compuesta. Madrid: Arco Libros, 1994.
GARCIA, E. Discourse without Syntax. In: GIVÓN, T. (ed.). *Syntax and Semantics.* New York: Academic Press, 1979, p. 23-49. v. 12
GARCIA, O. *Comunicação em prosa moderna.* Rio de Janeiro: Fundação Getúlio Vargas, 1967.
GÄRTNER, E.; HUNDT, C.; SCHÖNBERGER, A. (eds.). *Estudos de gramática portuguesa* (II). Frankfurt: TFM, 2000.
GARY-PRIEUR, M-N; NOAILLY, M. Demonstratifs insolites. *Poetique*, Seuil, n. 105, p. 111-121, 1996.
GEBRUERS, R.S.C. Dik's functional grammar: a pilgrimage to Prague? In: DIRVEN, R.; FRIED, V. (eds.). *Functionalism in linguistics.* Amsterdam/ Philadelphia: John Benjamins, 1987, p. 101-134.
GERNSBACHER, M. A.; GIVÓN, T. (eds.). *Coherence in spontaneous text.* Amsterdam/ Philadelphia: John Benjamins, 1995.
GIACALONE RAMAT, A.; GROCCO GALÉAS, G. *From pragmatic to syntax modality in second language acquisition.* Tübingen: Gunter Narr, 1995.
GIRY-SCHNEIDER, J. Les noms construits avec faire: compléments ou prédicats? *Langue Française*, v. 69, p. 49-63, 1986.
GIVÓN, T. Historical syntax and synchronic morphology: an archaeologist's field trip. CLS, v. 7, p. 394-415, 1971.
_____. *On understanding grammar.* New York: Academic Press, 1979 (1979a).
_____. From discourse to syntax: grammar as a processing strategy. In: ____. *Syntax and semantics*: discourse and syntax. New York: Academic Press, 1979 (1979b), p. 81-112. v. 12.
_____. (ed.). *Syntax and semantics*: discourse and syntax. New York: Academic Press, 1979. v. 12.
_____. *Syntax*: A functional-typological introduction. Amsterdam: John Benjamins, 1984. v. I.
_____. *Syntax*: A functional-typological introduction. Amsterdam: John Benjamins, 1990. v. II.
_____. Serial Verbs and the Mental Reality of "Event": Grammatical vs. Cognitive Packaging. In: TRAUGOTT, E. C.; HEINE, B. (eds.). *Aproaches to grammaticalization.* Amsterdam/Philadelphia: John Benjamins, 1991, p. 81-127. v. 1.
_____. *English grammar*, Amsterdam: John Benjamins, 1993.
_____. *Functionalism and grammar.* Amsterdam/ Philadelphia: John Benjamins, 1995.
GÓMES GONZÁLES, M. A.; MACKENZIE, J. L. (eds.). *A new archicteture for functional grammar.* Berlin: Mouton de Gruyter, 2003.

GOODY, E. N. (ed.). *Questions and politeness*: strategies in social interaction. Cambridge: Cambridge University Press, 1978.
GOOSSENS, F. Modality and modals: a problem for functional grammar. In: BOLKESTEIN, A. M.; GROOT, C.; MACKENZIE, J. L. (eds.). *Predicates and terms in functional grammar*. Dordrecht: Foris, 1985, p. 203-17.
GREENBERG, J. H. *Language universals*. The Hague: Mouton, 1966.
GROENENDJIK, J.; STOKOHOF, M.; VELTMAN, F. Coreference and modality. In: LAPIN, S. (ed.). *The handbook of contemporary semantic theory*. New York: Blackwell, 1997, p. 179-213.
GROOT, C.; HENGEVELD, K. (eds.). *Morphosyntactic expression in functional grammar*). Berlin/ New York: Mouton de Gruyter, 2005. (Functional grammar series 27)
GROSS, G; VIVÈS, R. Les constructions nominales et l'élaboration d'un lexique-grammaire. *Langue Française*, v. 69, p. 5-27, 1986.
GRYNER, H. *A variação tempo-modo e conexão nas orações condicionais em português*. Rio de Janeiro, 1990. Tese (Doutorado) – Faculdade de Letras, Universidade Federal do Rio de Janeiro.
GRYNER, H.; PAIVA, M. C.; BRAGA, M. L. Status informacional e ordenação de cláusulas no português do Brasil. In: III Congresso da ASSEL – Rio de Janeiro: Associação de Estudos de Linguagem. *Anais*. Rio de Janeiro, 1994, p. 138-146.
HAIMAN, J. Conditionals are Topics. *Language*, v. 54, p. 564-589, 1978.
_____. The iconicity of grammar: isomorphism and motivation. *Language*, v. 56, n. 3, p. 515-540, 1980.
_____. Iconic and economic motivation. *Language*, v. 59, n. 4, p. 781-819, 1983.
_____. (ed.). *Iconicity in syntax*. Amsterdam/ Philadelphia: John Benjamins, 1985 (1985a).
_____. *Natural syntax*: iconicity and erosion. Cambridge: Cambridge University Press, 1985 (1985b).
_____. Constraints in the form and meaning of the protasis. In: TRAUGOTT, E. C. et al. (eds.). *On conditionals*. Cambridge: Cambridge University Press, 1986, p. 215-227.
_____; THOMPSON, S. (eds.). *Clause combining in grammar and discourse*. Amsterdam: John Benjamins, 1988. 433p.
HALLYDAY, M. A. K. Categories of the theory of grammar. *Word*, v. 17, n. 3, p. 241-282, 1961.
_____. Notes on transitivity and theme in English. *Journal of Linguistics*, v. 3, Parte I: p. 37-81, 1967; Parte II: p. 199-244, 1968.
_____. Language structure and language function. In: LYONS, J. (ed.). *New horizonts in linguistics*. Harmondsworth: Penguin Books, 1970, p. 140-165.
_____. *Explorations in the functions of language*. London: Edward Arnold, 1973 (1973a).
_____. The functional basis of language. In: BERNSTEIN, B. (ed.). *Class, codes and control*. London: Routledge and Kegan Paul, 1973 (1973b), p. 343-366.
_____. Text as a Semantic Choice in Social Contexts. In: VAN DIJK, T. A.; PETÖFI, J. *Grammars and descriptions*. Berlin: Walter De Gruyter, 1977, p. 176-225.
_____. *Language as a social semiotic*. The Social Interpretation of Language and Meaning. London: University Park Press, 1978.
_____. *An Introduction to functional grammar*. London: Edward Arnold Publishers, 1985.
_____. *Spoken and written language*. Oxford: University Press, 1989.
_____; HASAN, H. *Cohesion in English*. London: Longman, 1976.
HARRIS, M. The historical development of si-clauses in Romance. In: TRAUGOTT, E. C. et al. (eds.). *On conditionals*. Cambridge: Cambridge University Press, 1986, p. 265-284.
HAWKINS, J. A. *Definiteness and Indefiniteness*. A Study in Reference and Grammaticality Prediction. London: Humanities Press, 1978.
HEINE, B. Agent oriented vs. epistemic modality. some observations on german modals. In: BYBEE, J.; FLEISCHMAN, S. (eds.). *Modality in grammar and discourse*. Amsterdam: John Benjamins, 1995, p. 17-54.

_____; REH, M. *Grammatical categories in african languages*. Hamburg: Helmut Buske, 1984.
_____. et al. From cognition to grammar - evidence from African languages. In: TRAUGOTT, E. C.; HEINE, B. (eds.). *Aproaches to grammaticalization*. Amsterdam/Philadelphia: John Benjamins, 1991 (1991a), p. 149-187. v. 1.
_____. et al. *Grammaticalization*: a conceptual framework. Chicago: University of Chicago Press, 1991 (1991b).
HELBIG, G. (ed.). *Beitrage zur Valenztheorie*. Halle: Max Niemeyer Verlag, 1971.
_____. Rektion, Transitivität/Intransitivität, Valenz Syn-/Autosemantik. In: ____. *Deutsch als Fremdsprache*, 1978, p. 65-78.
_____.*Valenz-Satzglieder-semantischekasus-Satzmodelle*.Leipzig: Verlag Enzyklopadie,1982.
_____; SCHENKEL, W. *Wörterbuch zur Valenz und Distribution deutscher Verben*. 7. ed. Tübingen: Max Niemeyer Verlag, 1983.
HENGEVELD, K. Clause structure and modality in functional grammar. In: AUWERA, J. V. D; GROOSSENS, L. (eds.). *Ins and outs of the predication*. Dordrecht: Foris Publications, 1987, p. 53-66.
_____. Illocution, mood and modality in a functional grammar of spanish. *J. Semantics*, v. 6, p. 227-69, 1988.
_____. Layers and operators in functional grammar. *Journal of Linguistics*, v. 25, p. 127-157, 1989.
_____. (ed.). *Dik*: the theory of functional grammar 2. Berlin/New York: Monton de Gruyter, 1997.
_____. Adverbial clauses in the languages of Europe. In: AUWERA, J. V. D. (ed.). *Adverbial constructions in the languages of Europe*. Berlin: Mouton de Gruyter, 1998, p. 335-419.
_____. The architecture of a functional discourse grammar. *9th International Functional Grammar Conference*, 20-23 September, 2000. Madrid.
_____. The architecture of a functionnal discourse grammar. In: GÓMES GONZÁLES, M. A.; MACKENZIE, J. L. (eds.). *A new archicteture for functional grammar*. Berlin: Mouton de Gruyter, 2003, p. 1-21.
_____. Dynamic expression in functional discourse grammar. In: GROOT, C.; HENGEVELD, K. (eds.). *Morphosyntactic expression in functional grammar*. Berlin/New York: Mouton de Gruyter, 2005, p. 53-86. (Functional Grammar Series 27).
HERINGER, H. J. Kasus und Valenz. Eine Mesalliance? *Zeitschrift für Germanistische Linguistik*. 1984.
HERMODSSON, L. Der Begriff "konzessiv". Terminologie und Analysen. *Studia Neophilologica*, v. 66, p. 59-75, 1994.
HIRATA-VALE, F. B. M. *A expressão da condicionalidade no português escrito do Brasil*: contínuo semântico-pragmático. Araraquara, 2005. (Doutorado em Linguística) – Faculdade de Filosofia, Ciências e Letras, Universidade Estadual Paulista.
HOPENBROUWERS, P. S.; WEITERS, A. (eds.). *Meaning and the lexicon*. Dordrecht: Foris, 1985.
HOPER, P. J. Emergent grammar. *Berkeley Linguistic Society*, v. 13, p. 139-157, 1987.
_____. On some principles of grammaticalization. In: TRAUGOTT, E. C.; HEINE, B. (eds.). *Aproaches to grammaticalization*. Amsterdam/Philadelphia: John Benjamins, 1991, p. 17-35. v. 1.
_____; THOMPSON, S. A. Transitivity in grammar and discourse. *Language*, v. 56, p. 251-299, 1980.
_____; TRAUGOTT, E. C. *Grammaticalization*. Cambridge: Cambridge University Press, 1993.
HORA, D.; CHRISTIANO, E. (orgs.). *Estudos linguísticos*: realidade brasileira. João Pessoa: Ideia, 1999.
ILARI, R. Alguns recursos gramaticais para a expressão do tempo em português – notas de um projeto de pesquisa. In: BORBA, F. S. (org.). *Estudos de filologia e linguística*. São Paulo: T. A. Queiroz, 1981, p. 181-194.
_____. *Perspectiva funcional da frase portuguesa*. 2. ed revista. Campinas: Editora da Universidade Estadual de Campinas, 1992.
_____. (org.). *Gramática do português falado*: níveis de análise linguística. Campinas: Editora da Unicamp/Fapesp, 1992. v. II.

_____. Alguns problemas no estudo da anáfora textual. In: KOCH, I. V. et al. (orgs.) *Referenciação e discurso*. São Paulo: Contexto, 2005, p.103-124.
_____.et al. Considerações sobre a posição dos advérbios. In: CASTILHO, A. T. (org.). *Gramática do português falado*: a ordem. Campinas: Editora da Unicamp/Fapesp, 1990, p. 63-141. v. I.
_____; FRANCHI, C.; NEVES, M.H.M. Os pronomes pessoais do português falado: roteiro para análise. In: CASTILHO, A. T.; BASÍLIO, M. (orgs.). *Gramática do português falado*: Estudos descritivos. Campinas: Editora da Unicamp/Fapesp, 1996, p. 79-166. v. IV.
_____; BASSO, R. M. *Verbalizando o verbão*. 2005. Mimeo.
JACKENDOFF, R. *Language of the mind*. Cambridge: Cambridge University Press, 1992.
JACOBSEN, W. H. The heterogeneity of evidentials in makah. In: CHAFE, W.; NICHOLS, J. (eds.). *Evidentiality*: The linguistics coding of epistemology. Norwood, NJ: Ablex, 1986, p. 3-28.
JAKOBSON, R. *Shifters, verbal categories and the russian verb*. Cambridge: Harvard University Press, 1957.
JASZCZOLT, K.; TURNER, K. (eds.). *Meaning through language contrast*. Amsterdam/ Philadelphia: John Benjamins, 2003.
JESPERSEN, O. *The philosophy of grammar*. NY: Norton, [1924], 1965.
JUBRAN, C. A. S. Inserção: um fenômeno de descontinuidade na organização tópica. In: CASTILHO, A. T. (org.). *Gramática do português falado*: as abordagens. Campinas: Editora da Unicamp/Fapesp, 1993, p. 61-74. v. III.
_____. Parênteses: propriedades identificadoras. In: CASTILHO, A T.; BASÍLIO, M. (orgs.). *Gramática do português falado*: estudos descritivos. Campinas: Editora da Unicamp/Fapesp, 1996 (1996a), p. 411-421. v. IV.
_____. Para uma descrição textual-interativa das funções da parentetização. In: KATO, M. A. (org.). *Gramática do português falado*: convergências. Campinas: Editora da Unicamp/Fapesp, 1996 (1996b), p. 339-354. v. V.
_____. Funções textuais-interativas dos parênteses. In: NEVES, M. H. M. *Gramática do português falado*: novos estudos. Campinas/São Paulo: Editora da Unicamp/Humanitas/ Fapesp, 1999, p. 131-158. v. VII.
_____; URBANO, H. et al. Organização tópica da conversação. In: ILARI, R. (org.). *Gramática do português falado*: níveis de análise linguística. Campinas: Editora da Unicamp/Fapesp, 1992, p. 357-447. v. II.
JULIA, T. J. Modalidad, modo verbal y *modus clausal* en español. *Verba*, v. 16, p. 175-214, 1989.
KAPLAN, D. *Demonstratives*. An essay on the semantics, logic, metaphysics and epistemology of demonstratives and other indexicals. 1977. (dact. 99 p.).
KARTTUNEN, L. On the semantics of complement sentences. *Papers from the Sixth Regional Meeting*, Chicago, Chicago Linguistic Society, p. 328-33, 1970.
_____. Implicative verbs. *Language*, v. 47, n. 2, p. 340-358, 1971.
_____. La logique des constructions anglaises à complément prédicatif. *Langages*, v. 30, p. 56-80, 1973.
KATNY, A. Lexical and grammatical exponents of modality in polish and German. In: DITTMAR, N.; REICH, A. (eds.). *Modality in language acquisition*. Berlin: Walter de Gruyter, 1993, p. 41-58.
KATO, M. A. (org.). *Gramática do português falado*: convergências. Campinas: Editora da Unicamp/Fapesp, 1996. v. V.
KIEFER, F. On defining modality. *Folia Linguística*, v. 21, n. 1, p. 67-93, 1987.
KIPARSKY, P.; KIPARSKY, C. Fact. In: BIERWISH, M.; HEIDOLPH, K. E. (eds.). *Recent advances in linguistics*. The Hague, Mouton, 1970, p. 143-173.
KIRSNER, R. et al. Text-type, context and demonstrative choice in written dutch: some experimental data. *Text*, v. 7, n. 2, p. 117-144, 1987.
KLEIBER, G. Prototype, stereotype: un air de famille. *DRLAV*, n. 38, p. 01-61, 1988.
_____. Sur l'anaphore associative: article défini et adjectif démonstratif. *Rivista di Linguistica*, v. 2, n. 1, p. 155-174, 1990.
_____. L'anaphore: d'une problème à l'autre. *Le Français moderne*, v. 40, n. 1, p. 1-22, 1992 (1992a).

_____. *Sur les emplois anaphoriques et situationnels de l'article defini et de l'adjectif demonstratif* (dact).1992 (1992b)

_____. Anaphore associative, antécédent et définitude. In: SCHNEDECKER, C. et al. (eds.). *L'anaphore associative*: aspects linguistiques, psycholinguistiques et automatiques. Paris: Klincksieck, 1994 (1994a), p. 153-174.

_____. Discours et stéréotypie: le contexte peut-il remettre d'aplomb une anaphore associative mal formée? In: SCHNEDECKER, C. et al. (eds.). *L'anaphore associative*: aspects linguistiques, psycholinguistiques et automatiques. Paris: Klincksieck, 1994 (1994b), p. 93-116.

_____. En matière de reference anaphorique: une introduction. In: ____. (ed.). *Anaphores et pronoms*. Bruxelles: Duculot, 1994 (1994c), p. 7-19.

_____. (ed.) *Anaphores et pronoms*. Bruxelles: Duculot, 1994.

_____. Référents évolutifs, anaphore pronominale, coercition de type Volkswagen. In: _____. (eds.). *Coherence in spontaneus text*. Amsterdam/Philadelphia: John Benjamins, 1998, p. 205-219.

_____. Associative anaphora and part-whole relationship: the condition of alienation and the principle of ontological congruence. *Journal of Pragmatics*, v. 31, n. 3, p. 339-62, 1999.

_____. L'anaphore associative. Paris: PUF, 2001.

_____; PATRY, R.; MÉNARD, N. Anaphore associative: dans quel sens "roule"-t-elle? *Revue Québécoise de linguistique*, v. 22, n. 2, p. 139-162, 1993.

_____; _____; _____. Anaphore associative: dans quel sens 'roule'-t-elle?. In: SCHNEDECKER, C. et al. (eds.). *L'anaphore associative*: aspects linguistiques, psycholinguistiques et automatiques. Paris: Klincksieck, 1994, p. 129-152.

_____; SCHNEDECKER, C.; UJMA, L. L'anaphore associative, d'une conception l'autre. In: SCHNEDECKER et al. (eds.). *L'anaphore associative*: aspects linguistiques, psycholinguistiques et automatiques. Paris: Klincksieck, 1994, p. 5-64.

KLINGE, A. The impact of context on modal meaning in English and Danish. *Nordic Journal of Linguistics*, v. 19, p. 35-54, 1996.

KNEALE, W. Modality *de dicto* and *de re*. In: NAGEL, E.; SUPERS, P.; TARSKI, A. (eds.). *Logic, methodology and philosophy of science*. Stanford: Stanford University Press, 1962, p. 622-633.

KOCH, I. G. V. *Coesão textual*. São Paulo: Contexto, 1989.

_____. (org.). *Gramática do português falado*: desenvolvimentos. Campinas: Editora da Unicamp/Fapesp, 1996, p. 231-251. v. VI.

_____. Segmentação: uma estratégia de construção do texto falado. In: NEVES, M. H. M. (org.). *Gramática do português falado*: novos estudos. Campinas: Editora da Unicamp/Humanitas/Fapesp, 1999, p. 29-52. v. VII.

_____. *Introdução à linguística textual*: trajetória e grandes temas. São Paulo: Martins Fontes, 2004.

_____. et al. (orgs.). *Referenciação e discurso*. São Paulo: Contexto, 2005.

KÖNIG, E. Conditionals, concessive conditionals and concessives: areas of contrast, overlap and neutralization. In: TRAUGOTT, E. C. et al. (eds.). *On conditionals*. Cambridge: Cambridge University Press, 1986, p. 229-246.

_____; AUWERA, J. V. D. Clause integration in german and dutch. Conditionals, concessive conditionals, and concessives. In: HAIMAN, J; THOMPSON, S. (eds.). *Clause combining in grammar and discourse*. Amsterdam/Philadelphia: John Benjamins, 1988, p. 101-133.

KRESS, G. (ed.). *Halliday:* system and function in language. London: Oxford University Press, 1976.

KROON, C. *Discourse particles in latin*. Amsterdam: Gieben, 1995.

KUMPF, L. E. Preferred argument in second language discourse: a preliminary study. *Studies in Language*, v. 16, n. 2, p. 369-403, 1992.

KURYLOWICZ, J. The evolution of grammatical categories. *Esquisses Linguistiques,* Munich, v. II, p. 38-54, [1965] 1975.

LAKOFF, R. The pragmatic of subordination. In: Annual meeting of the Berkeley Linguistics Society, n. 10. *Proceedings*. Berkeley: Berkeley Linguistics Society, 1984, p. 481-492.

LANG, E. Zum Status der Satzadverbiale. *Slovo a Slovenost*, v. 40, p. 200-213. 1979.

_____. *Syntax und Semantik der Adversativkonnektive. Einstieg und Uberblick* (ms.). Berlin: Humboldt Universität (Linguistique Studien, Reihe B), 1988.
LANGACKER, R. W. *Concept, image and symbol.* The Cognitive Basis of Grammar. Berlin-New York: Mouton de Gruyter, 1990.
LAPIN, S. (ed.). *The handbook of contemporary semantic theory.* New York: Blackwell, 1997.
LAVIGNE-TOMPS, F.; DUBOIS, D. Context effects and associative anaphora in reading. *Journal of Pragmatics*, v. 31, n. 3, p. 399-415, 1999.
LAZARD, G. On the grammaticalization of evidentiality. *Journal of Pragmatics*, v. 33, n. 3, p. 359-367, 2001.
LEECH, G. *Meaning and the English verb.* London: Longman, 1971.
_____. *Semantics.* Harmondsworth: Penguin Books, 1978.
LEEMAN, D.; BOONE, A. (eds.). *Coherence in spontaneus text.* Amsterdam/Philadelphia: John Benjamins, 1998.
LEHMAN, C. Towards a tipology of clause linkage. In: HAIMAN, J.; THOMPSON S. A. (eds.). *Clause combining in grammar and discourse.* Amsterdam: John Benjamins, 1988, p. 181-225.
_____. Grammaticalization and related changes in contemporary german. In: TRAUGOTT, E. C.; HEINE, B. (eds.). *Aproaches to grammaticalization.* Amsterdam: John Benjamins, 1991, p. 493-535. v. 2.
LEINFELLNER, E. The broader perspective of negation. *Journal of Literary Semantics*, v. 23, n. 2, p. 77-98, 1994.
LEMMON, E. J. *Beginning logic.* London: Nelson Univ. Paperbacks, 1971.
LEVELT, W. J. M. *Speaking*: from Intention to Articulation. Cambridge: MIT Press, 1989.
LEVINSON, S. C. Minimization and conversacional inference. In: YERSCHUEREN, J; BERTUCELLI-PAPI, M. *The pragmatic perspective.* Proceedings of the International Pragmatics Conference. Amsterdam: John Benjamins, 1987, p. 61-129.
_____. Pragmatic reduction of the binding conditions revisited. *Journal of Linguistics*, v. 27, p. 107-161, 1991.
LI, C. (ed.). *Subject and topic.* New York: Academic Press, 1976
LIBERATTI, E. M. S. *O comportamento da negação em textos da língua escrita do português do Brasil.* Araraquara, 2000. Dissertação (Mestrado em Linguística) – Faculdade de Filosofia, Ciências e Letras, Universidade Estadual Paulista.
LICHTENBERK, F. On the gradualness of grammaticalization. In: TRAUGOTT, E. C.; HEINE, B. (eds.). *Aproaches to grammaticalization* Amsterdam/Philadelphia: John Benjamins, 1991, p. 37-80. v. 1.
LIMA, A. M. C. A. *Relações hipotáticas adverbiais na interação verbal.* Araraquara, 2002. Tese (Doutorado em Linguística) – Faculdade de Filosofia, Ciências e Letras, Universidade Estadual Paulista.
LONGACRE, R. E. Sentences as combinations of clauses. In: SHOPEN, T. (ed.). *Language typology and syntactic description.* Complex constructions. Cambridge: Cambridge University Press, 1985, p. 235-286. v. II.
LOURENÇO, J. F. Para que é preciso um nome? In: PESSOA, F. *Poemas escolhidos.* Lisboa: Ulisseia, 1985, p. 27-90.
LYONS, J. (ed.) *New horizons in linguistics.* Harmondsworth: Penguin Books, 1970.
_____. *Semantics.* Cambridge: Cambridge University Press, 1977. v. 2.
MACKENZIE, J. L. *What is functionnal grammar?* Comunicação apresentada no XXᵉ Congrès International de Linguistique et Philologie Romanes. Zurique, Suíça, MS, 1992.
_____; GÓMEZ-GONZÁLEZ, M Á. (eds.). *A new architecture for functional grammar.* Berlin: Mouton de Gruyter, 2004, p.1-21. (Functional Grammar Series 24).
MAINGUENAU, D. *Élements de linguistique pour le texte littéraire.* Paris: Bordas, 1990.
MANN, W. C.; THOMPSON, S. A. *Relational propositions in discourse.* ISI/RR-83-119, 1983.
_____; _____. *Rhetorical structure theory*: a framework for the analysis of texts. ISI/RS-87-185, 1987 (1987a).
_____; _____. *Rhetorical structure theory*: a theory of text organization. ISI/RS-87-190, 1987 (1987b).

_____; _____. *Rhetorical structure theory*: toward a functional theory of text organization. *Text*, v. 8, n. 3, p. 243-281, 1988.

_____; _____. *Discourse description*: diverse linguistic analyses of a fund-raising text. Amsterdam: John Benjamins, 1992.

_____; _____; MATTHIESSEN, C. M. I. M. Rhetorical structure theory and the analysis. In: MANN, W. C.; THOMPSON, S. A. (eds.). *Discourse description*: diverse linguistics analyses of a fund-raising text. Amsterdam/Philadelphia: John Benjamins, 1992, p. 39-77.

MARCUSCHI, L. A. A repetição na língua falada como estratégia de formulação textual. In: KOCH, I. G. V. (org.). *Gramática do português falado*: desenvolvimentos. Campinas: Editora da Unicamp /Fapesp, 1996, p. 95-129. v. VI.

_____. A hesitação. In: NEVES, M. H. M. (org.). *Gramática do português falado*: novos estudos. Campinas: Editora da Unicamp/Humanitas/Fapesp, 1999, p. 159-195. v. VII.

_____. Anáfora indireta: o barco textual e suas âncoras. In: KOCH, I. V. et al. (orgs.) *Referenciação e discurso*. São Paulo: Editora Contexto, 2005, p. 53-102.

_____., KOCH, I. G. V. Processos de referenciação na produção discursiva. *D.E.L.T.A.*, v. 14, n. esp., p. 169-190, 1998.

MARTELOTTA, M. E. Gramaticalização e graus de vinculação sintática em cláusulas concessivas e adversativas. *Veredas*, v. 2, n. 2, p. 37-56, 1998.

_____. Vinculação em cláusulas adverbiais: uma análise de cláusulas finais. *Scripta*, v. 5, n. 9, p. 54-66, 2001.

MARTINET, A. Qu'est-ce que la linguistique fonctionelle? *ALFA*, v. 38, p. 11-18, 1994.

MATHIESSEN, C. Introduction to functional grammar. By M. A. K. Halliday. Review Article. *Language*, v. 65, n. 4, p. 862-871, 1989.

_____; THOMPSON, S. A. The structure of discourse and 'subordination'. In: HAIMAN, J.; THOMPSON S. A. (eds.). *Clause combining in grammar and discourse*. Amsterdam: John Benjamins, 1988, p. 275-329.

MAZZOLENI, M. The pragmantax of some Italian conditionals. *Journal of Pragmatics*, v. 21, p. 123-140, 1994.

MEILLET, A. *Linguistique historique et linguistique générale*. Paris: Champion, [1912] 1948.

MESQUITA, E. M. C. *A modalidade deôntica*: um estudo na língua escrita contemporânea do Brasil. Araraquara, 1999. Dissertação (Mestrado em Linguística) – Faculdade de Filosofia, Ciências e Letras, Universidade Estadual Paulista.

MIÉVILLE, D. Associative anaphora: an attempt at formalisation. *Journal of Pragmatics*, v. 31, p. 327-337, 1999.

MITHUN, M. The Grammaticization of coordination. In: HAIMAN, J.; THOMPSON, S. *Clause combining in grammar and discourse*. Amsterdam/Philadelphia: John Benjamins, 1988, p. 331-359

_____. On the relativiy of irreality. In: BYBEE, J.; FLEISCHMAN, S. (eds.). *Modality in grammar and discourse*. Amsterdam/Philadelphia: John Benjamins, 1995, p. 367-88.

MOESCHLER, J. Lexique et pragmatique. *Cahiers de Linguistique Française*, v. 14, p. 7-35, 1993.

MONDADA, L. *Verbalisation de l'espace et fabrication du savoir*. Aproche linguistique de la construction des objets de discours. Lausanne : Université de Lausanne, 1994.

_____. Gestion du topic et organization de la conversation. *Cadernos de Estudos Linguístico*, Campinas, n. 41, p. 7-36, 2001.

_____.; DUBOIS, D. Construction des objets de discours et catégorisation: une aproche des processus de référenciation. *TRANEL (Travaux neuchâtelois de linguistique)*, n. 23, p. 273-302, 1995.

MULDER, W. et al. (eds.). *Relations anaphoriques et (in)cohérence*. Amsterdan: Rodopi, 1997.

MYHIIL, J.; SMITH, L. A. the discourse and interactive functions of obligation expressions. In: BYBEE, J.; FLEISCHMANN, S. (eds.). *Modality in grammar and discourse*. Amsterdam: John Benjamins, 1995, p. 67-106.

NAGEL, E.; SUPERS, P.; TARSKI, A. (eds.). *Logic, methodology and philosophy of science*. Stanford: Stanford University Press, 1962.

NEGRI, L.; FOLTRAN, M. J.; OLIVEIRA, R. P. (org.). *Sentido e significação* - em torno da obra de Rodolfo Ilari. São Paulo: Contexto, 2004.
NEVES, M. H. M. O coordenador interfrasal *mas* – invariância e variantes. *ALFA*, v. 28, p. 21-42, 1984.
_____. O estatuto das chamadas conjunções coordenativas no sistema do português. *ALFA*, v. 29, p. 59-66, 1985.
_____. (org.). *Descrição do português II*. Publicação do Curso de Pós-Graduação e Língua Portuguesa, ano v, n. 1, Unesp - Campus de Araraquara, 1991.
_____. Possessivos. In: CASTILHO, A. T. (org.). *Gramática do português falado*: as abordagens. Campinas: Editora da Unicamp/Fapesp, 1993, p. 149-211. v. III.
_____. A estrutura argumental preferida em inquéritos do Nurc. Ms. 1994.
_____. A modalidade. In: KOCH, I. G. V. (org.). *Gramática do português falado*: desenvolvimentos. Campinas: Editora da Unicamp/Fapesp, 1996 (1996a), p. 163-199. v. VI.
_____. Estudo das construções com verbo-suporte em português. In: KOCH, I. G. V. (org.). *Gramática do português falado*: desenvolvimentos. Campinas: Editora da Unicamp/Fapesp, 1996 (1996b), p. 201-229. v. VI.
_____. Estudo da estrutura argumental dos nomes. In: KATO, M. A. (org.). *Gramática do português falado*: convergências. Campinas: Editora da Unicamp/Fapesp, 1996 (1996c), p. 119-154. v. v.
_____. *A gramática funcional*. São Paulo: Martins Fontes, 1997.
_____. A gramaticalização e a articulação de orações. *Estudos Linguísticos*, São José do Rio Preto, v. 27, p. 46-56, 1998.
_____. As construções causais. In: _____. (org.) *Gramática do português falado*: novos estudos. Campinas: Editora da Unicamp/Humanitas/Fapesp, 1999 (1999a), p. 461-496. v. VII.
_____. As construções condicionais. In: _____. (org.) *Gramática do português falado*: novos estudos. Campinas: Editora da Unicamp/Humanitas/Fapesp, 1999 (1999b), p. 497-544. v. VII.
_____. As construções concessivas. In: _____. (org.) *Gramática do português falado*: Novos estudos. Campinas: Editora da Unicamp/Humanitas/Fapesp, 1999 (1999c), p. 545-91. v. VII.
_____. Articulação de orações: a questão dos estados de coisas. In: RODRIGUES, A. C. S.; ALVES, M. I.; GOLDSTEIN, N. S. (orgs.). *I Seminário de Filologia e Língua Portuguesa*. São Paulo, 1999 (1999d), p. 83-96.
_____. As relações causais: para além da sintaxe e da semântica. In: HORA, D.; CHRISTIANO, E. (orgs.). *Estudos linguísticos*: realidade brasileira. João Pessoa: Ideia, 1999 (1999e), p. 231-44.
_____. (org.). *Gramática do português falado*: novos estudos. São Paulo/Campinas: Humanitas/Editora da Unicamp, 1999. v. VII.
_____. *Gramática de usos do português*. São Paulo: Editora Unesp, 2000 (2000a).
_____. A modalidade: um estudo de base funcionalista na língua portuguesa. *Revista Portuguesa de Filologia*, Coimbra, v. 23, p. 97-123, 2000 (2000b).
_____. A polissemia dos verbos modais. Ou: falando de ambiguidades. *ALFA*, v. 4, p. 115 -45, 2000 (2000c).
_____. Um tratamento funcionalista da articulação de orações. In: GÄRTNER, E.; HUNDT, C.; SCHÖNBERGER, A. (eds.). *Estudos de gramática portuguesa (II)*. Frankfurt: TFM, 2000 (2000d), p. 137-147.
_____. A referenciação e a constituição do texto: reflexões no uso da língua portuguesa. *Revue Belge de Philologie et d'Histoire*, Bruxelles, v. 79, n. 3, p. 993-1016, 2001 (2001a).
_____. O tratamento da articulação de oração. In: _____. (org.). *Descrição do português*: definindo rumos de pesquisa. Araraquara/São Paulo: FCL/Laboratório Editorial/Unesp; Cultura Acadêmica Editora, 2001 (2001b), p. 55-66. v. I.
_____. (org.). *Descrição do português*: definindo rumos de pesquisa. Araraquara/São Paulo: FCL/Laboratório Editorial/Unesp; Cultura Acadêmica Editora, 2001 (2001c). v. I.

_____. A gramaticalização e a organização dos enunciados. *Scripta*, Belo Horizonte, v. 5, n. 9, p. 13 -22, 2001 (2001d).

_____. *A gramática*: história, teoria e análise, ensino. São Paulo: Editora Unesp, 2002. 282p.

_____. *Guia de uso do português*: confrontando regras e usos. São Paulo: Editora Unesp, 2003 (2003a).

_____. *Que gramática estudar na escola?* Norma e uso na Língua Portuguesa. São Paulo: Contexto, 2003 (2003b).

_____. A extensão da análise dos elementos adverbiais para além da oração. *Revista da Anpoll*, São Paulo, v. 14, p. 125 -137, 2003 (2003c).

_____. A regência verbal e seu campo de estudo. In: Negri, L.; Foltran, M. J.; Oliveira, R. P. (orgs.). *Sentido e significação* - em torno da obra de Rodolfo Ilari. São Paulo, 2004 (2004a), p. 48-76.

_____. Articulação de orações. In: Colloque International de linguistique fonctionnelle, xxiie, 1998, Évora. *As línguas no dealbar do século xx* - Actes du xxiie Colloque International de linguistique fonctionnelle. Évora, p. 383-387, 2004 (2004b).

_____. Uma introdução ao funcionalismo: proposições, escolas, temas e rumos. In: Christiano, M. E. A.; Silva, C. R.; Hora, D. (orgs.). *Funcionalismo e gramaticalização*: teoria, análise e ensino. João Pessoa: Ideia, 2004 (2004c), p. 13-28.

_____. Funcionalismo e linguística do texto. *Revista do Gel*, Araraquara, v. 01, p. 71-89, 2004 (2004d).

_____. *A vertente grega da gramática tradicional*. 2. ed. São Paulo: Editora Unesp, 2005.

_____; Rodrigues, S. V. Emprego do artigo em nomes sujeitos. *Estudos Linguísticos*. Anais de Seminários do gel. 1978, p. 196-206.

_____. et al. O uso das construções de negação transferida em português. *Estudos Linguísticos*, Campinas, v. 26, p. 667-673, 1997.

_____; Braga, M. L.; Paiva, M. C. (orgs.). Apresentação. *ALFA*, v. 41, p. 5-10, 1997.

_____;_____;_____.(orgs.).*Estudos em gramática funcional. ALFA*, v. 41, 1997, 120p.

_____;_____. Hipotaxe e gramaticalização: uma análise das construções de tempo e de condição. *D.E.L.T.A*, v. 14, n. esp., p. 191-208, 1998.

_____; Junqueira, R. S. O estatuto da linguagem n'O Marinheiro de Fernando Pessoa. *Revista Scripta*, Minas Gerais, v. 7, p. 183-201, 2004.

_____. A referência e sua expressão. In: Moraes, M. A. T.; Cyrino, S. M. L. *Descrevendo a gramática do português brasileiro*. No prelo a.

_____. O inter-relacionamento dos processos de constituição do enunciado. *Revista de Linguística e Língua Portuguesa*. Coimbra. No prelo b.

Newen, A. Reference and reference determination: the interpretational theory. *Lingua e Stile*, v. 33, n. 3, p. 135-145, 1998.

Newmeyer, F. J. Iconicity and generative grammar. *Language*, v. 68, n. 4, p. 756-66, 1992.

Nuyts, J. Subjective *vs* objective modality: what is the diference? In: Fortescue, M. et al. (eds.). *Layred structure and reference in a functionnal perspective*. Amsterdam: John Benjamins, 1992, p. 73-97.

_____. Epistemic modal adverbs and adjectives and the layered representation of conceptual and linguistic structure. *Linguistics*, v. 31, p. 933-969, 1993 (1993a).

_____. From language to conceptualization: The case of epistemic. *CLS 29*, v. 2, p. 271-286, 1993 (1993b).

_____. Epistemic modal qualifications: on their linguistic and conceptual structure. *Antwerp Papers in Linguistics*, v. 81, 1994.

_____. Tensions between discourse structure and conceptual semantics: the syntax of epistemic modal expressions. *Studies in Language*, v. 24, n. 1, p. 103-135, 2000.

_____. Subjectivity as an evidential dimension in epistemic modal expressions. *Journal of Pragmatics*, v. 33, n. 3, p. 383-400, 2001.

_____; Bolkestein, A. M.; Vet, C. (eds.). *Layers and Levels of Representation in Language Theory*. Amsterdam: John Benjamins, 1990.

PAIVA, M. C. Ordenação de cláusulas causais: forma e função. Rio de Janeiro, 1991. Tese (Doutorado) – Universidade Federal do Rio de Janeiro.
_____. Empregos de 'porque' no discurso oral. *D.E.L.T.A.*, v. 11, n. 1, p. 27-39, 1995.
_____.As orações de causa no português do Brasil. In: GÄRTNER, E.; HUNDT, C.; SCHÖNBERGER, A. (eds.). *Estudos de gramática portuguesa* (II). Frankfurt: TFM, 2000, p. 149-166.
PALMER, F. R. *Mood and modality*. New York: Cambridge University Press, 1986.
_____. *Modality and the English modals*. Cambridge: Cambridge University Press, 1990.
_____. Negation and the modals of possibility and necessity. In: BYBEE, J.; FLEISCHMAN, S. (eds.). *Modality in grammar and discourse*. Amsterdam: John Benjamins, 1995, p. 45-47.
PARRET, H. *Enunciação e pragmática*. Trad. de Eni Pulcinelli Orlandi et al. Campinas: Editora da Unicamp, 1988.
_____; VIEHWEGER, J. (eds.). *On Searle on conversation*. Amsterdam: John Benjamins, 1992.
PEIRCE, C. *Obra lógico-semântica*. Tradução espanhola. Madrid: Taurus, 1987.
PERES, J. A.; MÓIA, T. *Áreas críticas da língua portuguesa*. Lisboa: Caminho, 1995.
PERKINS, M. R. The core meanings of the English modals. *Journal of Linguistics*, v. 18, p. 245-73, 1982.
_____. *Modal expressions in English*. London: Frances Pinter, 1983.
PERKINS, R. D. *Deixis, grammar, and culture*. Amsterdam: John Benjamins, 1992.
PEZATTI, E. G. As construções conclusivas no português falado. In: ABAURRE, M. B. M.; RODRIGUES, A. C. S. (orgs.). *Gramática do português falado*: novos estudos descritivos. Campinas: Editora da Unicamp/Fapesp, 2002, p. 185-226. v. VIII.
PLUNGIAN, V. A. The place of evidentiality within the universal grammatical space. *Journal of Pragmatics*, v. 33, p. 349-357, 2001.
POESIO, M.; VIEIRA, R. Corpus-based investigation of definite description use. *Computacional Linguistics*, v. 24, n. 2, p. 183-216, 1998.
PRIDEAUX, G. D. Processing strategies: a psycholinguistic neofunctionalism? In: DIRVEN, R.; FRIED, V. (eds.). *Functionalism in linguistics*. Amsterdam/ Philadelphia: John Benjamins Publishing Company, 1987, p. 297-308.
PRINCE, E. Toward a taxonomy of given-new information. In: COLE, P. (ed.). *Radical pragmatics*. New York: Academic Press, 1981, p. 223-256.
QUINTERO, M. J. P. Adverbial subordination in Functional Grammar: state of the art and prospects. *Revista Canaria de Estudios Ingleses*, n. 40, p. 259-278, 2000.
QUIRK, R. et al. *A comprehensive grammar of the English language*. London/New York: Longman, 1985.
RAMSAY, V. The functional distribution of pre-posed and post-posed 'if' and 'when' clauses in written discourse. In: TOMLIM, R (ed.). *Coherence and grounding in discourse*. Amsterdam: John Benjamins Publishing Company, 1987.
REICHENBACH H. *Elements of symbolic logic*. New York: Macmillan, 1947.
_____. *Idem*. New York: Dover, 1980 [1971], p. 288-95.
REILLY, J.S. The acquisition of temporal and conditionals. In: TRAUGOTT, E. C. et al. (eds.). *On conditionals*. Cambridge: Cambridge University Press, 1986, p. 309-331.
RENZI, L.; SALVI, G. (orgs.). *Grande grammatica italiana de consultazione*. Bologna: Il Mulino: 1988. v. I.
_____. (orgs.). *Idem*. Bologna: Il Mulino, 1991. v. II.
RIEGEL, M. Article défini, anaphore intra-phrastique et relations partie-tout. In: SCHNEDECKER, C. ET AL. (eds.). *L'anaphore associative*: aspects linguistiques, psycholinguistiques et automatiques. Paris: Klincksieck. 1994, p. 233-251.
RIO-TORTO, G. M. O. S. *Formação de palavras em português*: aspectos da construção avaliativos. Coimbra, 1993. Tese (Doutorado em Linguística Portuguesa) – Faculdade de Letras, Universidade de Coimbra.
RISSO, M. S.; SILVA, G. M. O.; URBANO, H. Marcadores discursivos: traços definidores. In: KOCH, I. G. V. (org.). *Gramática do português falado*: desenvolvimentos. Campinas: Editora da Unicamp/Fapesp, 1996, p. 21-94. v. VI.
RIVERO, M. L. La ambiguedad de los verbos modales. *Revista española de linguística*, v. 5, p. 401-22, 1975.

ROBERTS, J. R. Modality in amele and other papuan languages. *Journal of Linguistics*, v. 26, p. 363-401, 1990.
ROBINS, R. H. *General linguistics*: an introductory survey. London: Longman, 1964.
RODRIGUES, C.V. *Formação de palavras*: Regras com prefixos de localização. Araraquara, 1998. Tese (Doutorado em Linguística) – Faculdade de Filosofia, Ciências e Letras, Universidade Estadual Paulista.
RODRIGUES, A. C. S.; ALVES, M. I.; GOLDSTEIN, N. S. (orgs.). *I Seminário de Filologia e Língua Portuguesa*. São Paulo, 1999.
ROSCH, E; MERVIS, C. B. Family resemblance: studies in the internal structures of categories. *Cognitive psychology*, v. 7, p. 573-605, 1975.
ROSS, S.; TREADGOLD, T. (eds.). *Language topics*. Amsterdam: John Benjamins, 1987.
ROUCHOTA, V. The referential/attributive distinction. *Lingua*, v. 87, p. 137-167, 1992.
ROULET, E. Des modalités implicites intégrées en français contemporain. *Cahiers Ferdinand de Saussure* 33, p. 41-76, 1979.
_____. Des formes et des emplois des modalisateurs de proposition dans l'interaction verbale. In: DITTMAR, N.; REICH, A. (eds.). *Modality in language acquisition*. Berlin: Walter de Gruyter, 1993, p. 27-40.
RUSSEL, J. R. On Denoting. *Mind*, v. 14, p. 479-93, 1905.
SAID ALI, M. *Gramática histórica da língua portuguesa*. 3. ed. rev. e aum. São Paulo: Melhoramentos, 1964.
SAINT-PIERRE, M. Ilocutoire et modalisation: les marqueurs d'intensité em français. *Revue Quebecoise de Linguistique*, v. 20, n. 2, p. 223-37, 1991.
_____. *La modalisation en français parlé*: une analyse informatisée. Canadá: Université du Québec à Montréal, 1992. Mimeo.
SCHEGLOFF, E. To Searle on Conversation. A Note in Return. In: PARRET, H.; VIEHWEGER, J. (eds.). *On searle on conversation*. Amsterdam: Benjamins, 1992, p. 113-128.
SCHENEIDER, R.; UHLIG, G. *Grammatici graeci*. Leipzig: Teubner, 1867-1910.
SCHIFFRIN, D. *Discourse markers*. Cambridge: Cambridge University Press, 1987.
_____. (ed.) *Meaning, form, and use in context*: linguistic aplications. Washington: Georgetown University Press, 1984.
_____. Conditionals as topics in discourse. *Linguistics*, v. 30, p. 165-197, 1992.
_____. *Aproaches to discourse*. Massachusetts/Oxford: Blackwell, 1994.
SCHNEDECKER, C. et al. (eds.). *L'anaphore associative*: aspects linguistiques, psycholinguistiques et automatiques. Paris: Klincksieck, 1994.
SCHWARZ, M. Indirekte Anaphern in Texten. Studien zur domängebundenen Referenz und Kohäernz im Deustchen. Tübingen: Niemeyer, 2000.
SCHWENTER, S. *The pragmatics of conditional marking*. Implicature, scalarity and exclusivity. New York/London: Garland Publishing, 1999.
SEARLE, J. *Speech acts*. Cambridge: Cambridge University Press, 1969.
_____. *Les actes de langage*. Paris: Hermann, 1972.
_____. Indirect speech acts. In: COLE, P.; MORGAN, J. L. (eds.). *Syntax and semantics 3*: Speech Acts. New York: Academic Press, 1975, p. 59-82.
SHOPEN, T. (ed.). *Language typology and syntactic description*. Complex Constructions. Cambridge: Cambridge University Press, 1985. v. II.
SIEWIERSKA, A. *Functional Grammar*. London /New York: Routledge, 1991.
_____. Layers in FG an GB. In: FORTESCUE, M. et al. (eds.). *Layred structure and reference in a functionnal perspective*. Amsterdam: John Benjamins, 1992, p. 409-432.
SILVA-CORVALÁN, C. Contextual conditions for the interpretation of poder and deber in Spanish. In: BYBEE, J.; FLEISCHMAN, S. (eds.) *Modality in grammar and discourse*, Amsterdam: John Benjamins, 1995, p. 67-106.
_____. Significados de poder y deber. In: ALMEIDA, M.; DORTA, J. *Contribuciones al estudio de la linguística hispánica*. Tomo I. Tenerife: Montesinos, 1997, p. 343-358.
SIMONIN-GRUNBACH. J. Linguistique textuelle et l'étude des textes littéraires: à propos de "Le Temps" de H. Weinrich. *Pratiques*, n. 13, p. 77-90, janvier 1977.

SINCLAIR, M. Are academic texts really descontextualized and fully explicit? A pragmatic perspective on the role of context in written communication. *Text*, v. 13, n. 4, p. 529-58, 1993.
SINCLAIR, J. M.; COULTHARD, R. M. *Towards an analysis of discourse*: the English used by teachers and pupils. London: Oxford University Press, 1975.
SOUZA, M. S. C. A hipotaxe adverbial temporal: uma abordagem funcionalista. Araraquara, 1996. Tese (Doutorado em Linguística) – Faculdade de Filosofia, Ciências e Letras, Universidade Estadual Paulista.
STEIN, D.; WRIGHT, S. (eds.). *Subjectivity and subjectivisation*. Linguistic perspectives. Cambridge: Cambridge University Press, 1995.
STEPHANY, U. Modality in first language acquisition: the state of the art. In: DITTMAR, N.; REICH, A. (eds.) *Modality in language acquisition*. Berlin: Walter de Gruyter, 1993, p. 133-44.
_____. Function and form of modality in first and second language acquisition. In: GIACALONE RAMAT, A.; GROCCO GALÉAS, G. *From pragmatic to syntax. modality in second language acquisition*. Tübingen: Gunter Narr, 1995, p. 105-120.
STRAWSON, P. F. On referring. *Mind* 59, p. 320-344, 1950.
STUTTERHEIM, C. Modality: function and form in discourse. In: DITTMAR, N.; REICH, A (eds.). *Modality in language aquisition*. Berlin: Walter de Gruyter, 1993, p. 3-26.
SWEETSER, E. E. *From etymology to pragmatics*: metaphorical and cultural aspects, of semantic structure. Cambridge: Cambridge University Press, 1990.
_____. Conjunction, coordination, subordination. In: _____. *From etymology to pragmatics*: metaphorical and cultural aspects of semantic structure. Cambridge: Cambridge University Press, 1990 (1990a), p. 64-73.
_____. Modality. In: _____. *Idem*. Cambridge: Cambridge University Press, 1990 (1990b), p. 375-400.
TALMY, L. Force Dynamics in language and cognition. *Cognitive Science*, v. 2, p. 49-100, 1988.
TANNEN, D. (ed.). *Coherence in spoken and written discourse*. Advances in Discourse Process. Norwood: Ablex, 1984. v. XII.
TAYLOR, J. R. *Linguistic categorization*: prototypes in linguistic theory. Oxford: Oxford University Press, 1989.
TESNIÈRE, L. *Éléments de syntaxe structurale*. Paris: Klinckseck, 1959.
THOMPSON, S. A. Subordination in formal and informal discourse. In: SCHIFFRIN, D. (ed.). *Meaning, form and use in context*: linguistic aplications. Washington: Georgetown University Press, 1984, p. 85-95.
_____. Grammar and written discourse: initial *vs* final purpose clauses in English. *Text*, v. 5, n. 1/2, 1985, p. 55-84.
_____; LONGACRE, R. E. Adverbial Clauses. In: SHOPEN, T. (ed.). *Language typology and syntactic description*. Complex Constructions. Cambridge: Cambridge University Press, 1985, p. 171-234. v. II.
_____; MANN, W. Antithesis: a study in clause combining and discourse structure. In: ROSS, S.; TREADGOLD, T. (eds.). *Language topics*. Amsterdam: John Benjamins, 1987, p. 359-381.
THUMM, M. The contextualization of paratactic conditionals. *Interaction and Linguistics Structures*, n. 20, 2000.
TOLONEN, T. S. *Epistemic modality and academic writing*. Comunicação apresentada no XXème. Congrès Internacional de Linguistique et Philologie Romanes. Zürich, Suiça, 1992. (Mimeo)
TOMLIN, R. *Coherence and grounding in discourse*. Amsterdam: John Benjamins, 1987.
TOOLE, J. The effect of genre on referential choice. In: FRETHEIM, T.; GUNDEL J. K. *Reference and referent accessibility*. Amsterdam: John Benjamins, 1996, p. 263-290.
TRAUGOTT, E. C. Conditional markers. In: HAIMAN, J. (ed.). *Iconicity in syntax*. Amsterdam: John Benjamins, 1985, p. 289-307.
_____. et al. (eds.). *On conditionals*. Cambridge: Cambridge University Press, 1986.
_____. Pragmatics Strengthening and Grammaticalization. *Berkeley Linguistics Society*, v. 14, p. 406-416, 1988.
_____. On the rise of epistemic meanings in English: an example of subjectification in semantic change. *Language*, v. 65, n. 1, p. 31-55, 1989.

_____. Subjectification in grammaticalisation. In: STEIN, D.; WRIGHT, S. (eds.). *Subjectivity and subjecvisation*. Linguistic perspectives. Cambridge: Cambridge University Press, 1995, p. 31-54.

_____. From etymology to historical pragmatics. In: MINKOVA, D., STOCKWELL, R. (eds.). *Studies in the history of the English language*: a Millennial Perspective. Berlin: Mouton de Gruyter, 2002, p. 19-49.

_____; DASRER, R. *Regularity in semantic change*. Cambridge: Cambridge University Press, 2002. 362 p.

_____; HEINE, B. (eds.). *Aproaches to grammaticalization*. Amsterdam/Philadelphia: John Benjamins, 1991. v.1 e 2.

_____; KONNIG, E. The sematics-pragmatics of grammaticalization revisited. In: TRAUGOTT, E. C., HEINE, B. (eds.). *Aproaches to grammaticalization*. Amsterdam: John Benjamins, 1991, p. 189-217. v. 2.

TRAVAGLIA, L. C. O relevo no português falado: tipos e estratégias, processos e recursos. In: NEVES, M. H. M. (org.). *Gramática do Português Falado*: novos estudos. Campinas/São Paulo: Editora da Unicamp/Humanitas/Fapesp, 1999, p. 77-130. v. VII.

UJMA, L. Sensibilité de l'anaphore associative aux repères spatiaux. In: SCHNEDECKER, C. et al. *L'anaphore associative*: aspects linguistiques, psycholinguistiques et automatiques. Paris: Klincksieck, 1994, p. 117-129.

VAL, M. G. C. Repensando a textualidade. In: AZEREDO, J. C. *Língua portuguesa em debate*. São Paulo: Vozes, 2000, p. 34-51.

VALENTE, A. *Língua, linguística e literatura*. Rio de Janeiro: UERJ, 1998.

VAN DIJK, T. A.; PETÖFI, J. *Grammars and descriptions*. Berlin: Walter De Gruyter, 1977.

VAN VALIN, R. D. JR. (ed.). *Advances in Role and Reference Grammar*. Amsterdam/Philadelphia: John Benjamins, 1993.

_____, LAPOLLA, R. J. *Syntax*: structure, meaning and function. Cambridge: Cambridge University Press, 1997.

VIGNAUX, G. *Les discours acteur du monde*. Paris: Ophrys, 1988.

VISCONTI, J. *I connettivi condizionali complessi in italiano e in inglese*. Uno estudio contrastivo. Torino: Edizione dell'Orso, 2000.

_____. From temporal to conditional: Italian *qualora* vs. English *whenever*. In: JASZCZOLT, K. E TURNER, K. (eds.). *Meaning through language contrast*. Amsterdam/Philadelphia: John Benjamins, 2003, p. 23-50.

WALD, B. Referentes e tópico dentro e através de unidades discursivas: observações do inglês vernacular corrente. *Studies in Language - International Journal*. Amsterdam/Philadelphia: John Benjamins, 1990.

_____. On the evolution of would and other modals in the English spoken in East Los Angeles. In: DITTMAR, N.; REICH, A. (eds.). *Modality in language acquisition*. Berlin: Walter de Gruyter, 1993, p. 59-98.

WEINRICH, H. *Tempus*: bresprochene und erzähtle Welt. Sttuttgart: Kohlhammer, 1964.

WIERZBICKA, A. *The semantics of grammar*. Amsterdam: John Benjamins, 1988.

_____. Semantics and epistemology: the meaning of 'evidentials' in a cross-linguistic perspective. *Language Sciences*, v. 16, p. 81-137, 1994.

WILLET, T. A. Cross-linguistic survey of grammaticalization of evidentiality. *Studies in Language*, v. 12, n. 1, p. 51-97, 1988.

WRIGHT, G. H. VON. Deontic Logic. *Mind*, p. 1-15, 1951.

YERSCHUEREN, J; BERTUCELLI-PAPI, M. *The pragmatic perspective*. Proceedings of the International Pragmatics Conference. Amsterdam: John Benjamins, 1987.

ZAMPRONEO, S. *A hipotaxe adverbial concessiva no português escrito contemporâneo do Brasil*. Araraquara, 1998. Dissertação (Mestrado em Linguística) – Faculdade de Filosofia, Ciências e Letras, Universidade Estadual Paulista.

Agradecimentos

*Agradecimento ao CNPq,
pela bolsa de pesquisa que
permitiu a realização do trabalho.*